高等院校奢侈品管理专业规划教材

奢侈品品牌历史

（第二版）

孔淑红　著

对外经济贸易大学出版社
中国·北京

图书在版编目（CIP）数据

奢侈品品牌历史／孔淑红著. —2版. —北京：对外经济贸易大学出版社，2014（2025.6重印）
高等院校奢侈品管理专业规划教材
ISBN 978-7-5663-1121-4

Ⅰ.①奢… Ⅱ.①孔… Ⅲ.①消费品-品牌-介绍-世界-高等学校-教材 Ⅳ.①F76

中国版本图书馆CIP数据核字（2014）第174169号

奢侈品品牌历史（第二版）

孔淑红 著

责任编辑：王红梅

对外经济贸易大学出版社
北京市朝阳区惠新东街10号 邮政编码：100029
邮购电话：010-64492338 发行部电话：010-64492342
网址：http://www.uibep.com E-mail：uibep@126.com

三河市少明印务有限公司印装 新华书店经销
成品尺寸：185mm×260mm 20.5印张 473千字
2014年8月北京第2版 2025年6月第8次印刷

ISBN 978-7-5663-1121-4
印数：12 401-13 400册 定价：55.00元

总　　序

呈现在读者面前的这套高等院校奢侈品管理专业规划教材是对外经济贸易大学祥祺奢侈品研究中心专家集体智慧的结晶，作为我国奢侈品领域的首套系列规划教材，在很大程度上代表了迄今我国在奢侈品领域的研究水平。本套教材定位于研究生层次的专业教育，也适用于业内人士自学的需要。

作为一种非必需的消费需求，人类对奢侈物品和服务的需求从远古时代就已客观存在，反映了人类的心理需求而非仅仅停留在生理层面的物质需求。中国商代的玉器、古希腊的黄金面具等，所传承的信息都展示了人类对于美的精神追求。时代发展到今天，科学技术和生产工艺的进步使得物质不再匮乏，而人们对于独特型物品的拥有以及消费的过程体验愈发向往，商品经济的制度安排使得人们对奢侈物品和服务的需求能够得到满足，并以出价高者得的机制保持着市场的规模和价值。奢侈品市场在西方发达国家发展比较成熟，不论在供给还是在需求方面都有规律可循。中国作为一个快速发展的新兴国家，奢侈品的消费市场正在迅速增长，在不远的时间内有可能发展成为世界第二大奢侈品消费市场。这种客观存在的经济社会现象催生了对外经济贸易大学祥祺奢侈品研究中心的成立，校内外一批对奢侈品素有研究的专家学者团结合作，对奢侈品市场的普遍发展规律以及中国奢侈品市场的共性与特性展开了科学研究，取得了一系列成果。研究中心还致力于人才培养，在借鉴国际上比较成熟的奢侈品专业人才培养方案的基础上，于 2009 年在国家重点学科下的国际贸易学专业中正式推出了中国首个奢侈品管理方向的硕士研究生项目。

本套教材是奢侈品管理方向研究生教育的初步成果，也是教材工程建设的核心部分，编著者在深入研究的基础上，遵循拿来主义的指导思想，与法国、意大利、摩纳哥等国的学术同行和专业人士进行了深入的合作交流，并有多人赴欧洲进行访问研究和实地考察，形成了 18 本教材，涵盖了奢侈品教学领域的主要方面。奢侈品管理方向的硕士研究生项目重在培养中高级从业人员，使学生系统掌握奢侈品管理的基础理论、专业能力以及与消费者和社会有效沟通的技能。业内人士也可以借助本套教材通过自学获得系统教育的效果，提升专业水准。作为感兴趣的消费者，也能够从本系列教材中获益，尽管对消费者的教育培训不是本项目的目标，但引导消费者的理性消费和对奢侈品价值的保存和传承却是教育者的社会责任。

限于编著者的时间和学识，本套教材必定存在着不足、缺陷甚至错误，敬请读者提出宝贵意见，以便再版时修改完善。就像建立一个奢侈品品牌一样，读者的挑剔和热情支持都是促进本系列教材成熟的必要条件。奢侈品研究中心的同事们会努力建设好我国奢侈品教育的品牌。

对外经济贸易大学国际经济贸易学院院长
赵忠秀教授
2009 年 8 月

序　言

牛津字典用了三个“E”：Expensive，Enjoyable，but not Essential（昂贵的、令人愉快的、但不是必需的）给奢侈品下定义。奢侈品是昂贵的，价格是它的门槛；奢侈品是令人愉快的，给人以艺术上的享受；奢侈品是华丽的，给人以精神上的满足；奢侈品是社会地位的符号，吸引着人们的眼球。奢侈品在功能上不是必需的，它不会像必需品那样以性价比吸引消费者。但是它有很高的功能溢价和功能冗余，而且对品质的要求达到登峰造极的地步。正是这些特点使无数的名流大腕沉迷其中，流连忘返。

中国在2007年已是世界第三大奢侈品消费国，占世界奢侈品消费总量的12%，并以年均10%的速度在增长。到2008年中国已有近2亿人有能力消费奢侈品，占人口总数的13%。2009年中国国内外市场奢侈品消费分别增至96亿美元和230亿美元，超过美国成为第二大奢侈品消费国，占全球市场份额近28%。2013年，中国奢侈品市场年消费总额已达358亿美元，海外消费约869亿美元，年增长率11%。全球份额中中国占29%，美国占22%，日本占11%。中国成为全球第一大消费国。中国的奢侈品消费者中，有5 300万人是经常购买奢侈品的，他们的人均年收入超过了50万，是奢侈品消费的核心人群。中国经济的快速发展和中国奢侈品消费群的不断成熟表明中国已对奢侈品形成巨大的需求。

奢侈品品牌的文化内涵是丰富的，是多数人梦寐以求的。由于它的价格昂贵，又注定只有少数人才能拥有，因此，如果说奢侈在物质上是一种享受，那么在精神上就是一种慰藉。它不仅给消费者感官上带来美好的感受，更借助于品牌文化的内涵给消费者以精神上的享受，也使消费者的生活品位得到极大的提升。每一款奢侈品都价格不菲，然而它的品牌文化的真正内涵有时并不能用金钱来衡量，因为它集合了人类对于美最大限度的理解和追求，向时代展示了什么才是时尚和品位，什么才是唯美。

路易·威登、香奈儿、迪奥、卡地亚、蒂芙尼等林林总总的奢侈品品牌在人类历史的舞台上渐次登场，经历了无数个抑或是繁华抑或是萧索的时代。它们有着高贵的血统，有着唯美的符号，让拥有它们的人有着别样的荣耀和尊贵。它们的历史萦绕着奢华的光环，让人充满无限的遐想与钟情。曾经颇受皇室贵族推崇的奢侈品牌低调地华丽着，从不刻意喧哗它的奢华身份，相反它们总是专注于成就自己品牌产品的设计创新，专注于经典产品的每一个细节，依靠一针一线、一钉一铆传承百年的纯熟手工工艺，制造出无与伦比的精品。

本书的目的是把这些奢侈品品牌背后的历史故事呈现给读者，让迷恋这些品牌的人透过品牌的历史文化去体味另一番奢华的韵味。在结构上，我们按行业划分为十章，包括香水、名品服饰、顶级珠宝、名车、名表、奢华箱包、豪华游艇、私人飞机、豪宅以及极品休闲旅游等。每一个行业里我们均挑选出位居业内顶端的几大品牌，对其品牌的历史传奇进行了详细的介绍，并在讲述品牌与名人的故事中体验经典作品的极致美感，更具有可读性。

对于攻读国际贸易学专业奢侈品管理方向的硕士研究生来说，它是一本好教材；对于有兴趣了解和研究奢侈品的人来说它是一本好参考书，而对于那些把消费奢侈品作为自己美好追求的人来说，这是一本不可多得的指导书。

本专的作者孔淑红教授负责全书结构的设计，并亲自参与了每一章的撰写和修改工作。参与收集资料的有：周博洋、霍亚丽、李侨敏、刘彦铭、李兆琦和王首元。参与数据资料更新的有：刘瑞、陈源、张媛媛、彭晨、徐畅、宋琳、王琛、周兰、韩天禄、刘邓泉、吴聪、刘博、姚雷、张宁、杨硕、叶玉平、陈文娟、郑一心、鲍韵婷、刘芬、吕会歌、何沐黎、童菲、苏庭萱、刘宏兵、张欢以及侯姗。

本书在编写的过程中参考了有关中外著作和教材的部分内容，以及各个品牌官方网站上的资源，在此特别表示感谢。

由于笔者的水平有限，特别是有些资料数据贫乏，本书还有很多不尽完美之处，希望读者提出批评与完善意见。

目　录

第一章　世界顶级香水品牌历史　1

第一节　香奈儿（Chanel）——风华绝代的时尚经典　5
第二节　雅诗兰黛（Estée Lauder）——极致奢华的美国香氛　9
第三节　兰蔻（Lancôme）——优雅浪漫的巴黎玫瑰　13
第四节　卡尔文·克莱恩（Calvin Klein）——华丽优雅的美国时尚　19
第五节　古琦（Gucci）——尊贵奢华的意大利底蕴　22
第六节　克里斯汀·迪奥（Christian Dior）——华美浪漫的魅惑风情　25
第七节　伊丽莎白·雅顿（Elizabeth Arden）——美国纽约的尊贵红门　29
第八节　巴宝莉（Burberry）——轻快简约的英伦风尚　33
第九节　娇兰（Guerlain）——绚丽奢华的法兰西时尚　35
第十节　爱马仕（Hermès）——璀璨夺目的至精至美　39

第二章　世界顶级珠宝品牌历史　45

第一节　卡地亚（Cartier）——皇帝的珠宝商，珠宝商的皇帝　46
第二节　蒂芙尼（Tiffany）——见证生命中每个重要时刻　53
第三节　宝嘉丽（Bvlgari）——演绎时尚、缔造典雅　58
第四节　梵克雅宝（VanCleef & Arpels）——永不褪色的爱恋　63
第五节　海瑞温斯顿（Harry Winston）——梦露般璀璨　71
第六节　宝诗龙（Boucheron）——胆识过人、战绩彪炳的冠军　77
第七节　御木本（Mikimoto）——母亲留给女儿最珍贵的嫁妆　81
第八节　施华洛世奇（Swarovski）——传递幸福的水晶天使　85

第三章　世界顶级钟表品牌历史　89

第一节　江诗丹顿（Vacheron Constantin）——卓越完美严谨的统一　91
第二节　万国表（IWC）——高档钟表的工程师　98
第三节　豪雅表（TAG Heuer）——运动与优雅的结合　104
第四节　爱彼表（Audemars Piguet）——家族传承的典范　108
第五节　百达翡丽（Patek Philippe）——收藏家的瑰宝　113
第六节　宝玑表（Breguet）——发明创造的摇篮　119
第七节　伯爵表（Pigegt）——用珠宝提升表的奢华　123

第八节　芝柏（Giard-Perregaux）——钟表界的法拉利　129
第九节　劳力士（Rolex）——名表中的霸主　134
第十节　积家表（Jaeger-LeCoultre）——典雅的创新摇篮　137

第四章　世界顶级皮具品牌历史　143

第一节　路易·威登（LV）——皮具世界的奢华　143
第二节　香奈儿（Chanel）——永远的经典　149
第三节　迪奥（Dior）——低调的华丽　153
第四节　古琦（Gucci）——引领潮流的经典　157
第五节　寇兹（Coach）——垂手可得的奢华　161
第六节　普拉达（Prada）——永不褪色的经典　164
第七节　托德斯（TOD'S）——时尚之都的高尚优雅　170
第八节　登喜路（Dunhill）——让男人心动的经典　174
第九节　芬迪（Fendi）——来自罗马的尊贵典雅　178
第十节　爱玛仕（Hermès）——追求完美、一丝不苟　182

第五章　世界顶级服装品牌历史　187

第一节　香奈儿（Chanel）——女性时尚经典的代言人　188
第二节　乔治·阿玛尼（Giorgio Armani）——随意优雅的男性时尚　191
第三节　纪梵希（Givenchy）——法兰西式的精致优雅　194
第四节　迪奥（Dior）——法国时装文化的最高精神　197
第五节　范思哲（Versace）——意大利的性感诱惑　200
第六节　普拉达（Prada）——简约中蕴藏的典雅　204
第七节　杰尼亚（Ermenegildo Zegna）——顶级尊荣的阳刚风范　206
第八节　胡戈·波士（Hugo Boss）——优雅的德式风格　209
第九节　巴宝莉（Burberry）——浓烈的英伦色彩　211
第十节　唐纳·卡兰（Donna Karan）——时尚的纽约都会韵味　214

第六章　世界顶级汽车品牌历史　217

第一节　宾利（Bentley）——彰显尊贵豪华的经典　217
第二节　迈巴赫（Maybach）——无与伦比的王者气概　224
第三节　劳斯莱斯（Rolls-Royce）——“欢乐女神”脚下的奢华　228
第四节　法拉利（Ferrari）——极尽奢华的车中红魔　234
第五节　保时捷（Porsche）——无法拒绝的速度与激情　240
第六节　凯迪拉克（Cadillac）——永不褪色的高贵奢侈　246
第七节　兰博基尼（Lamborghini）——御风而行的车中艺术　251
第八节　梅塞德斯-奔驰——现代汽车行业的开创者　257
第九节　宝马（BMW）——蓝天白云螺旋桨　265

第十节 奥迪（Audi）——“高雅不过霍希” 269

第七章 世界豪华公务机品牌历史 275

第一节 豪客比奇——比奇（Beechcraft） 276
第二节 豪客比奇——豪客（Hawker） 285
第三节 庞巴迪（Bombardier） 288
第四节 达索猎鹰（Dassault Falcon） 290
第五节 湾流宇航（Gulfstream） 295

第八章 世界豪华游艇品牌历史 299

第一节 阿兹慕（Azimut） 299
第二节 公主（Princess） 302
第三节 丽娃（Riva） 305
第四节 法拉帝（Ferretti） 307
第五节 意达马（Itama） 310

参考文献 313

第一章

世界顶级香水品牌历史

在璀璨夺目的奢侈品行业中，香水独一无二的品质将奢侈升华为一种标志，缔造了众多超越时尚的经典。再美丽、再奢华的服装也只能改变人的外表，再耀眼的钻石珠宝也只是一种佩件，而香水却会与人融为一体。所以，只有香水拥有这种与人体不可分离的魅力。香水的芬芳犹如享用一场感官盛宴，让人们沉迷其中。香水用它那特有的香氛诠释了人们对品味、格调和美好人生的永恒的追求。

香水的奢侈品品牌有着悠久的历史，丰富的文化，充满了传奇色彩。无论是香奈儿，还是迪奥，奢侈品品牌往往都拥有一段悠久的品牌历史和传奇故事，这使得奢侈品品牌文化深深地扎根于它们的传承之中，创造出一个又一个的奇迹，定格出一个又一个新的行业规范，改变了一代又一代人的消费模式。

从迈克尔·波特（Michael E. Porter）的竞争优势理论来看，奢侈品的品牌历史与品牌文化特性是新品牌进入奢侈品市场参与竞争的最大障碍，也是奢侈品品牌巩固自己地位得天独厚的优势。“罗马不是一天建成的”——这句话充分体现了一个奢侈品品牌的建立过程充满着艰辛，积淀了厚重的历史，丰富的文化内涵。要想在短时间内建立一个消费者接受的奢侈品品牌几乎是不可能的，品牌的历史传奇和文化积淀需要时间的长河来叙写。

2008 年网上的一条新闻吸引了不少人的眼球，这就是全球最贵香水的诞生——“皇家尊严 1 号”（No. 1 Imperial Majesty）。2008 年 3 月 3 日，吉尼斯世界纪录的主编给克莱夫基斯汀的“皇家尊严 1 号”香水颁发了证书，正式认定它是世界上最贵、最奢侈的香水。这款男女适用的“皇家尊严 1 号香水”每 30 毫升的价值高达 1 260 英镑，约合 2 500 美元。之所以这么贵，是因为这款香水中含有很多珍稀原料，其中相当部分的价值都超过黄金。这款香水全球只有 10 瓶，其中 5 瓶在英国伦敦出售，另 5 瓶在美国纽约出售。每一滴经典的 No. 1 香水，由白色檀香、印度茉莉、德国玫瑰等共 170 种鲜花精心提炼，复杂的合成过程耗时 6 个月，产生的香味精致、回味无穷。而且这款香水的瓶子也可以称得上是目前最大的香水瓶，容量为 500 毫升。香水瓶出自水晶世家巴卡莱特，瓶口由黄金制成，其金项圈镶嵌有 5 克拉的钻石，因此仅瓶子本身售价就要 11.5 万英镑，约合 21.5 万美元。加在一起，这款全球最贵香水的价值高达 13.6 万英镑，约合27万美元之多。[①] 高昂的价格进一步把香水的品质、包装、收藏价值、价格都提升到一种全新的高度。

香水化妆品行业常被形容为一个将希望装在瓶子里出售的行业。香水化妆品行业的突出特点是品种繁多、琳琅满目、市场庞大、销售层次多以及迎合不同的消费层次。然而从整个世界范围来看，香水化妆品行业几乎全部被四大豪门所垄断。这四大集团分别是路易·威登集团、欧莱雅集团、雅诗兰黛公司以及资生堂公司。这四大集团享有盛誉，旗下产品更是并驾齐驱，它们在化妆品市场争奇斗艳。

路易·威登（LVMH）集团

法国酩悦·轩尼诗——路易·威登集团（Moët Hennessy-Louis Vuitton，LVMH集团）是世界上最大的奢侈品企业集团，由贝尔纳·阿尔诺（Bernard Arnault）将全球著名的皮件公司路易·威登（Louis Vuitton）与酒业家族酩悦·轩尼诗（Moët Hennessy）于1987年合并而成。合并以后，新公司LVMH随即重组了几家公司的酒和香水部门，将原酩轩公司旗下酩悦公司、轩尼诗公司，以及路易·威登控股公司于1986年收购的法国第四大香槟制造商凯歌香槟（Veuve Clicquot）全部整合在一起。整合完成后，LVMH在香槟、干邑白兰地、香水的品质高居世界第一，这次整合极大地促进了酒类和香水行业的发展。

之后，LVMH开始了它在其他奢侈品细分行业的大举收购。在服饰方面，LVMH收购了法国品牌纪梵希（Givenchy）、高田贤三（Kenzo）和赛琳（Celine），美国服饰品牌唐纳·卡兰（Donna Karan）和马克·雅布（Marc Jacobs）等。2013年7月9日LVMH斥资高达20亿欧元（约合25.8亿美元），收购意大利羊绒（Cashmere）衣服生产商Loro Piana 80%的股权，此举迅速提高了LVMH集团在服饰行业的竞争力，改变了服饰行业的时尚走向。在皮具和皮鞋方面，其收购了意大利皮革商芬迪（Fendi），爱马仕（Hermès）集团，2013年9月21日LVMH收购英国奢侈鞋履设计师品牌Nicholas Kirkwood的多数股权，2014年4月15日LVMH与私募基金L Capital Management及L Capital Asia合作收购意大利精品鞋履集团Vicini S. P. A. 旗下品牌Giuseppe Zanotti Design 30%的股权，从此强强联手共同引导皮革制品业的发展。在珠宝和钟表方面，以4.74亿美元收购豪雅（Heuer），2011年出资55.7亿欧元收购宝嘉丽（Bulgari），收购这一新成员以后，与2001年成立的De Beers Diamond Jewellersg一起，整合了珠宝行业的资源，优化了珠宝行业的结构。在香水和彩妆方面，收购迪奥（Dior）、娇兰（Guerlain）、高田贤三（Kenzo）香水和罗威香水（Perfumes Loewe），提高香水部门竞争力的同时，也促进了整个行业向着纯天然花香成分的发展。此外，LVMH还于2007年接手福特公司成为英国顶级轿车生产商阿斯顿马丁（Aston Martin）的新东家。

LVMH集团旗下现有五个领域：葡萄酒及烈酒、时装及皮革制品、香水及化妆品、钟表及珠宝、精品零售。有60多个奢侈品品牌，拥有超过100 000员工。每年超过100亿美元销售收入的进账。如此高额的收入在奢侈品世界仍是一个令人咂舌的数字，

---

① 奢侈品网，http://www.neeu.com，吉尼斯认证全球最贵香水：皇家尊严1号，浏览时间：2008年3月3日。

LVMH 集团在整个行业的领头作用无人置疑。

截至 2007 年 12 月 31 日，LVMH 在纽约股市的市值达到 577.7 亿美元，连续多年位居奢侈品公司的老大。2011 年该集团营业收入超过了 230 亿欧元，比 2010 年增长 16%，利润额突破 50 亿欧元，同比增长 22%。2013 年销售额 291 亿欧元，净利润 34.36 亿欧元。截至 2014 年 3 月 31 日的第一季度，公司营业收入为 72.1 亿欧元（约合 99.5 亿美元），比 2013 同期的 69.1 亿欧元增长 4%。LVMH 是当今世界最大的精品集团。LVMH 集团还被太平洋女性网称为全球最庞大的奢侈品帝国。①

欧莱雅（L'Oréal）集团②

欧莱雅集团于 1907 年由化学家欧仁·舒莱尔创立。目前欧莱雅已经成为一个超大规模的化妆品帝国，成为《财富》全球 500 强之一。欧莱雅集团的分支机构遍及 150 多个国家和地区，在全球拥有 300 多家分公司及 100 多家代理商，42 家工厂及 100 多个配送中心。2003 年销售额高达 140 多亿欧元。2012 年，该集团营业收入超过了 224.63 亿欧元，比 2011 年增长 10.4%，利润额突破 28.7 亿欧元，同比增长 16.7%。2013 财年销售额为 229.8 亿欧元，同比增长 2.3%；净利润为 29.6 亿欧元，同比增长 3.2%，为四年来最低。欧莱雅集团拥有巴黎欧莱雅、卡尼尔、兰蔻、赫莲娜、碧欧泉、欧莱雅专业美发、卡诗、薇姿和理肤泉等 18 个国际知名大品牌。产品包括护肤、防晒、护发、染发、彩妆、香水、卫浴、药物性皮肤科疾病辅疗护肤品等。其中赫莲娜是顶级的品牌。

1996 年年底，欧莱雅正式进军中国市场。1997 年，欧莱雅公司在上海开办了中国总代表处，负责在中国经销欧莱雅公司各类产品，目前已在 50 多个城市开办了几百个销售点。2003 年年底和 2004 年年初，欧莱雅集团先后收购了中国市场上知名的化妆品品牌小护士和羽西。至此，欧莱雅集团在中国的品牌总数达 14 个。2013 年公司在华销售总额达 132.8 亿元人民币，较 2012 年增长 10.2%，这是欧莱雅在中国连续第 13 年实现两位数增长。

欧莱雅的女士护肤系列产品已经深得世界各地女性的喜爱。而面对日益庞大的男士护肤产品市场，欧莱雅也跃跃欲试。2006 年，它在中国推出了第一个男士系列产品，欧莱雅这一系列的男士产品已经在欧洲获得了极好的口碑，在中国推出后，也是倍受追捧。欧莱雅还聘请了中国香港影视明星吴彦祖作为代言人，迅速在中国掀起了一股男士护肤美容热潮。欧莱雅集团推出男士系列产品这一做法在整个化妆品行业引起了很大的轰动，也为已壮大的化妆品行业开拓了又一个新的领域。

雅诗兰黛（Esteelauder）公司

雅诗兰黛公司成立于 1946 年，是全球知名的高档化妆品集团，并自称为“全球高档化妆品的领导者”。1985 年，雅诗兰黛的年销售收入突破 10 亿美元。1995 年公司在纽约证交所挂牌上市，2004 年公司的市值已经高达 78.2 亿美元。目前，雅诗兰黛产品

---

① 太平洋女性网，http：//luxury.pclady.com.cn/，LVMH 集团——庞大的奢品帝国，浏览时间：2008 年 5 月 3 日。

② 新浪网，http：//www.sina.com.cn，欧莱雅集团，浏览时间：2006 年 11 月 2 日。

在全球 130 个国家和地区销售，2001 年全年销售额为 46 亿美元，2004 财年公司的净销售收入为 57.9 亿美元，2013 财年前 6 个月，雅诗兰黛营业收入达到 101.8 亿美元，净盈利 10.2 亿美元。截至 2014 年 3 月 31 日的本财年第三季度净销售额达 25.5 亿美元，与 2013 年同期 22.9 亿美元相比增长 11%，并创下连续 66 年年销售额增长的佳绩，成为名副其实的化妆品帝国。雅诗兰黛公司也非常重视对新技术的开发，现在，雅诗兰黛在全球 9 个实验室中聘用了超过 400 名科研人员进行研发。雅诗兰黛公司旗下的品牌包括雅诗兰黛、倩碧、LA MER、M. A. C、BOBBI BROWN 等 8 个品牌，占据了美国知名化妆品品牌的半壁江山，主导着美国化妆品的时尚发展方向。其中海洋之蓝（Lamer）、雅诗兰黛（Estee Lauder）和倩碧（Clinique）是集团的主打品牌，它们都占据了美国化妆品行业不小的份额。

雅诗兰黛集团成长的诀窍之一，就是收购对公司有意义的品牌。所谓有意义就是指被收购品牌与公司现有品牌形成互补而不是削弱的关系。这种做法使得雅诗兰黛在竞争不断激烈的化妆品行业站得越来越稳。魅可（M. A. C）、芭比·布朗（Bobbi Brown）、艾凡达（Aveda）和诗狄娜（Stila）这些品牌的购进，充分体现了公司的这一战略。

资生堂（Shiseido）公司

日本著名企业资生堂创办于 1872 年，是这些豪门势力中最年久的一个，已经有一百多年的历史。“资生堂”取名源自《易经》中的“至哉坤元，万物资生”，在中国古代意为“赞美大地的美德，她哺育了新的生命，创造了新的价值”。这一名称正是资生堂公司形象的反映，是将东方的美学及意识与西方的技术及商业实践相结合的先锋。其创始人福原有信（Arinobu Fukuhara）曾任日本海军首席药剂师。

资生堂最初是设在日本东京最繁华的商业中心的一家西式药房，直至 1897 年，资生堂创制出红色蜜露（Eudermine）。这是一支突破性的美颜护肤化妆水——酒红色的化妆水，为资生堂开始踏入化妆界揭开了第一页。1965 年推出婵（Zen）香水，1978 年推出滋润喷雾（Moisture Mist）化妆品系列。其间，资生堂另外推出的各色化妆品、香氛及护肤系列都选用了充满西方时尚的包装，甚至可与化妆品行业的其他三个巨头相媲美。目前，它已经成为日本排名第一的化妆品品牌。与一般化妆品公司不同，资生堂对其公司品牌的管理采取分管品牌策略。每一品牌都设立独立子公司，每个子公司针对目标顾客制定销售方针。在竞争激烈的中国化妆品市场上，资生堂采用了多品牌战略。其中，“资生堂”、“欧珀莱”和 Za 形成了资生堂旗下品牌的三大支柱。由于分工明确，责任清晰，这一做法迅速扩大了资生堂的规模，不仅为资生堂在国际市场上创立了全新形象，而且有力促进了化妆品行业的发展。资生堂 2013 财年年报显示，销售额为 7 620 亿日元（约合 74.5 亿美元），同比增长 12.4%；净利润为 261 亿日元（约合 2.56 亿美元）。

《福布斯》（Forbes）杂志每年都会对全球顶级奢侈品牌（Top Luxury Brands）进行一个综合的排名，这个排名是基于四种不同标准的评分来确定的：一是控制销售渠道的能力；二是品牌对购物选择的影响力；三是市场营销效率；四是媒体曝光率。这一排名涵盖了服装、珠宝、香水和化妆品、皮包等各行业的前 100 名奢侈品品牌。其中的十大奢侈品品牌是顶级的，这些顶级的奢侈品品牌产品能够经得起人们的反复观摩、推敲和不断品味，不仅从品质与细节上是最完美的，而且给消费者带来的享受也是顶级的。我们在此介绍《福布斯》排名的全球前十大香水顶级奢侈品牌。

第一节　香奈儿（Chanel）
——风华绝代的时尚经典

创 始 人： 加布里埃·香奈儿（Gabrielle Chanel）
创始时间： 1913 年
创始地点： 法国巴黎

一、品牌标识

香奈儿的标识由反向“双 C”组成，取自创始人 Coco Chanel 的首字母。双 C 交叠设计，常常出现在服装的扣子或者皮件的扣环上，是香奈儿的象征。双 C 展现了香奈儿追求完美的设计理念：女人要由内到外达到内在气质和外在形象的双向完美。在当今奢侈品世界，反向的双 C 已经成为一种时尚界的骄傲，成为永远的经典。

图 1.1　香奈儿标识

二、品牌历史

1913 年，香奈儿女士在法国的巴黎创立了香奈儿品牌。当时的香奈儿只有帽子、服装等为数不多的产品系列。1920 年，香奈儿在巴黎坎朋街 31 号创立了自己的设计沙龙，从此香奈儿扎根巴黎。1921 年，香奈儿推出了“香奈儿 5 号”，把奢华与优雅融合在一起，打破了传统的香水风格，这标志着香奈儿开始向香水、化妆品领域进军。她与著名的魏泰玛（Wertheimer）兄弟合作，创建了香奈儿香水公司，当时她只拥有 10% 的股份，并于 1931 将代理权拱手相让。使得香奈儿一生都未拥有过香奈儿香水公司，这也成为香奈儿一生中最大的遗憾。

著名的“香奈儿 No. 5”香水是由香奈儿的调香师恩尼斯（Ennis）1921 年创制的，他是一个很有才华的调香师。他在 1924 年制造出了“Cuir de russie”香水，两年后推出了“Bois des lles”香水，1927 年发布“Ardenia”香水，成功地为香奈儿建立起庞大的香水帝国。

“香奈儿 No. 5”香水是香奈儿公司推出的第一款合成花香香水，它打破了当时风行的纯甜美风格，香气持久而清新，让人享受到无与伦比的美妙。这使得“香奈儿 No. 5”香水一直稳拿世界销售的冠军。

第二次世界大战期间，由于战争，香奈儿被迫关闭了她在巴黎的店铺，但是她的香水却依然被魏泰玛兄弟重新包装宣传，再次占领了全球市场，店铺重新开业。1954 年，香奈儿重返法国，东山再起。以她一贯的简洁自然风格，迅速俘虏了巴黎的仕女。粗花呢大衣、喇叭裤等都是 Coco Chanel 第二次世界大战后时期的作品。1970 年 8 月 19 日，推出了“香奈儿 No. 19”清新冷艳的芬芳花香香水，这款香水成为香奈儿最喜欢的香水，因为那天是香奈儿 87 岁的生日，这是香奈儿生前亲自推出的最后一款香水。几个月后，她去世了。其后几年，香奈儿公司又推出了新的香水，不过并未取得成功，香水的生产因此被搁置。

20 世纪 80 年代雅科·波热（Jacques Polge）被任命为香奈儿公司的新一代调香师。他最著名的作品就是 1984 年推出的“COCO 小姐”（COCO MADEMOISELLE），这款香水表达了香奈儿一生追求完美、绝不妥协的强烈个性，被称为“香奈儿风尚”。

1925 年香奈儿开始生产少量腮红、口红和护肤品，供自己和客人使用。在化妆品方面，香奈儿可谓是煞费苦心，每一季都会推出一种新商品，而且过季不售。现在香水与化妆品已经成为香奈儿表现相当出色的项目。对于香水，香奈儿自有一套理论：“香水应该像当面受了一巴掌那样，用不着待了 3 个小时才让人闻出来，要很浓郁才行。”

香奈儿逝世后，1983 年起香奈儿转由设计界的天才卡尔·拉格菲尔（Karl Lagerfeld）接任。这个总会在时尚典礼上戴着副墨镜，扎着一个颇显眼的小马尾辫的白发老头，他的作品既有法国人的浪漫与诙谐，又有德国式的严谨与精致。他的服装作品比香奈儿本人创造的作品影响更为深远，甚至有人说从拉格菲尔的设计中，人们可以自始至终都能深刻领会到“香奈儿”服装的纯正风范。

三、经典作品

（一）“香奈儿 No. 5”香水

“香奈儿 5 号”是 1921 年推出的第一支乙醛花香调的香水。它的香味由法国南部 Grass 的五月玫瑰、茉莉花和乙醛等 80 种成分组合而成，清幽的繁花香气凸显女性的娇柔妩媚。初调是伊兰花和若橘的新鲜花香，配以湿草味，给人摩登现代的感觉，然后香体由玫瑰和茉莉带出，最后以白檀香为基底衬托。在香奈儿之前，没有人胆敢朝花香之外的香氛求发展。

1921 年，特立独行的香奈儿女士向当时的嗅觉大王恩尼斯要求一种气味突出的香水。她对恩尼斯说：我要人工合成的香味。听到这个要求的时候，恩尼斯被吓了一跳，心存疑惑。但他不久就发现香奈儿女士是认真的，而且被她那种敢于创新、决心独树一帜的勇气所感动。他就全身心投入调制这款香水，反复试验使用了乙醛与真花提炼的 130 多种香精，调配出 10 几款香水，其中第 5 种精选了 80 多种成分，这就是“香奈儿 5 号”的诞生。这是第一支乙醛花香调的香水，因为香奈儿女士认为女人不该只有玫瑰的味道，正是在她的坚持下，恩尼斯加入了乙醛，让整瓶香水的香调，充满层次感，层层叠叠转折，且更加丰富动人。香奈儿深深地嗅着“香奈儿 5 号”说，“这就是我要的。一种不同于以往的香水，一种女人的香水，一种气味香浓、令人难忘的女人”。

为什么命名为“香奈儿 5 号”呢？这是很多人乍见这瓶香水所共有的疑问。其实香奈儿女士早早和 5 这个数字结下了不解之缘，5 就是香奈儿女士的幸运数字。香奈儿

5 号是恩尼斯呈现给香奈儿女士的众多香水样品的第 5 支；8 月 25 日是香奈儿的生日；No. 5 香水的发表日期选在 5 月 25 日，正好与香奈儿第 5 场时装发表会同时举行。

香奈儿女士崇尚简洁之美，这充分体现在这款香水的包装上。“香奈儿 5 号”香水瓶是一个四角玻璃瓶。状如宝石切割般形态的瓶盖，透明水晶的方形瓶身造型，甚具装饰艺术味道的简单设计却也充满现代美感。“香奈儿 5 号”把简洁与奢华升华为一种标志，一种极致完美、极致自我、极致虚幻的境界，也使它成为全世界最伟大、最著名的划时代香水。

作为香奈儿推出的第一款香水，“香奈儿 5 号”香水的成功给香奈尔带来了巨大的财富，它也成了奢华与优雅并存的永恒。迄今为止“香奈儿 5 号”仍是世界最畅销的香水。据统计，在全球，每半分钟就能卖掉一瓶。同时，“香奈儿 5 号”是 Chanel 历史上最赚钱的经典产品。“香奈儿 5 号”闻起来就是一款很有女人味的香水，至今在 Chanel 公司的网站上依然是重点推介产品。大明星妮可 · 基德曼（Nicole Kidman）为“Chanel No. 5”香水做代言人的广告更是传为经典中的经典，整个广告就如同现代版的《罗马假日》。在广告中，妮可 · 基德曼与帅气的男模特演绎了一段短暂浪漫的逃跑爱情。妮可的高贵气质在片中再一次展现，特别是最后的回眸一笑，让瞬间成为了永恒。为了更好的针对和吸引目标消费群体，促进“香奈儿 5 号”香水的整体销售，“香奈儿 5 号”香水在终端客户的选择方面非常重视。一般来说，专柜、专店等开设在高档百货、五星级酒店、高级会所等富甲名流聚集的地方，而一般的场所则难以寻觅到“香奈儿 5 号”香水的踪影。

（二）“CoCo 小姐”香水

Coco 是香奈儿的小名，为了纪念这位香水界的鼻祖，著名调香师雅克 · 波热在 1984 年创作了“CoCo 小姐”香水，即“COCO MADEMOISELLE”。“CoCo 小姐”香水的创作灵感来自嘉柏丽尔 · 香奈儿（Gabrielle Chanel）深爱的东方情调。“CoCo 小姐”香水给人的感觉很特别，尤其是清新与浓郁的强烈对比，从辛辣刺激到芬芳花香，使用者可以体会到完全不同于以往香水的特殊感受。“CoCo 小姐”香水以令人振奋的柑橘香调为开瓶主调，并借此牵引出混合了 Grass 玫瑰味道和东方茉莉清香两种花香组成的主调。随后香水香调融合了波本香草的感性、印度广藿香的深沉，以及海地香根草的温暖，让人体会到浪漫唯美的异国情调。最后，伴随着温柔而舒畅的白麝香，“CoCo 小姐”香水圆润独有的尾香的香氛气息更是令人回味无穷。“CoCo 小姐”香水重新诠释了充满现代风味的轻盈和性感，低调的香气更是强调了一位性感出众女人的独立特质，自信且妩媚女性的风范，同时兼具艺术性、知性与绝对的性感，深受新时代女性的喜爱。这款香水的外观设计和“香奈儿 5 号”一样，也是一个长方体型，体现了香奈儿女士所追崇的形式简洁、精神完美、绝不妥协的强烈

图 1.2 “香奈儿 5 号”香水

个性。“CoCo 小姐”结合了辽阔神秘的东方情调与精致典雅的西方文化，兼容并蓄的风格适合参加晚宴的摩登女子，在洗练的风情中流露着可望被呵护的感性。2007 年香奈儿公司选中了英国著名女星凯拉·奈特利为其 2007 年少女香水“CoCo 小姐”的形象代言人，在国际范围内掀起了一场热捧。

四、品牌评价

香奈儿不仅是全球最知名的品牌之一，更是地球上女人最想拥有的品牌。曾经担任法国文化部长的 Andre Malraux（安德烈·马尔罗）在被问到他对 Chanel 的看法时说：“20 世纪的法国，将会留给世人三个名字：Charles de Gaulle（戴高乐）、Picasso（毕加索）和 Coco Chanel（香奈儿女士）。”Chanel 这个品牌可以与戴高乐和毕加索齐名，可以看出这个品牌在法国乃至世界的巨大影响力。

图 1.3 “CoCo 小姐”香水

香奈儿已经不仅仅是一个品牌，它在时尚界缔造了一种历久弥新的风格，自信热情的 Chanel 女士将这种精神融入她的每一件产品设计之中，形成独特的品牌文化，使 Chanel 成为独具个人风格的奢侈品牌。当今世界，香奈儿典雅时尚的品牌形象已经深入人心，几乎人人都渴望拥有带有“双 C”标志的产品。

五、香奈儿与名人

香奈儿最大牌的明星代言人无疑是玛丽莲·梦露（Marilyn Monroe）。这还要追溯到 1954 年。当时，玛丽莲·梦露和新婚丈夫迪马吉奥（美国著名棒球运动员）来到日本度蜜月。在有 200 多人参加的招待会上，许多记者和摄影师不停地按着相机的快门。其中发生了一段小插曲：一个记者问玛丽莲·梦露：“请问您夜里穿睡衣吗？”面对这个轻佻而难堪的问题，梦露莞尔一笑，回答说：“I wear nothing but a few drops of Chanel No. 5.（我只穿“香奈儿 5 号”入睡）。”玛丽莲·梦露短短的一句话，使得“香奈儿 5 号”的销量一路飙升，至今仍备受青睐，成为世界香水界的奇迹。

2003 年，香奈儿开出 800 万美元的天价酬劳，邀请奥斯卡影后妮可·基德曼（Nicole Kidman）担任“香奈儿 5 号”的代言人。香奈儿这么做，主要是希望能够借助妮可的高贵魅力，将这款香水的销量推向新的高峰。事实证明香奈儿的这个选择是正确的。根据一家关于消费者忠诚度研究的公司 BrandKeys 的研究，自从妮可担当“香奈儿 5 号”的代言人后，消费者对此品牌的忠诚度上升了 7 个百分点。甚至有人说，新一代电影女神妮可·基德曼为“香奈儿 5 号”再添了一分经久不衰的神秘幽香。据说菲律宾的一个渔翁，走进一家昂贵的精品店里，他没有开口说任何话，只是沉默地伸出五根手指，就买到了他想要的那瓶“香奈儿 5 号”香水。由此可见“香奈儿 5 号”的知名度。

2007年香奈尔公司又选中了英国著名女星凯拉·奈特利为其2007年少女香水“CoCo小姐”的形象代言人，她曾被世界知名时尚杂志《男人帮》评选为世界上最性感的女郎。她的代言使得这一款香水受到了巨大的追捧。

第二节　雅诗兰黛（Estée Lauder）
——极致奢华的美国香氛

创 始 人：雅诗·兰黛（Estée Lauder）
创始时间：1946年
创始地点：美国纽约

一、品牌标识

雅诗兰黛品牌标识由两部分组成，上半部分是Estée Lauder首字母的手写花体E和L的组合。下半部分则是雅诗兰黛的英文全称Estée Lauder。黑底金字的搭配，透出雅诗兰黛品牌的高雅与超凡脱俗。而她用自己名字的第一个字母的花体表现了雅诗兰黛对时尚、完美的不懈追求。

二、品牌历史

1946年，雅诗·兰黛和约瑟夫·兰黛在纽约建立了一个小公司，主要出售四种护肤品，这个不起眼的小公司就是雅诗兰黛公司的前身。1948年，兰黛夫人凭借出众的口才，说服纽约著名大百货公司“SAKS第五大道”允许自己开设专卖柜台。雅诗兰黛作为高档美容护肤品品牌的知名度，从此直线上升。

图1.4　雅诗兰黛标识

1953年，雅诗兰黛推出“青春之露”（YouthDew）。这是一种香氛沐浴油，可以当香水使用。“青春之露”上市后大获成功，打破了法国香水一统天下的局面，使得高档香水不再是极少数王公贵族才能使用的奢侈品，而雅诗兰黛也获得了创新和优质的美誉。此后，雅诗兰黛的香水一直颇受时尚界推崇。雅诗·兰黛夫人曾经说过：“我不希望我的香水闻起来像是玫瑰花、栀子花或是任何单独的花香，我要令雅诗兰黛成为世上最奇妙、最丰富、最和谐的千百种花香集于一身的香水。”在香水的海洋中，以她的名字命名的雅诗兰黛香水成为时尚女人的挚爱。这款香水融合艺术的灵感与完美的工艺，把人性中最温暖的情、最真挚的爱、最美好的憧憬带给了人间，美丽着每个使用者的人生。当他们碰到雅诗兰黛香水，就像爱丽丝无意掉进了兔子洞找到了一个神奇的世界那样如痴如醉，无法自拔。

20世纪60年代，雅诗兰黛开始大举拓展国际市场，先后进入英国、加拿大、澳大利亚、法国、德国和日本这几个发达国家。

随着企业规模的扩大，雅诗兰黛公司还不断扩充自己的产品线。1964 年推出男用香水和美容护肤产品，1968 年建立倩碧（Clinique）实验室，研制生产经过抗敏试验、不含香精的美容护肤产品。

1985 年，雅诗兰黛的年销售收入突破 10 亿美元。1995 年公司在纽约证交所挂牌上市。目前，雅诗兰黛产品在全球 130 个国家和地区销售，2004 年，公司的净销售收入达 57.9 亿美元，是名副其实的化妆品帝国。雅诗兰黛截至 2013 年 6 月 30 日，全年销售额 101.8 亿美元，同比增长 5%，净利润 10.2 亿美元，同比增长 19%。雅诗兰黛(EsteeLauder)、海洋之蓝（LaMer)、倩碧（Clinique)、品木宣言（Origins)、魅可(M.A.C）等品牌都归雅诗兰黛旗下，占据了美国知名化妆品品牌的半壁江山。时至今日，这个小公司已经发展成为全球最大的护肤品和化妆品公司，并且仍在不断拓展业务。

雅诗兰黛发展的速度如此之快，离不开其创始人兰黛夫人极具商业化的头脑。1946 年以前，她就开始尝试把自己的面霜、手霜带到沙龙或者商店去。她小心谨慎，邀请感兴趣的人们使用自己的新产品。通过亲身试用，不少人对雅诗兰黛的产品产生了好感，逐渐地提升了雅诗兰黛的品牌形象。此外，她在化妆品推销上有两大创举，从而被誉为生意场上的营销高手。一是向顾客免费派发小包试用装，放心让消费者自己试用，好产品会为自己说话。这个方法很见效，带来了许多回头客，同时极大地提高了当时的销售额。二是对于购买产品的顾客，兰黛会给她们同一品牌的其他产品的赠品。这个方法也很奏效，扩大了消费者对其他产品的体验。现今，这两大创举已经成为大多数化妆品销售商营销的重要方式。在专柜的选择方面，只有时尚及昂贵的地方才会受到雅诗兰黛产品的青睐。专柜大多设在高档百货店内，如伦敦的哈罗德、巴黎的老佛爷等。

三、经典作品

（一）雅诗兰黛“欢沁香氛”(Estee Lauder Pleasures)

1995 年，雅诗兰黛推出了“欢沁香氛”(Pleasures)，它采用了首创的二氧化碳萃取术的香水，直接攫取整个花朵的香味，令花香栩栩如生，达到气味逼真却又不伤害真花的目的。“欢沁香氛”的花香乍浓还淡，前调在馥郁与清冷中环绕展开，纯净绿百合花与新鲜紫罗兰叶的香味相混合，就如春雨过后清风拂面，淡雅的香味唤起人们所有的甜蜜记忆；中香由香味持久的紫丁香、白牡丹、粉红玫瑰和纯茉莉组成，四种花香各有所长，混在一起整个香水飘送出清新自然的香气，使人感到欣喜和放松；最后香水以澄静的印度紫檀和薄荷油收尾，宛如大提琴低声的鸣奏，带人穿越到所有过往愉悦的回忆。

图 1.5 雅诗兰黛“欢沁香氛”

这款香水花香纯净，给人传递一种温馨和热情的感觉，因此是一款男女接受度都很高的香水。此外，由于后调中没有常用的植物香材定香，因此整款香水表现没有某些香水的张扬的性的暗示，更是显得纯净和清新。

“欢沁香氛”整体瓶身设计灵感来自于雨中的花朵，晶莹剔透的椭圆形瓶身缀上圆形白金色瓶盖，给人纯净素雅的感觉。1995 年，这款香水获得年度 FiFi 最佳女性香水奖、最佳包装奖和最佳广告奖三项大奖。

（二）雅诗兰黛“纯净如风”香水（Pure White Linen of Estee Lauder）

雅诗兰黛在 2007 年 2 月推出了这款香水。前调中朝露植物、盛放的百合花及白色小苍兰描绘出了野生花卉的优雅香气，唤醒了使用者的乐观心情，给人带来活力。中调中带有果香的红郁金香与红玫瑰和白花的柔软的鸢尾花瓣相糅合，令人联想起阳光充沛的春天午后，到处弥漫着沁人心脾的芬芳，围绕在这些芬香之中，人们也不由得增加了一份优雅素养。后调中的白色雪松及广藿香更添了一份娇美的暖意，让人在这美妙的时光中流连忘返。“纯净如风”香水诠释出当今休闲和奢华的内涵，在体现经典品牌的精髓和创作灵感的同时，用极其现代的方式阐释了“简约的时尚，随意的优雅”这一全新概念。

图 1.6　雅诗兰黛“纯净如风”香水

瓶身设计上，“纯净如风”香水融合了冰冷的白霜和闪耀的透明材质，以其纯粹的透明和简约风格凸显了香水的深邃与神秘。瓶身贝壳图标也焕发出新的光彩。

四、品牌评价

雅诗兰黛被誉为化妆界美国式的传奇，备受美国女性的追捧。在全球，雅诗兰黛已经成为时尚完美的典型代表。它在全球高端化妆品领域的地位牢固可靠，不可动摇。在消费者眼中，雅诗兰黛已经成了完美的代名词。他们相信这个品牌，相信兰黛夫人所提倡的“好产品会为自己说话”的理念，从而成为这个品牌的忠实消费者。

“从来就不拒绝昂贵，但要物有所值”，这是雅诗兰黛让世界顶级时尚女人为之倾倒的经典秘诀。凭借对产品质量的严格控制和顾客承诺的忠实履行，雅诗兰黛这个品牌在不断地创新、精于研发中赢得了品质优良的美誉，更成为了科学与艺术完美结合的最佳范例。

五、雅诗兰黛与名人

当今好莱坞众多女星中，伊丽莎白·赫莉（Elizabeth Hurley）是当之无愧的美艳和性感的象征。高贵的气质配上优雅精致的面孔，再加上略带轻狂和反叛的性格，她甚至被誉为魔鬼代言人。1995 年，雅诗兰黛公司（Estee Lauder）决定聘用她担任该公司的形象代言人。2000 年，化妆品巨头雅诗兰黛公司主席伦纳德·兰黛（Leonard Lauder）签署了一份新协议，继续让模特兼影星的伊丽莎白·赫莉作为该公司的形象代言人，并为此每年支付赫莉 300 万美元。

伊丽莎白·赫莉 1965 年 6 月 10 日出生于英格兰汉普夏郡。父亲是一位军官，母亲是小学音乐教师。赫莉从小跟母亲学过钢琴和唱歌，儿时的梦想是成为一名舞蹈演员，并于 12 岁时进入一所舞蹈学校接受芭蕾舞学习。16 岁时赫莉开始为朋克摇滚乐队伴舞，她把自己打扮成标准的朋克青年，粉红色的头发，戴着鼻环，时尚而前卫。随着年龄的增长，她的兴趣便转向表演领域。进入伦敦影视中心学习舞蹈和戏剧表演，开始了职业演员的生涯。

伊丽莎白·赫莉 21 岁时参加了布鲁斯·贝利福德的影片《咏叹调》的拍摄，首次在银幕亮相就取得了成功。1988 年开始，赫莉在英国 BBC 电台的微型连续剧《Christabel》中担任女主角，得到了广泛好评，成为英国电视剧的明星，之后又出演过多部英国电视剧。

伊丽莎白· 赫莉的成功经历都给她增添了不少魅力。她的出色代言使得雅诗兰黛的顾客增加了留住青春的信心，使得雅诗兰黛品牌得到了成功的推广。

2002 年，雅诗兰黛选中美国超级名模卡洛琳·莫菲（Carolyn Murphy）这个时尚宠儿作为品牌代言人。卡洛琳·莫菲在镜头面前总有一种天生的捕捉和领悟能力，能变幻出风格迥异的造型和气质。她被雅诗兰黛选择为代言人，不只因为她美丽的容貌、高雅的模特儿表演，更重要的是，她能够在事业和家庭两个领域获得成功——她是一位魅力经久不衰的超级模特儿，同时又是一位完美的母亲。卡洛琳·莫菲是女性的典范，传播着雅诗兰黛女性的完美。

雅诗兰黛全球创意广告资深副总裁 Aerin Lauder 于 2007 年年初在纽约正式宣布希拉里·罗达（Hilary Rhoda）为雅诗兰黛最新品牌代言人，并于 2007 年 8 月开始陆续为雅诗兰黛品牌彩妆及护肤品代言。她是继伊丽莎白·赫莉、卡洛琳·莫菲之后加入雅诗兰黛的又一美女。如此强大的阵容也体现了雅诗兰黛的超凡魅力和对美丽事业的执着追求。

雅诗兰黛在选用代言人方面非常小心和谨慎，一个首要的要求便是她们要在各自领域引领着时尚的潮流，而且有着不凡的品味。从伊丽莎白·赫莉到希拉里·罗达，雅诗兰黛的每一步选择都造就了很大的成功。她们超凡脱俗的气质和独特魅力，深深地吸引着时尚界和美容界的眼球。可以说，她们代言雅诗兰黛系列产品可谓是相得益彰。她们的出众表现完美地阐释了雅诗兰黛的品牌精神，而雅诗兰黛也为她们增添了一份年轻和自信。

第三节 兰蔻（Lancôme）
——优雅浪漫的巴黎玫瑰

创 始 人： 阿曼达·佩蒂让（Armand Petitjean）
创始时间： 1935 年
创始地点： 法国巴黎

一、品牌标识

兰蔻的标识很容易被人们记住。兰蔻标识的上方是一束盛开的玫瑰花，这束象征爱情的玫瑰不仅吸引了人们的眼球也倾倒了许多爱美的人。标识的下方是兰蔻的英文名称 Lancôme，彰显了唯我独尊的不凡魅力以及他对自己品牌的崇高责任。最下面的一行小字 Paris，再一次印证了兰蔻诞生于时尚、文化和爱情浪漫之都：法国巴黎。

图 1.7 兰蔻标识

二、品牌历史

兰蔻的诞生起始于世界香水之父阿曼达·佩蒂让（Armand Petitjean）的一个华丽的梦，在梦里，有一地的玫瑰厚厚铺散，各种颜色的玫瑰散发出优雅的香气，形成一段精致的爱情画面，他被这个梦境所感动，萌发了要建立一个香水帝国的冲动。

1935 年，阿曼达·佩蒂让在法国巴黎创办了兰蔻。仅一个月以后，兰蔻便同时隆重推出五种香水、唇膏、粉饼等产品。顷刻之间，华贵、新颖的兰蔻风格风靡当时的法国。同时，诞生仅一个多月的兰蔻在布鲁塞尔的国际博览会上露面，随即荣获了大奖。兰蔻一夜成名并从此扬名欧洲，赢得欧洲顾客的认同和赞誉。以香水启幕的兰蔻为法国香水品牌占领被美国垄断的欧洲市场打开了大门，也为世界的香水历史开始了又一个美丽的丰碑。

诞生于时尚、文化和浪漫爱情之都的兰蔻蕴含的稀世的优雅。它始终坚持“美的承诺”的品牌理念，用特有的迷人玫瑰魅力使自己成为闻名世界的经典香水品牌。

玫瑰是兰蔻的标志，也是兰蔻完美的化身，更是兰蔻的灵魂所在。Lancôme 名称构想来自于法国中部的一座城堡 LANCÔME。该城堡的四周种满了各种各样的玫瑰，被誉为充满浪漫的意境天堂。阿曼达本人也一直认为每个女人就像玫瑰一样各有其特色与姿态，于是阿曼达就以城堡的名字命名公司产品，玫瑰花也就理所当然成为了兰蔻品牌的象征。阿曼达邀请了擅长绘画植物和庄园的著名画家雷杜德（Redouté）（1759—1840）来设计经典的兰蔻玫瑰。兰蔻的玫瑰来自于城堡里种植的玫瑰，这是一种精美的淡紫色

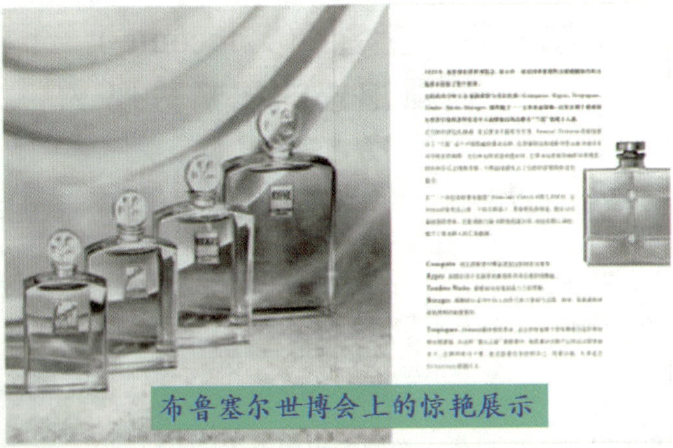

图 1.8　兰蔻在布鲁塞尔的国际博览会展出的 5 款香水

玫瑰，有着很长的圆柱形状的花蕾。其花瓣大小在 35 毫米~40 毫米之间，粗壮并放射出光芒。据说，兰蔻的玫瑰是一种能够在普通环境下生长的玫瑰，集中了其父母本的一切优点。兰蔻玫瑰的父本，是一种昵称为“the Oak Tree”的绛红色玫瑰，兰蔻玫瑰的母本则是近乎紫红色。它们的植株都以顽强的生命力而闻名。

1952 年兰蔻推出了著名的“珍爱”（Tresor）香水，“Tresor”香水即“珍贵时刻的香水”之意，这款香水以拥抱自我为主题，象征着兰蔻珍爱时间、珍爱生命、珍爱美丽的所有激情。并在 1990 年将包装、原料更新后的香水再度推出，成功地延续了 Tresor 跨越 40 多年的生命周期。

1957 年兰蔻推出了含有玫瑰和茉莉花的香水“Envol”。这是一款无与伦比的香水，其中含有沙丘玫瑰、麝香玫瑰，还有最精纯的保加利亚玫瑰，给人留下了无限的玫瑰魅力。1971 年“Sikkim”诞生了，这是一款保加利亚玫瑰与茉莉花的完美结合，它也成为兰蔻的经典产品。1987 年推出“Ointense”香水，玫瑰花的强烈印象，使这款香水具有了鲜明的个性。

1990 年兰蔻把 1952 年的“珍爱”香水旧款新推，迎合了新时代女性的妩媚性感、细腻优雅，获得了巨大的成功。

2000 年推出粉红色的“真爱奇迹”（Miracle）新款香水，完美地表现了爱情的无暇与美丽，用经典诠释了新世纪真爱的永恒。

2005 年兰蔻推出了 Miracle 的延伸版 Miracle So Magic。这款香水味道清新，呈现了女人的精致与优雅，深受市场的追捧。

后来推出的“引力”香水是新世纪兰蔻倾情奉献的又一款旗舰级香水，用自然与创意交融的芬芳描摹着女性深刻的内心世界。

2012 年兰蔻推出全新“Ô de”系列香水，该系列包括 Ô de Lancôme（“沁晨”香水），Ô de l'Orangerie（“沁馨”香水）及 Ô d'AZUR（“沁逸”香水）三款香水。以兰蔻传承象征——玫瑰为核心，又汲取经典款 Ô de 香水的卓绝品质，带来清爽之香，海洋气息扑面而来，令人神清气爽。经典的西西里佛手柑的清香交织着浮动的花香，给人远离尘世纷乱，在慵懒的夏日午后放松自我的清新感觉，并加入全新元素，重新演绎迷人风情，让你在喧嚣中辟出一片静谧，带来耳目一新的清爽之香。兰蔻全新“Ô de”系列选择丰富，三款香水，给你同样的清新，不一样的细致感受。

图 1.9 兰蔻推出全新“Ô de”系列香水

1964 年，兰蔻与欧莱雅（Loreal）集团达成协议，成为第一个进入欧莱雅集团的高档品牌，两者的合作可谓相得益彰。欧莱雅给兰蔻带来了新的动力和策略，并坚定了兰蔻国际化发展的道路。同时，兰蔻也为欧莱雅打开了进入高档化妆品行列的大门。从那时起，兰蔻便把商标改为金黄色的玫瑰，成为兰蔻走向现代化的标志。

20 世纪 70 年代是兰蔻全面进军美国市场的重要年代。这段时间，兰蔻在美国最豪华的大商场里开设优美的形象专柜。并凭借其专业销售人员亲切而人性化的服务，迅速占领了美国市场，最终在美国扎下了坚实的根基。

20 世纪 80 年代兰蔻开始进军亚洲市场。到目前为止，兰蔻已经在世界范围内成为了引导潮流的全方位化妆品品牌。香水、护肤品、化妆品在兰蔻王国鼎足而立，分别以玫瑰、莲花和小天使做代表。玫瑰是完美女性的化身，莲花是纯洁智慧的象征，天使是超凡脱俗的代表。后来经过慢慢演变，玫瑰成了兰蔻的唯一象征。兰蔻的睫毛膏在化妆品界有着无可争议的崇高地位，受到消费者的广泛认可。据报道“全球每售出两只睫毛膏，就有一支是兰蔻的”。

兰蔻一直以来都是中国消费者最爱的十大化妆品品牌之一。兰蔻以它优雅与奢华，欢乐与积极的独特魅力，传递法兰西简约柔和之美。2014 年以中国春节创作为灵感，首次为中国定制新年艺术大片。满目绚烂中国红，充满传统中国元素的承载，氤氲着与众不同的时尚气息。这是一场华丽的视觉盛宴，与春节最应景的红色，寓意着吉祥的好兆头。特别是受中国传统剪纸艺术启发，兰蔻以曼妙灵动的红色剪纸为线索，丝丝贯穿整个新春大片。兰蔻更专为 2014 年生肖定制红色窗花，欢腾的骏马，频频闪现于各处细节，展现出无与伦比的欢畅张力。不同的文化水乳融合之时，我们更深地理解了生活的艺术。沐浴在耀目的新年光芒中，传递着兰蔻之美中的中国文化元素。

三、经典作品

（一）“珍爱”（Trésor）香水

“珍爱”香水又称“璀璨”香水，诞生于1952年，法文原名Trésor，是“珍贵时刻的香水”的意思。这款香水以淡雅芬芳的玫瑰和百合为前调，气味细腻，令人心情愉悦；中调以杏花、鸢尾花等的浓郁香液点缀，馥郁芬芳，使人精神焕发；琥珀、麝香以及檀香相混合，木质调融合花香调收尾。香气独特、生气蓬勃，带来成熟女性的风情万种，激发出人们内心饱含的激情。这款香水别致而浓郁的格调处处显现着法兰西尊贵优雅的精神。这款香水的香水瓶很漂亮，香水瓶由手工精心打磨，外形是一樽倒置的金字塔，设计灵感来源于切工细腻的钻石，加强了它的感染力。其独特的芳香迎合了新世纪的女性气息，明朗而奔放，将女性的妩媚与性感，欢乐与积极展示出来。

图1.10 兰蔻“真爱”香水

“珍爱”香水的花香调略带东方调的痕迹，完美地相衬在每一个女人的肌肤之上。“珍爱”香水以自然简单的方式展示一个女人最真实的自我，不能言说的神秘魅力和身体肌肤混然成一体，散发出让人难以忘怀的感性。闻一下它的芬芳，似乎就能带给人一种得到“珍爱”的感觉，让人充满自信。

“珍爱”香水作为一款经典，在香水的历史上留下了深刻的印记，其意义已经远远超越了时尚。作为卓越的典范，“珍爱”香水的永恒香气，以无与伦比的优雅荡漾在流光岁月中，充满无穷的吸引力。

（二）“奇迹”（Miracle）香水

2000年，为了进军美国市场，兰蔻发布了“奇迹”香水，这也成为兰蔻在新世纪创造的一个经典奇迹。这款香水以粉红色的瓶身加上诱人的香气，在全世界都卖到脱销。2002年，兰蔻涉足男性香水市场，推出了第一款男香——“奇迹”男香，这款香水“就像是日出一样充满活力”，市场反映极佳。“奇迹”香水以柔曼的苍兰芬香为前调，给人微风拂面的感觉，伴以清雅的木兰芬芳，让人心旷神怡；再加上经典的茉莉花香收尾，唯美浪漫的气质使得整款香水达到了极致。“奇迹”香水的外包装是日出天空的颜色。瓶身晶莹剔透，富有光线感；它的内部则有圆润的过渡，一切浑然天成。当它蜷缩在你的掌心中时，它就像是从那里诞生的，令人意外而着迷。“奇迹”香水的瓶子大胆地运用

图1.11 “奇迹”香水

了现代材质与非凡的比例，超越了流行与时代，创造了现代与永恒。选择“奇迹”香水更代表一种对生活的不懈追求，只有牢牢掌握自己的命运，每分每秒，奇迹都在演绎。

（三）“珍爱爱恋”香水

2011年兰蔻推出“珍爱爱恋”香水，传承20多年珍爱经典香调，由2位传奇香水大师合作，打造出令人难忘的全新兰蔻“珍爱爱恋”香水。它散发出微妙、轻盈的味调，精巧表达出恋爱中女性的心情——时刻准备抓住爱情、抓住当下的幸福、自由去爱、义无反顾。体现了女性无拘无束的真性情以及青春活力，又不失优雅，令人难以抗拒。由内而外流露出惊艳的女性特质，成为令人魂牵梦绕的缪斯女神。尤其是珍爱午夜玫瑰香水愉悦宜人，充满略带俏皮的柔美魅力，清新的玫瑰气息，衬以强烈香气的覆盆子果香、木质香调与舒适温润的香草调。这款随兴、令人无法抗拒的玫瑰香氛，于所经之处展现无限魅力，迷倒众人，这是真正的香氛，真正的经典。

图1.12　“珍爱爱恋”香水

四、品牌评价

兰蔻这一品牌早已成为法兰西精神的代名词。兰蔻被誉为法国国宝级化妆品牌，带着法兰西与生俱来的美丽和优雅，为世界各地的人们所熟悉和喜爱。兰蔻将细心、迷人和富有文化底蕴的气质与美丽结合，为世人传递着来自法兰西的优雅的艺术品位和简练的生活方式。兰蔻的品牌符号是一束玫瑰，用长达70多年的历史凝结成这束玫瑰所代表的品牌的精髓，承载着一缕私密的浪漫，永恒地植根于女性的心中。创始人阿曼达·佩蒂让先生凭借着自己对香水的天才敏感嗅觉以及立志让法国品牌在世界范围内占领一席要位的抱负，将兰蔻打造成为了世界化妆品历史上闪亮的一页。他成功了，经典的Logo加上法兰西玫瑰造就了兰蔻的精美包装，造就了一个美容界的成功品牌。发展至今，已成为引导潮流的全方位化妆品牌。

五、兰蔻与名人

2000年，兰蔻选择了气质独特的美国好莱坞明星乌拉·瑟曼（Uma Thurman）作为“Miracle”香水的代言人。乌玛·瑟曼是让人第一眼看到就不会忘记的女人，她的神情是那么神秘，她的美貌是那样的动人。这份神秘与美丽和兰蔻的“奇迹”香水的含义不谋而合。

1970年4月29日乌玛·瑟曼出生在美国波士顿，父亲是研究印度佛教哲学的专家，母亲来自瑞典，是一位心理分析医生。东方文化的熏陶和欧洲风韵的影响，使美丽的乌玛·瑟曼气质独特，且带着一股神秘感。她在影片《杀死比尔 2》、《低俗小说》、《复仇者》中担任主角，出色的演技让她大红大紫。乌玛身兼演员、妻子、母亲三职于一身，她的经历和角色使她可以沟通各种身份不同的女性。乌玛·瑟曼虽然在美女云集的好莱坞算不上最漂亮的女影星，但她正是靠自己扎实的演技和坚持不懈的进取获得了事业的成功。

2006 年超级模特 Daria Werbowy 成为了法兰西兰蔻的代言人。这位幸运女孩有着无限清纯的气质，以及令人无法忘怀的吸引力，她用猫般媚惑性感尤物一样漂亮的眼睛注视你，掳获你的心，她带着蓝色梦幻占据你的心灵，让人不由自主被她的神秘吸引。

作为最受世人欢迎的香水之一，“奇迹”香水堪称兰蔻的骄傲！梦幻般的完美产品需要一位同样出类拔萃的超凡女性来倾心演绎。乌玛·瑟曼以她高贵冷艳而略带一丝神秘感的气息传神演绎出了“奇迹”香水的飘逸脱俗。兰蔻选择乌玛·瑟曼作为“奇迹”香水的代言人，更能彰显女性内在气质之美。“奇迹”香水展示给世人的就是那种深藏的女性内在的美感，也使得兰蔻的追随者更加忠实于这个品牌。

2007 年，凯特·温斯莱特（Kate Winslet）成为了“珍爱”香水的最新代言人。一提起凯特·温斯莱特，大家不由得就会想起在全球范围内取得巨大成功的《泰坦尼克号》。电影里杰克和露西的爱情感动了无数人。凯特·温斯莱特有着让人肃然起敬的天赋。她早在 1994 年就因参演电影《梦幻天堂》而初登荧屏，她的无穷魅力和天赋深深地吸引和打动了观众。不久后，她在导演彼得·杰克逊（Peter Jackson）、李安（Ang Lee）和詹姆斯·卡梅隆（James Cameron）等导演的多个世界著名的大片中担任主角。多得难以计数的电影作品和杰出影视作品中的角色扮演已经让她获得了五次奥斯卡提名。

无论是在荧幕上还是生活中，凯特·温斯莱特都是一个有着自由思想的现代女性。嫁给导演萨姆·门德斯并已育有两个小孩的凯特·温斯莱特总能轻松地将自己的演艺事业与完美幸福的家庭生活安排得井井有条。凯特·温斯莱特是一个充满热情的女人，她是优秀女性品质的完美化身。她拥有坚定不移的真诚，美丽而优雅，她真实地流露出自己的情感。因此，她很自然地被兰蔻选中代言“珍爱”香水。

兰蔻全球总裁 Odile Roujol 说：“凯特·温斯莱特不仅仅是一个出色的演员，她还有成为一个有口皆碑的优秀女性的惊人才干。”作为一个激情澎湃的人，她全心全意感受生活，她注定了要成为我们的传奇香水——“珍爱”香水的形象代言人。

2008 年邀请美国好莱坞明星安妮·海瑟薇作为兰蔻代言人，兰蔻全球总裁 Odile Roujol 说：“我们非常高兴地宣布，美国演员安妮·海瑟薇成为兰蔻的代言人。安妮·海瑟薇这位年轻美丽的女人完美体现了现代女性的特质。我们知道，她将描绘出我们最新出品的香水的激情，这款璀璨香水将于 2008 年 9 月在全世界发行。”

第四节 卡尔文·克莱恩(Calvin Klein)——华丽优雅的美国时尚

创 始 人： 卡尔文·克莱恩（Calvin Klein）
巴里·施瓦茨（Barry Schwartz）

创始时间： 1968 年

创始地点： 美国纽约

一、品牌标识

Calvin Klein 的品牌标识非常简洁大方。上方是英文全称的首字母，清晰而鲜明。下方是创始人名字的全称，表现了他对自己品牌的独特个性的张扬。白底黑字的总体设计体现了纯洁自然的品牌风格。

图 1.13 卡尔文·克莱恩品牌标识

二、品牌历史

Calvin Klein 于 1968 年在美国纽约成立。当时两个多年的老朋友卡尔文·克莱恩和巴里·施瓦茨开始设计生产女士外套。在推出了第一批外套系列不久，卡尔文·克莱恩设计的清晰线条和精细外形吸引了媒体和商店经营者的注意。很快他们就开始扩大生产规模。到 20 世纪 70 年代末，该公司推出了经典的牛仔服系列。1982 年，卡尔文·克莱恩推出男性内衣系列，1983 年又推出了完整的女款，领导内衣外穿。

20 世纪 80 年代，卡尔文·克莱恩成功开拓了香水领域，从开始的“迷惑”（Obsession），到之后的“永恒”（Eternity）和“逃逸”（Escape）香水，每个产品都取得了巨大成功，进一步促进了公司的发展。

1985 年“迷惑”香水上市，这款香水的灵感来自印度的祈祷石，散发出茉莉、檀香和琥珀的馥郁芬香。一经推出就风靡全美，一举获得了进军香水领域的成功。

1989 年推出“永恒”香水，克莱恩用这款香水见证他和爱妻的永恒爱情。香水的香气温婉柔和缠绵悱恻，诠释了一对对情侣诉说衷肠的喃喃情结，成为恋人们的首选。

1994 年，卡尔文·克莱恩在香水市场创设了一个新范畴，推出 CK one，为男士和女士共享的香水。在 20 世纪 90 年代末，卡尔文·克莱恩推出同样适用于女士和男士的“真实”（Truth）男性香水。2002 年推出“欲望”（Crave）男士香水，2004 年推出了新款“永恒时刻”（Eternity Moment）香水。2005 年又推出了“诱惑”。这款香水阐述了克莱恩对人生的新注释。所有这些产品无一例外地受到了消费者的喜爱。时尚的美式设计风格，出色的管理层和完善的国际性业务网络，使公司迅速壮大，并为公司的进一步发展奠定了稳固的基础。

1996年起，卡尔文·克莱恩集团在汉城开设CK Collection专卖店。接着陆续在伦敦、巴黎、米兰、莫斯科、巴塞罗那、悉尼、吉隆坡、特拉维夫、罗马卡塔尼亚、马德里、伊斯坦布尔建立销售网络。

三、经典作品

（一）“CK one”香水

“CK one”香水于1994年问世，是第一款真正改变了消费者对香水固有概念的中性香水。该款香水一经问世便受到了广泛欢迎，可谓既叫好又叫座，问世不久就创造了5 800万美元的销售纪录。在当时的美国乃至世界都受到热烈追捧，它至今仍被奉为中性香水中的经典之作。其所代表的20世纪90年代个性新理念和清新明快的香调吸引了各个年龄段的人。

图1.14 “CK one”香水

“CK one”香水是一款让人感到亲切的香水，初调由豆蔻、香柠檬、新鲜菠萝番木瓜构成，轻松明快的香味扑面而来；茉莉、紫罗兰、玫瑰、肉豆蔻混合飘出的中调清香更增加了这一份清新溢人的感觉；后味中混合着琥珀的新型麝香则让人感到不一样的温暖与热情。就是这样一款香水，深受到消费者的喜爱，据说很多从不用香水的年轻人也都被它吸引了。

（二）“迷惑”香水

20世纪80年代中期，美国消费市场极为炽热，人人纵欲享乐，Calvin Klein这位潮流触觉敏锐的美国时装界巨子，便趁机推出了自己的第一支香水系列并将其命名为“迷惑”（Obsession），以反映当时的社会风气。这一时期的香水，往往是一个品牌两种香型，一种是男用（for men）、一种是女用（for women）。Obsession也是如此，“迷惑”男士香水（Calvin Klein Obsession for men）及“迷惑”女士香水（Calvin Klein Obsession for women）陆续推出。后者还曾赢得香水界的“奥斯卡”奖——美国香水基金奖的最成功女用香水大奖。据说Obsession的创作灵感源于卡尔文·克莱恩单身时对于女性魅力的迷恋，认为女性具有难以抗拒的热情及神秘。他曾说：“谁不曾有过暂时忘掉理智甘愿受激情支配的难忘时刻呢？”

图1.15 “迷惑”香水

“迷惑”香水瓶身浑圆小巧，由拥有“香水瓶设计之父”美誉之称的皮埃尔·狄能德（Pierre Dinand）以印度祈祷石为灵感来源精心设计，并在1987年荣获香水FIFI奖的殊荣。这款香水性感浓烈的木香加上充满魅惑的包装，深受消费者的追捧。这款香水向消费者传达了自信坚韧、追求个性的非凡品质，让使用者在香水中感受到自由漂泊的浪漫和奔放，在茫茫人海中都能清晰地表达“我就是我”的真谛。

（三）“永恒时刻”香水

2004年圣诞节前夕，Calvin Klein 推出了全新女性香氛“永恒时刻”（Eternity Moment）。这款香水采用最清新的花香调，令人垂涎欲滴且甜美。前调中荔枝、番石榴、石榴花传送出甜美的浪漫花香；继而中调中睡莲、西番莲、中国粉红牡丹带来了不一样的脱俗婉约；最后加上麝香、花梨木及 Raspberry Cashmere 蕴含的性感香气，宛如被轻吻过含羞怯娇红的花香气息，瞬间让女性化身为甜美可人的精灵。据称，这款香水其设计灵感来源于陷入爱河的欢愉和关系开始之初的神奇境界。名字来源于“不爱江山爱美人”的温莎公爵对爱妻表达的情爱誓言。以缠绵悱恻的永恒恋情做积淀，这款香水是 Calvin Klein 献给天下有情人的最好祝福。Calvin Klein 希望借由该款香水让女性能时刻享受犹如初恋般的浪漫感觉，化瞬间为永恒。

图 1.16 “永恒时刻”香水

整款香水的瓶身设计高挑修长，极致柔美光滑的轮廓塑造出永恒的幸福。剔透的粉红色瓶子透出粉红色香薰，令人仿如置身于粉红色的花海，爱恋的感觉，就是如此简单。

四、品牌评价

卡尔文·克莱恩作为美国第一大服装设计师，曾经连续四度获得知名的服装奖项，CK 旗下相关产品可谓层出不穷。公司推出的香水也无一例外地受到了消费者的喜爱。CK 香水之所以深受消费者的青睐，主要在于其鲜明优雅的风格以及向消费者传递出的充满现代明快节奏的积极向上的态度。

极简风格和性感主义是消费者对卡尔文·克莱恩这一品牌的一致评价。CK 纯粹、简单、轻松和优雅的品牌精神，吸引了一大批忠诚的消费者。从1968年开始到现在，卡尔文·克莱恩已经在时尚界纵横了40年，享有盛名，他本人就被称为纽约第七大道的“时装王子”。在时代广场，那醒目的卡尔文·克莱恩香水广告牌早已是这个世界之都的名片，连《纽约客》杂志都这样写道：“看见了时代广场的卡尔文·克莱恩香水广告，人们才意识到自己身处纽约。”

在这些顶级化妆品品牌中，卡尔文·克莱恩的品牌还相当年轻。不过也正是因为其年轻，也更能跟上美国年轻一代快节奏的生活。作为美国本土产品，Calvin Klein 一直坚守完美主义，同时又体现了十足的纽约生活方式。Calvin Klein 更因反映着其特有的民族自由精神，被看成美国时尚的代表人物。

五、卡尔文·克莱恩与名人

斯嘉丽·约翰森（Scarlett Johansson）被选为“永恒香水”的代言人。出生于1984

年的斯嘉丽·约翰森是当代好莱坞最具潜力的少女明星之一。斯嘉丽出生在纽约市，和她的弟弟是一对龙凤胎。她从8岁开始就从事专业表演，长大后进入了一家专门培养年轻演员的演艺学校学习，毕业后很快就登上小剧场舞台。1994年，斯嘉丽出演了她第一部影片——《北》。她在片中扮演了一个小角色。2000年，斯嘉丽在《幽灵世界》、《美国狂想曲》等影片中担任角色。她的出色表现吸引了好莱坞的大片商。2002年，她主演了女导演索菲亚·科波拉的新片《迷失东京》，并获得广泛好评。紧接着，她又主演了《戴珍珠耳环的女孩》。这两部影片让她同时入围2004年金球奖的剧情片和喜剧片最佳女主角。这一成绩使她成为好莱坞炙手可热的新人。尽管名声大噪，斯嘉丽总是一贯的谦虚和微笑。这一点正好和“永恒”香水所追求的温馨情调相符合。而且斯嘉丽越来越大的名气更是使这款香水备受追捧。

第五节 古琦（Gucci）
——尊贵奢华的意大利底蕴

创 始 人：古琦奥·古琦（Guccio Gucci）

创始时间：1923年

创始地点：意大利佛罗伦萨

一、品牌标识

古琦标识由两部分组成。上方是大写的GUCCI，标识了品牌的名称，鲜明而简洁。下方是印着一对反向字母G的商标图案。这个图案是由创始人的名字中两个首字的正反两个G字母构成，即突出了创始人对品牌的责任，又突出了商标对称的完美。这是GUCCI最早的经典LOGO的设计，在古琦的各种商品系列中，再配上各种醒目的底色，使得这个商标在标识的一致性基础上，又增加了单个商品的个性，从而成为奢侈品界的一大亮点。

GUCCI

图1.17　古琦品牌标识

二、品牌历史

1923年，古琦奥·古琦（Guccio Gucci）在家乡意大利的佛罗伦萨开设了首间店铺，标志着Gucci公司的诞生。当时主要售卖皮具用品，由于这种皮具是用卓越的佛罗伦萨手工艺制造的，在短短数年间，佛罗伦萨的专门店吸引了不少国际上独具品味的顾客。这一成功驱使Gucci迅速扩展自己的业务，并于1938年在罗马的Via Condotti开设分店。与此同时，古琦奥·古琦成立了新的公司Azienda Individuale Gucci，1939年改名为Società Anonima Guccio Gucci。之后公司迅速发展，专卖店遍布海外，Gucci的产品更成为全球名媛的最爱。从1921年创立之初，古琦一直走的是贵族化路线，作风奢华且略带硬朗的男子气概。1947年Gucci竹制手把的竹节包问世，接着带有创办人名字缩写的经典双G标志、衬以红绿饰带的帆布包和相关皮件商品也陆续问世，佩戴Gucci已经代表着一种社会地位和象征。Gucci接连推出了带竹柄的皮包、镶金属袢的软鞋、印花丝巾等一系列的经典设计，其产品的独特设计和优良材料，成为典雅和奢华的象征，为Jacqueline Kennedy、索菲亚罗兰及温莎公爵夫人等淑女名流所推崇。1953年，古琦的品牌声誉已如日中天。这一年，古琦奥·古琦逝世。以后，Gucci这个品牌因为经营方式上的错误导致品牌每况愈下。20世纪六七十年代，公司开始经历艰难时期，20世纪80年代初更加举步维艰。

1994年，才华横溢的设计师汤姆·福特（Tom Ford）加入几乎濒临破产的古琦集团。以其鲜明的创作设计风格和对奢侈品具有的营销天赋为Gucci重新赢回了消费者的信心。

1997年汤姆·福特创意推出的“妒嫉”（Envy）和“狂爱”（Rush）香水成为古琦集团汤姆·福特时代的两款经典。“妒嫉”是一款女士香水，从香味构成、瓶身设计、广告创意都体现了古琦的性感理念。这款香水的灯箱广告第一次使用了非常性感的图片，吸引了无数的眼球。

进入新世纪后，2002年古琦推出了古琦I香水。这是一款由汤姆·福特设计的代表着品牌精髓的经典香水。采用了历久弥新的东方花香调，洋溢着浓浓的复古味道，成为古琦的精神象征。这款香水的推广使公司在2002年的营业额逾15亿欧元。2003年推出了古琦I香水的亚洲版，这款香水以“自然光亮”、“性感诱惑”、“经典时尚”为三大主题，用全新的方式表达了古琦品牌的精髓。

新世纪古琦的另一款经典香水是“狂爱”女士香水。它代表着能量、速度、投入和冲动，表达了新世纪女性乐观的心态和动感的追求。

三、经典作品

（一）“妒嫉”女香

“妒嫉”女士香水之意为：若让别人嫉妒，就该拥有妒嫉。妒嫉香水清新、透明，香味灵感来自葡萄藤花，这是一款颇为珍贵的花，每年只有6月初开放，花期只有一周的时间。前调由风信子、木兰花与香草组成，味道独特而迷人；中调用铃兰、茉莉及紫罗兰其纯净与高雅；基调则由蓝鸢尾花、木香及麝香组成，表达了沉净舒缓的感觉。瓶身设计表现出古姿一贯的大都会风格，整体修长而透明，如现代摩天大楼简洁利落的建筑风格，大方流畅又简单完美，使得这一款经典香水成为时尚界的最爱。可以说，古琦香水缔造了一个温暖、感性的世界，让人们在芬芳的香气环绕中，彰显自己的个性。

图1.18　“妒嫉”

（二）“妒嫉我”

Gucci 继 1997 年推出了“妒嫉”后，在 2004 年全新推出了新款时尚香氛“妒嫉我”（Gucci Envy Me）女士香水。花果香调让人感到不一样的温柔和甜美，前味由牡丹、茉莉、红胡椒组成，中味混合了荔枝、石榴、黄梨、丁香和玉兰花的香味，最后则以檀香木、麝香收尾。这些很富有东方气息的花香，使这款香水与众不同，前味强烈，中味兴奋，尾香清新，体现出新世纪的流畅、性感、摩登的概念。

图 1.19 “妒嫉我”女士香水

在造型上除了延续 Gucci Envy 的方正造型外，在瓶身的设计上独具巧思，瓶身上巧妙地运用雾面包装和亮面 Logo，并搭配柔和的粉红色，呈现出明亮、清澈、透明的风格，表现出女人的感性和温柔。年轻版“Envy Me”，是充满活力、令人着迷的香味，在瓶身设计上也延续了“妒嫉”女香的一贯经典，Envy Me 透明的香水瓶身，印有 Gucci 皮件常用的双 G 标记，柔嫩的粉红让这款新香水更加亮眼。

（三）“罪爱燃情”香水

2013 新款古琦“罪爱燃情”香水分为“罪爱燃情”女士香水和“罪爱燃情”男士香水。前者表达了被判有罪的女人是充满魅力的尤物，被认为是性感女神，传达着一个精神理念：永不为自己的快乐而感到有罪。后者表达了极具挑战的魅力男性的阳刚和奢华，个性鲜明，充满诱惑。这两款香水总能激发彼此最激情四射的一面。无法抗拒的魅力让它们相互吸引，以大胆冒险、炽热之情纵享人生，随时随地做好准备迎接挑战，超越一次又一次魅力极限。独立存在时，它们摄人心魄；彼此相遇时，它们势不可挡。古琦“罪爱燃情”女士香水是一款馥郁的东方花香氛，如艳丽的红色一般热烈。

图 1.20 2013 新款古琦“罪爱燃情”香水

四、品牌评价

意大利是世界著名的时尚与设计之都，所有奢侈品品牌的设计无不体现着这个国家的风格。意大利的设计文化时尚孕育了许多世界著名的香水品牌，其中就包括古琦。古琦产品一向以高档、豪华、性感而闻名于世，其品牌形象也被消费者理解为“身份与财富之象征”，从而成为富有的名流志士的宠儿。古琦品牌被消费者称为一种“必需的时髦”，这也是古琦香水历来的经营理念。古琦香水高度融合了意大利的风情、文化、经典、传承、时尚和优雅。古琦香水浓浓地散发出 18 世纪威尼斯式的风情和个性化的生活态度，被称为“意大利的骄傲”。时至今日，古琦产品种类繁多，不仅有流行的鞋、包、箱等，还有服装、香水和其他的配饰品。可以说，在一定程度上正是由于这些品种的不断扩大发展，提高了古琦品牌的知名度，使其不再仅限于原有的市场领域，而日益成为受人瞩目的品牌。

五、古琦与名人

2003 年年末，Gucci 推出了“Pour Homme”男士香水，意大利球星卡纳瓦罗（Fabio Cannavaro）成为这一款香水的代言人。卡纳瓦罗在球场一直是那么耀眼，他似乎总是知道自己的球要往哪里传，并且总能抢先一步封锁对方前进的路。2006—2007 年间，他获得了一个足球运动员能得到的所有荣誉：世界杯冠军、西甲联赛冠军、欧洲金球奖、国际足联世界足球先生等。这个不可思议的美少年总是给对手不太真实的感觉，但是却总是那样的优雅和尊贵。卡纳瓦罗性感、明朗、坚强的男人气质正如这款香水奢华的辛辣香调，搭配上琥珀色的水晶玻璃瓶，复古的经典派头不言而喻。

性感火辣的古琦女郎 Evan Rachel Wood 继 2010 年与演出电影“Captain America”的性感男星 Chris Evans，一同合作拍摄“Gucci Guilty Intense”香水平面广告后，在 2013 年古琦新推出的“Gucci Guilty Black”香水形象广告，依旧是由两位火辣诠释，吸睛的程度更胜 2010 年的广告形象。

第六节　克里斯汀·迪奥（Christian Dior）——华美浪漫的魅惑风情

创 始 人：克里斯汀·迪奥（Christian Dior）
创始时间：1946 年
创始地点：法国巴黎

一、品牌标识

迪奥的品牌标识简单直观而又清晰。迪奥的名字“Dior”，在法语中是“上帝”和“金子”的组合，金色后来也成了 Dior 品牌最常见的代表色。迪奥的很多产品系列还使用他的名字 Christian Dior 或首字母 CD 作为标识，以彰显其品牌的独特个性。

Dior

图 1.21　迪奥品牌标识

Christian Dior 有三种标识。最常用两种是：Dior 和 CD。这两种标识同时用在迪奥的香水、化妆品、配件等不同系列中。在时装上则单独使用

Christian Dior Paris 的标识。

二、品牌历史

克里斯汀·迪奥生于法国诺曼，第二次世界大战，随父母移居首都巴黎。他从Ecole des Sciences Politiques 毕业后，便开设了一间画廊，展出 Berard、Tchelichev、Berman 兄弟及多位著名艺术家的作品。然而好事多磨，不久画廊就因为迪奥先生的父亲宣布破产和他最尊重的母亲去世而歇业。迪奥先生并没有因此气馁，相反他努力发展创意才华，更对时装产生了浓厚的兴趣。凭着所创作的时装草图，使他得以进入“Le Figaro”（一份巴黎报章）工作。在成为 House of Robert Piguet 的助理设计师后不久，天才横溢的迪奥先生转投 House of Lucien Lelong。

图 1.22　迪奥小姐

1946 年，在好友 Marcel Baussac 的支持下，迪奥先生终于开设了个人的高级订购时装专卖店。1947 年，迪奥在他的时装沙龙里举办了第一场发布会，为了配合他设计的 NEW LOOK 时装系列而推出的迪奥的第一款香水——“迪奥小姐”（Miss Dior），这象征着迪奥品牌的诞生。“迪奥小姐”是世界上第一种以橙花、鼠尾草、栀子花等清新香气作初调，沉香、岩蔷薇等浓香作为基调的香水，这一浓一淡，既典雅又脱俗。后来迪奥公司又在此款香水的花香中加入了一种清淡的绿叶香气。在当时的欧洲，到了开始使用香水年龄的欧洲少女，都喜爱“迪奥小姐”的香味。这款香水为迪奥拉开了香水传奇的序幕，在接下来的数十年中迪奥推出了 18 款香水，缔造了一个名副其实的香水王国。迪奥这个品牌的香水也特别受法国人的追捧，法国一直是高级香水的发源地。迪奥的名字 Dior 是法语中“上帝”和“金子”的组合，以它的名字命名的品牌 Christian Dior，自 1947 年创始以来，一直演绎着华丽与高雅的传奇故事。

1956 年，迪奥推出了以铃兰花香为主调的香水“非常迪奥”（Diorissimo），它将克里斯汀·迪奥心爱的铃兰花香精心演绎，给这个浪漫年代刻画出一个全新标志。

20 世纪 60 年代初，克里斯汀·迪奥率先推出富有中性气味的“Eau De Sauvage”，后来于 1972 年面世的 Diorella 也继承了中性的特点。

1985 年，“毒药”（Poison）香水的出现成为克里斯汀迪奥香水系列的又一个经典。由香气、樽形到整体形象，“毒药”香水代表了 20 世纪 80 年代性感冶艳、神秘诱惑的女性的美丽诉求，夜来香加果香的浓郁主调，苹果形的樽身设计，其划时代形象可谓不言而喻。

到了 20 世纪 90 年代，以“沙丘”（Dune）、“快乐之源”（Dolce Vita）和“真我”（J'adore）香水等为代表的香水反映出女性追求自主生活取向的态度，深受时代女性的认同。在众多类型的香水中，“真我”香水最能体现迪奥香水一贯的格调与永恒的造型，高雅而迷人。细长的瓶颈，用金色的领巾围了一周，更加显得高贵不凡。

新世纪的迪奥陆续推出了“冰火奇葩”（Pure Poison）等香水，受到世界各地女性的欢迎。

Dior 自己曾经说过：“香水是一扇通往全新世界的大门，所以我选择制造香水，哪怕你仅在香水瓶旁边逗留一会，你便能感受到我的设计魅力。我所打扮的每一位女性都散发出朦胧诱人的雅性，香水是女性个性不可或缺的补充。只有它才能点缀我的衣裳，让它更加完美，它和时装一起使得女人们风情万种。”

三、经典作品

（一）“毒药”香水

“毒药”（Poison）是法国 Christian Dior 公司于 1985 年推出的女用香水，属东方香型。瓶身造型典雅，有红绿白紫蓝五种不同香氛的水晶包装。

“毒药”这个名字来源于一段法国宫廷秘史。当时的凯瑟琳王妃出生于意大利，从小受意大利文化的熏陶，1533 年与法国尚未登基的王储亨利四世结婚之后，进入皇宫中，开始了她王宫里勾心斗角的生活。她的最大对手就是亨利四世的母后——杰欧妮·阿尔伯特。当时，法国的上流社会非常流行使用皮革手套，来作为高贵身份的象征。但是手套的皮革有异味，为了遮盖手套上皮革的气味，并使手套显得更优雅，人们喜欢将手套浸在香水中，使其充满香水后再使用，这个传统来自于格拉斯香水基地。历史记载，凯瑟琳曾献给母后一副由佛罗伦丁大师精心熏香并抹上剧毒的手套。母后在戴用了这副诱人的手套 4 天后，就身染怪病，高烧不退，不治而亡。凯瑟琳的心头之刺既已拔除，便顺利进入皇宫成为一国之母。由佛罗伦丁设计的含有迷人浓香的毒药处方从此被束之高阁，没有被再使用。迪奥就把这种任何人都无法抵抗的魅惑配方流传下来，配制成脍炙人口的经典香水，取名为“毒药”。“毒药”香水瓶采用翡翠和紫水晶华丽的颜色作为包装，也和它显赫的皇宫故事背景有关。“毒药”的瓶身蜿蜒着性感妩媚的弧线，香调则来源于同样的灵感，蕴含着各种层面的微妙欲望，却以同样的魅惑主题鼓励着女性最大限度地放大自己的魅力与诱惑，延续着“毒药”难以抗拒的不老传说。“毒药”香水问世于 21 世纪 80 年代，与当时时而强调物质，时而强调个人成就的时代风气相吻合。“毒药”所塑造的正是这种炽热而进取的女性神秘性感的体现，充满着诱惑与迷人的气息，一种叫人无法不为之心动，为之吸引的浓浓芬芳。“毒药”香水共有四款：“绿毒”（Tendre Poison）、“紫毒”（Dior Poison）、“红毒”（Hypnotic Poison）和“白毒”（Pure Poison）。

“绿毒”香水为柑橘花香调。前调中白松香和红橘香给人明朗爽快的感觉，之后中调中的茉莉和小苍兰等传达出清新的花束香气让人感到不一样的怡然快乐，最终以檀香和香草收尾，让人迷恋在轻盈而温柔的香气中。“绿毒”香水瓶身采用了清新凉爽的绿色，典雅的造型充满魅力。

“紫毒”香水以花果辛香调为主香调，前调是莞荽，中调则由野莓、橙蜜和夜来香组成，基调为防风根。就是这样一种高贵、纯净而且非常独特的香熏，蕴含了诱人的浓郁香味，创造出性感神秘的非凡诱惑。紫罗兰颜色的瓶装设计赋予了本款香水一种神秘感，让人无法抗拒。

“红毒”香水于1998年推出，主调是辛香花果调，给人神秘、奢华、野性而女性化的感觉，散发着浓浓的女人味。前调为马来西亚胡椒和铃兰肉桂，中调为桔花蜜、黑醋栗和卡他夫没药，后调由龙涎香、黎巴嫩蔷薇组成。这些不同的花香相互糅合，造就了红毒香水诱惑与迷人的非凡气息。红色的瓶子给人强烈的视觉冲击，犹如红色魔石，点燃了狂野的蛊惑激情，令芬芳的神奇感性愈加强烈。

“白毒”香水以东方花香调为主香调，温暖感性，前调为茉莉、甜橙、佛手柑和西西里柑橘，令人振奋；中调由茉莉、橙花和水栽栀子花组成，再加上由檀香、白琥珀、龙涎香组成的后调，神秘又迷人，充满诱惑但不乏真诚。“白毒”纯洁明朗的美丽芬芳赋予现代女性不容置疑的温柔妩媚。这款香水因而被称为赋予人性的诱惑之水。洁白的包装犹如一束开放的白色花朵，重现诱惑的永恒传奇与魔力，叙述着又一个经典的香水童话。

图1.23 “绿毒”香水

图1.24 “紫毒”香水

图1.25 “红毒”香水

图1.26 “白毒”香水

（二）“真我”香水

“真我”（J'adore）香水由迪奥于1999年推出，随即受到女性的追捧。“真我”香水前调为黄缅桂花、常春藤叶和柑橘，中调则由兰花、紫罗兰、玫瑰组成，配合以由大马氏革梅、黑莓麝香、圭亚那紫木组成的基调，表达了女性化的感性、妩媚、自信、能量，阐释出女人最真的情感和内心深处的真实自我，可谓是新世纪女人真我宣言。J'adore纯净、永恒的瓶身造型，体现了迪奥香水一贯的格调与永恒的造型，高雅而迷人。细长的瓶颈，用金色的领巾环绕了一周，更加显得高贵不凡。瓶身光滑透明没有一点修饰，J'adore这几个字母很美地隐藏在水晶瓶盖上。犹如那句广告词：“这个世界不再是黑白两色，而是金色的。”

图1.27 “真我”香水

四、品牌评价

自1947年Dior创始以来，这一品牌一直是华丽、高雅和充满艺术感的代名词。不论是香水、时装、化妆品或是其他产品，CD 在时尚殿堂一直雄踞顶端。CD 品牌之所以被消费者誉为经典，主要是其设计注重创新，创新中又不失优雅，能够给女性带来一种全新的面貌。Christian Dior 品牌已经诞生 100 多年了，但是仍然是时尚史上最有名的品牌之一。时间最能够验证经典，毫无疑问，Dior 就是一个经典，100 多年的发展历程，一代又一代的设计师们在续写着这个经典，并引领着全世界的流行时尚。

21 世纪的新女性对传统有着与生俱来的叛逆，她们渴望新奇、渴望诱惑、渴望充满了梦想又向往着实现这些梦想。她们雄心勃勃、冷艳如花；她们乐观向上、追求生活前位。迪奥为她们设计出魅力十足的香水，激情冷艳中包含着慷慨与神秘，让这些女性的渴望实现、梦想成真。迪奥也由此成为永恒的传奇、永恒的经典。

五、迪奥与名人

“真我”香水诞生于 1999 年，至今仍是全球最畅销的十大香水之一。2004 年，迪奥香水化妆品公司正式宣布查理兹·塞隆（Charlize Theron）代言“真我”香水的全新形象广告。

查理兹·塞隆是第一位来自南非的奥斯卡影后。她在屏幕前给人的印象很甜美，不过她内心却非常勇敢。2003 年，她接拍了那部轰动了全世界的电影《女魔头》，为了拍摄这部影片，她增重 30 磅，剃掉眉毛。正是她的坚持与成就把她与众多魔鬼身材的好莱坞女星区别开来。迪奥选择查理兹·塞隆作为“真我”香水的代言人，是因为她给人的印象就是一种“真我”的姿态。这款香水恰如其名，在鲜明独特的香氛之中诠释了骄傲的真我价值。

第七节 伊丽莎白·雅顿（Elizabeth Arden）——美国纽约的尊贵红门

创 始 人： 佛罗伦斯·南丁格尔·格雷汉姆（Florence Nightingale Graham）
创始时间： 1910 年
创始地点： 美国纽约

一、品牌标识

图 1.28 伊丽莎白·雅顿标识

伊丽莎白·雅顿的标识中间是一扇红色的大门。这个大门的设计源于雅顿在纽约第五大道开设了第一家全方位的美容沙龙的大门。这个大门的设计以粉红色为基调，华丽高雅的装潢，代表了伊丽莎白·雅顿通向高端时尚的梦想之门。标识的底色为黑色，表现了品牌的深厚底蕴和庄重的承诺。

二、品牌历史

伊丽莎白·雅顿1910年由佛罗伦斯·南丁格尔·格雷汉姆在美国纽约创立。1878年佛罗伦斯·南丁格尔·格雷汉姆出生在加拿大的多伦多。她在年轻时来到美国，先是在纽约一家化妆品公司工作，1910年，从亲戚手中借了6 000美元，在拥有美国时尚中心之称的纽约第五大道开设了一个名为红门的美容沙龙。之后不久，她把自己名字改为伊丽莎白·雅顿，并且把红门沙龙也取名为伊丽莎白·雅顿。

"伊丽莎白"这个名字据说是从当时一本著名的小说《伊丽莎白和她的德国花园》中得来的。而雅顿从一本诗集《伊诺克·雅顿》中获得。伊丽莎白·雅顿这个名字一开始就赋予了浓郁的诗情画意。

最初伊丽莎白·雅顿只卖别人生产的香水。直到1922年，第一款由伊丽莎白·雅顿自己配制的香水正式推出。此后，雅顿夫人陆续推出了一系列安全有效的护肤用品：1932年，伊丽莎白·雅顿口红系列面世；1933年上市的8小时润泽霜；20世纪70年代创新配方的显效系列；1978年的银级系列；1990年的时空胶囊等，仍然是今天独具口碑的产品。从此，这家带有浓重贵族气息的美容沙龙名气越来越大，它的粉红色室内设计和明亮的红色大门，也随即成为了纽约上流社会女士的最爱。

1936年，雅顿推出了大受市场欢迎的"青青芳草"（Blue Grass）香水，从那时起畅销60多年经久不衰。到1989年推出了"青青芳草"香水的复制版，也受到了市场的追捧。

从20世纪40年代到20世纪80年代末，雅顿陆续推出了多款香水，其中包括有"红门"（Red Door）、"太阳花"（Sunflowers）、"白钻"（White Dimond）等，每一款都受到了消费者的追捧。1994年推出的"真爱"（True Love）为雅顿的香水王国增添了更多的浪漫色彩。

1996年推出的"第五大道"（5th Avenue），充分展现了20世纪90年代的时尚风情，使这款香水成为雅顿的经典产品。1999年推出的"绿茶"（Green Tea）把绿茶引入香水的创意震撼了当时的时尚界。

1966年，伊丽莎白·雅顿逝世，那时她已经是88岁高龄。她通过一生的努力，创造了一个年销售额高达6 000万美元的化妆品帝国。为此，雅顿夫人得到过英国皇室的嘉奖。

雅顿夫人生前曾留下遗嘱，伊丽莎白·雅顿公司不可以被分割出售。然而，公司最后还是在1971年出售给了其他公司，并于1989年落到联合利华集团手中。近年来，联合利华旗下的伊丽莎白·雅顿公司一直致力于扩大包括护肤品、彩妆、香水在内的多元化产品线，推广并提高其产品在世界各地的认知度。为此，其还特邀了好莱坞影星凯瑟琳·泽塔·琼斯担任品牌代言人。

三、经典作品

（一）“第五大道”香水

“第五大道”（5th Avenue）香水于1996年推出。这是一款清甜东方花香调香水，前调是紫丁香、木兰、法国铃兰，给人清新甘甜的感觉；中调由保加利亚玫瑰、紫罗兰、桃花组成，优雅时尚的香气表现出女性自信、现代以及优雅的一面，深受女性的欢迎；最后以琥珀、鸢尾花和香草收尾，悠长耐闻，给人温和淡雅的感觉。

图1.29　“第五大道”香水

“第五大道”香水的瓶身设计简洁大方，颇具现代节奏，以纽约曼哈顿的摩天大楼为瓶侧的线条，简单、利落、优雅、冷傲。第五大道处于曼哈顿的中轴线，是纽约最繁华的街道。这款香水表现了伊丽莎白·雅顿的事业发源地，又体现了创始人追求尽善尽美、不屈不挠、孤傲群雄的精神，自然成为那些自信、时尚、追求个性的女性的最爱。

全美最奢华的珠宝、服装和化妆品商店都集中在这里。“第五大道”也已成为高品质和高品位的代名词。“第五大道”香水完全诠释出了纽约第五大道的华丽和高贵，至今为止也是一款在浪漫之都巴黎畅销的北美香水，这也是雅顿最成功的经典产品之一。

（二）“粉漾红门”香水

雅顿在1989年推出“红门”香水后，于2004年又推出“粉漾红门”（Red Door Revealed）香水。这款香水以东方兰花香调为主香调，前调是绿色珊瑚兰、粉红牡丹和兰花；中调由宝石蓝、黄色金香木、紫洋兰、白保加利亚玫瑰和菊花花瓣组成；后调为地衣、黑琥珀、麝香。打开“粉漾红门”，清甜柔美、浪漫芳郁的气息迎面而来，之后持久而温暖的华丽香味极具吸引力。瓶身采用了经典的粉红设计，清澈透明的瓶子嵌缀Revealed的红色字体，“Red Door”的Logo伴随着馥郁粉嫩的香味，展露着星云多变的粉漾风情，重新阐释了不一样的经典红门。

图1.30　“粉漾红门”香水

（三）“绿茶”香水

1999年推出的“绿茶”（Green Tea）香水灵感来源于古老的茶道传统，所以散发出淡淡的知性及高雅气氛。其全新概念的清新花香调，宛如雨后清晨般令人神清气爽、心旷神怡。前调含有葛缚子、大黄、柠檬、橙皮和佛手柑，散发出清新悦人的芳香；中调由绿茶、薄荷、茉莉、芹菜

图1.31　“绿茶”香水

籽、康乃馨、茴香组成，令人振奋的芳香沁人心扉；后调中桦树苔、麝香和白琥珀令人身心舒缓，散发着温暖心灵的芳香。绿色的香水瓶身也给人淡雅宁静的感觉。对于全世界的忠实用户来说，伊丽莎白·雅顿绿茶香氛不仅仅是一种香氛，更是一种生活方式，一个让女性充分感受健康的感觉世界。

四、品牌评价

享誉全球的“红门王国”——伊丽莎白·雅顿品牌是化妆品业的一个传奇。财富杂志曾经这样评价：“美国只有三个品牌能够享誉全球：可口可乐、辛格缝纫机和伊丽莎白·雅顿的化妆品。”消费者认为使用伊丽莎白·雅顿这一品牌给她们带来了自信和时尚，这一品牌早已成为高雅和自信的代名词，深受女性的喜爱。雅顿夫人曾说过：“追求自然与美丽是每位女性与生俱来的权利，我就是来帮助她们达到此目的的。”正是秉持着这样的信条，雅顿夫人始终走在美容业的最前沿，不断地给爱美的女性带来新产品与新理念。她还被《生活》杂志评选为“20世纪最有影响力的美国人”。这是因为她所创建的雅顿品牌改变了人们的美容观念，领导了美容、保养的时尚潮流。

伊丽莎白·雅顿香水是以它那充满活力和性感的花香，倾诉着女性的万种风情。有时它就像暮色下宁静懒坐街边的少女，缥缈色淡宁静自然，犹如东方神话中的仙子，自然而清纯，淡淡的清香飘向远方；时而它又像是一位雍容华贵，性感诱人的女性，全然不受时尚风潮的作弄，表现出一份煽情、美艳和高雅。

五、伊丽莎白·雅顿与名人

2002年，伊丽莎白·雅顿邀请风情万种的国际巨星凯瑟琳·泽塔·琼斯（Catherine Zeta-Jones）作为品牌代言人，她带有一种独特的优雅气质，细致古典的脸庞，一头乌黑飘逸的长发，一双琥珀般迷人的眼睛及性感丰润的双唇。凯瑟琳·泽塔·琼斯的代言使伊丽莎白·雅顿成为时尚界一道靓丽的风景线。

凯瑟琳·泽塔·琼斯出生于英国威尔斯，因拍摄哥伦比亚/三星之冒险动作片《蒙面侠苏洛》获得国际认同，之后曾担任奥斯卡经典电影《美国甜心》及《将计就计》等片女主角，同时获得人物（*People*）杂志票选为“最美丽的人”之一。2003年更因《芝加哥》一片荣获奥斯卡金像奖最佳女配角奖。除了事业上的成功，她与影星麦克·道格拉斯的浪漫爱情故事与幸福婚姻更为人津津乐道。婚后的她除胜任贤妻良母的角色，更在影剧事业中登上另一个高峰。

万众瞩目的巨星凯瑟琳·泽塔·琼斯其实与1910年创立伊丽莎白·雅顿化妆品公司的雅顿女士有着穿越时空的默契与相似之处，成为全新代言人的这段缘分相信绝不是巧合。

伊丽莎白·雅顿行销副总裁Lisa Mataro兴奋地说：“一个女人的美有许多面貌，她可以是充满活力的、令人神魂颠倒的或是性感诱人的！这些及更多的特质都将借由泽塔·琼斯小姐的诠释而赋予具体的形象。”这位极具迷人风采且天分十足的国际知名演员、妻子、母亲与名人，赋予多样面貌的现代美人具体的形象，重新开启了“雅顿红门”的新时代意义，同时也为美丽揭开新序幕。

第八节 巴宝莉（Burberry）
——轻快简约的英伦风尚

创 始 人： 托马斯·巴宝莉（Tomas Burberry）
创始时间： 1891 年
创始地点： 英国伦敦

一、品牌标识

巴宝莉的品牌标识由一个“马背骑士”和 Burberry 的名称构成。标识上方经典的“马背骑士”就像一个穿着盔甲的武士一样，保护着这个大不列颠联合王国的英伦品牌。而下方的 Burberry 用创始人的名字标出品牌的名字。背景的蓝色来自于英国皇家颜色，表达了浓郁的皇室文化。

图 1.32 巴宝莉品牌标识

二、品牌历史

1891 年，托马斯·巴宝莉在伦敦 Haymarket 开了第一家店，现在那里仍是巴宝莉公司的总部所在地，当时他只有 21 岁。除传统服装外，为适应多元时代的来临，Burberry 也将其设计触角延伸至香水等其他领域，并将经典元素注入其中，推出新的产品系列，让传统英国的尊贵个性与生活品位继续延伸其中，获得崭新的生命。

巴宝莉最早的香水是 1924 年推出的一款集玫瑰、茉莉、橘花之香的淡香水，在当时受到人们的普遍欢迎。20 世纪 90 年代，巴宝莉推出了第一款女士香水“伦敦”（London），清新的果香调和清爽自然的气质，流露出女性俏丽的特质，成为当年的经典作品。1998 年，巴宝莉推出“周末”（Weekend）女士香水，这款香水时尚清雅，给人们一种轻松愉悦之感，为当时的情人们周末出游增添了情趣和光彩。

2000 年巴宝莉推出了“触摸”（Touch）男女对香，柔和中带有香料味的气息，散发着东方的清淡香味，让人感觉很舒服。值得一提的是，男女香瓶身设计取自螺纹线轴，以呼应 Burberry 由手工服饰而来的品牌历史。

2002 年，巴宝莉延伸了“触摸”的产品线，推出了新款的宝宝专用香水—“宝宝触摸”（Baby Touch）。清幽芳香的气味不仅适合小孩使用，大人也同样适用。2003 年夏天在全球同步推出了新款女性香水“柔情触感”（Tender Touch），这款香水迎合亚洲地区最受女性朋友欢迎的香甜花果气息，瓶身的设计延续 Touch 的灵感，搭配亮紫粉红的柔美色泽，柔和、丰富的气质，犹如被大自然拥抱的清新触感。2003 年，Burberry 发表新款女性香氛 Burberry Brit，继续延续百年的历史，包装上象征英伦风格的格纹图腾，更让 Burberry Brit 在年轻的气息里带着一点俏丽的尊贵气息。

三、经典作品

（一）巴宝莉伦敦女士香水 2006 年新版

图 1.33　伦敦女士香水

作为英国经典时尚品牌，Burberry 在 2006 年推出新款女性时尚香氛“伦敦女香”（Burberry London for women），这是一支淡雅而具现代感的花香调香氛，前调融入了克莱门氏小柑橘、英国蔷薇、忍冬的雅致气息，清新可人；中调中的牡丹及茉莉香气给人惬意舒畅的感觉；后调中性感诱人的檀香、麝香及广藿香让人感到怡然自得。香水瓶上穿上象征英伦风格的格纹图腾，更让 Burberry London 在年轻的气息里带着一点尊贵和迷人。

（二）巴宝莉“伦敦”男士香水 2006 年新版

Burberry“伦敦”男香的香调是琥珀木质。前调混合了清新佛手柑、强烈的黑胡椒、熏衣草气息和辛香的肉桂叶，高雅精致；中调包括了奢华的皮革、含羞草和独特的红葡萄酒，散发着诱人的性感气息。后调由烟草叶、陵香木、浓郁的橡木苔和甜没药树脂组成，构成了独特出众的英式香氛。流露出的经典香气沁人心脾。香水瓶身为一件放大尺寸的 Burberry 经典格纹布料，外盒包装运用著名的 Trompe-l'oeil 编织图案，和瓶身花纹相呼应，处处体现了忠于品牌的传统和创意精神，展现了巴宝莉经典高雅的英国风格。

图 1.34　伦敦男士香水

四、品牌评价

巴宝莉被誉为英国国宝级奢侈品品牌。巴宝莉在欧美和全世界都被奉为高质、耐用的标志。除此之外，消费者选择巴宝莉大都被他经典的英伦风格所吸引。巴宝莉作为令人尊敬的英伦风尚代表，给使用者带来一种真正的英国式生活品位。

巴宝莉这个英国的老牌服装品牌，带有一股英国传统品牌的设计风格。以独特的布料、经典的格子图案、大方优雅的剪裁，赢取无数人的欢心。没有哪一个品牌能像巴宝莉一样把格子的影响扩大到全世界，格子实际已经成了巴宝莉品牌的商标。

有人评价其香水品牌时曾经这样说，巴宝莉代表了一种文化，这种文化既具乡村风情又有城市格调，并且流行和经典并存。

巴宝莉代表一种崇尚品位的生活艺术，凭着传统、精谨的设计风格和产品制作，1955 年，巴宝莉获得了由伊丽莎白女王授予的“皇家御用保证”（Royal Warrant）徽章。后于 1989 年，巴宝莉又获得了威尔士亲王授予的“皇家御用保证”徽章。自创立以来，Burberry 就成为“品质”的同义词。

五、巴宝莉与名人

2007 年，Burberry 正式宣布由电影《神鬼传奇》与《康斯坦丁：驱魔神探》的女主角——英国女星瑞秋·威兹为“伦敦”香水担任代言人。之所以会选择瑞秋·威兹，不仅仅是因为她刚拿下奥斯卡最佳女配角，巴宝莉更看重的是威兹身上浓烈的古典浪漫气息以及优雅与摩登兼具的品牌精神，这一点与这款香水的风格不谋而合。

不论出席什么场合，威兹的英式风格都能使她从容展现出不落俗套的迷人风采。对于为何会接受巴宝莉的代言邀约，威兹表示：“我是个英国人，是在巴宝莉时装的陪伴下长大的。所以我无法拒绝巴宝莉的邀请，何况我确实很喜欢这款香水，它有着一股淡淡的檀香气味。”

第九节　娇兰（Guerlain）
——绚丽奢华的法兰西时尚

创 始 人：皮埃尔·佛朗索瓦·帕斯卡·娇兰（Pierre Francois Pascal Guerlain）
创始时间：1828 年
创始地点：法国巴黎

一、品牌标识

图 1.35　娇兰品牌标识

最上方是一个蝴蝶型兰花图案，象征着美丽的愿景。中文翻译成很美丽的娇兰，就像一朵很娇嫩、美丽的兰花。下面大写的英文是创始人姓氏 GUERLAIN，凸显以家族姓氏命名的品牌。下方一行小字 PARIS 表示娇兰的诞生地是充满浪漫色彩的法国巴黎。背景是淡紫色的花文图案，表现了高贵典雅的巴黎风范。

二、品牌历史

1828 年，法国药剂师皮埃尔·佛朗索瓦·帕斯卡·娇兰在巴黎 Rivoli 大街 42 号开了第一家香水店，就此展开了180年传奇的华美卷章。由于品质优异，娇兰很快风靡巴黎上流社会，并获得欧洲王室的青睐。

1854年，娇兰出品的“皇家香露”香水得到了拿破仑三世的妻子欧仁妮的欢心，娇兰也因此被指定为皇家御用香水供应商。1864年，老娇兰先生去世后，由他的两个儿子格布瑞（Gabriel）和爱默（Aime）肩负使命。

1889年，著名的“姬琪”香水推出，被看成是第一款现代香水，成为娇兰最伟大的经典之作。“姬琪”是爱默前女友的名字，也是雅克·娇兰（Jacques Guerlain）的昵称。香水瓶由娇兰家族的人亲自设计，巴卡莱特制造。模仿了化学试瓶的造型，瓶塞很像是香槟酒瓶塞，整个的香水瓶都充满着时尚的气息，象征着香水所代表的快乐和幸福。

1900年，Gabriel之子Jacques继承父业，他突出的代表作就是1925年推出的融合了爱情神话的“一千零一夜”（Shalimar），这也是第一瓶具有东方情调的香水，为当时极盛的巴黎增添了快乐和情趣。此后，他更将精力大量投入于香水之外的护肤品、洁面乳、化妆品等其他产品的大规模生产上，娇兰的事业从此进入新纪元。

与其他品牌一样，第二次世界大战的爆发破坏了娇兰的生意，直到20世纪50年代中期，娇兰才开始逐步恢复。

1969年，香水家族增加了新成员——“迷醉”（Chamade），这是一款使人回忆战争帝王没落，梦想美好生活的香水。1974年，清新温柔的“娇兰香露”（L’Eau de Guerlain）问世。1975年，娇兰出品柏香调的“盛装”（Parure）。1979年，推出歌咏玫瑰的“娜赫玛”（Mahema）。之后又推出了花香调的“香园”（Jardins de Bagattlle）和“轮回之香”（UnAir de Samsara）。

1996年，娇兰最卓越的香水“香谢里舍”问世。这是一款完美的花香型香水，主要由含羞草叶、含羞草花、醉鱼草构成，香水瓶由罗伯特·格拉奈设计。把巴黎最经典的建筑元素华美地表现在瓶里瓶外，让人们尽情地感受花都巴黎、法国这个浪漫的国度。这款香水一上市就风靡法国，被评为“疯狂时代的代表作”。正是这款香水，为娇兰造就了又一次辉煌。

1998年，为纪念创始人200周年诞辰，娇兰限量发行了“娇兰沉香”。

迄今为止，“法国娇兰”为欧洲半数以上的贵族提供香水，比利时王后、俄罗斯公主等都和“法国娇兰”有着不解之缘。

今天的“法国娇兰”无论是香水、护肤品，还是彩妆产品，都成为贵族们不忍割舍的美丽情结。延续了百余年的优雅传统和浪漫主义风范，“法国娇兰”将店堂设立在象征高贵典雅的法国Champs-Elysées香榭丽舍大街上。富丽堂皇的金蓝色设计风格，秉承了“法国娇兰”一贯的高贵与华美。

娇兰的最大亮点是所创制的香水几乎全部出自家庭成员之手。他们认为，好的品牌要延续传统，必须亲力亲为。就连挑选材料，也都是他们亲自出马，一丝不苟。与其他的大多数奢侈品牌不同，至今，娇兰依然保留了娇兰产品的独家经营权。娇兰之所以180多年来一直坚持这样，是源于娇兰家族的一个故事：娇兰在第一家店建成初期，当他向一家商场推荐时却被拒之门外。这件事激起了年轻的皮埃尔的雄心。从此，他决定不在任何一家巴黎的商场里面出售娇兰的产品，娇兰家族的后代们尊重并传承了这一决策。在巴黎市区，娇兰已经有了 11 家自己的香水店，娇兰旗下的许多古典香水也只有在娇兰专卖店和个别香水店里才能找到。也正是基于这种传统的销售理念，才使得娇兰从建店之初到现在一直传承着优雅与浪漫的贵族气质。

三、经典作品

（一）“一千零一夜”①（Shalimar）

20 世纪 30 年代，Shalimar 诞生在香水世家娇兰。Shalimar 是娇兰最著名的香水，中译名为一千零一夜。这也是香水历史上第一款东方香水。以东方调为主香调，前调是佛手柑，中调由玫瑰、茉莉组成，最后以香草、橡树苔藓、顿加豆和鸢尾花收尾。朦胧性感而浓郁的香气使人感到温暖浪漫。Shalimar 不仅是一瓶香水，同时也代表着男人对女人的深情。它象征一则浪漫的爱情故事：传说印度大帝沙杰罕极宠爱他的妃子泰姬，这位在他的王国里呼风唤雨的帝王，依然如世间平凡男子般，竭尽所能地希望博得美人的欢心。为此，他下令建造了许多美丽的花园，在这里，他与泰姬携手漫步、絮絮低语、倾诉爱意，在这个深深迷恋的女人眼中，他发现了另一个更美丽的世界。这些留下俩人足迹的花园，就被命名为 Shalimar。Shalima 是梵文，原意为爱的神殿。帝王与他的爱妃以及他们的王国，已随着岁月消逝，但是浪漫的爱情故事却成为人间传颂的美丽传说。香水大师 Jacques Guerlain 在这个美丽传说中，找到了灵感，创造出 Shalimar，于是这瓶诞生于爱情之中的香水，带着神秘的东方气息，世世代代飘香延续。

图 1.36　“一千零一夜”

（二）“帝王之水”（Eua De Cologne Imperiale）

在第二帝国时期，拿破仑三世在巴黎享受着他奢侈而豪华的宫廷生活。他热衷于举办各种各样的舞会，邂逅不同的美女贵妇，直到他遇到生命中最重要的一个女人优洁尼（Eugénie de Montijo），并封她为皇后。优雅而高贵的优洁尼皇后和宫廷中的美妇们将巴黎的皇宫变成了当时法国的时尚发源地，各种最新款的饰品、珠宝、香水都会第一时间出现在巴黎的宫廷之中。

图 1.37　“帝王之水”

而早已声名显赫的法国娇兰，自然也是这一场潮流盛宴的参与者。起初娇兰先生被 Eugénie 皇后的高贵气质和迷人光彩所震撼。为了表达对皇后的无限敬意，娇兰先生为 Eugénie 皇后量身订制了这款著名的“皇室蜜蜂”瓶身的香水——“帝王之水”（Eua De Cologne

---

① 酷哥网 anjing，世界杯之香水，http：//www.kuge.com/，2006 年 6 月 22 日。

Imperiale）。

这款“帝王之水”是如此的清新而又迷人，它混合了橙花、佛手柑、柠檬、熏衣草和迷迭香的味道，令人着迷。“帝王之水”为法国娇兰带来了无上的荣耀，获得皇室的最高嘉奖，成为“御用皇室香水制造商”。

（三）“香榭丽舍”（Champs-Elysees）香水

“香榭丽舍”香水于1996年推出，以纪念娇兰在香榭丽舍大道上开张的旗舰商店。它打破传统提炼香水的方式，前所未有地使用含羞草叶及花朵为主要成分。前调以清新的绿叶气息混合玫瑰花瓣与杏花的幽香；中调由充满阳光味的含羞草与银合欢、铃兰的清香组成；最后由芙蓉花的浓郁与龙涎香的幽香收尾，令人回味无穷。

图 1.38 “香榭丽舍”香水

对于时尚前卫的巴黎人来说，“香榭丽舍”是一款蕴含热烈诱惑的香氛。令人愉悦的香氛，特别蕴含丁香和含羞草成分。瓶身像女性轮廓致敬，彰显了女性的躯体之美。大瓶盖，磨光玻璃，伸展和装饰了柔美的曲线。这一美丽的构造稳固地固定在一只生命三角上。它还令人想起从贝聿铭设计的卢浮宫金字塔到凯旋门之间延伸的全世界最美丽的大道：香榭丽舍。

“香榭丽舍”香水以法国巴黎著名的香榭丽舍大道为名，其瓶身由法国著名雕塑家 Robert Granai 设计，瓶底为三角锥体，再现了卢浮宫前的玻璃金字塔，优雅的宽边瓶盖正是凯旋门的印记，整个设计由香榭丽舍大道上的著名建筑巧妙组合而成。这款自由化身的香水凸显女人自主性的风格，给每位女性带来青春飞扬、前所未有的轻快感觉，让每个女人找到自我，深受女性的追捧。

四、品牌评价

“光辉实属短暂，只有美誉才是永恒”。这是娇兰曾经说过的话。这一品牌被誉为百年的奢华传奇，它开创了法国“娇兰”与皇帝的渊源。1853年法国“娇兰”创始人被拿破仑三世皇后钦点为御用香水专家，充分证明了这一品牌的影响力。娇兰推出“*Eua De Cologne Imperiale*”后被称为“帝王之水”，意为即使是君王也对它爱不释手，难以割舍。这个香水王国最娇艳的品牌骄子，已经成了优雅浪漫的代名词。180多年来，娇兰共推出300余种香水，这些高产量和高品质的产品，使得娇兰不仅在法国几乎成为了香水的代名词，而且在全球高档化妆品市场上也享有着至高无上的声誉。娇兰这个香水王国最娇艳的骄子，正是以它特有的贵族气质与优雅浪漫的品质，奠定了它在法国乃至世界香水品牌界的王者地位。

只有娇兰这个出身名贵的香水，才能有资格把举世闻名的香榭丽舍大道作为自己香水的名字，让人们领略巴黎这个花之都、这个浪漫之都。正是娇兰这个来自巴黎的浪漫幽香才能带着你去感受巴黎、香榭丽舍、凯旋门、埃菲尔铁塔这些举世闻名的艺术。从娇兰香水的瓶里瓶外你能感知那种完美和神奇，才能在奢华和梦幻中寻觅人生的真谛，才能在痴狂与陶醉中彰显人性与妩媚。

180年芳香，款款都是精致的艺术品，都曾演绎了一段不朽的传奇，都交织出一支最美妙的乐章，都为人们展开一片梦想的天空。它们穿越了久远的时空，迷醉着一代又一代人的心灵。娇兰这个品牌在历久弥新的历史长河中变成了永恒！

五、娇兰与名人

娇兰是世界上最富有传奇色彩的香水家族，1914年，娇兰在香榭丽舍大道上成立其专属总公司，“香榭丽舍”香水便是1996年为纪念在香榭丽舍大道上开张的旗舰店而推出的品种。“香榭丽舍”这一名字法国味十足，当然要由法兰西宝贝苏菲·玛索来代言。

苏菲·玛索于1966年11月17日出生于法国巴黎，就读高中时因为寻找打工的机会，而被一家广告商看中，因此她幸运地从700名应征者当中脱颖而出，被选为《初吻》的女主角。这部描述少女怀春情怀的电影于1980年在法国上映，吸引了上百万观众，在其他欧洲国家以及日本及中国台湾上映时也是盛况空前，苏菲·玛索的少女魅力也因而风靡了全世界。

苏菲·玛索14岁便带着天蝎少女独有的小脾气进入电影棚，天真无辜的美丽倾倒了无数影迷，而《勇敢的心》则帮助她把自己的版图扩大到了全世界，但她依然散发着纯正的法国味道。她是全欧洲的梦中情人，可娴雅可放荡，可委婉可轻狂，矛盾的词汇用在这位纯粹的法国女郎身上却恰如其分。这一点如同这款香水，浪漫典雅又热情率真。完美的花香型，如同纯正地道的法国女人，散发着浪漫慵懒的气息。在广告片中，浪漫性感的苏菲·玛索手捧大束玫瑰，步行于夜色中的香榭丽舍大道，与美丽的巴黎融为一体。

第十节 爱马仕（Hermès）
——璀璨夺目的至精至美

创 始 人：蒂埃里·爱马仕（Thierry Hermès）
创始时间：1837年
创始地点：法国巴黎

一、品牌标识

爱马仕品牌标识主要由三个部分组成。一个是马车图案，它是爱马仕以经营马具起家的悠久历史与精致品质的传统象征。在爱马仕家族收藏的名画中，最重要的是一幅阿尔弗雷德的水粉画。画中，一位小马夫在一辆维多利亚式的双坐马车前等待他的主人，爱马仕马车商标的灵感就是由此而来。第二个是爱马仕的大写签名“HERMÈS”，表明了创始人对这个品牌的神圣责任。如果不是与马车图案一起出现，它通常会被安排在按扣或表面上，下面还有一行“PARIS”小字，说明了它创立于巴黎。

图 1.39　爱马仕品牌标识

二、品牌历史

1837 年，蒂埃里·爱马仕在法国巴黎的 Grands Boulevards 创立了以自己姓氏为名的马具品牌。那时，他的马具工作坊专门为马车制作各种精致的配件，在当时巴黎城里最漂亮的四轮马车上，都可以看到爱马仕马具的踪影。1867 年的世界贸易博览会中，爱马仕凭借精湛的手工艺，赢得了一级荣誉奖项。1879 年，蒂埃里的儿子查理·爱马仕接管这一家族企业，为了使爱马仕与当地贵族靠得更近，他把爱马仕总店搬往巴黎著名的福宝大道 24 号，同时他还让爱马仕走出巴黎，走向欧洲各国。

进入 20 世纪，汽车在欧美上流社会逐渐普及，高级马具的市场需求逐渐萎缩。爱马仕看到了这点，从那时起，企业开始朝多元化方向发展。不过，爱马仕仍以缝制马具的精湛技术生产各类皮制品，仍然保持着精致的手工与质感。在爱马仕第三代掌门人埃米尔·爱马仕的努力下，爱马仕皮制品走进欧洲各国的皇宫，成为御用珍品。1920 年，爱马仕为威尔士王子设计的拉链式高尔夫夹克衫，成为了 20 世纪皮革服装中最早的成功设计，在当时引起很大轰动。

1951 年起，爱马仕由埃米尔的女婿罗伯特·迪马接掌。20 世纪 60 年代起，爱马仕又陆续推出了香水、西装、鞋饰、瓷器等产品，成为横跨全方位生活的品位代表。

图 1.40　爱马仕法布大道 24 号总店

爱马仕集团总部坐落在巴黎著名的法布大街，但是其精品散布于世界 20 多个国家和地区的 200 多家专卖店。它的产品总能给人们带来传统优雅的新感觉，全球保持着经典和高品质，让人们在快节奏的现代生活中也充满自信。20 世纪 80 年代因摩洛哥王妃格雷斯·凯利得名的爱马仕“凯利包”（Kelly）风行一时。

对于憧憬爱马仕的时尚迷而言，香水是进入爱马仕顶级花园的入门商品。爱马仕的香水不多，但是一贯保持着精致华丽的传统。爱马仕的香水并非浓得化不开，但总是让人一闻难忘。瓶身高贵华丽，雕花更是精致得无法用语言形容。其他的香水公司一般每两年推出一款新产品，但是爱马仕则采取十年一新的策略。

1951 年首先推出的“爱马仕之水”，橘子花香到现在仍保持时尚感觉。

1961 年推出的“驿马车”（Caleche）香水，充满韵味的林木花香顺应了典雅感性的潮流。

1974 年推出的“亚马逊人”（Amazone），是一款大胆的水果味绿色香水，吸引了大群追随者。

1984 年推出了呈红色的“爱马仕”香水，更是充满了东方情调。

1995 年是香水“相遇法布街 24 号”（24 Faubourg）的世界。每瓶“相遇法布街 24 号”要用 10 多个小时去雕刻瓶子、注入香水、手工封盖。爱马仕是如今少数自己拥有调香师的公司。香水的品质是至高无上的，更令人惊艳的是爱马仕的香水瓶也设计得精致无比，甚至可以让人忘记瓶子里面香水的味道。

2005 年，爱马仕发布了限量版香水“尼罗河花园”（UnJardinsurleNil），又在香水界引起一阵喧腾。

2006 年爱马仕集团营收总额达到 15.15 亿欧元，比 2005 年增长 6.1%。

三、经典作品

图 1.41　爱马仕“尼罗河花园”

（一）爱马仕“尼罗河花园”（UnJardinsurleNil）

2005 年，爱马仕专属调香师艾雷纳（Jean-ClaudeEllena）在游览世界上最长的河流——埃及尼罗河时突发灵感，遂以生生不息为主题，创作了限量版香水“尼罗河花园”。这款香水前调为灯心草、埃及青檬果和柑橘，新鲜青涩的香气随之飘出；中调包含了夏天的茉莉、尼罗河睡莲和橙花，香气清新却不乏骄奢感；后调由无花果树、乳香脂树、西洋柏组成。这款香水加入中性气息，提醒人们这是一支男女都适用的香水。值得一提的是，莲花是埃及的圣花，是一种重生象征，用来献给太阳神与法老。这支香水表达的是维系过去、现在与未来的永恒时间观。

（二）“驿马车”（Caleche）香水

“驿马车”香水是 Hermes 1961 年推出的一款经典之作，有着 Hermès 经典的传统，典雅奢华的设计，表达了自信迷人的风采，赢得了不少女性的芳心。这款香水以清新花香调为主香调，前调为白松香、橙花、玫瑰，清新自然；中调由橙花油、鸢尾草、五月玫瑰组成，香气令人无法抗拒；后调是西洋杉、橡树苔，传递出温和细致的气息。清新自然、温和细腻、委婉回春的香味，呢喃地诉说着少女的情怀，让那些年轻、自主、思想前卫的都会女子们无法抗拒。香水瓶身优雅简洁，简单流畅的线条，优雅中不失大方。这款名贵的香水，有“液体钻石”之称，目前“驿马车”香水在当今世界上排列前十位的最昂贵的香水中排第 6 位，每盎司高达 170 美元。

图 1.42　“驿马车”香水

（三）“相遇法布街 24 号”（24 Faubourg）

“24 Faubourg”是爱马仕在 1995 年出品的女性香水，中文名称为法布街 24 号。“相遇法布街 24 号”的设计灵感来自于热情浪漫的地中海、印度洋地区。这款香水以东方花香调为主香调，前调由香柠檬、柑橘、桃子、风信子组成，中调蕴含了鸢尾花、橙花和茉莉，最后以檀木、草香、广藿香和琥珀收尾，清纯独特的香气触动着心灵的最深处。这款香水的香气象征流畅、清澈、碧蓝的天空，时而散发着太阳的活力与明媚，时而呈现清晨的爽朗凉意，时而是中午时分的温暖与灿烂，给人以想象，给人以梦幻，让人迷醉又让人震撼。香水瓶身为浅金黄色，略带琥珀色泽，再加上爱马仕最经典的产品丝巾作为瓶身图案设计，散发出女性耀眼、神秘、性感的味道，绽放出金色的生命之光。这款香水以爱马仕集团总部坐落的巴黎著名的法布大街命名，正像杜迈说的，他们希望这款产品能历久弥新，恒久流传。该香水在 1997 年荣获 FiFiAwards 香水大奖。

图 1.43 相遇法布街 24 号

四、品牌评价

爱马仕被誉为当代最有魅力的法国高档品牌，爱马仕的成功在于其勇于创新的精神。正是这种精神的鞭策，其各种描写马类活动的各款设计，在对自己起源表示敬意的同时，为爱马仕塑造了一种既具创意又永恒的风格。爱马仕这一品牌已经成为至精至美、无可挑剔的代名词。这个以马具制造起家的集团王国，在历经五代传承和百余年辉煌之后，至今仍旧保持着经典和高品质，并凭借其一贯秉持的传统精神，在奢侈品消费王国里屹立不倒，也已成为法国式奢华消费品的典型代表。《名牌志》2008 年 1 月公布 2007 年中国台湾最受欢迎名牌排行榜中，爱马仕荣获“这辈子一定要有的品牌”第 1 名。

爱马仕强调美学与精致生活的完美结合，他们把每一件商品都设计成艺术品，把每个消费者都当成这种艺术的鉴赏家。这种理念可以从杜迈的这段话中体现出来：“我不要盲目买名牌的消费者，我希望他们亲自触摸、嗅闻、鉴赏，因为唯有经过拥有者个人气质的浸淫，它才会有生命。与其说爱马仕是在销售最精致、最豪华、最奢侈的各式产品，还不如说它是在创造、推广和经销梦想，一个关于美丽世界的梦想。”正是这种理念，使得爱马仕在复杂多变的奢侈品市场中出类拔萃、屹立不倒。

五、爱马仕与名人

爱马仕是第一个用名人命名包包的品牌。因此，一谈起爱马仕，大家就会不由得想起 KELLY 包。1956 年，好莱坞影星格蕾斯·凯莉（GRACE KELLY）成为摩纳哥王后，怀孕初期，格丽丝·凯莉为了在媒体面前掩盖自己因为怀孕而隆起的肚皮，就用当时还未被称作凯莉包的红色爱马仕皮包挡住自己的腹部，因此爱马仕的这种皮包才出名了，不久这个画面成了 LIFE 的封面。照片在生活杂志上刊登后，这款手袋一夜走红并成为焦点。于是爱马仕灵机一动，取得摩纳哥王室的同意后，将这款手袋正式命名为“凯莉包”。从此，格蕾斯·凯莉以及以她的名字命名的凯利包，都曾经是那个时代的经典标志并影响至今。

1961 年，她戴着白色的帽子和手套，穿着绿色的纪梵希套裙，带着 KELLY BAG 重返美国，其优雅迷人的风范令阅尽美色的肯尼迪也不禁暗暗叫绝，一番顾左右而言他的对话，顿时招徕时尚界又一轮的“格蕾丝风潮”。

据称，每一款凯莉包都由采购人员从每年全球的拍卖会采购到上等的皮革，精选之后每一块皮革只选最好的部分。手袋的缝制自始至终由一个师傅进行，全球定制这款手袋的奢侈品迷们，必须等上六至七年后才有货可取，而它的市面炒价已经达到 60 000 美元以上。皮革是一部分的价值，更有价值的是耗于其上的时间和它的手工艺术。

第二章

世界顶级珠宝品牌历史

顶级珠宝首饰集独特的文化内涵、珍贵的材料、精致的工艺和高雅的气质于一体，是身份、地位和财富的象征。他们通常与皇宫贵族、影视明星、世界富豪有着千丝万缕的联系。

世界顶级珠宝品牌在演绎辉煌的过程中对文化、历史、寓意有着独创性的认识，他们通过广告、口碑效应、各种展览对品牌文化进行着精确的传播，并且数十年如一日不曾改变。也正是这种执著与坚持，使他们逐渐脱离了大众品牌低层次的价格竞争，继而书写着璀璨百年的经典神话。

顶级珠宝品牌对材质的挑选是几近苛刻的。世界顶级珠宝品牌都有一流的采购专家，他们游历世界各地，寻找各种珍奇宝石，将它们打造成独一无二的珠宝首饰。例如，海瑞温斯顿向来以各种举世震惊的顶级钻石和色泽饱满、内无杂质的高品质彩色宝石著称。著名的126克拉的洋客钻石、970克拉的塞拉利昂巨钻、337克拉的凯瑟琳蓝宝石、95克拉的东方之星以及充满传奇色彩的“希望之星”蓝钻……它们的顶级品质令人惊叹不已。御木本对珍珠的品质要求也非常严格，即使在御木本所采集的圆润饱满、色泽鲜亮的优质珍珠中，也只有10%能真正通过严格的选珠标准。

顶级珠宝首饰都有属于自己精湛而独特的切割和镶嵌工艺，蒂芙尼的六爪镶嵌法、梵克雅宝的隐秘式镶嵌法、海瑞温斯顿的方形祖母绿切割法和“Cluster”镶嵌法等，无一不是这些顶级珠宝品牌长久不衰、无法被超越的法宝。这些切割和镶嵌工艺能够令各种珍稀钻石和宝石散发出令人神往的光芒，从而使很多作品成为永载史册的经典，散发出永恒的生命力。

皇室贵族的神秘与尊贵，是所有大众阶层一直探寻却无法触及的，世界顶级珠宝品牌通过不断与皇室贵族加强关系，使其业务逐渐深入到这个奢华阶层中，并最终以居高临下的姿态奠定了奢华的基础。与影视明星和世界富豪的紧密联系则使顶级品牌高贵优雅的气质更加深入人心，提升了品牌知名度。温莎公爵对卡地亚猎豹胸针的青睐使卡地亚猎豹系列成为畅销百余年的象征之作，卡地亚也因此被授予“皇帝的珠宝商，珠宝商的皇帝”这一至高无上的称号。电影《蒂芙尼的早餐》中，奥黛丽·赫本用天使般的气质将蒂芙尼经典黄钻演绎得几近完美。“在那儿吃早餐不会不愉快”的经典台词和奢华闪耀的蒂芙尼珠宝，令蒂芙尼珠宝名店的高贵气派传遍全球。

顶级珠宝首饰之所以昂贵还有一个非常重要的原因就是它的稀缺性。为了满足精英们“唯我独尊”的心理，众多顶级珠宝品牌争相推出“限量版”、“珍藏版”等。限量版产品代表着稀有的数量、独特的设计和特别的纪念意义。而品牌绞尽脑汁的奇思妙想赋予了限量版产品远远超过产品价值本身的意义，拥有限量版产品的人们是对品牌的终极拥戴，同时也能拥有品牌带来的精神力量。2008 年，宝嘉丽展出的古董级珠宝大放异彩，古典珍藏系列产品由 20 世纪 20 年代到 20 世纪 80 年代的大约 40 件独一无二的珠宝作品组成，包括了项链、手镯、戒指、胸针、耳环和珠宝腕表。这些绝版的珠宝体现出了宝嘉丽的珠宝款式在漫漫数十年中的演变过程，吸引了无数人的目光。

本章将详细介绍以下八大世界顶级珠宝品牌：卡地亚、蒂芙尼、宝嘉丽、梵克雅宝、海瑞温斯顿、宝诗龙、御木本和施华洛世奇。

第一节　卡地亚（Cartier）
——皇帝的珠宝商，珠宝商的皇帝

创 始 人：路易斯·弗兰科斯·卡地亚（Louis Francois Cartier）
创始时间：1847 年
创始地点：法国巴黎

一、品牌标识

图 2.1　卡地亚品牌标识

图 2.2　卡地亚双“C”标志

卡地亚品牌标识采用英文斜体形式，简洁大方的字体表现了品牌追求完美的个性。用家族姓氏做标识体现了卡地亚对品牌负责的态度和追求顶级品质的决心。红色的背景表达了品牌追求高贵的梦想。

卡地亚双“C”标志诞生于 1910 年，是由两个卡地亚姓氏反转而成，象征着相亲相爱的两个人相依相随，共同演绎辉煌而浪漫的爱情故事。底色随着产品的颜色搭配表现出多彩多姿。卡地亚双“C”标志作为英文斜体标识的辅助形式，出现在卡地亚各种各样的产品上，散发着顶级品牌的独特魅力。经过了一百多年的积淀，卡地亚双“C”标志已经成为奢华、优雅与顶级的象征。它向世人讲述着卡地亚的历史故事，彰显着卡地亚的崇高荣誉，激励着一代又一代的卡地亚后人的创作激情，而那些新的作品又赋予了卡地亚新的生机和活力。

二、品牌历史

1847 年，路易斯·弗兰科斯·卡地亚接掌其师傅阿道夫·皮卡德（Adolphe Picard）位于巴黎蒙特吉尔街（Rue Montorgueil）29 号的珠宝工坊，并以自己名字缩写所组成的菱形标志，注册了卡地亚公司。1899 年卡地亚迁往现址，巴黎黄金地段高级奢侈品中心和平街 13 号。1910 年改为现在的商标。

路易斯·弗兰科斯·卡地亚希望他的事业能在家族中代代相传，于是将手艺传授给长子艾尔弗莱德·卡地亚（Alfred Cartier）。之后，路易斯·卡地亚与儿子艾尔弗莱德以合伙人的身份共同经营公司，并于 1874 年最终将管理权交给儿子。

为了成就理想中的事业，艾尔弗莱德将卡地亚的国际管理权委托给了他的三个儿子。大儿子路易斯·约瑟夫（Louis Joseph）是唯美主义创造者，很有商业头脑，负责卡地亚巴黎和平街的店铺；二儿子雅克·泰奥迪勒（Jacques Theodule）前往伦敦的伯灵顿大街开店，并负责伦敦的业务；小儿子皮埃尔·卡米尔（Pierre Camille）前往纽约开店，开发美国的业务。位于纽约第五大道的莫顿工厂大楼是卡地亚在美国的总部，这栋大楼是卡地亚以一条双串黑珍珠项链与纽约地产大亨的夫人换来的，当时市值是 100 万美元。

20 世纪初，卡地亚的创办人为了能将宝石的光芒发挥到完美的境界，革命性地引入了铂金，把源自路易十六时代的花环风格展现得淋漓尽致，成为世界上第一个使用铂金搭配钻石的珠宝商。

1910 年，卡地亚为比利时伊丽莎白女皇二世设计制作了一款以涡形造型和皇家桂冠为主题图案的冠冕。卡地亚将这些象征性的图案表现得出神入化，非常轻盈而又极具女性化的装饰特色充分显现出钻石的璀璨，完美展现了卡地亚极致精湛的珠宝工艺。

图 2.3　比利时伊丽莎白女皇二世冠冕

1933 年，卡地亚指派充满传奇色彩的娜·图桑为高级珠宝总监。娜·图桑拥有丰富的想象力、敏锐的直觉，是一位品味独特非凡的设计师。她将女性渴望自由、独立和社会地位的心态，在卡地亚珠宝中生动形象地演绎出来。

图 2.4　卡地亚“猎豹”系列珠宝

动物在卡地亚的发展历史中扮演着重要的角色，珠宝大师总是善于捕捉虎豹伸爪的微妙细节和昆虫展翅的优雅姿态，以精湛的工艺打造出载入史册的经典之作。其中温莎公爵夫人最为青睐的“猎豹”系列是引导世界潮流的代表作，已成为卡地亚的传奇象征。卡地亚“猎豹”系列珠宝神态活灵活现，细节生动完美，将猎豹刚柔并重的神韵刻画得出神入化。

1942 年，为了支持第二次世界大战中的法军，卡地亚推出了“笼中鸟”，这款珠宝设计象征了法国被占领。1944 年卡地亚为了庆祝法国被解放又推出了“自由鸟”。“自由鸟”胸针，象征法国的红白蓝三色鸟从笼中振翅而出，高歌欢唱，表达着法国人民获得自由解放的喜悦，也凸显了卡地亚深厚的历史人文内涵。

图 2.5　卡地亚经典蛇形项链

图 2.6　卡地亚“自由鸟”胸针

1970 年，当全世界广为传颂“爱与和平”的主题时，卡地亚设计师 Aldo Cipullo 专门为情侣们设计了互相表示爱意的“LOVE”系列手镯。“LOVE”系列带有独特螺丝设计的手镯只能由情侣用特制的螺丝刀打开，意味着爱情的永恒。

图 2.7　“LOVE”系列手镯

1983 年，卡地亚决定尽可能地收购其历史性的古董精品。皮埃尔·卡米尔亲赴俄罗斯寻找最上等的珐琅和珍奇玉石；雅克前往波斯湾寻找完美无瑕的珍珠，印度王室的珠宝等，运回伦敦的工作是进行设计制作。建立起一套震古烁今的卡地亚传奇古董收藏。这套价值连城的艺术收藏系列是卡地亚的最佳历史见证。它涉及的领域包括高级珠宝、钟表工艺和数量惊人的各种配饰，它们让普通大众了解到卡地亚不断发明创造的演进过程。

图 2.8　重达 69.42 克拉的“波顿泰勒”钻石项链

图 2.9　1975 年卡地亚为玛利亚·菲利克斯打造的鳄鱼项链

图 2.10　卡地亚“龙之吻”项链

图 2.11　卡地亚“龙之吻”戒指

2002 年，卡地亚推出“龙之吻”（Le Baiser du Dragon）珠宝系列，其创作灵感来自中国传统文化与艺术，每款首饰均体现出特有的诗韵与神秘，融博大精深、含义隽永的中国艺术与卡地亚艺术于一体。卡地亚对红黑两种颜色进行了大胆地创作与运用，将日常生活中一些最为简单的寻常事物，例如如意结、风铃、扣锁以及经典的“龙”造型演绎成象征着幸福与吉祥、成功和永久的珠宝珍品，洋溢着浓浓的东方情调的浪漫风情。

三、经典作品

（一）卡地亚“猎豹”系列

20 世纪初，在非洲草原的一次狩猎中，卡地亚被猎豹优美颀长的身形和扑朔迷离的姿态所深深吸引，他决定将猎豹形象体现在卡地亚的产品设计中，于是便诞生了卡地亚具有图腾意义的“猎豹”系列珠宝。

“猎豹”系列在设计上着重体现了三个层次。第一个层次体现了具象的猎豹。比如，迸发着野性目光的豹首戒指，挂有豹首图腾吊坠的链节项链，以豹首为主题的耳环。第二个层次将猎豹的斑纹作为设计主线。这些斑纹图案分别与橄榄石和茶晶搭配，制作成了别致的首饰。第三个层次是把猎豹爪痕抽象成简洁时尚的图形，用闪烁的美钻将这种图形镶嵌于黄金之上，以浮雕风格做成含蓄优雅的首饰。

温莎公爵夫人的蓝宝石猎豹胸针是"猎豹"系列中最脍炙人口的作品。重达153克拉的圆形蓝宝石上伫立着一尊全身镶满了闪钻的白金猎豹，尊贵中透露着威严。

图 2.12　卡地亚"黄金猎豹"系列

2005年年底，卡地亚推出全新"黄金猎豹"珠宝系列。"黄金猎豹"系列不仅秉承了卡地亚含蓄高雅、雍容华贵的传统风格，还多了几分野性的韵味，更加令人心动。这一系列以黑、白、绿三色作为主色调，用神秘的缟玛瑙表现黑色，光芒四射的钻石表现白色，柔和的橄榄石来表现绿色。黑白绿三种令人心醉的色彩，在不同的搭配下交相辉映，为华丽的黄金增添了夺目的光彩。

作为卡地亚动物系列中的永恒主角，"猎豹"系列珠宝集高雅和威严于一身，出色大胆的造型和野性十足的气质让魅力十足的自信女士心驰神往。

（二）卡地亚"LOVE"系列

20世纪70年代，"爱与和平"的主题在世界范围内广为传诵。卡地亚设计师Aldo Cipullo为了使人们坚定对爱情的信念，设计出代表忠贞爱情的"LOVE"手镯。"LOVE"手镯的诞生成为19世纪70年代乃至现代恒久爱情的标志。

这款带有独特螺丝设计的手镯只能由情侣用特制的螺丝刀才能打开，意味着爱情的永恒。它的设计理念以爱为主题，最大的特色是需由情侣两个人协力合作才能佩戴，形象地诠释出爱情的互信与忠诚。正是由于"LOVE"手镯对爱的独到诠释，它一经问世便立刻成为情侣们所推崇的爱情象征。

经过近40年的风雨历程，卡地亚"LOVE"手镯及其衍生出的"LOVE"系列戒指、耳环、项链在传承固有风格的基础上，又在设计中注入了新的活力和激情，演绎出新款"LOVE"系列。

图 2.13　卡地亚"LOVE"系列

新款"LOVE"系列在原有风格的基础上进行了创新和扩充。新系列不仅将螺丝帽标志更加巧妙地运用于产品设计中，而且独具匠心地把螺丝刀这一"LOVE"系列重要组成元素打造成为精致的项链吊坠。新的"LOVE"标识更加完美地结合了"LOVE"和经典螺丝帽的设计，简洁醒目。卡地亚现已在全球注册"LOVE"标识。

新款产品的设计舒展流畅、简洁大气，既保留了卡地亚"LOVE"系列的经典传奇色彩，又兼具时代感。产品系列涵盖手镯、手链、戒指、项链、链坠、耳环和配饰，使用了黄金、白金、玫瑰金、钻石和陶瓷等多种珍贵材质。

四、品牌评价

卡地亚深受欧洲皇室的推崇，英国王储威尔士亲王将卡地亚赞誉为“皇帝的珠宝商，珠宝商的皇帝”。1902 年，威尔士亲王从卡地亚定购了 27 个冕状头饰，并在他被加冕为爱德华七世的典礼上佩戴。1904 年，爱德华七世赐予了卡地亚皇家委任状，并一直为王室大典提供珠宝。此后，卡地亚还陆续收到了西班牙、葡萄牙、俄罗斯、希腊、塞尔维亚、比利时、罗马尼亚、埃及和阿尔巴尼亚等国王室的委任状，成为这些王室的御用珠宝供应商。从 1904 年到 1939 年，卡地亚共获得 15 张皇家的委任状，这充分表现出卡地亚珠宝的尊贵典雅的品质。

卡地亚代表着品味、财富、高贵和亲缘，它驯服了大自然的野性美，使珠宝变成不朽的、高尚的神话。许多位国王的王冠上凝聚着卡地亚的灵魂，许多位名媛贵妇的身上闪烁着卡地亚的光芒。卡地亚是精致完美的艺术家，卡地亚更是气宇轩昂的珠宝王。

每一款卡地亚珠宝都是永恒的象征。卡地亚的每件珠宝都在巴黎的高级珠宝工作坊制作完成，且每件高级珠宝只生产一件，是整个工作团队几个月甚至几年心血的结晶。

卡地亚有一流的采购专家，他们游历世界各地，搜集珍奇异宝，而且收藏者收到珍贵宝石时往往第一个想到的品牌就是卡地亚，所以卡地亚可以与世界上很多价值连城的宝石结缘。从世界各地搜集到的珠宝来到卡地亚之后，第一件事就是由设计师根据珠宝的颜色和形状设计其风格，选择能将珠宝的魅力发挥到极致的主题，并绘制详细的效果图。然后珠宝将被送到工作坊进行加工，一件卡地亚珠宝从加工到成品需要无数道工序。就磨光这道工序来说，它全部需要工匠们手工完成。工匠们不仅要将每个镶嵌宝石的孔凿成相同的深度，还要用棉线和石灰粉将每一个孔洞打磨得光滑细腻。当一件成品完成之后，还有很多琐碎的细节，因为一件珠宝从完成到销售还要经过一段很长的审核时间。审核过程非常严格，顾客根本看不到的瑕疵，都必须纠正才行。

卡地亚凝聚了西方传统文化的精髓，体现了法国文化中所蕴含的高贵和浪漫的气质。卡地亚的设计从不迎合流行时尚，而是完全超越潮流。它的每件令人惊叹的设计都是精美艺术和尊贵品质的结晶。

五、卡地亚与名人

自 1847 年创建以来，卡地亚一直与各国的皇室贵族和社会名流保持着紧密联系。卡地亚的每一位客户都是它的免费代言人，这是卡地亚品牌传奇故事的一个重要源泉。

1928 年，卡地亚为印度帕蒂亚拉国王制作了帕蒂亚拉巨型项链，上面镶嵌了 2 930 颗钻石，重量达 1 000 克拉，其中有一颗 234.69 克拉的巨型黄钻“维多利亚—戴比尔斯”，成为卡地亚震惊珠宝界的“梦幻珠宝大作”。

1936 年 12 月，继位不到一年的英国国王爱德华八世为了和曾离异两次的美国平民

图 2.14 卡地亚温莎公爵夫人定制的豹型胸针

女子辛普森夫人结婚，毅然宣布退位。爱德华八世的弟弟乔治六世继位后，授予他温莎公爵的头衔。婚后温莎公爵对夫人宠爱备至，常常用卡地亚的珠宝来点缀他们的爱情。为了表达爱意，温莎公爵指定卡地亚公司为温莎公爵夫人设计了四款首饰，它们分别是“猎豹”胸针、“老虎”长柄眼镜、“BIB”项链和“鸭子头”胸针。这四款首饰一直是温莎公爵夫人最为珍爱的宝物。温莎公爵夫人为佩戴动物造型珠宝开了先河，她一直是卡地亚最有影响力的顾客。由于“卡地亚第一款动物造型珠宝”的地位和其背后感人至深的故事，“猎豹”胸针已经成为卡地亚标志性的产品。从此卡地亚的众猫科动物造型的珠宝成为许多高雅女性的最爱。

1956 年，摩纳哥国王的盛大婚礼在地中海岸边如期举行，摩纳哥王妃佩戴着卡地亚的华贵项链与镶嵌着红宝石和钻石的铂金皇冠，成为当时最亮丽的风景。1969 年，在为格蕾丝王妃 40 岁生日举办的“天蝎舞会”上，好莱坞明星伊丽莎白·泰勒佩戴着影星理查德·伯顿送给她的重达 69.42 克拉的“泰勒·伯顿”美钻出现在舞会上，这个光芒四射的宝物就立刻成为舞会的中心，成为时尚界和演艺圈的焦点话题。这是第一颗售价超过 100 万美元的钻石。卡地亚在纽约的工作室后来把这颗钻石制作成一串梨形切割的铂金项链，一颗颗美钻像瀑布般流泻，美不胜收。如今这条项链更是成为那段非凡爱情的重要见证。

除了高贵的皇室，卡地亚的客户还包括世界上众多著名的富豪家族，这些家族中不仅长辈本人是这个传奇品牌的忠实消费者，而且他们经常向卡地亚定制或购买高级珠宝，送给下一辈作为成人或结婚等重要时刻的见证礼物。这些礼物的用意深刻，不仅象征着财富和地位，也象征着家族的传延，更记录着家族历史中的每一个值得纪念的重要时刻。正因如此，在卡地亚的贵宾数据库中，不仅有某一家族祖父祖母的名字，还有他们子孙后代的名字，他们对卡地亚的热爱就像对家族的忠诚一样，被一代一代地传承。

同时，卡地亚一直在银幕上为明星们添光加彩，与明星结下了无数的奢华情缘。而那一款又一款的经典杰作在银幕上的神奇绽放，又为卡地亚引来了无数的遐想与追逐，创造了一出出独具神韵的影视神话。1974 年，杰克·克莱顿（Jack Clayton）导演的《了不起的盖茨比》，剧中的豪宅里夜夜笙歌，女明星米亚·法罗（Mia Farrow）和洛伊丝·奇利斯（Lois Chiles）所佩戴的 58 件珠宝都是卡地亚的作品，据说这些珠宝花费了 90 万美元。而当时的富豪贵族们都纷纷抢着扮演临时演员，他们开着名车，佩戴着卡地亚珠宝，争取参加影片中某些片段的拍摄。这一影片中璀璨的珠宝，不仅征服了观众，而且重新掀起了对卡地亚的追捧。

好莱坞影视明星玛丽莲·梦露（Marilyn Monroe）是卡地亚忠实的追随者，在她所主演的反映上流社会生活的影片中，到处可见卡地亚的身影。在影片《热情似火》中，男主角将一条卡地亚手链作为定情信物送给她，精美绝伦的卡地亚珠宝为玛丽莲·梦露的表演增添了无穷的魅力。在电影《绅士喜爱金发女郎》中充满女性韵味的玛丽莲·梦露深情地唱着“卡地亚……”，这首歌足足引发了又一波的卡地亚风潮。

墨西哥著名女演员玛利亚·菲利克斯（Maria Felix）十分迷恋卡地亚动物系列珠宝。1968 年，卡地亚珠宝名匠花费了几年的时间为她定制了一条 178.21 克拉的蛇形项链。这条蛇形项链全部由铂金和黄金打造而成，镶嵌着 2 437 颗钻石和宝石。这条蛇形项链一直是玛利亚·菲利克斯最钟爱的项链。1975 年，玛利亚·菲利克斯将一条活的小鳄鱼带到卡地亚工作坊，要求按照小鳄鱼的体形特征为她打造一条独特的项链。为了追赶飞快成长的小鳄鱼，卡地亚的珠宝工匠们不得不昼夜不停地加紧工作，最后打造出一条镶嵌着绿色宝石和水仙花色的宝石、由两条鳄鱼交缠在一起组成的经典项链。这条项链体现了卡地亚无与伦比的设计能力和巧夺天工的制作工艺。

图 2.15　卡地亚精品珠宝

图 2.16　卡地亚 Tutti Frutti 项链

图 2.17　卡地亚梨形裸钻吊坠

第二节　蒂芙尼（Tiffany）
——见证生命中每个重要时刻

创 始 人：查尔斯·路易斯·蒂芙尼（Charles Lewis Tiffany）
创始时间：1837 年
创始地点：美国纽约

一、品牌标识

蒂芙尼品牌标识由两部分组成，第一部分是蒂芙尼公司的简写，大写正体的“TIFFANY & CO.”彰显蒂芙尼作为国际顶级品牌的大气与高贵。开头的“T”设计为

图 2.18　蒂芙尼品牌标识

凸起形式，体现了蒂芙尼引领时代潮流的恢宏气势。第二部分是蒂芙尼的创始年代 1837 年，与公司简写相互对应，预示着蒂芙尼品牌承载着 170 多年历史与文化的积淀。背景的蓝色散发着幽幽光泽，表达了蒂芙尼追求卓越品质和精纯工艺的风范。

二、品牌历史

1837 年，美国康涅狄格州一位磨坊主的儿子查尔斯·路易斯·蒂芙尼来到纽约百老汇，开设了一家经营文具和织品的小铺子，后转为经营珠宝首饰。就是这个简陋的小铺子最后发展成了美国最著名的蒂芙尼珠宝首饰公司。

1837 年，蒂芙尼珠宝首饰公司成立后，蒂芙尼选择了束着白色缎带的蓝色包装盒，作为公司卓越品质和精巧工艺的标志。随着岁月的流逝，这种散发着幽幽光泽的蓝色已经与蒂芙尼紧密地联系在一起。蒂芙尼蓝色经典包装盒流转于客户手中，向人们表达着高雅、尊贵和来自大自然的恩赐，而这些正是蒂芙尼设计的灵感源泉。蒂芙尼的蓝色包装盒是只送不卖的。对此公司有严格的规定，除非里面装着他们所卖出的货品，否则印有蒂芙尼名字的盒子不能带出公司。这项规定足以表明蒂芙尼对其货品极其严谨、负责的态度。

图 2.19　蒂芙尼经典蓝色礼盒

查尔斯·蒂芙尼是一位非常有商业头脑的生意人。当年美国穿越大西洋的电报电缆中有一根因破损而需要更换，他毅然决定低价买下这根电缆。当人们为他买下这根废弃的电缆而惊讶不已时，他已经在自己的蒂芙尼商店里，把电缆截成 2 英寸长的小段，包装成精美的历史纪念品出售。由于每段有一个原缆证书，这些电缆被收藏者们抢购一空，蒂芙尼因此赚了一大笔钱。

还有一次，他买下了欧仁妮皇后珍奇的鲜黄色钻石，但并不急于出手，而是在纽约举办了一个轰轰烈烈的展示会，从来自全球各地急于目睹这件稀世珍宝风采的参观者身上赚进了一把。

1848 年，查尔斯·蒂芙尼从法国的王室贵族手里购得多件珍贵宝石。那是法国国王路易·菲利普被迫退位时，皇室贵族急于逃亡，把手中的珠宝抛售一空。查尔斯·蒂芙尼购买了这些宝石，加工成顶级的名钻在美国面市，因而名声显赫。1850 年，查尔斯·蒂芙尼在巴黎开店，广泛收购欧洲的皇室珠宝，以满足美国新贵的需求。到 1887 年，蒂芙尼收购的法国皇室珠宝就达 1/3，经过精细加工后卖给美国的绅贾名贵，他们佩戴着这些满载着宫廷传说和故事的珠宝行走在令人瞩目的豪门盛宴和世纪婚宴上，使蒂芙尼华美绝伦的美钻，记载着皇室贵族的故事，传承至今，成为永恒。

后来，查尔斯·蒂芙尼的儿子路易斯·康福特·蒂芙尼（Louis Comfort Tiffany）继承父业，其卓越的想象力和创造力把蒂芙尼带入一个新的境界。他创建了蒂芙尼工作室并发明了独一无二的螺旋形纹理和多面形钻石切割工艺，使钻石闪烁出更加夺目的光彩。

1861 年，林肯总统就职典礼，委托蒂芙尼为就职典礼设计纪念水罐，以及林肯送给妻子的一套芝麻珠首饰。林肯率先使用蒂芙尼的产品，促使其他的美国总统和外国元首争相效仿。

1877 年，在南非的金伯利钻石矿挖出一颗重达 287.42 克拉的黄钻。1878 年，蒂芙尼的老板查尔斯以 18 000 美元高价购入这颗当时全球最大的黄钻石，切磨成罕见的“蒂芙尼黄钻”。“蒂芙尼黄钻”共有 90 个琢面，比传统的多面型钻石还要多 32 个琢面，精湛的切割工艺使得这颗世界上最大、最优质的钻石更增添了绝世珍宝的魅力。“蒂芙尼黄钻”似有一团烈焰把宝石燃亮、璀璨夺目。这颗至臻至美的钻石一直陈列在纽约市第五大道蒂芙尼总店的一楼，它不仅是蒂芙尼的镇店之宝，更是蒂芙尼公司最高品质标准和卓越工艺的标志，记载了公司 170 多年的发展历程。

图 2.20 “蒂芙尼黄钻”

1886 年，著名的蒂芙尼六爪镶嵌法面世，立刻成为订婚钻戒镶嵌的国际标准。六爪镶嵌法将钻石镶在戒环之上，尽量将钻石承托起来，让光线全方位折射，使美钻尽显璀璨光华。六爪镶嵌法使蒂芙尼的钻戒从此与众不同，美国媒体将其创始人查尔斯·蒂芙尼尊称“钻石之王”。得到一颗蒂芙尼的钻石作为订婚的礼物成为了大多数新人的梦想。蒂芙尼自然成为见证人们婚姻大事的重要宝物。

图 2.21 蒂芙尼六爪镶嵌钻戒

20 世纪初期，蒂芙尼已经吸引了 23 个皇族家庭光顾。包括英国维多利亚女王、俄国沙皇、波斯国王、埃及总统、巴西国王，以及意大利、丹麦、比利时及希腊的帝王。多年来，为世界众多的国家元首设计物品也成为蒂芙尼最引以为荣的经历。

第二次世界大战期间，蒂芙尼总店迁到了名店云集的纽约第五大道。当年适逢世界博览会在纽约市隆重举行。这家名店的划时代形象让人眼前一亮，为蒂芙尼在 20 世纪后期的崭新设计风格揭开序幕。

1974 年，前模特、艺术家珀雷蒂开始为蒂芙尼设计珠宝，她从骨头、咖啡豆等天然物品中获得灵感，设计了一种精美出众的项链。如珀雷蒂自己所言：我设计一个造型，一定要找到它的精髓，这正是其作品的魅力所在。她设计的镂空鸡心形项圈畅销长达 20 年之久。

1981 年，帕洛玛·毕加索（Paloma Picasso）成为蒂芙尼的珠宝设计师。帕洛玛·毕加索是艺术大师巴布罗·毕加索（Pablo Ruiz Picasso）的女儿，她奉行非神秘化的设计宗旨，创作的饰品造型非常简洁，随意的十字架，看似漫不经心的波形曲线都是流行至今的时尚款式。帕洛玛·毕加索擅长用奇特的形状和编织状纹理表达自己的设计理念，对颜色搭配有着独到的见解，被誉为“珠宝设计界的金色灵感”。

1999 年，在独创经典的 6 爪镶嵌法后 114 年，蒂芙尼推出了订婚戒指 Lucida。钻石切割工艺是蒂芙尼已获得专利的原创，新颖的镶嵌设计融合现代杰作和蒂芙尼经典于一体，堪称珠宝匠的绝技。

图 2.22　2013 年蒂芙尼“Blue Book”系列

2007 年，蒂芙尼推出新款订婚钻戒 Tiffany Novo 和婚戒 Tiffany Centenary，两款钻戒以其创新的设计和优雅的姿态而著称，一经问世就成为长盛不衰的经典之作。

2013 年，推出全新“Blue Book”华贵珠宝系列，绽放唯有最为耀目的旷世珍宝方可缔造的非凡美态和传奇风格。2013 年蒂芙尼“Blue Book”是从纽约奢华魅力的爵士年代所特有的蓬勃活力和乐观精神中汲取无限灵感，打造极致臻美的钻石珠宝，令全球期待已久的收藏家和鉴赏家为之惊艳赞叹。

三、经典作品

（一）蒂芙尼婚戒系列

蒂芙尼有三款经典婚戒，它们分别是 Tiffany Lucida 婚戒、Tiffany Novo 婚戒和 Tiffany Centenary 婚戒。

Tiffany Lucida 婚戒于 1999 年推出。Lucida 在拉丁语中是银河中最闪耀的星星的意思。Lucida 婚戒的钻石呈四方形，采用混合方式切割，四角宽阔。钻冠分层切割，高贵典雅，而钻亭则是多面切割，更加闪耀夺目。这种新颖的钻石切割方式既保留古典琢面的线条美，又尽显现代琢型的璀璨与时尚，使钻石在移动时产生不同图案的光华。

Tiffany Novo 婚戒于 2007 年推出，其创作灵感源自蒂芙尼经典黄钻 Tiffany Diamond。Tiffany Novo 婚戒以有别于以往的崭新切面、略带方形的外观轮廓和四爪镶嵌设计，打造出融合经典与时尚的白钻新作。

图 2.23　Tiffany Lucida 婚戒

图 2.24　Tiffany Novo 婚戒

图 2.25　Tiffany Centenary 婚戒

Tiffany Novo 婚戒单圈钻石环戒部分，手工镶嵌的钻石环绕着纯白金、18K 金或 18K 玫瑰金戒环，可与订婚戒搭配，也可两三只堆叠佩戴。

同年，乔治·贾森设计的 Tiffany Centenary 婚戒，以匠心独具的戒台来凝聚世人目光，运用贵金属可承受极大张力的特性，将钻石悬空镶夹于戒环两侧，并以动态平衡的张力，将钻石稳固镶嵌；而流线弧形的架桥，能贴合佩戴者的纤指弧度，勾勒出爱情的轮廓。

Tiffany Centenary 婚戒外还加上 3 颗或 7 颗美钻，更突显钻石的闪耀光芒，并且象征爱情将生生世世包围呵护伴侣的心，更添蒂芙尼婚戒独一无二的意涵。

（二）蒂芙尼“1837”系列

为了纪念蒂芙尼的创始年度，蒂芙尼的设计者们将 1837 这个意义非凡的数字铭刻在其珠宝上，从而诞生了蒂芙尼“1837”系列。“1837”系列每款都刻有“T&CO”和“1837”标志，包括戒指、宽大环饰、卡式手镯、链式和锁扣等多种类型的首饰和配饰。设计师选用优质金属，用大胆的设计和灵活的线条改变了重金属造型沉重厚实的效果，打造出引领都市潮流的珠宝首饰。

图 2.26 Tiffany1837 三环手镯

1837 三环手镯是“1837”系列中最受欢迎的时尚配饰。此款设计将 3 枚别致脱俗的镯子串在一起，手镯上上锁饰后仍可独立活动，锁式线条简约，令手镯更加飘逸，富有灵动感。

四、品牌评价

天使说只要戴上蒂芙尼就会得到幸福，蒂芙尼珠宝意味着奢华，怀抱着浪漫，彰显着高贵和优雅。在执着追寻梦想的同时，更拥有自由女神的随意和洒脱。蒂芙尼一直坚持着“见证你生命中每个重要时刻”的理念——让我见证你生命中的每个重要时刻；因为你重要，所以送你蒂芙尼；让我成为婚约者的神殿；蒂芙尼就是正在进行中的幸福和感动。

承载近 170 多年的盛誉，蒂芙尼的发家之道却是简单的一句话：“格调高雅的设计能够造就杰出的事业。”蒂芙尼是一个经典品牌而非时尚品牌，这是蒂芙尼在定位中明确且微妙的地方。经典是可以经得起时间考验的，是持久并且贯穿于人的一生当中的。

蒂芙尼为英国维多利亚女王等 23 位皇族定制了精致尊贵的珠宝首饰。这些珠宝后来成为了传家之宝，大多数已经是价值连城，成为了顶级的收藏品。蒂芙尼的顾客中除了英国维多利亚女王，还由意大利国王、丹麦、比利时、希腊等国国王，以及美国总统和白宫以及美国本土声名显赫的贵族贾子、影视名流等，都为佩戴蒂芙尼而感到无限的荣幸。

蒂芙尼是美国的骄傲，是世界的骄傲。1885 年蒂芙尼受命设计了美国的国徽，并印在美国的一元纸币上。1886 年，“蒂芙尼镶嵌法”——用 6 爪镶嵌单颗钻石戒指的 6 爪镶嵌法，成为国际钻戒的镶嵌法。1907 年，蒂芙尼的首席钻石专家乔治·昆兹为国际宝石的重量标准设计了统一的米制克拉标准，为国际统一重量标准作出了巨大贡献。1926 年，蒂芙尼的铂金纯度标准 925/1000 成为美国的官方标准。

五、蒂芙尼与名人

世界上的女人都痴迷于蒂芙尼，因为蒂芙尼不是一件简单的首饰，而是被赋予了众多文化印记的稀世珍藏。

当年著名导演理查德·波顿（Richard Burton）为了庆祝《灵欲思凡》成功杀青，特地为担任女主角的妻子伊丽莎白·泰勒（Elizabeth Taylor）精心挑选了一枚蒂芙尼真金镶钻石的海豚胸针作为礼物。泰勒看到这枚海豚胸针时如获至宝，并将其作为必不可少的随身物品，在各种重大场合佩戴。

乔舒亚·劳伦斯·张伯伦（Joshua Lawrence Chamberlain）将军从美国南北内战战场胜利凯旋，想到的第一件事就是请蒂芙尼帮他设计一个手镯送给太太。手镯上有 24 个沙漏形设计，象征他每天 24 小时对太太的思念之情。沙漏上镌刻着乔舒亚将军每场胜战的名称，中央的镶钻十字架则是他军队第 5 连的徽章标志。这个手镯见证了他军旅生活中对爱情和事业的执着追求。

1961 年，小说《蒂芙尼的早餐》被改编成电影搬上了银幕。著名影星奥黛丽·赫本担任女主角，立即风靡全球，成为美国电影中的经典之作，赫本也获得奥斯卡最佳女主角提名。在这部影片中，奥黛丽·赫本用天使般的气质将经典黄钻演绎得几近完美。“在那儿吃早餐不会不愉快”的经典台词和奢华闪耀的蒂芙尼珠宝，令蒂芙尼这家世界级珠宝名店的高贵气派传遍全球。1987 年，蒂芙尼 150 周年店庆时奥黛丽·赫本的一段贺词写道：“一件美丽的事物，是一份永远的快乐，这就是为什么蒂芙尼艺术的光辉永不黯淡……你邀我赴你的早餐，由此你融入我的生命……亲爱的蒂芙尼，生日快乐，我祝福你，怀着我的爱，也怀着我的羡慕——经历了 150 年的沧桑，你却没有一丝的皱纹，呵，原来经典永远不老。”

第三节　宝嘉丽（Bvlgari）
——演绎时尚、缔造典雅

创 始 人： 索利奥·宝嘉丽（Sotirio Bulgari）

创始时间： 1884 年

创始地点： 意大利罗马

一、品牌标识

宝嘉丽品牌标识是由创始人索利奥·宝嘉丽姓氏的全称设计而成，采用字体独特的大写字母，表达了家族对品牌创建的神圣责任，同时清晰地展现出宝嘉丽的品牌名称。背景的黑色与白色的名字形成了鲜明的对照，表达了宝嘉丽精纯严谨的品牌风格。

图 2.27　宝嘉丽品牌标识

二、品牌历史

1881 年，从土耳其大屠杀中逃生的希腊银匠索利奥·宝嘉丽不堪忍受希腊大陆弥漫着的暴力气息，选择了逃离，来到意大利科孚岛。1884 年索利奥·宝嘉丽在意大利罗马开设了第一家店铺，并借用英国作家狄更斯一本小说的书名，将店铺取名为“老古玩店”（Old Curiosity Shop），以吸引来自英美的观光客。1905 年，索利奥·宝嘉丽将店址迁至现公司总店所在地意大利罗马的康多提大街 10 号。

1932 年，索利奥的两个儿子乔吉奥·宝嘉丽（Giorgio Bulgari）和科斯坦提诺·宝嘉丽（Costantino Bulgari）继承父业，将家族生意从银饰扩大到各种珠宝首饰，并将品牌名称改为宝嘉丽。把浓厚的希腊与意大利古典风韵和谐一体，令人着迷。

对于乔吉奥和科斯坦提诺而言，20 世纪初的数十年是关键时期。他们在这一期间培养出对于宝石和珠宝的热忱，并跟随其父学习做生意的诀窍，兄弟俩渐渐在家族企业中承担起重要的角色。

1934 年，索利奥去世后三个月，乔吉奥和科斯坦提诺把宝嘉丽的店面重新翻修，崭新的店面在 1934 年 4 月 9 日重新开幕，并获得广泛好评。

图 2.28　宝嘉丽珍藏版彩色宝石项链

图 2.29　宝嘉丽珍藏版彩色宝石戒指

图 2.30　宝嘉丽耳饰

第二次世界大战期间是历史的一个重要转折点。在此期间，宝嘉丽的设计脱离了法国学院派严谨的规范，融合希腊和罗马古典主义的精髓，加入意大利文艺复兴时期艺术

图 2.31　宝嘉丽珍藏版项链

风格和 19 世纪罗马金匠学派的工艺，渐渐形成宝嘉丽独有的风格。坚信色彩是设计的精髓，在“用色自由、配色大胆”的理念指导下，把不同颜色的宝石进行搭配，再用白金做底座，凸显出宝石的缤纷色彩。宝嘉丽用丰富多彩的彩色珠宝征服了世界，每一款都独一无二，犹如繁华盛开，绚丽斑斓。

从 18 世纪开始，世界各地的首饰设计几乎都以法式设计为准，即以爪镶的圆钻为中心，外围饰以祖母绿、红宝石或绿宝石。这些首饰虽然美不胜收，但因流传太广，时间久了也就不新鲜了。宝嘉丽就在此时推出了“包圈镶”的方式，并以黄金代替当时惯用的白金来镶嵌宝石，使人耳目一新。后来，这种镶嵌方式几乎成为宝嘉丽珠宝的标志。黄金圈围着宝石，感觉既温暖又柔和，风格与“爪镶”大不相同，深受人们欢迎。

为了使首饰上的彩色宝石产生浑圆柔和的感觉，宝嘉丽研究引进并改良了流行于东方的圆凸面切割法。以改良后的圆凸面宝石代替多重切割面宝石，这是宝嘉丽在珠宝界发起的又一次有冲击性的革新。此外，宝嘉丽开创了心型宝石切割法和其他许多新奇独特的镶嵌形状，这些惊人之举为宝嘉丽赢得了市场，这些技术也已成为首饰工艺行业的标准。

宝嘉丽在首饰生产中以色彩为设计精髓。为了使宝石的色彩更为齐全，宝嘉丽首先在首饰上使用了珊瑚、紫晶、碧玺、黄晶、橄榄石等半宝石材质。宝嘉丽产品色彩的丰富，创造了自己独特的鲜明风格，创作了一款又一款的历久弥新的经典之作。

从 1970 年起，宝嘉丽开始推行多元化经营策略，这是宝嘉丽的另一转折点。香水、腕表、配件等产品相继问市。同时，宝嘉丽加快了进军国际市场的步伐。相继在纽约、巴黎、日内瓦和蒙地卡罗等世界各大都市开设宝嘉丽精品专卖店。宝嘉丽在全球已经有近 160 家精品店，成为精致生活品位的标志。

到了现代，宝嘉丽的风格不再拘泥于传统文化，做到了融合古典与现代的特色，特别注重色彩搭配。对于体积、线性与对称性的爱好，以及善于展现艺术与结构的细节，使宝嘉丽高级珠宝尤其适合现代女性。

1999 年，宝嘉丽推出了“B. zero1”系列。“B. zero1”系列以时尚的设计和精致的取材表现着传统与创新之间的和谐，向人们传达着典雅崇高的宝嘉丽精神，成为艺术和品位的象征。

宝嘉丽在 20 世纪 20 年代到 80 年代开始制作“古典珍藏”系列。这个系列包括了大约 40 件顶级珠宝，这些珠宝曾经被宝嘉丽精心制作后卖出，后来又被逐个收购回来，作为绝版的珠宝被永世珍藏。其中有一款钻石项链堪称是经典杰作。这款钻石项链共镶嵌了重约 100 克拉的钻石，用白金把钻石镶嵌得美轮美奂，还可以自由分拆，再组合成一套手链，胸针、耳环和手镯。

2007 年，宝嘉丽推出 Corona 铂金单钻订婚戒指和 Marry me 铂金戒指，两款铂金戒指均以铂金做材质，寓意爱情的意味深长。

2014 年，宝嘉丽创作了一款名为极致魅惑（Ultimate Temptation）的项链，寓意永恒延续，超过 50 克拉的钻石被花式雕琢，精密的镶嵌工艺实现了手工设计和大自然赋予的完美平衡。

三、经典作品

（一）宝嘉丽“B. zero l”系列

1999 年，推出的“B. zero l”系列是宝嘉丽最成功的产品系列之一。“B. zero l”中的 B 代表宝嘉丽的品牌名称缩写，Zero 1 意指 0 与 1 皆为万物的起始，也象征了对所爱的人始终如一。B. zero l 以弹性瓦斯管的漩涡曲线为设计理念，沿用了宝嘉丽招牌式的双标识，巧妙地运用了白金和黄金等各种贵重金属，以及彩色凸圆形宝石、心形宝石到密镶圆形切割的钻石等珍贵宝石。设计新颖，极具时尚感，温润的风格完全显现了宝嘉丽的品牌精神。

图 2.32 宝嘉丽“B. zero1”戒指

图 2.33 2013 宝嘉丽“B. zero1”新款戒指

2007 年，宝嘉丽推出“B. zero1 Mini Color”珠宝系列，这款彩色宝石珠宝系列是“B. zero1”系列的延伸，在白 K 金或是黄 K 金的材质上镶嵌了水蓝拓帕石、黄水晶、紫水晶、绿色橄榄石和红色石榴石等珍贵的彩色宝石，缤纷亮丽的宝石洋溢着清新轻透的美感。全系列共推出 18K 黄金、18K 白金、18K 黄金缀以密钉镶钻等三种配搭款式，极具时尚感。

（二）宝嘉丽铂金戒指

宝嘉丽一直以铂金歌颂爱情，见证忠贞不二的婚姻。2007 年，推出的 Corona 铂金单钻订婚戒指是宝嘉丽极为经典的铂金戒指。Corona 铂金单钻订婚戒指从皇冠图案中获取灵感，传递如皇家婚礼般的高贵典雅。完美的 V 形弧线轮廓，镶嵌着代表坚贞爱情的钻石，纯洁且久远。铂金独特的光泽和精雕细琢中展现的非凡强度将钻石的光彩亮丽凸显到了极致。戒圈曲线灵动优雅，充满独特的时尚感。

图 2.34 Corona 铂金单钻婚戒

图 2.35 Marry me 铂金戒指

图 2.36 Marry me 铂金钻石订婚戒指和铂金结婚戒指

2007 年，宝嘉丽推出的另一款经典铂金戒指是“Marry me”系列，“Marry me”系列设计优雅简约，在铂金上镶嵌了一颗精美的圆形钻石。“Marry me”系列共包括三款婚戒，分别为素戒、镶嵌五颗钻石和密镶钻戒，传递着永恒的爱。

（三）宝嘉丽 Ultimate Temptation 的项链

2014 年，宝嘉丽创作了一款名为极致魅惑（Ultimate Temptation）的项链，寓意永恒延续，超过 50 克拉的钻石被花式雕琢，精密的镶嵌工艺实现了手工设计和大自然赋予的完美平衡。

图 2.37 宝嘉丽 Ultimate Temptation 项链

四、品牌评价

宝嘉丽集团有着明显的家族印记。现任集团总裁保罗·宝嘉丽（Paolo Bulgari）、副总裁尼可拉·宝嘉丽（Nicola Bulgari）是创立者索利奥·宝嘉丽的孙辈，现任首席执行官是保罗和尼克拉的侄子弗朗西斯·科特帕尼（Francesco Trapani），而尼古拉的女儿是宝嘉丽集团美国市场香水开发总经理。

宝嘉丽永不褪色的家族化经营模式加重了人们对于宝嘉丽的热爱。一个家族的历史牵动着一个品牌，一个家族的历久弥新为品牌增添了高贵的色彩。人们购买宝嘉丽的同时，买到是一份历史的厚重，历史的积淀，家族的信念。

宝嘉丽珠宝延续了文艺复兴时期“多彩”的文化，强调色彩是设计的精髓。“用色自由，配色大胆”的设计理念中，又融入了浓厚的希腊和意大利古典风韵，优雅中释放着高贵，矜持中张扬着个性。大胆的设计和独特的装饰艺术风格打破了盛行珠宝界的传统法式风潮，使宝嘉丽珠宝逐渐与个人服饰风格融为一体，彰显着每个佩戴者的品位和神韵，也成为宝嘉丽物我兼容理念的象征。

细腻卓著，追求绝对高品质，是宝嘉丽每件产品的特征。宝嘉丽始终坚持对古典艺术的执着追求，又不断地为设计注入新的活力。宝嘉丽的珠宝永远充满着精致的手工气息和高贵的艺术格调，其简洁流畅的时尚设计、独树一帜的宝石镶嵌、精细巧妙的色彩运用，堪称新一代珠宝界的典范。每一款作品都像一道美丽的彩虹，明媚了人们的心灵。

五、宝嘉丽与名人

一百多年来，宝嘉丽这个首饰王国的顾客中有皇室成员、政治家，也有影视明星。这些人中最有名气的也许就是意大利影星索菲亚·罗兰（Sophia Loren），她曾经是宝嘉丽珠宝的形象代言人，宝嘉丽因此得以确立它的精品形象而成为众多人梦寐以求的珍品。

1962 年 7 月 27 日，意大利影星索菲亚·罗兰凭借在影片《三艳嬉春》中的出色演技获得奥斯卡金像奖。当她接过小金人的时候，脖子上佩戴着一串由钻石、红宝石与蓝宝石镶嵌的宝嘉丽项链。在那些艳羡的眼光中，这串造型优美的项链可与她手中的小金人媲美。1964 年，索菲亚·罗兰的一条宝嘉丽宝石项链被盗，这位拥有众多珠宝的意大利美人当即泪流满面，痛心不已。

奥斯卡颁奖典礼这样重要的场合当然也少不了宝嘉丽，熠熠生辉的宝嘉丽珠宝与众多誉满世界的影视明星一同在红地毯上演绎传奇的故事。2006 年奥斯卡颁奖典礼上，凭借在电影《傲慢与偏见》中的出色表现而获得最佳女主角提名的凯拉·奈特莉（Keira Knightley），佩戴着 20 世纪 60 年代晚期的宝嘉丽项链和与之完美搭配的耳环。这套项链和耳环采用黄金材质，镶嵌着明亮切割的钻石、球形祖母绿和红宝石，是宝嘉丽为伊朗波斯王特别设计和制作的。当晚，充满贵族气质的凯拉·奈特莉迷倒了现场的所有观众，而她所佩戴的古典项链更是令辣妹“维多利亚”心动不已。对妻子疼爱有加的贝克汉姆最终以 800 万美元的高价买到这款项链，作为 32 岁生日礼物赠送给了维多利亚。

自 1884 年创立以来，宝嘉丽珠宝以华美的设计风格征服了所有像索菲亚·罗兰一样热爱时尚的女人们的心，成为这些女人追逐的梦想。

第四节　梵克雅宝（VanCleef & Arpels）
——永不褪色的爱恋

创 始 人：阿尔弗莱德·梵克（Alfred Van Cleef）
艾斯特尔·雅宝（Estelle Arpels）

创始时间：1906 年

创始地点：法国巴黎

一、品牌标识

梵克雅宝品牌标识的中间是创始人阿尔弗莱德·梵克和艾斯特尔·雅宝的姓氏的合体，是两人浪漫爱情的真实见证。特殊的字体体现了梵克雅宝追求创新和不断进取的精神。无色的背景显示出至纯至美的品牌理念。

Van Cleef & Arpels

图 2.38　梵克雅宝品牌标识

二、品牌历史

梵克雅宝的诞生，始于一段浪漫的爱情故事。1896 年，两个面临放逐命运的移民家庭的年轻人喜结良缘。这两个年轻人一个是来自宝石世家的少女艾斯特尔·雅宝，一个是阿姆斯特丹钻石商的儿子阿尔弗莱德·梵克。这段传奇的旷世姻缘预示着一个伟大品牌的诞生。阿尔弗莱德·梵克和艾斯特尔·雅宝自童年起就生长在充满瑰丽珠宝的世界里。两人有着相配互补的特质：阿尔弗莱德·梵克对世间宝石的奥秘有着惊人的洞察力，而艾斯特尔·雅宝从父亲与自身的研究中掌握了珠宝加工技术。1906 年，阿尔弗莱德·梵克与艾斯特尔·雅宝的兄弟——查里斯和祖利安合作，在尊贵的巴黎凡顿广场 22 号设立了梵克雅宝的第一家珠宝精品店，从此翻开了梵克雅宝历史的篇章。

对梵克和雅宝两个家族来说，他们一直没有忘记自己的家族曾经面临着被放逐的命运，于是对于传统的东西，他们表现出极大的尊重。在梵克雅宝中他们寄托了自己的这一份情怀，一直坚持将高雅、简洁、和谐的法国精神的精髓贯穿于产品设计中，并将其发扬光大。对他们而言，这不仅仅是对法国精神的敬仰，更是一个品牌忠诚的体现。

在延续传统的过程中，梵克雅宝从未停止过创新。1930 年，梵克雅宝发明了满载女性柔情的百宝匣。百宝匣是现代女士化妆盒的始祖，它的发明始于一段故事。有一天，查理斯·雅宝去拜访一位大企业家的夫人，这位高贵的夫人出门时，匆忙把粉饼、口红、手帕、梳子、打火机与门匙等日常用品统统扔进一个白色小金属盒中。查理斯·雅宝灵机一动，自己为何不设计一个精巧瑰丽的盒子，方便女士外出时携带一些随身物品呢？于是百宝匣就诞生了。

百宝匣中每个格子都经过精心的设计，可轻松收纳女士们的唇膏、口红、镜子、梳子、粉盒、邀舞卡和打火机等物品。百宝匣以最贵重的白金材质打造，制作成长方形的样式，钩环上还装饰着可自由拆卸的珠宝。这些珠宝卸下来时还可当作胸针或佩戴在腰带上的饰品。百宝匣内壁镶嵌了风景、花卉或者中国艺玩图案，极为考究。巧妙的设计使百宝匣很快成为当时高贵女性们不可缺少的配件。

1933 年，梵克雅宝发明了隐秘式镶嵌法，这是梵克雅宝历史上又一载入史册的重大发明。隐秘式镶嵌法使一颗颗细小的宝石紧密地排列在一起，其间没有任何肉眼可见的金属或镶爪，镶饰效果简洁牢固。这种镶嵌法制作的首饰可以紧贴肌肤，宝石随着肢体的起伏呈现出不同角度的光泽。目前，世界上熟练掌握这种神秘镶嵌技术的工匠不超过 6 位，而且全部属于梵克雅宝。

1939 年，梵克雅宝为强化其国际地位，开始进军美国大陆，迅速成为纽约第五大道上流阶层的钟爱，随即又在棕榈滩、比弗利山庄等地开设分店。

一个多世纪以来，梵克雅宝以巧夺天工的精美工艺、极为挑剔的宝石筛选、精致典雅、简洁大方的款式与完美比例的造型设计，在国际珠宝界中独树一帜。如今，梵克雅宝在全球各主要城市共有 33 家精品店，国际知名影星泰勒、罗伯兹等都醉心于梵克雅宝。

图 2.39 梵克雅宝跳舞的少女系列

大自然是梵克雅宝珠宝作品的设计灵感来源，FLEURETTE 珠宝系列就是一个绝美的印证。一朵朵由精美华贵的钻石镶嵌而成的晶莹花朵，于光滑圆润的外观中闪烁出华丽璀璨的钻石光芒。

梵克雅宝推出的“夏威夷”系列的设计灵感来自于夏威夷群岛的美景。傍晚的夏威夷，海水荡漾着醉人的诗意，微风传送着迷人的清香。“夏威夷”系列用彩色宝石完美地诠释着热带岛屿上的奇花异草，碧海人家。金色的茎叶、紫水晶或黄水晶的花瓣，围绕着蓝色、橙色、粉红色宝石镶嵌的花蕊，加上经典绝伦的隐秘镶嵌法，把这些珠宝装点的栩栩如生，鲜艳夺人。“夏威夷”系列包括有色彩鲜艳的耳环、戒指、别针，还有看一眼就难以忘怀的项链，它们都是 20 世纪 50 年代风情的再现，令人怀旧，又令人迷新。

“仲夏夜之梦”（A Midsummer Night's Dream）是梵克雅宝的又一个经典。其创作灵感来自于莎士比亚的名剧《仲夏夜之梦》。“我在黑夜飘荡，轻快得像是月光；草地的露珠等着我，快给花儿挂上耳坠”。精灵唱着这样的歌，唤醒了珠宝设计师们的灵感，他们在爱与梦、幻与真的奇妙境界，萌发出创作的激情。“仲夏夜之梦”演绎了莎士比亚笔下的浪漫神秘的森林、柔媚的月光、飘舞在梦想国度的精灵、美轮美奂的仙女，这些恋人的情结、醉人的故事，赋予了梵克雅宝童话般的境界和无穷的魅力。“仲夏夜之梦”系列包括以钻石级珍贵宝石精心配制的叶片系列，运用隐秘镶嵌技术的水之镜系列，以风为灵感、轻盈纤巧的爱抚系列，在神秘花园中翩翩起舞的蝴蝶系列，活泼迷人的小仙子系列。极尽珍贵完美，令人爱不释手。

图 2.40　梵克雅宝“仲夏夜之梦”
——爱抚系列

图 2.41　梵克雅宝“仲夏夜之梦”
——小仙人系列

2003 年，素有“华裔第一灵感”之美誉的中国台湾设计师张春佳和有“皇族宠儿”之称的法国设计师德尔菲娜·格朗佩的加入，为梵克雅宝注入了新的活力。张春佳曾就读于英国皇家艺术学院，沾染了浓郁的艺术灵气。她设计的珠宝自由流畅，动感十足，充满无拘无束的自由感。德尔菲娜·格朗佩出身设计师家庭，曾进入法国珠宝工会学校学习。她的作品以优雅复古、温柔婉约的设计风格而著称，不少欧洲皇室点名德尔菲娜·格朗佩为其设计珠宝。

2004 年，梵克雅宝再度展现不固守的积极态度，推出全新 Couture Collection 珠宝系列，将百年高级订制珠宝的优良血脉，融入了珠宝时尚的新风潮，提出“把布料变成珠宝，珠宝变成布料”的新理念。Couture Collection 高级订制珠宝系列改变了珠宝的佩戴方式，也改变了女人欣赏珠宝的视线。

图 2.42　梵克雅宝
“芭蕾舞”系列

2006 年，梵克雅宝推出“仲夏夜之梦”蝴蝶造型设计的优美延伸“Envol”系列和“Cosmos”系列，继续诠释大自然中绚烂的生命，呈现栩栩如生的高贵华丽气质。顽强的大波斯菊与灵动的蝴蝶在珠宝的世界中被梵克雅宝重新演绎，赋予了珠宝无比璀璨的生命力。

Cosmos 意为大波斯菊，其四片花瓣造型分别象征关爱、永恒、和谐、无限。由于大波斯菊坚忍不拔的特质与母亲的气质不谋而合，梵克雅宝将“Cosmos”系列选作母亲节的代表系列。

2007 年，梵克雅宝以其经典的 FLEURETTE 小花形象为灵感，推出了“Flowerlace”系列珠宝，“Flowerlace”系列是 FLEURETTE 珠宝系列的延续。

2011 年推出“Zip”系列项链四款全新设计为梵克雅宝的 Zip 项链带来更丰富卓越的面貌。大胆创新的设计为锯齿形结构添加令人目眩的彩色宝石，点缀充满装饰艺术风格的几何造型。其中两款新设计更镶嵌珍贵宝石：一款镶嵌绿宝石；另一款则以彩色蓝宝石做装饰。其余两款项链，一款呈现青金石、白色珍珠贝母和养殖珍珠的完美结合；而另一款则撮合了绿松石和绿玉髓。

2014 年，梵克雅宝（VCA）又添加 29 件崭新独特的作品，为 Ballet Precieux 芭蕾舞高级珠宝系列揭开新一章，此系列向世家挚爱的舞蹈、优雅与动感致敬，同时向俄罗斯五大芭蕾剧目表示敬意。

三、经典作品

（一）“FLEURETTE”系列

FLEURETTE 花卉是梵克雅宝最经典的主题之一，现已发展成为一系列完整的珠宝作品，包括项链、戒指、耳环和手镯等。“FLEURETTE”珠宝系列精巧典雅的花形以 K 金为材质制作而成，上面镶嵌有晶莹闪烁的华美钻石，并以白钻搭配黄钻、橙钻、粉红钻等不同颜色的钻石，唤起人们对五彩缤纷的美好事物的联想。

图 2.43 梵克雅宝“FLEURETTE”钻戒

图 2.44 梵克雅宝“Flowerlace”系列项链

图 2.45 梵克雅宝“Flowerlace”系列戒指和耳环

“Flowerlace”系列的诞生，使“FLEURETTE”经典系列更加绚烂夺目。“Flowerlace”系列进一步延续了“FLEURETTE”珠宝系列的柔美与灵动，颗颗美钻将娇艳的花朵演绎成闪耀的明星，体现着自然与时尚的完美结合。网状设计的钻石花瓣以及绢丝的构造，轻巧地展现出花朵的不同美态。白 K 金材质与五彩缤纷的美钻形成巧妙的透光效果，彰显出设计师的独特匠心。

（二）“仲夏夜之梦”——水之镜系列

“仲夏夜之梦”——水之镜系列（Miroir des Eaux）把我们带进一个充满诗意的童话王国，自然气息在这个系列中呼之欲出。用玛瑙制造、具有褶皱感的树枝表现出树木的粗糙，其倒影则如水般反映在光滑而闪亮的珍珠贝母上。这些闪闪发亮的倒影就像沐浴在微风中的花瓣，而精致的装饰则是仲夏夜的纯洁之源。

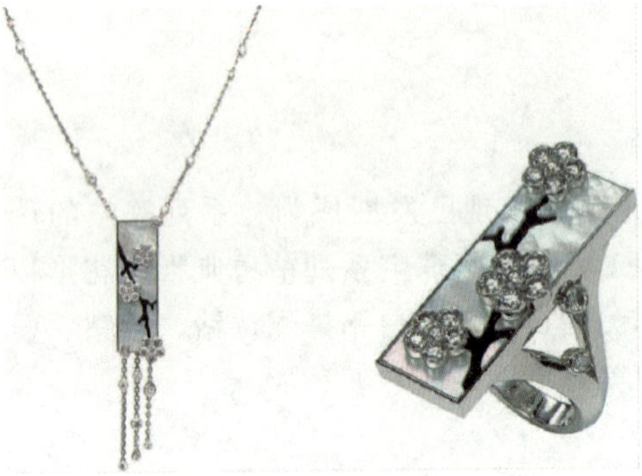

图 2.46 梵克雅宝“仲夏夜之梦”——水之镜系列

水之镜系列运用了“Marquetry”镶嵌拼花技法。这项复杂而独特的镶嵌细工技艺古时已有，镶嵌方法主要是将金属、石头、象牙、珍珠贝母、大理石、天青石或龟甲等各种不同材质切割成小薄片，镶嵌在木头上以拼贴出花朵、几何图形、人物、动物或其他美丽的图案。梵克雅宝早在约20世纪已经以天青石、珊瑚、绿松石、玉石、玛瑙、珍珠贝母和珐琅等为材料，将这种镶嵌细工技艺用于制作珠宝盒或挂扣式腕表上。水之镜系列重现了梵克雅宝镶嵌工艺的传统，完成了玛瑙和珍珠贝母的完美融合，熠熠生辉的钻石花朵在玛瑙树枝与珍珠贝母湖面的相互映照下，显得浑然天成。

（三）“仲夏夜之梦”——Envol 系列

2006 年，梵克雅宝推出的 Envol 珠宝系列是“仲夏夜之梦”蝴蝶造型设计的优美延伸。Envol 系列用黄 K 金或白 K 金展现蝴蝶细腻的姿态，并以创新的技法将翩翩起舞的蝴蝶活灵活现地呈现于世。Envol 手镯以白 K 金和钻石镶饰蝴蝶，轻快活泼间不失高贵；Envol 戒指精致优美，宛如洁净无瑕的蝴蝶歇息在美人的纤纤玉指上，指缝间流露出藏不住的优雅风华。

图 2.47 梵克雅宝“仲夏夜之梦”——Envol 系列手镯和项链

四、品牌评价

图 2.48　绣线菊戒

梵克雅宝的创作风格含蓄鲜明，充分体现出崇尚自然的理念。叶子、玫瑰、牡丹、燕子、蝴蝶、蜻蜓、雪花、雨滴等都是梵克雅宝的常见图案，其设计灵感的源泉就是美丽的大自然。此外，梵克雅宝还常常用金属材质编织出结子、绳索和吊坠等，并用贵重金属雕刻出惟妙惟肖的花网图案。

图 2.49　梵克雅宝花卉图案胸针

图 2.50　Une Journée à Paris 系列叶子耳环

图 2.51　梵克雅宝钻石皇冠

图 2.52　梵克雅宝 2014 年蝴蝶胸针

在梵克雅宝的理念里，珠宝不仅仅是奢侈品，更是一种伟大的艺术，代表着执着的梦想。1976 年，克罗迪·雅宝和乔治·波兰西恩创作了芭蕾舞演出《珠宝》，其灵感来源于高雅通灵的芭蕾舞姿。演出在福莱音乐的陪衬下演绎祖母绿的风姿，诉说着法国的浪漫风情；在斯特拉文斯基音乐的衬托下，展示热情的红宝石，呈现出美洲新世界的骚动；在柴可夫斯基音乐的烘托下，彰显钻石的华丽风采，勾起人们对古老欧洲的无限回忆。整场演出将珠宝的特征、音乐的内涵和优美的芭蕾元素完美结合，极具艺术震撼力。

1933 年，梵克雅宝发明了隐秘式镶嵌法，可以把一颗颗细小的宝石以纺织的形式镶嵌在精致的黄金或白金的网格内，使宝石简洁流畅，丰满璀璨。隐秘式镶嵌法使珠宝的镶嵌工艺达到了极致，成为珠宝工艺史上的又一个神话。

在梵克雅宝看来“要想与众不同，就定制你的梦”。定制是梵克雅宝一向的卖点。在巴黎凡顿广场 22 号的梵克雅宝店面的后台，有 30 名工匠为价值连城的珠宝进行个性化的切割定制。为那些参加各种活动、出现在各种场合的名媛雅士们设计着他们的梦想，也铸造着梵克雅宝的辉煌。

五、梵克雅宝与名人

梵克雅宝自诞生之日起便一直是各国贵族和名流雅士所钟爱的顶级珠宝品牌，曾为许许多多的王孙贵族和社会名流制作过高级珠宝，每一件都是极其华贵的传世佳作。曾经定制过英国温莎公爵夫人的首饰套装，埃及公主的大婚珠宝，摩纳哥皇室的御用珠宝，泰国皇后的项链，伊朗皇后的冕冠。

1955 年，戛纳电影节在摩纳哥的蒙特卡洛举行。在这个名人云集的聚会上，好莱坞影视明星格蕾丝·凯利（Grace Kelly）与摩纳哥王子雷尼尔三世（Rainier Ⅲ）相识并结缘。风度翩翩的摩纳哥王子作为向导带领格蕾丝·凯利参观了王宫，并且对这位美丽的金发女子一见钟情。随后，雷尼尔王子飞赴美国向格蕾丝·凯利求婚，并获得同意。作为订婚之礼，雷尼尔王子送给格蕾丝一条梵克雅宝珍珠项链。1956 年 4 月 18 日，雷尼尔王子与格蕾丝·凯利在明媚多姿的地中海岸边举行了盛大而隆重的婚礼。婚礼现场，一万多名摄影师和记者争相拍照和采访，在金红色的摩纳哥皇宫前，楚楚动人的格蕾丝身着一款美丽长裙款款走向“全世界最理想的男人”摩纳哥王子雷尼尔，成为当时最靓丽的风景。后来婚礼短片在全球播放，成为载入史册的永恒记忆。1957 年，雷尼尔指定梵克雅宝为摩纳哥王室饰品御用店。1978 年，格蕾丝王妃在其女儿卡洛琳公主的婚礼上，佩戴了一顶由梵克雅宝特制的华丽王冠，优雅中透露着高贵。而这只是格蕾丝王妃拥有的梵克雅宝的十几顶特制的皇冠之一。26 年前的那场车祸使格蕾丝与雷尼尔的故事成为历史，雷尼尔王子怀着对妻子深深地爱意，终生没有再婚。雷尼尔王子在定制梵克雅宝的同时，也定制了自己对于格蕾丝一生恒久不变的爱。

梵克雅宝还与红地毯结缘，赢得众多影视明星的欢心。伊丽莎白·泰勒、索菲亚·罗兰、奥黛利·赫本、茱利亚·罗伯茨、安妮·海瑟薇、凯瑟琳·丹妮芙、英国王妃戴安娜、张曼玉和章子怡等，都是它的忠实顾客。

2007 年，第 79 届奥斯卡金像奖颁奖典礼上，安妮 · 海瑟薇以一袭黑白对比的蕾丝晚装陪衬多款梵克雅宝的钻石首饰。一款白珍珠及钻石镶嵌而成的垂吊式耳环；三款手镯，包括 Noeud 系列钻石手镯，光钻石就达 22.64 克拉，价值港币 1 545 000 元，“Eiffel Tower”系列中的 Zip 拉链式钻石手镯是由 62 克拉的钻石镶成；“Majorelle Volutes”系列的钻石手镯。还有两款戒指，大约 1919 年制成的钻石戒指和 13 克拉的 Grace 钻石戒指。在梵克雅宝光芒的映衬下，安妮 · 海瑟薇在颁奖典礼上浑身透露着高贵典雅的气质。安妮 · 海瑟薇的这个亮相，使得梵克雅宝的知名度急剧攀升。

2009 年 1 月 11 日，在第 66 届金球奖颁奖典礼的红地毯上，安妮 · 海瑟薇因其在影片《蕾切尔的婚礼》中出色的表演而获得戏剧类“电影最佳女主角”提名。海瑟薇佩戴着独一无二的梵克雅宝，在珠宝的衬托下愈显高雅唯美。这套珠宝包括：梵克雅宝私人珍藏系列 Circa 1935 白金镶蓝宝石与钻石耳环和 Pierres de Caractères 系列 Bagan 18K 白金戒指，镶以 13.08 克拉祖母绿切割紫罗兰色蓝宝石和钻石。在梵克雅宝的瑰丽光芒照耀下，她迷人的微笑愈显优雅魅惑之气质，使其立即成为全场焦点。

法国资深电影女星凯瑟琳 · 丹妮芙一向是梵克雅宝的爱戴者，在 79 届奥斯卡金像奖颁奖典礼上，她以多件品牌珍藏的红宝石珠宝首饰陪衬其礼服。两只手环，1929 年博物馆珍藏系列、镶嵌 15.26 克拉红宝石和 32 克拉钻石的铂金流苏手环，梵克雅宝在 1930 年向温莎公爵夫人购回以隐秘式镶嵌法镶嵌的红宝石铂金手环。一只耳环，梵克雅宝在 1954 年向温莎公爵夫人购回的“Foret”系列红宝石耳环。颁奖典礼上，丹妮芙将梵克雅宝的雍容华贵演绎得淋漓尽致，使梵克雅宝高级珠宝成为每一位成功女人梦寐以求的珍宝。

最具有国际知名度的中国影星章子怡也醉心于梵克雅宝，在很多场合都可看到她佩戴梵克雅宝的曼妙身姿。2005 年，章子怡选择了梵克雅宝浪漫典雅的“FRIVOLEPAVE”珠宝系列亮相“电影华表奖”颁奖典礼，一展影后风采。

第五节　海瑞温斯顿（Harry Winston）
——梦露般璀璨

创 始 人：海瑞 · 温斯顿（Harry Winston）
创始时间：1924 年
创始地点：美国纽约

一、品牌标识

海瑞温斯顿品牌标识由两部分组成。上半部分是始创人海瑞 · 温斯顿名字的首字母，大写 H 和 W 纵向排列，宛如一个力大无比的巨人用双臂托起一个王国，象征着海瑞温斯顿品牌用自己深厚的历史底蕴承载起一个庞大的高级珠宝王国，显得十分庄重与尊贵。下半部分是海瑞温斯顿英文名字的全称，表示海瑞 · 温斯顿将自己的毕生精力投入到了品牌经营中。最下面花体的一行小字说明了品牌是专门制作奇世臻品的珠宝商。无色的背景可根据不同的产品和环境进行多彩多姿的搭配。

图 2.53　海瑞温斯顿品牌标识

二、品牌历史

海瑞·温斯顿这个天生的珠宝家1896年3月1日出生于美国。海瑞的父亲在1888年时开了一个小珠宝店，他从小耳濡目染，对珠宝有着极其敏锐的观察力与鉴赏力。12岁时，他从一家当铺廉价出售的珠宝中以25美分的价格淘到了一颗2克拉重的祖母绿宝石，经过简单修饰后以880美元卖出。这颗祖母绿的光芒照亮了海瑞·温斯顿的珠宝生涯。

1924年，年轻的海瑞带着2 000美金来到纽约，在第五大道535号开了一家“一人”公司，也叫“优质钻石”公司，专门经营钻石买卖，标志着海瑞温斯顿品牌的诞生。海瑞一心想在纽约珠宝界占据一席之地，他从自己12岁贱买贵卖中找到一条捷径——低价收购旧珠宝首饰。天资过人的他20多岁就成为了纽约钻石交易所的卖家，与生俱来的敏锐直觉和独到眼光让他在这一行站稳了脚跟。他在第一次世界大战后大量收购贵族们低价抛售的珠宝，然后把旧珠宝的宝石卸下，重新切磨，使它们焕然一新，耀眼夺目，再以当时最时髦的镶嵌法，镶成崭新的首饰以几倍的价格出售。1925年以100万美元买下史塔达夫人（Mrs. Rebecca Darlington Stoddard）的所有收藏首饰。1926年，以200万美元买下哈庭顿夫人（Mrs. Aravella Huntington）手中驰名的收藏品。这种“汰旧换新”的手法为海瑞开了财路。两年内就积攒下了不少的钱和珠宝存货。不幸的是，不久这些钱与珠宝便被他的助手席卷而走。身无分文的海瑞凭着他的胆识与信心，重新开始自己的事业。白手起家的他经历了种种磨难，最终又建立起自己的珠宝店。从那以后，他的珠宝之路开始出现前所未有的坦途。

1930年，买下当时美国市场上最大的祖母绿型切割（Emerald Cut）钻石，重39克拉。1932年，海瑞·温斯顿已是一名成功的珠宝商，他结束了原来的“一人”公司，以自己的名字成立了新公司海瑞温斯顿。1935年买下重726克拉的“Jonker”原石，琼格尔钻石（Jonker Diamond），这是南非波尔人雅各布斯琼格尔（Jacobus Jonker）所发现的，因此钻石以他的名字命名。1949年，海瑞·温斯顿从收藏者爱芙琳·艾斯德（Evelyn Walsh McLean Estate）处购得世界上最著名、最大的一颗蓝色钻石——“希望之钻”（The Hope Diamond），重达45.52克拉。Jonker Diamond是Harry Winston切割的第一颗巨型钻石，它重达726克拉。他所切割的第二颗巨钻是来自巴西的Vargas，巧合的是，Vargas也重726克拉，与Jonker Diamond的重量完全相同。这种事情在钻石界中闻所未闻，其发生的概率仅有十亿分之一。1972年，Harry Winston买下了他的第三颗巨钻——Sierra Leone，其重量高达970克拉，也是历史上重量最大的原石。

海瑞·温斯顿不仅是一位成功的珠宝商，精湛的宝石切割师，而且还是一位著名的珠宝收藏家。全世界有303颗超级大钻石，就有68颗是由海瑞·温斯顿收藏并卖出的。他收藏的宝石中有126克拉的洋客钻石、970克拉的塞拉利昂巨钻、337克拉的凯瑟琳蓝宝石、95克拉的东方之星钻石。大名鼎鼎的“希望之星”蓝钻更是充满了传奇色彩。

1944年，海瑞温斯顿成为首度赞助奥斯卡颁奖典礼的珠宝商，为第16届奥斯卡的最佳女主角珍妮佛·琼斯（Jennifer Jones）提供佩饰。当珍妮佛·琼斯站上领奖台的一瞬间，华丽璀璨的钻石珠宝闪耀出动人的光彩，艳惊全场。从此，海瑞温斯顿与红地毯结下了不解之缘，并被人们称为“明星的珠宝商”。

海瑞的交游甚广，也使他的事业如虎添翼。在美国的豪富名媛社交圈里，他结识了欧亚众多王室成员，如尼泊尔、印度、伊朗、沙特阿拉伯、摩纳哥、英国等国的国王、王后、王子、公主等；还结识了美国铁路、石油、报业等工商界大亨、政界领袖、电影明星等。这些名人巨富都是海瑞温斯顿珠宝的忠实佩戴者。海瑞有一次在日内瓦度假，遇到阿拉伯王室成员，就跟他们交结为友，他们一次就购买了几百万美元的珠宝。另外还相中了6只钻石手镯，当海瑞给他们送去手镯时，那种美轮美奂的手镯把王室成员惊呆了，他们无法抑制内心的购买欲望，又追加了购买，共购买了80只。

1949年，海瑞·温斯顿举办了一个名为“珠宝宫”的展览，展出的作品几乎称得上“世界之最”。包括：46克拉的“希望之星”美钻，95克拉的“东方之星”美钻，126克拉的洋客钻石，337克拉的凯瑟琳蓝宝石等，还有祖母绿项链等。

1978年，海瑞·温斯顿的儿子朗诺·温斯顿（Ronald Winston）继承父业。从此，学化学出身的朗诺和珠宝之间开始发生奇妙的化学反应。朗诺·温斯顿将珠宝视为贴近人体的精灵，并赋予每一款海瑞温斯顿珠宝意义非凡的内涵。他强调典雅的品位和优雅的设计，并始终保持着海瑞温斯顿独特的品牌精神。

海瑞温斯顿的珠宝之所以总是如此完美，来自于优质的宝石原料和精湛的手工艺术的完美合一。

首先，海瑞·温斯顿只挑选最出色的宝石原料，并拥有无可挑剔的手工艺术。以钻石花式切割著称的海瑞·温斯顿宁愿牺牲重量而为每颗原石寻找最适合的切割形状。在尊重每一块原石的本型的基础上，最巧妙的切割最终让钻石闪耀出最完美的光芒。海瑞温斯顿经典六角形祖母绿切割，也已成为品牌的象征。祖母绿切割以方形为基形，将钻石切割成阶梯形层面，呈现出古典静谧之美。海瑞·温斯顿独特的镶嵌手法也是其享誉国际的原因。为了尊重每颗宝石自身的特点，海瑞·温斯顿从不会事前画好设计图再寻找宝石，而是根据每颗宝石的原型进行创意发挥。最为著名的“Cluster”镶嵌设计法不仅保持了宝石原有的色泽，更将钻石最自然、纯粹的那一面呈现出来，成为了海瑞·温斯顿设计中的经典。

图2.54　海瑞温斯顿钻石皇冠

海瑞对钻石的酷爱使他成为著名的钻石切割家、钻石收藏家，他把自己对钻石的酷爱倾诉在作品中，感染了很多人。有一次荷兰一位富商来参观一颗昂贵的钻石，珠宝专

图 2.55　海瑞温斯顿缤纷彩钻

图 2.56　“The Incredibles”系列钻戒

家把这颗钻石优美的质地、精湛的切割工艺、各种鉴定数据介绍的详细又专业，可这位富商说并非他想要的。而海瑞没有用任何专业术语，只是把他对这颗钻石的情感抒发一遍，说这颗钻石的璀璨光泽晶莹剔透，在阳光下折射出的美丽表现了人性中的尽善尽美……，结果富商马上把钻石买走了。

海瑞·温斯顿对彩钻也情有独钟。在其收藏中，除了无数举世震惊的顶级钻石之外，各种色泽饱满、内无杂质的高品质彩色宝石也让他感到无比自豪。椭圆形切工红宝石、祖母绿形切工蓝宝石和罕见的圆形切工祖母绿宝石……它们所散发的瑰丽绚烂的色泽令人惊叹不已。

2006 年，大钻石矿公司（Aber Diamond Corporation）购入哈利·温斯顿全部股权，次年在纽约证券交易所挂牌上市。之后，哈利·温斯顿品牌同时具备了矿石开采、打磨、珠宝设计及零售，一条龙式的销售模式，使品牌向更广阔、更深远领域发展。全球最大的钻石矿 BHP Billiton 以 5 亿美金的价格将旗下的钻石生意出售给 Harry Winston 品牌，将 Ekati 钻石矿的大部分股份出售给 Harry Winston。经过此次的收购，集团获得了 Ekati 钻石矿的开采权。

三、经典作品

（一）“希望之星”（Hope）蓝钻

海瑞温斯顿自创立以来，不断搜珍猎奇，收藏了大量的绝世珍宝。“希望之星”是海瑞温斯顿历史上最为神秘、最为知名的蓝钻。“希望之星”来自印度，重达 45.52 克拉，有着令人窒息的美感：在深邃静谧的湛蓝色中泛着一点灰色调，周围以 16 颗梨形及枕形切割的白钻点缀，搭配 45 颗钻石打造而成。

“希望之星”拥有一段传奇的历史。1642 年，宝石自印度启程，26 年之后被路易十四收入囊中，他将这颗宝钻誉为“法国蓝宝石”。在之后的 125 年里，这颗蓝钻一直是法国皇家御宝之一。然而，路易十四佩带“希望之星”后不久便亡故，使得这颗宝钻从此蒙上了悲剧色彩。路易十五得到“希望之星”，虽未佩戴过它，但曾将它借与情妇白礼女爵。法国大革命期间，女爵遭遇斩首的厄运。而路易十六王朝时期，经常佩戴“希望之星”的玛丽皇后，最后也难逃斩首的宿命。此后，“希望之星”在欧洲几经易手，且被多次切割造型，但悲剧的历史却从未停止。1910 年，“希望之星”由美国《华盛顿邮报》的继承者艾弗琳·沃什·麦可林夫人获得。后来，其子遭谋杀，而其夫则被卷入政府丑闻之中。“希望之星”被称为“厄运之钻”。

图 2.57　“希望之星”

海瑞·温斯顿于 1949 年购回了“希望之星”。温斯顿从不迷信“厄运”之说，他曾多次带着“希望之星”飞跃大西洋，每次都平安无事。1958 年，海瑞决定将宝钻捐赠给史密森机构，收藏于该博物馆的海瑞·温斯顿展馆。从此，“希望之星”成为该博物馆最受欢迎的馆藏，每年都有将近 700 万人前来参观。这颗充满传奇色彩的绝美蓝钻，静静地陈列在史密森博物馆，散发着海洋般清澈的光芒，它充满神奇扑朔迷离的故事也与海瑞·温斯顿的历史一起被世人所珍藏。

（二）“眼之光”（Nur ul Ain）皇冠

海瑞·温斯顿还有一件珍宝，那就是重约 60 克拉的“眼之光”。“眼之光”是有史以来最大的玫瑰粉色椭圆形宝石，采自印度南部的宝石矿。1958 年，海瑞·温斯顿用这颗宝石为伊朗王室制作了“眼之光”皇冠，这也成为公司历史上最重要的一次珠宝创作。海瑞·温斯顿将“眼之光”宝石镶嵌于铂金底座上，周围则采用黄、粉、蓝以及透明的钻石做点缀，皇冠底座的四周还以众多斜长方形钻石作为装饰，共 324 颗钻石。

图 2.58　“眼之光”皇冠

四、品牌评价

海瑞温斯顿发展迄今已有百余年的历史，因深受皇公贵族、社会名流、影视明星的喜爱而成为上流社会的象征。1946 年，海瑞·温斯顿首次与温莎公爵夫人会面，温莎公爵就曾对他说：“我的朋友提到你有非常出色的珠宝……”这也说明了海瑞·温斯顿早已受到皇族们的肯定。不止温莎公爵，还有英女王伊丽莎白二世、已故王妃戴安娜、沙特阿拉伯王储、伊朗国王和印度王储等。他们都曾在国际重大场合中佩戴海瑞温斯顿珠宝。

正因为皇室贵族们对其青睐有加，海瑞温斯顿才能声名远扬，最终成为全世界著名的珠宝品牌。每一件海瑞温斯顿珠宝都见证了一段历史的佳话，都诠释了一个令人向往的故事，都解读了一则人们心灵深处的梦想。

海瑞温斯顿独一无二的经典花式切工和祖母绿切工赋予珠宝精致的美感，捍卫了“钻石之王”不可动摇的崇高地位。从世界第三大钻石的“塞拉利昂之星”到身价百万的“琼格尔钻”，从充满传奇色彩的“希望之星”到瑰丽魔幻的“洋克制钻”，从色泽美奂的“南瓜钻”到传达爱语的“泰勒·波顿之钻”，无数的绝世美钻，簇拥着一段一段的传奇，诠释着永世不变的名钻情结。

每一款海瑞温斯顿珠宝都是一个极致，都是一个经典。充满立体感的设计、绚丽夺目的色彩搭配造就了海瑞温斯顿强劲的生命力。在时尚的艺术殿堂里，海瑞温斯顿以纯正妩媚的风格和高贵雅致的神韵延续着无法言喻的魔幻之美，深深地吸引着追求极致之美的人们。

五、海瑞温斯顿与名人

几乎每一款海瑞温斯顿的经典美钻背后都有一段隽永的爱情故事。英国著名影星理查德·波顿有一颗宝钻，为了表达对恋人伊丽莎白·泰勒的深刻爱意，他特意请海瑞·温斯顿把这颗钻石设计为一个项链的吊坠，并命名为“泰勒·波顿之钻”，送给伊丽莎白·泰勒。这个吊坠因其设计的完美无缺，内含着爱情的真谛而被称为20世纪以来最著名的求爱信物，在历史的长河中传颂着。希腊船王欧纳西斯向影坛巨星杰奎琳·史密斯求婚时，赠予这位影坛巨星、美国永远的第一夫人海瑞温斯顿莱索托3号Lesotho III钻戒，其精细的马眼式切割工艺，以及充满诗情画意的传奇式爱情故事，至今仍传为佳话。麦当娜与盖·瑞奇结婚时，佩戴着海瑞·温斯顿为其精心设计的钻石十字链坠，引起时尚界的追捧。

1999年，著名的高雅气质女明星格温妮丝·帕特洛（Gwyneth Paltrow）凭借在《莎翁情史》一剧中的出色表现获得奥斯卡最佳女主角殊荣时，她的父亲为了要让她一辈子记得这个值得纪念的时刻，将她当晚所佩戴的海瑞温斯顿总重达40克拉的公主项链买下，送给她作为纪念。

2002年，奥斯卡颁奖典礼上，凭借在《拥抱艳阳天》中的精彩演出而获得最佳女主角奖的荷莉·贝瑞（Halle Berry），佩戴着海瑞温斯顿经典南瓜钻上台领奖，彩钻的光芒与荷莉的笑容交相辉映，为影视界首位黑人影后增添了无限的魅力。南瓜钻是海瑞温斯顿钻石世界里唯一一枚橙色彩钻，是朗诺·温斯顿于1997年以130多万美元的价格在纽约苏富比拍卖会上竞拍得来的。这枚彩钻重5.54克拉，因获得的时间正好是万圣节，故将其命名为“海瑞温斯顿南瓜钻”。

海瑞温斯顿珠宝背后动人的故事皆为人们津津乐道。当人们观赏这些作品的同时，也仿佛见证了一段又一段的经典历史故事。美丽的爱情，珍贵的亲情，恰似永恒的钻石，愈是历久、愈是弥新。

第六节 宝诗龙（Boucheron）
——胆识过人、战绩彪炳的冠军

创 始 人：弗莱德里克·宝诗龙（Frederic Boucheron）
创始时间：1858 年
创始地点：法国巴黎

一、品牌标识

宝诗龙品牌标识由三部分组成。第一部分是品牌创始人弗莱德里克·宝诗龙的姓氏，大写“BOUCHERON”位于中间位置，气势磅礴，彰显大牌风范。第二部分宝诗龙姓氏的首字母 B，代表了埃菲尔铁塔直上云霄。宝诗龙品牌创立的时间与埃菲尔铁塔建造的时间不谋而合，因此，宝诗龙用埃菲尔铁塔这一标志性建筑来展示其品牌中所蕴含的浓郁的法国文化。第三部分是品牌创始地，时尚之都巴黎赋予了宝诗龙鲜活的生命力和大胆奢华的特质。

图 2.59　宝诗龙品牌标识

二、品牌历史

宝诗龙的创始人弗莱德里克·宝诗龙生于 1830 年，他从小跟随著名大师儒勒·蔡泽学徒。14 年的学徒生涯，加之与生俱来的才华，使他对珠宝具有了独到的理解与品位，1858 年，在他 28 岁时弗莱德里克终于在巴黎高级时尚中心皇家宫殿区大街开了第一家珠宝店，并命名为宝诗龙。

弗莱德里克的珠宝店豪华大气，一开业就吸引了不少尊贵的客户。弗莱德里克打破当时把珠宝首饰简单地平放在橱窗中的传统，运用垂直立体的胸像展示高级珠宝。他将水晶石、象牙、精致首饰和金色花边引入自己的创作中，创造出珐琅、金刚、雕琢银与木材、水晶相结合的作品，彰显了宝诗龙新颖独特的创意。

1893 年，宝诗龙转址到凡顿广场 26 号，宝诗龙还是第一个进驻这个巴黎时尚圣地的高级珠宝商。店内装修顶级奢华，典雅中又充满着现代气息，珠宝被各种胸像所佩戴，美丽动人的场面吸引了更多奢侈品消费者的目光。欧洲银行世家罗斯柴尔德家族、俄国亚历山大三世、法皇路易十四的宫廷音乐家波利尼亚克伯爵夫人、法国女星莎拉·巴恩哈特都是宝诗龙新店的常客。在宝诗龙之后，各大高级珠宝、时装品牌也陆续出现在凡顿广场上，这里慢慢成为珠宝、高级时装和香水等奢侈品品牌的聚集地。

图 2.60 宝诗龙位于巴黎凡顿广场 26 号的旗舰店

宝诗龙对珠宝的文化和历史极为重视，为了保存与延续这些文化和历史，在 19 世纪宝诗龙经常把法国王室珠宝连同这些珠宝的历史购买回来。宝诗龙曾经购买了两颗可以回溯到路易十六年代的珍贵马扎林钻石作为永久性收藏，从而把法国珠宝史上非常重要的一个片断保存下来。

1902 年，创始人弗莱德里克去世，他的儿子路易斯·宝诗龙继承了家族事业，他承袭了父亲的直觉、灵感和创意游走世界各国，寻找天然的最美丽的宝石，把钻石运用在珠宝的设计上，凭借着专业技术，在很短的时间内取得了巨大的成功，在纽约和伦敦等地建立了分店，成为珠宝街的翘楚，并受到当时的王公贵族的青睐。

从 1921 年开始，英国皇后出席的所有正式场合都佩戴着宝诗龙皇冠。1928 年，印度国王帕地亚拉（Patiala）把 7 571 颗美钻、14 颗黑珍珠、两大批红宝石和 1 432 颗祖母绿，全部装在 6 个箱子里，委托宝诗龙设计。据说这些珠宝的总价值达 20 亿法郎，成为流芳百世的精品。1930 年，伊朗国王邀请宝诗龙评估鉴定波斯王国的财富。此外英国女王伊丽莎白二世、戴安娜王妃、格雷斯·凯莉王妃都在公开场合佩戴各种宝诗龙配饰。埃及国王、威尔士王子都请宝诗龙为皇家成员设计首饰与配饰。

20 世纪 20 年代，珠宝界兴起了“新艺术风格”，宝诗龙的设计师更是这种新艺术主义的引领者。他们设计的作品大多是表现色彩丰富的自然生灵的形象。“危险的美丽”系列就是“新艺术风格”的代表。其中钻石项链上有一个蛇形的吊坠垂在胸前，而蛇形戒指上，蛇的嘴里含着红宝石，形象逼真，引人入胜。

20 世纪中叶，第三代接班人杰拉德·宝诗龙（Garrard Boucheron）接手宝诗龙，当时“新风貌风格”已经占据珠宝设计的主导地位。宝诗龙创作了新的代表作，把宝石雕琢成花朵和羽毛，优美的曲线和几何图形，使宝诗龙珠宝更具生命力。在南美洲、北美洲和中东各地举办了一系列盛大的“新风貌风格”珠宝展览，使宝诗龙这个品牌远渡重洋、闻名于世。1971 年，杰拉德之子阿兰·宝诗龙（Alain Boucheron）接掌家族事业，把精品店开到了追求时尚的日本，深受日本人的欢迎，被日本人称为“世界上最好的装饰家”。

在千年之交的时候，宝诗龙以大胆出众、性感诱人的风格，融合品牌最著名的经典主题，重新创作了“危险美丽”系列珠宝。在诱人的“危险美丽”系列中可见到 20 世纪 50 年代的自然装饰以全新风貌面世。

150 年来，宝诗龙设计了许多贵重的珠宝首饰，是世界上为数不多的、始终保持着精湛工艺和传统风格的珠宝商之一，传承着正统的巴黎精神。如今，宝诗龙不仅坚持着独有的传统内涵，更成为设计大胆奢华的现代珠宝首饰的代名词。

图 2.61 “危险美丽”系列

三、经典作品

“危险美丽”系列传承了宝诗龙一贯的奢华张扬的风格，设计大胆果敢。蛇形是“危险美丽”系列的重点。闪闪发光的钻石蛇状项链被美人佩戴上，蛇头吊坠垂荡在胸前，给人无限诱惑；黄金嵌钻蛇形戒指戴在指上，蛇头张牙噙着红宝石，熠熠生辉。这个包含 60 件精品首饰的系列独家采用了钻石、红宝石、蓝宝石和祖母绿四种材质，尽显奢华，张扬欲望。

“危险美丽”系列开创了自信自如地佩戴珠宝的现代潮流，珠宝被赋予性感，像衣服一样松松地搭在身上，只有真实的肌肤才能映衬其美丽。

2004 年，宝诗龙将危险美丽与印度渊源结合，推出了“Jaipur”系列。宝诗龙在“Jaipur”系列中创造了蛇形饰纹，它蜷曲在镶砌无数缤纷宝石的手镯、项链和戒指上，散发出名副其实的危险之美。

2013 年，宝诗龙推出“波西米亚蛇型”高级珠宝系列，进一步将蛇的形象运用到这一系列的珠宝中，把危险美丽的文化内涵发扬光大。蛇既是主人的守护者，也是一个永生的标志。雕工精致，抛光精细，尊贵的黄金令钻石更加光芒四射。

图 2.62 “波西米亚蛇型”高级珠宝系列

四、品牌评价

1900 年，在埃菲尔铁塔下的塞纳河左岸战神校场上，举行了传奇的巴黎万国博览会，预示着新艺术主义的诞生。博览会上，宝诗龙获得了至高无上的评语：“胆识过人、战绩彪炳的冠军。总是令人目不暇接、甘拜下风，整个珠宝界都应以它为荣。”宝诗龙以此为契机，不断发展创新，推出一款又一款的华贵新品，成就了今天的珠宝事业。

图 2.63　宝诗龙精品首饰

在巴黎各种艺术风暴的影响下，宝诗龙始终坚守着自己的理念：珠宝是用来佩戴而不是用来珍藏的，只有真实的肌肤才能衬托出经典珠宝的璀璨光芒。宝诗龙擅长运用各种材质的珠宝，包括白钻、彩钻、祖母绿、红宝石、蓝宝石和各种类型的珍珠。其中，蓝宝石是宝诗龙最钟爱的宝石，代表着梦幻与永恒的蓝色已成为该品牌标志性色彩。蓝血之“宝”，艺术之“诗”，业界之“龙”，这就是宝诗龙。

图 2.64　宝诗龙的黑波斯猫广告

五、宝诗龙与名人

一只只黑色波斯猫佩戴着做工精细的绝世珠宝出现在荧屏和报纸杂志上，这就是宝诗龙最著名的广告。1978 年，宝诗龙创造性地将黑色波斯猫作为主角加入珠宝广告中。

这则创意非凡的广告流行了十多年，黑猫幸运地成为宝诗龙历史上的经典形象，向世人展示一款又一款充满诱惑力的珠宝杰作，同时也表达着宝诗龙神秘、令人难以忘怀、带给人惊喜并不断创新的品牌精神。

在宝诗龙的理念中，珠宝像真理一样发人深省，超越了“奢华”的普遍意义，上升为极致的艺术，俘虏着各个时期社会名流和皇室成员的心。

1928 年，印度帕蒂亚拉王满载 6 大箱珍宝，来到宝诗龙的工作室，指定宝诗龙为其量身定制 149 款高级珠宝。这 6 大箱珍宝包括 7 571 颗美钻、14 颗黑珍珠、两大批红宝石、蓝宝石和 1 432 颗祖母绿。由 12 名年轻力壮、身着华丽绸缎、头披穆斯林头巾的印度锡克教保镖全程护送。为了满足帕蒂亚拉王的要求，宝诗龙进行了大量的创意。它为帕蒂亚拉王设计了一款由 100 克拉的梨形祖母绿制作而成，四周镶嵌着钻石的臂章，这枚臂章象征着至高无上的权利和尊严，成为帕蒂亚拉王终生的爱物。宝诗龙为帕蒂亚拉王的夫人设计的镶嵌着钻石的新月形首饰和镶嵌着红宝石的星形首饰，则充满了神秘的东方神韵，让人想起帕蒂亚拉由月亮降落到人间的古老传说，成为流芳百世的精品。

伊朗王曾邀请宝诗龙为其评估鉴定波斯王国财富，英国、保加利亚和埃及的国王和王后，以及数位威尔士公主，都指定宝诗龙为其制作皇室珠宝。今天，在王公贵族的衣香鬓影之间，在欧美各大时尚盛会之上，宝诗龙依然尊贵无比，耀眼夺目——约旦王后的树叶型皇冠、妮可·基德曼（Nicole Kidman）的黄金丝带头饰以及朱丽安·摩尔（Julianne Moore）的祖母绿耳环等无不是宝诗龙的杰作。

第七节　御木本（Mikimoto）——母亲留给女儿最珍贵的嫁妆

创 始 人：御木本幸吉（Kokichi Mikimoto）
创始时间：1899 年
创始地点：日本东京

一、品牌标识

御木本品牌标识分两部分。第一部分是位于底层的创始人的姓氏的英文全称，表示出品牌的名称。第二部分是位于中间的品牌名称首字母 M 和位于顶层的珍珠样圆圈，表示人类用最真诚的心托起一颗珍珠。这个图案也寓意了家族对珍珠挚爱和对品牌塑造的忠心，即展示了御木本要以顶级的品质和高雅的气质树立起一个享誉全球的珍珠品牌。黑色的底衬更凸显出珍珠的洁白至纯至美。

图 2.65　御木本品牌标识

图 2.66　御木本“和”系列珍珠

图 2.67　御木本珍藏版戒指

二、品牌历史

1858 年，御木本出生于日本。父亲是一个贫穷的麦店东主。父亲在他 12 岁那年逝世，他便承担起长子的责任，继续经营麦店的生意。20 岁时，他对生产珍珠的软体动物产生莫大的兴趣，常与渔民交往，收集资料。经过 10 年的思索、推测和考验，他于 1888 年参加了一个国际渔业展览会得到宝贵的资料。他成立一个养珠农场，最初生产的只是劣质的半圆珠。

1893 年，御木本太太发现一颗漂亮的半圆养珠在他插入的蚝体中形成。他立刻申请注册专利权。1896 年，他终于拿到培殖半圆珠的专利权，并成立了多德（Tatoku）珍珠农场。1899 年，MikiMoto 珍珠店在东京银座 Yazaemon-cho 开张。

1893 年，第一颗养殖珍珠在日本诞生，虽然就形状而言，半圆形的珍珠称不上完美，却是人工繁殖珍珠成功的第一步。随着第一颗养殖珍珠的诞生，1899 年，御木本珍珠店在东京银座开张。他用人工养殖的珍珠创作出了一款款独具风格的珠宝首饰。

20 世纪初，日本在首饰业方面处于很被动的地位，完全“日本制”的首饰、饰品几乎不存在。御木本为了发展属于日本自己的首饰业，不惜遣人赴欧留学，将全套首饰制作技巧和设计首饰的各种方法带回日本。

1905 年，御木本幸吉发明了完美的球形珍珠。为彰显他的功绩，日本天皇曾亲赠其手杖，由此御木本幸吉得到了“养殖珍珠之父”的称号。1924 年起，御木本被日本皇室指定为御用珠宝首饰供应商。此后，日本皇室举办婚礼，御木本首饰成为必备礼品。就连英国皇室的后冠及饰品上也镶嵌了由御木本提供的珍珠。

1937 年，巴黎万国博览会上，御木本展出矢车（Yaguruma）珍珠和服扣带，震惊全场。和服扣带外形的矢车精密的构造关节，可以拆组出 12 件不同的饰品。

1972 年，公司的业务逐步扩展到钻石、有色宝石和其他宝石领域。如今御木本已成为全球顶级的珠宝商，其总店位于东京银座，另外它在纽约、伦敦和巴黎等海内外地标性地段开设了多家分店。御木本的珍珠首饰更是成为传播东方文化的使者。

关于御木本幸吉，有各种传说，据说日本早期的珍珠养殖者，普遍对于品质管控不重视，以致国际对于当地的珍珠有着“日本的珍珠就如同廉价玩具”的说法。御木本先生为了更正视听，特地在有国际媒体聚集的神户商工会议所前烧毁将近135公斤的劣质珍珠。除了对同行提出抗议，也强调自身对于珍珠的顶级品质的追求。御木本幸吉对珍珠的品质检验非常严格，即使在御木本所采集的优质珍珠里，也只有10%能真正通过严格的选珠标准。“只有坚持生产最高品质的养珠，日本养珠才会有希望”。这是御木本理念，也是他获得“珍珠之王”美誉的基础。

2002年，御木本成为环球小姐的官方珠宝赞助商，为其所设计的“后冠”，也全程在珍珠岛上制作完成。

2006年御木本邀请意大利著名设计师乔安娜·布朗詹（Giovanna Broggian）独家设计了一个铂金搭配珍珠的系列婚戒，以其创新的象征爱情婚姻的人性化风格和优雅的造型为世界瞩目。珍珠是一种天然的养颜美容之品，铂金不仅保存了珍珠天然的完美和精纯的品质，更突出了珍珠的独特圆润形状与色彩色泽，令珍珠在每一款饰品中都成为众人瞩目的焦点。御木本以其完美手工艺，使纯净、永恒、稀有的珍珠和铂金交相辉映，散发着非同寻常的优雅气质，诉说着爱情的至纯至美和相爱双方的一生承诺。

2014年Mikimoto（御木本）全新系列Wonderland Collection以爱丽丝的故事作为灵感的钥匙，开启了仙境之门，幻化出一系列充满美感、跃动的珠宝。设计师挥动着魔法棒，将飞舞于花间的蝴蝶、花园中的奇花异卉、满载着儿时回忆的肥皂泡，统统幻化成瑰丽的珍品。

图2.68 御木本2014 Wonderland Collection

三、经典作品

（一）矢车珍珠和服扣带

矢车（Yaguruma）珍珠和服扣带首次亮相于1937年的巴黎万国博览会上。令人惊艳之处是它除了华美的珠宝镶工，透过细密精准的构造关节，小小的一只和服扣带，只需简单的道具辅佐就能拆组出12件不同的饰品，诸如发簪、胸针、戒指、项链坠饰等，也可看出当时工匠成熟而缜密的工艺巧技。这只深获国际媒体追捧、深受世人关注的作品，在巴黎以天价售出后，就从华丽典雅的珠宝殿堂神秘地消失。50年后，在纽约苏富比珠宝拍卖会场，矢车奇迹般地再现芳踪，最后由御木本家族重新购回，现今珍藏于御木本位于珍珠岛的珍珠博物馆中。

图 2.69 御木本矢车珍珠和服扣带

（二）环球小姐后冠

从 2002 年开始，御木本开始为环球小姐设计后冠。全程在珍珠岛上制作完成的环球小姐后冠仿似凤凰飞舞的活灵线条，奢侈地镶有 120 颗南洋珠与日本养珠以及 800 颗共重约 18 克拉的圆形切割钻石，既有珍珠的至纯至美又有璀璨无比的钻石的光环，加上传说中的中国凤凰飞舞的姿态，成为了传承中西方文化的杰作。每一年都无一例外地为新任环球皇后增添绝艳之美。也成为美丽佳媛一生的渴望与梦想。

图 2.70 御木本环球小姐后冠

（三）“丝绸之路”系列

御木本“丝绸之路”系列始于 2005 年，延续至 2007 年，分三年陆续推出。丝绸之路在中西方文化的交流上起到了重要的作用。御木本将整个丝绸之路划分为三个区域，融合三个区域的地域特色设计了多款经典首饰。

其中，“光明大道Ⅱ”主题吊坠以“反卍字”图形设计诠释深厚的东方文化，散发着浓郁的东方气息。其灵感来源于土耳其爱奥尼亚海滨的以弗所城废墟，传说这是圣母玛利亚安度晚年之地。“女神之衣”主题项链则融合了欧洲和西亚文化风格。这款项链由数百颗珍珠和钻石串联而成，款式新颖夸张，诠释着丝绸之路荟萃中西文化的特点，给人以难以言喻的美感。

四、品牌评价

珍珠是珠蚌穷尽一生所孕育的珍贵泪滴，是蓝色海洋的永恒馈赠。珍珠拥有微妙的气质和神奇的光晕，能够引发其他珠宝所不能比拟的靓丽和喜悦，彰显女性温婉细腻的内在美。当年始创人御木本幸吉被珍珠散发出的光芒所吸引，用毕生的时间打造御木本品牌，努力制作各类珍珠饰品，令女性更加美丽自信。自发明养殖珍珠的一百多年里，御木本品牌一直秉承着御木本先生追求完美品质的不朽精神。

第八节 施华洛世奇（Swarovski）——传递幸福的水晶天使

创 始 人： 丹尼尔·施华洛世奇（Daniel Swarovski）
创始时间： 1895 年
创始地点： 奥地利瓦腾斯

一、品牌标识

在希腊、罗马、印度和德国的神话中，天鹅象征着纯洁、力量和神圣。天鹅水晶标志是施华洛世奇的传统记号，也是施华洛世奇水晶精致优雅精神的象征。一只姿态优雅的天鹅轻浮在“Swarovski”组成的祥云之上垂首冥想，这一独具创意的标识就像施华洛世奇美丽的内容一样令人印象深刻。它的下方是创始人的姓氏全称，表现出家族对品牌的神圣责任。蓝色的底衬象征着纯洁与高雅。

图 2.71 施华洛世奇品牌标识

图 2.72 施华洛世奇水晶天鹅

图 2.73 施华洛世奇精美水晶制品

图 2.74　施华洛世奇水晶耳饰

图 2.75　施华洛世奇限量版水晶饰品

二、品牌历史

1895 年，丹尼尔在奥地利瓦腾斯小镇与弗朗茨·魏斯（Franz Weis）、阿曼德·考斯曼（Armand Kossmann）两个合伙人正式建立了施华洛世奇公司。

世界上最好的水晶工艺起源于捷克的波西米亚，300 多年前，这里就成为人工切割水晶的中心。丹尼尔·施华洛世奇在波西米亚长大，作为一个水晶切割小作坊的继承人，丹尼尔从小跟随父亲学习宝石打磨，用于装饰胸针、发针、发梳等饰物。

21 岁那年，丹尼尔去维也纳参观了第一届电气博览会。西门子和爱迪生的技术革命给了丹尼尔灵感，他决心发明一台自动水晶切割机。9 年后，经过日夜不停的艰苦实验，他的第一台完美切割水晶自动切割机问世。这种机器大大提高了水晶切割的速度和准确度，可以将制品磨成数十个切面，从而对光线有极好的折射能力，使整个水晶制品看起来格外耀眼夺目。

为保证自己发明的技术和机器不被同行窃取，丹尼尔一方面申请了专利，另一方面不惜背井离乡来到奥地利的瓦腾斯。这里地处阿尔卑斯山腹地，流经的因河带来了丰富的水力资源，可以为水晶切割机提供动力，而且比起波西米亚来，瓦腾斯离当时最大的水晶消费地巴黎更近。1895 年，丹尼尔与弗朗茨·魏斯、阿曼德·考斯曼两个合伙人创立了施华洛世奇公司。

20 世纪初，丹尼尔的三个儿子威廉（William）、弗里德里希（Frideric）和阿尔弗雷德（Alfred）开始陆续参与父亲的水晶经营制造业务。从 1908 年开始，丹尼尔试制人造水晶。他们在瓦腾斯的别墅旁边专门建造了一个实验室，花 3 年时间设计制作了融化炉。

1913 年，施华洛世奇开始生产自己的无瑕疵人造水晶，这些水晶及宝石产品很快受到市场的欢迎。

第一次世界大战爆发后，施华洛世奇陷入缺少机械设备和原料的窘境而无法生产。这也给丹尼尔腾出了时间来全身心进行研制，经过两年的研制，于 1917 年又推出了自动打磨机，用来精细加工水晶制品。

20 世纪 20 年代，欧美时尚界开始流行装饰着珍珠和水晶的裙装。丹尼尔顺应市场的新趋势在 1931 年发明了一种大受时尚界欢迎的水晶带。上面缀满漂亮的碎水晶，靓丽而奢华。这些可以直接缝到衣服或鞋子上的水晶与衣物融为一体成为一种时尚。施华洛世奇的水晶制品因此成了时尚界的抢手货，在香奈儿、古琦、迪奥等顶级时尚品牌上广泛镶缀，这些新款奢侈品深受众多好莱坞明星的追捧。

1965年，施华洛世奇推出了华美闪烁的STRASS水晶吊灯垂饰。在纽约大都会歌剧院、巴黎凡尔赛宫和人民大会堂均采用这种垂饰，大大增强了施华洛世奇的品牌美誉度。

1976年，冬季奥运会上，施华洛世奇设计的水晶老鼠成为畅销纪念品，大大提高了施华洛世奇的品牌知名度。之后，施华洛世奇又推出了一系列以小动物、花草等为主题的“银水晶”摆件产品。“银水晶”系列已经成为施华洛世奇公司的标志性产品。

1995年10月，为庆祝施华洛世奇成立一百周年，位于瓦腾斯市的“施华洛世奇水晶世界”揭幕。这座地下博物馆外形是一个绿色的巨人，面积超过2 000平方米，置身其中可彻底体验奇异的水晶世界。

2007年，施华洛世奇推出全新主题系列“流金岁月”(Sands of Time)。“流金岁月”系列中，不同的文化象征、符号和仪式相互交融，形成一种崭新的时尚表述。

2007年5月，施华洛世奇推出“LOVE & LIGHT婚礼”系列首饰。该系列包括首饰和家居饰品，蕴含了婚礼的必备元素，以童话中的公主作主题，运用象征纯洁、永恒和优美的花朵，比喻爱情的坚贞不渝。

丹尼尔·施华洛世奇用迷人的水晶缔造一个充满魅力的璀璨天地。施华洛世奇精湛的切割工艺能够引导光线进入水晶内部，从而反射出耀眼夺目的光线。纯净的品质、四射的光芒、缤纷的色彩、多样的造型使施华洛世奇在水晶世界大放异彩。

三、经典作品

(一)“流金岁月”系列

2007年，施华洛世奇“流金岁月”系列的创作灵感来源于辉煌的古代文明，将水、火、土和空气四大自然元素以时空交错的方式重新演绎，人类祖先的原始制品与现代的施华洛世奇切割水晶被巧妙地联系在一起。

设计中大胆采用了贵重材料和原始材料的独特组合，皮革、水晶、钻石、金属混搭，冲突中彰显和谐之美。而一连串与文化息息相关的图案，让人想起印第安文化的楔形和流苏。有充满现代感的立体切割，将生生不息的原始力量展现于当今时尚首饰之中。项链和耳环垂吊着形状不一的坠饰，看上去经过时间和不同元素的洗刷冲击，充满动感。不对称的几何图案，搭配独特的深色调，灰白色、米色、米灰色、银色和水晶相互交缠。

图2.76 “流金岁月”系列项链

图2.77 “流金岁月”系列手链

图2.78 “流金岁月”系列配饰

（二）“LOVE & LIGHT 婚礼”系列

2007年，施华洛世奇“LOVE & LIGHT 婚礼”系列中，为新娘、新郎和伴娘设计了全套水晶首饰，包括为新娘设计的 Cosmos 头冠、Corsage 项链、“丫支”仿水晶戒指、Colombe 胸针、Clio 紧身胸衣，以及为伴娘设计的莲花主题项链、耳环和戒指。

为新娘设计的 Cosmos 头冠由浅银蓝的奇特仿水晶花朵编织而成，灿烂夺目，又略带怀旧色彩，与 Corsage 围巾项链巧妙陪衬。Corsage 围巾项链可化成单条项链，轻轻垂落在新娘的玉背上。头冠和项链与犹如仿水晶藤蔓的“丫支”仿水晶戒指是绝配。

由创作总监娜塔妮·歌莲·罗丽戈（Nathalie Colin Roblique）设计的两款极富创意又尽显瑰丽的首饰更是闪耀夺目。一对仿水晶鸽子翅膀的 Colombe 胸针，分别放置于两肩，以大量金属链配搭乳白珍珠将胸针相连，设计独特。令新娘艳压全场的 Clio 紧身胸衣，以仿水晶营造玲珑线条，使白色礼服更见纯洁优美。

莲花，象征大自然的纯洁和浪漫的爱情。以莲花装饰的垂挂式耳环，以花朵做主题的项链，以及精致的 Confetti 发梳，均以莲花做主题。伴娘发夹以仿水晶和搪瓷制造，然后缀以莲花，巧妙陪衬新娘装饰。

四、品牌评价

传说天使看到幸福的人就会流出激动的眼泪，这泪水落入凡间就变成水晶。施华洛世奇作为传递幸福的水晶使者，为全世界渴望幸福的人们递上一份来自上帝的祝福。

水晶卓尔不群、纤尘不染，而且质地坚硬，具有岩石的品质，象征着纯洁坚贞的爱情。因璀璨绚丽的水晶著称的施华洛世奇承载着纯质高贵的文化与情趣，已成为西方婚礼中不可缺少的祝福。

第三章

世界顶级钟表品牌历史

在奢侈品领域里，瑞士名表占有很大的比重。瑞士表已经成为奢侈品的一个代名词，一只表少则几万，多则几百万上千万，深得富商贵人及收藏家的青睐。

在绚烂夺目的名表世界中，四大钟表集团通过有步骤的兼并收购行动，分别控制了各大品牌，在钟表业生产中占据主导地位。它们分别是瑞士的斯沃琪集团、劳力士集团、Vendome 集团和法国的路易·威登集团。

2010 年世界上最大的三个钟表王国是：Swatch（斯沃琪）集团、Rolex（劳力士）集团和 Richemont（历峰）集团。这三家制表商共占据全球 46.8% 的市场份额，即世界近一半的市场。Swatch（斯沃琪集团）85% 的营业额来自钟表，Rolex（劳力士）100% 的营业额来自钟表，Richemont（历峰集团）48% 的营业额来自钟表。2011 年 LVMH 集团钟表业务占据第四位，但钟表份额仅占其整个营业额的 7%。

一、斯沃琪集团

斯沃琪集团诞生于 1983 年，它的产生为瑞士钟表业合并浪潮的来临奏响了序曲。斯沃琪集团由原瑞士钟表工业公司（ASUAG）和瑞士钟表总公司（SSIH）合并而成；并于 1998 年更名为瑞士斯沃琪集团（Swatch Group），如今已是世界最大的钟表工业集团，旗下拥有勃朗帕爱、欧米茄、雷达、浪琴、天梭、卡文克莱、雪铁纳、美度、哈米尔通、皮巴曼、斯沃琪等手表品牌。同时拥有自己的装配系统生产企业 Lasag 公司、钟表机芯生产企业 ETA 公司、纽扣电池厂 Renata 公司等多家配套生产企业。

作为瑞士钟表业的“教父”级人物，斯沃琪集团总裁尼古拉·海耶克的理想是：结束瑞士钟表业分散经营的历史，将瑞士钟表业变成一个大的集团军共同对外作战。为实现这一伟大理想，已经拥有众多新、老名牌的斯沃琪集团继续为新一轮的钟表业合并浪潮推波助澜：1999 年，集团一举收购了瑞士顶级手表品牌之一的皮亚杰和机芯生产企业 Lemania 公司。斯沃琪的工厂、作坊及实验室可内部自行生产腕表的各个部分，如：机芯、指针、表冠、表壳、棘爪、擒纵装置、电子电路、电池、陶瓷以及蓝宝石等。Swatch 是多届奥运会和世界杯滑雪比赛的官方计时器，这是 Swatch 杰出技术能力与先进科技结晶的绝佳体现。

2012 年，斯沃琪集团销售额为 81.4 亿瑞士法郎，净利润为 16 亿瑞士法郎，增长了 14%。2013 年销售额达到 88.2 亿瑞士法郎，净利润达到 19.2 亿瑞士法郎，增幅达到 20%。

二、劳力士集团

瑞士第二大钟表企业是拥有近百年历史的劳力士集团，年销售额逾 20 亿瑞士法郎，瑞士境内员工 3 700 人。集团的构成十分“精锐”，只生产连年荣居世界销售额之首的劳力士牌手表及其兄弟品牌帝舵表。这两个身价不凡的品牌使劳力士集团成为瑞士最大的奢侈表生产者，每年瑞士全国生产用黄金总量的半数都被使用在劳力士集团的成品表中。

对于那些希望保持钟表业现状的企业来说，劳力士无疑是抵制合并浪潮的“中流砥柱”。无意于吞并扩张的劳力士集团代表了很大一部分企业坚决保持传统和独立性的观点。

不过，除了保持独立的意愿之外，实际的努力也是必不可少的。面对新的竞争格局，劳力士集团已经开始在营销方面付出更大的努力，特别是加大对帝舵表的广告投入，不久前已邀请高尔夫明星泰格·伍兹出任其形象代表。

劳力士集团销售额位居业界第三位，但品牌只有劳力士（Rolex）和帝舵（Tudor）两个，且集团的销售额主要来自高端的劳力士品牌。

2013 年，劳力士的销售额大约 220 亿元人民币。

三、历峰集团

历峰（Richemont）集团是瑞士奢侈品公司，它由南非亿万富翁安顿·鲁伯特（Anton Rupert）于 1988 年建立。公司涉及的四个商业领域是：珠宝、手表、附件以及时装。自 1988 年起，先后购入名士、伯爵、江诗丹顿三个瑞士豪华表品牌。旗下品牌有：江诗丹顿、名士、积家、朗格、卡地亚、沛纳海、万国、伯爵、梵克雅宝、万宝龙等。从 2004 年以来，按营业额计算，它是世界第二大奢侈品公司。将卡地亚的生产领域从珠宝首饰扩展到豪华首饰表，从而跻身于世界三大钟表生产企业之列，手表年销售额达 15 亿瑞士法郎。

历峰集团旗下高级钟表品牌在中国总共有 300 多个销售网点，分布在全国 41 个最为繁华的城市。

四、LVMH 集团

法国 LVMH 集团是当今世界头号奢侈品集团。自从购入玉宝、豪华、茨尼特三个瑞士手表品牌后，LVMH 集团立即跃居世界第四大手表生产企业。

从今以后，这个来自法国的 LVMH 集团将与瑞士本土的三个集团军斯沃琪、劳力士和历峰共同控制世界豪华表生产 80% 的份额。

为做到“知己知彼”，LVMH 集团将斯沃琪集团的核心领导人物之一欧米茄表厂前总裁索菲斯蒂挖至旗下，以帮助集团制定战略，使玉宝、豪华和茨尼特三个品牌重放异彩。对于三个瑞士品牌来说，随着公司的易主，默默耕耘的时代也宣告结束：LVMH 集团新创立的钟表珠宝部已开始采取一系列积极措施集中生产、增加广告，并通过 LVMH 集团的全世界销售网和互联网扩大销售。

十年间，Richemont 与 LVMH 这两个著名的奢侈品集团先后进军瑞士钟表业，并迅速取得了与钟表业“老霸主”们一争高下的实力，这充分展示了瑞士钟表业当前发展的一大趋势，即高档钟表业正日渐与奢侈品生产业相互渗透。因为在奢侈品集团通过时装、首饰、香水而塑造的缤纷世界中，不能缺少瑞士名表这一重要配件！没有哪种产品能比经典名贵的瑞士手表更好地体现出奢侈品消费者的“艺术化人生”的理念！奢侈品集团进军钟表业，比起其他行业来还具有天生的优势，一是奢侈品品牌的美誉度，二是奢侈品集团已拥有强大的销售网络。这就节省了单独建立手表品牌和销售网络的大笔金钱成本和时间成本。

四大集团精心经营每一个品牌，使这些古老的品牌青春永驻，为全世界的名表爱好者提供众多的选择。本章精选了十个顶级品牌对它们精彩的历史进行了详细地介绍。它们分别是：江诗丹顿、万国表、百达菲丽、爱彼表、宝玑表、芝柏表、积家表、豪雅表、伯爵表、劳力士。

第一节　江诗丹顿（Vacheron Constantin）——卓越完美严谨的统一

创 始 人： 让·马克·瓦切隆（Jean Marc Vacheron）
创始时间： 1755 年
创始地点： 瑞士日内瓦

一、品牌标识

江诗丹顿品牌标识由三部分构成。上半部分是一个丁香花瓣的马耳他十字标识，它原是手工制表时代用来防震保持准确转动的精密齿轮，在此代表江诗丹顿对于精准和美好的无尽追求，象征着卓越的手工制表技艺的传承。中间部分由两个创始人的姓氏合成，凝结着一个古老品牌对于外形和功能的全心付出名称，也内含着创始人对品牌创建与维护的崇高责任。下面是品牌手工制作工艺以及创始的地点和时间，突出表达了制作工艺的精湛和历史文化积淀的厚重。

VACHERON CONSTANTIN
Manufacture Horlogère. Genève, depuis 1755.

图 3.1　江诗丹顿品牌标识

二、品牌历史

江诗丹顿1755年创立于瑞士的日内瓦，已有250多年历史，是世界上历史最悠久的钟表品牌。江诗丹顿一直秉承“悉力以赴，精益求精”的理念。发扬卓越技术、完美设计、严谨工序的优良传统，保持着不断追求完美的艺术精神。

1755年，年轻的钟表设计师让·马克·瓦切隆满怀豪情壮志，在日内瓦的市中心开设了首间钟表工作室“阁楼钟表工作室”，并创制了江诗丹顿首枚时计。这是一只银制怀表，具有珐琅烧制的罗马和阿拉伯数字面盘。推出后迅即成为以后钟表制造商争相仿效的目标，江诗丹顿也因此在钟表史上留下不朽的名字。拿破仑战争结束后，弗朗科斯·江诗丹顿（Francois Constantin）正式加盟江诗丹顿。几十年来他不断穿梭欧洲各国，致力于开拓其他市场，同时将江诗丹顿优质卓越的时计带到世界的每个角落。

图3.2　江诗丹顿：马耳他陀飞轮腕表

图3.3　江诗丹顿：卡里斯泰

图3.4　江诗丹顿：探险家珐琅表

图3.5　江诗丹顿：Quai de l’Ile日历腕表

图 3.6 江诗丹顿：纵横四海
自动上弦计时腕表

图 3.7 江诗丹顿：历史名作腕表

图 3.8 江诗丹顿：“传承”系列腕表

图 3.9 江诗丹顿：镂空万年历腕表

机械天才 Georges-Auguste Leschot 于 1839 年加盟江诗丹顿，他设计出首部钟表零件制造机。这种机器的使用大大缩短了制表时间，提高了制表效率，为钟表零件制造业带来了一次技术上的飞跃。

图 3.10 江诗丹顿：2013 蛇年腕表

江诗丹顿一直处于钟表业技术的领先地位，其制造的超薄机芯以及超薄表创历史之最。1955 年，为庆祝品牌成立二百周年，江诗丹顿推出全球最纤薄、厚度仅 1.64 毫米的机械机芯。1967 年，推出表身厚度仅为 2.45 毫米一款自动表，这款表有 4 000 多个零件，轰动一时。

1979 年，由一整块金砖雕琢镂空而成，并镶嵌了 130 克拉完美钻石的 Kallista 正式面世，立即成为举世瞩目的杰作。这枚制作时间超过 8 700 小时的瑰丽钻表，散发着一种慑人的魅力，活现了钟表工匠的精湛技术，也赋予了手表超凡的价值。

江诗丹顿作为一个具有悠久历史的企业，其经典产品不胜枚举。为收集其代表作品，1994 年江诗丹顿私人博物馆开幕，并将 18 世纪“阁楼工匠”工作室的面貌重现在世人的面前。

江诗丹顿看重制表细节，长久以来对于品质的要求臻于完美。1996 年推出充满时代动感的 Overseas（纵横四海）运动型腕表系列集中体现了江诗丹顿独特的原创与扎实的结构设计，以绝佳的耐用度深获表迷赞誉。这一系列由精钢合金材质打造而成，表壳由 16 颗旋入式螺丝缜密紧锁，大大增强防水功能。同时以旋入式龙头表冠做最后防水关卡，真正达到“滴水不漏”的最高境界。为了防止过度碰撞而导致腕表脱落，“Overseas”系列备有三重安全表扣专利，让佩戴者无论参加什么激烈运动皆无后顾之忧。

此外，简练的面盘设计也是“Overseas”系列表款的独特之处。银白色数字刻度搭配黑色面盘，强对比的色调，具有浑然天成的现代美感。透过阅读方便的日期显示窗口与涂有 Super-Luminova 夜光材质的刻度与指针，将时间之美通过分秒滑动的轨迹彰显出来。每款“纵横四海”系列表底盖上均刻有立体帆船雕饰，精巧的手工将扬帆起航于大海的船只刻画得淋漓尽致。江诗丹顿无与伦比的制表技术，让人们对海洋的梦想成真。

千禧之年江诗丹顿推出了富有当代气息的 Malte 系列，它是以江诗丹顿的“马耳他十字”徽号为名的，显示出制表大师独特的创意和精湛的工艺，不愧为江诗丹顿的最新典范。

江诗丹顿不断地与时俱进，于 2004 年推出“Patrimony 探险家”系列，展示瑰丽夺目的搪瓷工艺，令人叹为观止。

三、经典作品

江诗丹顿共有五大表系：Overseas、Les Historiques、Les Joailleries、Les Essentielles 及 Les Complications。

（一）“Malte”系列

Malte 糅合迷人的设计与先进的技术，体现制表大师全面的创意与工艺，成为公司之最新典范，从其以“马耳他十字”徽号为名可见其优越超凡之地位。卓尔不凡的 Malte 腕表，拥有优雅细致的外形、圆润的表身和独特的扇形级位的表耳，设计上独具匠心。每款 Malte 时计均独一无二，具备独特风格，秉承原创的美学精神。表冠部分刻上新颖、时尚的江诗丹顿“马耳他十字”徽号，陪衬剑形指针，令每个 Malte 表面更具时尚气息。除了巧夺天工的陀飞轮腕表外，Malte 系列还拥有时尚的两地时间显示腕表和精致的万年历计时腕表等五款不同种类。其中，Malte 镶钻表最为光彩照人。

1. Malte 陀飞轮腕表

这款表的焦点是应用了陀飞轮技术的机芯。

1795 年，陀飞轮调节器的发明解决了地心引力对机芯造成的误差问题，确保时计准确无误。机芯内藏有摆轮、弹簧和擒纵器等调节装置的陀飞轮，非常规则地转动，使调节装置因位置的转变而不断作 360 度转动，从而抵消地心引力对机芯调节部分造成的影响，保持机芯精确运行。

陀飞轮机芯的设计和构造虽然很复杂，但江诗丹顿的钟表制造专家乐意接受这项挑战。他们终于在瑞士 Vallee de Joux 的工作坊设计出全新酒桶形 1 790 人手上链的陀飞轮机芯。除陀飞轮调节器外，此款全新机芯还具备动力储备显示器及指针式回环日历盘。人手精雕细琢而成的“Cotes de Geneve”纹理、精心打磨得分毫不差的横桥边缘与零件、机芯上的独立生产编号，这些耗时的工序证明全新的机芯由始至终都在江诗丹顿的厂房制成。机芯中央部分和边缘分别用磨砂和用人手刻花而成，金刻度配上银色太阳放射纹的表面，典雅亮丽，加上陀飞轮框架上的“马耳他十字”徽号，令人爱不释手。

Malte 陀飞轮腕表可以承受 30 米水深压力（100 尺），其酒桶形表身以时尚的 18K 粉红金和 950 铂金制成。圆拱形蓝宝石水晶玻璃镜面保护着表面，而完美的机芯在螺丝锁紧的蓝宝石水晶玻璃表底下尽现眼前。人手订制的鳄鱼皮表带陪衬珍贵的金属表扣，流露不凡气派。

2. Malte 万年历计时腕表

万年历计时腕表自 1862 年面世后，已有 130 多年历史。万年历计时腕表具备卓越性能，可以量度、记录和展示时间的长短，由瞬间以至数小时均分秒不差。万年历计时腕表今日的设计和生产仍保留着昔日经验丰富工匠的优良传统。

江诗丹顿万年历计时腕表采用 1141QP 人手上链计时机芯，配置 30 分钟计时副窗及计时秒针——两个功能都由一个柱形齿轮控制。这个非凡的机芯不仅具备万年历功能，在表面十二时位置还分别设置星期和月份显示视窗、人手精制的金色月相盈亏指示器、可自动调节每月日数之回环日历指针以及于二时位置设置闰年视窗。

万年历计时腕表的完美无瑕是工匠们的心血结晶：优雅精致的“Cotes de Geneve”纹理、精雕细琢的横桥、简洁优美的线条、独立打磨的螺丝……显示计时、时间和日历功能的银蛋白表面，金色的小时刻度，在圆拱形蓝宝石水晶玻璃镜片下散发着醉人的魅力。

Malte 万年历计时腕表由圆形的表壳以 18K 黄金或 950 铂金制成。表身上的两个按钮控制计时功能，另外四个调节器则用以调校和更正万年历。在可开式表盖底内，有一专利金属片以供雕刻名字或语句。更可透过晶莹的蓝宝石水晶镜片观赏机芯迷人的设计。人手缝制的鳄鱼皮表带陪衬黄金或铂金表扣，更加弥足珍贵。

3. Malte 两地时间显示腕表

调节器的发明，原先是为了确定、检查和比较一般时计的准确性。调节器是由 18 世纪天才发明家 Ferdinand Berthoud（1727—1807）所设计，他是法国国王和法国海军的御用钟表匠。海军计时器的设计有助于海上航运，并确立调节器的技术模式。时针、分针和秒针独立运作的构造，减少驱动齿轮所需的能量，因此减少摩擦力，延长机芯的精确度。

江诗丹顿两地时间显示腕表的 1206 RDT 自动上链机芯正是根据此原理。腕表的耐用性和准确性令其获得瑞士官方时计测试局（COSC）颁发的证书。圆形表身设计的两地时间显示腕表于十一时位置设置一个用以调校第二时区显示之按钮，而日历调节按钮则设于四时与五时之间。设于九时位置的 24 小时视窗显示第二时区的时间，至于六时位置的视窗则有循环指针式日历和秒针。此外，两地时间显示腕表还具备逾 60 小时的动力储备。

与江诗丹顿其他专有机芯一样，Malte 两地时间腕表的机芯也缀以“Cotes de Geneve”纹理，而所有横桥角度和边缘均由工匠细心雕琢而成。砂银色表面配上金刻度黑色阿拉伯和罗马数字，使它成为腕上的艺术品。

两地时间腕表可以承受 30 米（100 尺）水深压力，表身采用 18K 白金或黄金制成。打开独特雕制的可开式表盖后，美轮美奂的机芯和 18K 摆陀便在透明的蓝宝石水晶玻璃镜片一览无遗。手工制作的表带陪衬标准的金色表扣，使原创的表面和非凡的机芯设计更具独特个性。

4. 大日历自动上链腕表

大日历自动上链腕表设计充满阳刚气息，特别适合日常佩戴。设于表面六时位置的双窗日历显示视窗，可在昏暗的灯光下仍清楚看到特大的日期。大日历自动上链腕表采用江诗丹顿 1204 自动上链机芯，具备逾 60 小时的动力储备。凭借卓越的技术特性获得瑞士官方时计测试局（COSC）颁发的证书。机芯饰以“Cotes de Geneve”纹理，而内置摆陀更以 18K 金制造。

大日历腕表以 18K 白金或黄金铸造，防水功能可达 30 米（100 尺）。圆拱形蓝宝石水晶玻璃镜面下之阿拉伯数字时、分刻度，在银蛋白色或砂黑色表面上，层次分明。而透明水晶镜片之表底则以螺丝锁紧，稳固妥当。手工制作的鳄鱼皮表带陪衬金表扣，大师气派不言而喻。

5. Malte 女士腕表

女装 Malte 腕表令“Malte”系列更添动人色彩。稍经修饰的表身设计更加迷人，陪衬大小恰当、形状优美和印上阿拉伯数字刻度的表面，令人难以抗拒。

女装 Malte 腕表的表底以螺丝锁紧，防水功能可达至 30 米（100 尺）。女装 Malte 腕表以 18K 白金或 18K 黄金制成，表圈和表冠镶以完美钻石；而 18K 白金表壳也镶满完美钻石，令人一见难忘。

女装 Malte 腕表采用 1207 石英机芯，除小时和分钟显示功能外，还于六时位置设置日期视窗。女装 Malte 腕表也饰以“Cotes de Geneve”纹理，流露优雅动人气质。

所有女装 Malte 腕表均陪衬人手缝制的鳄鱼皮表带，缀以金表扣，气派不凡。另外，也可选择佩戴舒适之白金或黄金表链，缀以覆摺式表扣，使女士更加明艳照人。

（二）“Patrimony 传承”系列

2004 年，“Patrimony 传承”系列面世，它充满承先启后风格，处处展现江诗丹顿历久弥新的经典特色，同时流露出与时俱进的优雅气质。无论是配备简单机芯或超卓复杂机芯，“Patrimony”系列中的每一款腕表都是品牌精湛制表技艺的完美结晶。“Patrimony 传承”系列延续了江诗丹顿超越 250 年来累积的精髓、传统和专业风采。它是纯美优雅的象征，这正是江诗丹顿品牌长久以来所拥有的特质。

（三）“卡里斯泰”手表

“卡里斯泰”（Kallista）是世界上最昂贵的手表之一。1886 年，江诗丹顿应沙特阿拉伯国王哈里德的要求定制“卡里斯泰”，历时百年才制成。当 1986 年这只表制成时，哈里德国王已经撒手人寰。这只表以 350 万美元的高价被一位不知名的巨富买走。“Kallista”为希腊文，意思是完美无瑕。这只表镶嵌了 118 克蓝钻，重量达 130 克拉。表盘上的钻石每颗都有 1 克拉，表面周围的 14 颗钻石每颗都有 2~4 克拉。仅仅这些珠宝的价值就足以令人惊叹不已。1987 年，“卡里斯泰”再次被珠宝巨商皮埃尔·里米以 500 万美元的高价买去。据说这只表从出厂后每天升值达 4 000 美元，被商业巨子们竞买作为收藏精品，大大地提升了江诗丹顿的品牌价值。

四、品牌评价

从 18 世纪至 21 世纪，江诗丹顿品牌的精神与信条保持不变。从过去到现在，江诗丹顿所创制的时计，均秉承三项优良传统。

第一，卓越技术。江诗丹顿揉合古老的制表技术与当今的尖端科技，制造出多款复杂精密时计。其所创制的机芯，由具备最基本的时、分、秒显示功能，以至万年历、定时器、月相盈亏显示、跳时、陀飞轮和三问表等非常复杂的结构，均一应俱全。今日，公司 85% 的腕表均采用机械机芯。

第二，完美设计。江诗丹顿是世界历史最悠久的钟表生产商之一，它从未停止创新与追求完美。公司从现有的珍贵数据与承传下来的传统中获取灵感，创制出线条简单、形态优美的腕表，展现出和谐的当代美学精神。虽然随着不同时代的转变而有所不同，但是对形状和装饰图案的要求都是一贯不变的，仍然致力于做出不受时空限制、永恒和实而不华的美丽外形。

第三，严谨工序。装饰正是钟表匠在制造每一枚时计时，花在技术与美学层次的无尽心血的印证，也正是这些细节令钟表收藏家为之着迷。追求完美一直是江诗丹顿钟表大师们的信念，这份执着虽然看不见但却真实。

“最小批量，最优质量，最高价格”一直是江诗丹顿的经营理念。江诗丹顿每年只生产 2 万只表，每一只表都是由最出色的钟表匠用精雕细琢的工艺精心制造而成，每一只表都是一件高贵的艺术品，深受世界名流权贵和收藏家们的喜爱。

江诗丹顿的人文精神和历史传承可谓是闻名遐迩。江诗丹顿的每一只手表的生产，从图纸、记录、销售日期、机芯、表壳的编号等资料，都完整地被保留在公司的档案中。江诗丹顿将精确、精湛、华贵三种理念完美地结合在一起，创造出一款款高贵典雅、极富收藏价值的稀世经典作品，被称为高贵典雅的腕上艺术品。

五、江诗丹顿与名人

1955 年，在瑞士日内瓦召开了国际和平会议。会后多国政要，诸如英国首相艾登、美国总统艾森豪威尔等都收到一个特殊的礼物。这就是日内瓦著名表厂江诗丹顿制作的手表。在每一只手表上都有这样的文字“May this watch always show happy hours for you, yourself, your people and the Peace of the World（祝愿此表能为您和您的人民以及世界和平带来欢乐的时光）”，这句名言至今还常被人们谈起。

1981 年，为庆祝英国王子查尔斯与王妃戴安娜的婚礼，阿拉伯联合酋长国的阿玛尼酋长特地向江诗丹顿订制了一只最昂贵灵巧的腕表“Lady Kalla”送给戴安娜。这只表用 30 克拉共 108 颗柱形钻石精制而成。这份意义非凡的礼物，让戴安娜在婚礼上显得格外美丽迷人、风姿绰约，向全世界展现了江诗丹顿的完美与华贵。

意大利前总理贝鲁斯科尼，在江诗丹顿定制了一只金壳腕表，价值 54 万美元。他在各种政要场合都佩戴着江诗丹顿金表。他还常常从江诗丹顿定制大批的手表，送给各国的政要，给江诗丹顿的富丽奢华增添了贵族的品质。

第二节　万国表（IWC）
——高档钟表的工程师

创 始 人：佛罗伦汀·琼斯（Florentine A. Jones）
创始时间：1868 年
创始地点：瑞士沙夫豪森

一、品牌标识

IWC 是 International Watch Company（万国表有限责任公司）的缩写。这一由三个字母组成的标识没有丝毫的修饰，简洁大方，表现出万国表的精准细致。万国表是瑞士少数机芯生产厂家之一，位居瑞士名表品牌的上游，是举世公认的制造精密机械芯的专家，其制作的机芯，罕有匹敌。

IWC

图 3.11　万国表品牌标识

二、品牌历史

万国表创立于 1868 年，是由美国人佛罗伦汀·琼斯（Florentine A. Jones）在瑞士莱茵河畔的一个小镇沙夫豪森创立的，至今已有 140 多年的历史。当地钟表的历史可远溯至 15 世纪初，足足比 IWC 早了 459 年。但直到 IWC 建厂后，时间的精确度才开始被人们牢牢掌握在手中。

图 3.12 万国表：六大传奇表款

图 3.13 万国表：Pilot 不锈钢款飞行员大型腕表

图 3.14 万国表：Da Vinci 达文西陀飞轮腕表

图 3.15 万国表：Pilot 父子档“飞行员腕表”

图 3.16 万国表：工程师腕表

图 3.17 万国表：玫瑰金色
葡萄牙三问镂通腕表

图 3.18　万国表：葡萄牙三问镂空腕表

图 3.19　万国表：达文西自动珠宝腕表

图 3.20　万国表：葡萄牙系列精品

图 3.21　万国表：葡萄牙系列精品

万国表是专门制造男士手表的厂商。IWC 公司出品的怀表风靡了 19 世纪末 20 世纪初的钟表市场。1868 年，开发的“琼斯”牌怀表机芯，很大程度上改进了怀表的走时准确度和温度恒定水准，从而为 IWC 打出了品牌。1890 年推出的“GRANDE COMPLICATION”怀表，不但赢得国际钟表协会的嘉评和质量优异证书，而且立即成为收藏家争购之物。甚至连当时的教皇、保加利亚皇帝以及后来的英国首相丘吉尔都拥有 IWC 的这型表款。

20 世纪初，万国表的生产经营重点转移至手表上。第一次世界大战时，为军队提供了大批带夜光表面的实用手表。第二次世界大战中，成功地推出了专为飞行员研制的防磁手表系列。

1936 年，制作出配备精准可靠机芯的葡萄牙系列大型腕表，是应葡萄牙商人的请求为其定制的。最初的一款表是如同天文台表一样精准的不锈钢腕表。在此基础上为满足葡萄牙绅士名流的需求研制了葡萄牙系列大型腕表。凭着它极高的精准度和带有月相盈亏标志的令人赞叹的优美外形，迅速成为当时表坛的传奇。

20 世纪 30 年代，万国表推出“飞行员专用腕表”（Special Pilot’s Watch）。这是一款坚固的腕表，这款表为以后的专用特殊系列腕表奠定了基础。

1953 年，为了纪念著名法国海底摄影专家雅克 · 伊夫 · 库斯托，万国表特别推出了海洋时计库斯托纪念腕表。全球发行 1 953 枚，可以深入到海底 2 000 米深处，堪称具有卓越潜水功能的腕表。

20 世纪 60 年代，万国表面对日本石英电子表发起的冲击，顺应潮流，采用了全新的技术和战略迎接挑战。相继推出钛合金手表，供潜水员使用的“OCEAN”系列，“VTRA SPORTIVO”超薄型手表和“PORTOFINO”系列等，使 IWC 跻身瑞士一流钟表商行列。而新近推出的世界上第一只附带机械深度计潜水表，更进一步展示了 IWC 无穷的创意和想象力。到了 20 世纪 70 年代，IWC 在防磁表的基础上，开发出把计时功能和定向罗盘相结合的罗盘表，这种新功能极大地方便了专业用户。

1985 年，万国表推出首只具有万年历功能的达文西腕表系列。它具有四位数年份数字显示，并只需通过表冠即可进行调校。其最独特的地方在于它是以机械操作日历程序来显示月相盈亏，标志着万年历腕表进入新的时代。

作为钟表行业的佼佼者，万国表不断地创造着奇迹。1990 年，万国表经过七年研发首次将众多复杂机械功能结合在腕表尺寸中，推出了 Grande Complication 超卓复杂型腕表系列。它具有万年历、计时码表和三问表等机械功能。

1993 年，万国表又推出限量 125 只的精品杰作 Il Destriero 沙夫豪森战驹腕表系列。它拥有一分钟飞行陀飞轮功能，及万国表独家的双秒追针计时功能。

2000 年，在世界钟表界的一起并购事件中，万国表、积家、朗格被历峰集团高价收购。万国表结束了家族私有的历史，但万国表的研发脚步仍然在前行。

2000 年，万国表制作出型号 5000 机芯，具有七天动力储存的自动上弦机械机芯，并配备有万国表专利的比勒顿自动上弦系统。限量推出的葡萄牙自动腕表系列，便配备了这款机芯。

在不断创新的基础上，2003 年，万国表又推出崭新的“葡萄牙万年历”腕表系列，此款腕表不仅配备有全新设计的万年历，还有世界首创的南北半球月相盈亏显示，其月相盈亏显示在 577 年后才出现一天的误差，充分体现了万国表创新发明的传统。

万国表在取得一系列的成就之后并没有停下前进的脚步，2004 年，万国表推出新一代的潜水表 Aquatimer 海洋计时腕表系列。

到目前为止，万国表已经形成独具特色的七大系列腕表。其中最著名的有：专为皇家空军制造的防磁飞行员腕表“马克 XI”被列为业界的传奇；1940 年研制的“一流飞行员”腕表已经成为珍品被收藏家收藏。为海军铁路公司以及潜水员研发制造的特殊计时器，为万国表赢得“创新思维发明家”的美誉。

万国表的四大经典系列：“达文西”腕表系列、超级防磁的“工程师”系列、带有盈亏标志的“葡萄牙万年历”腕表系列和“飞行员”腕表系列，都是享誉世界表坛的精品完美之作。

三、经典作品

万国表的产品卓越不凡，拥有顶级的技术制作和创新思维，其主题产品很丰富。包括 Specialities、Portuguese、Da Vinci、Ingenieur、Pilot’s Watches Classic、Pilot’s Watches

Spitfire、Aquatimer 和 Portofino 系列男士和女士名表。

（一）万国表“葡萄牙”腕表系列

追溯至 15~16 世纪时期，葡萄牙在探索海洋方面远远超越了其他大国，因而被确定为当时最出色的航海专家；他们不但发现新的航海路线和陆地，其后更促使瑞士制表业发扬光大。当时两位葡萄牙商人罗德格斯（Rodrigues）和特谢拉（Teixeira）造访沙夫豪森，向万国表订制一款如同天文台表一样准确的不锈钢腕表，1938 年葡萄牙系列腕表因而诞生。凭着它极高的精准度和带有月相盈亏标志的令人赞叹的优美外形，迅速成为当时表坛的传奇。

2000 年，万国表推出限量版葡萄牙 2000 自动腕表系列。2003 年，万国表推出葡萄牙万年历腕表。

2003 年，葡萄牙系列腕表以三款全新款式面世：葡萄牙自动（Portuguese Automatic）腕表、葡萄牙陀飞轮（Portuguese Tourbillon Mystere）腕表和葡萄牙三问镂通（Portuguese Minute Repeater Squelette）腕表。这三款大师级杰作在设计上与万国表的传统哲学极为吻合。

万国表优良的品质及工艺使新的腕表系列极其诱人，比如葡萄牙陀飞轮（Portuguese Tourbillon Mystere）腕表，以法文命名的陀飞轮（Tourbillon）在表面上的十二时位表现得十分耀眼。万国表陀飞轮装置在 1993 年即品牌 125 周年时首次问世，是状似鸟笼的复杂机件，内置每分钟围绕其轴杆自转一周的综合擒纵装置。机芯具备 8 天的动力储备功能，可运行 168 小时。

葡萄牙三问镂通腕表是集合传统工艺及最尖端生产技术的杰作。在这款腕表上有一个装饰性的分钟显示环，其下是一个令人屏息观赏的机械装置和镂通三问装置。这款瑰丽的腕表并不只带来视觉乐趣，还为耳朵带来听觉的享受。当按下表壳左侧的滑片时，报时装置便会经两个微调的打簧报读小时、刻钟和分钟。这款表坛顶级珍品只限量供应 18K 白金及 18K 玫瑰金款式各 50 只。

（二）万国表“达文西”腕表系列

1985 年，以意大利天才发明家及艺术家里安纳度·达文西的名字命名的万国表达文西万年历腕表面世。它是全球唯一能够一直运行至 2499 年的腕表，因而被《Watch International》读者选为“世纪名表”。此外，达文西腕表系列还包括限量版达文西陀飞轮腕表，以手工雕刻黄金表面的“艺术家型号达文西”腕表和“达文西追针计时”腕表。如今，很多女性追赶时尚的步伐，也戴起了男装腕表，这就使万国表小型的达文西腕表成为了成功女性的概念腕表。

四、品牌评价

万国表的创始人佛罗伦汀·琼斯建立表厂的目的是实现他的新颖构想——以机械取代部分人工制造出更精确的零件，而后由一流的钟表师装配成品质超凡的表。从 1868 年开始，万国表便一直引领制表工艺的发展，不断为极其复杂精密的制表业建立新标准。经典的款式加上巧妙的设计，典雅而精致，操作极其简便，使得 IWC 素有“高档钟表工程师”之称。

万国表利用水力、动力进行现代化生产，使当地成为创新精密制表业的摇篮。琼斯利用现代化的美国生产机器，制造极为精确的怀表机芯，并为当时处于低迷经济时代的瑞士掀起了一场钟表革命。

琼斯富有开拓精神，他激情饱满而且充满抱负，奠定了万国表的文化根基。对万国表的工程师而言，钟表外观设计与精确时间同样令人着迷。他们喜欢运用大胆创新的理念，努力钻研精确度和创新设计。他们用 130 多年的创新，潜心钻研具有顶级技术内涵的制表工艺，打造出诸多永恒经典的作品，为钟表业的发展作出了巨大贡献。

万国表传承的是精准、可靠、永固的指标文化。历经 4 代的不懈传承，万国表已经成为欧洲乃至世界手表制造业的经典示范模版，万国表的经典作品更是成为了皇家贵族和政要领袖们的至爱。

五、万国表与名人

万国表的总裁乔琪斯曾经说过这样一段话：“拥有万国表对男人来说，它是一种骄傲，就像拥有跑车一样。最新的保时捷跑车的时速可以达到 390 公里，但没有人能开得那么快；我们的手表月相盈亏标志 557 年才出现一天的误差，但拥有者恐怕也看不到这一天。拥有奢侈品不是为了使用它的复杂功能，而是拥有这种复杂功能，就是拥有完美。”乔琪斯认为，一个男人，应该用手表和鞋子来表现自己的男性品味。他常常从这两件物品去判断一个男人的教育背景、人生品位。他本人就只戴瑞士名表，只穿英国名牌鞋。他收藏的万国表就有 10 多款。当人们好奇地问他，哪款是他的最爱时，他总是得意地反问人家：“就像我的两个孩子，难道我能分出哪个更好吗？它们都是我的心肝宝贝。”

俄国沙皇斐迪南一世、教宗皮耶斯九世、英国首相丘吉尔……都曾拥有过一只以上的万国怀表。在英国首相温斯顿·丘吉尔 70 岁寿辰时，八位来自苏黎世的医生赠予他一只万国表制造的猎用黄金怀表，上面镌刻着“赠予可敬的温斯顿·丘吉尔先生，他是无畏乐观的英国首相，欧洲的解放者，敬献于其 70 岁寿辰，仰慕其为人的苏黎世医生，1944 年 11 月 30 日”。

万国表是非常具有社会责任感的企业，其代言人同样都是乐善好施的明星。其中就有 NBA 巨星帕克。2007 年，圣安东尼奥马刺队的托尼·帕克是 NBA 历史上继科比·布莱恩特之后，第二个在 25 岁就赢得三次总冠军的球员。“我非常高兴能与万国表合作”，帕克说，“他们的设计和技术都令人刮目相看。我作为法国许愿基金会（Make A Wish Foundation）的大使，对那些乐善好施的企业深表感激。在所有推动慈善捐献的企业中，万国表首屈一指，他们提倡企业应负起社会责任，赞助劳伦斯体育基金会，帮助全球的贫困青年，他们的贡献令人敬佩”。

万国表在中国的代言人成龙不单以才华横溢的演员和导演闻名于世，更是一位备受尊敬的慈善家。万国表于 2007 年推出“限量版成龙慈善基金葡萄牙自动计时腕表”，与成龙一同支持慈善工作。该款腕表的所有收益将拨捐成龙慈善基金。

第三节　豪雅表（TAG Heuer）——运动与优雅的结合

创 始 人：爱德华·豪雅（Edouard Heuer）

创始时间：1860 年

创始地点：瑞士圣艾迈（St Imier）

一、品牌标识

豪雅表这个标识是以公司的名字 TAG（技术前卫集团）与豪雅的名字合在一起而成。它既表明了豪雅表所在的公司，又显示了豪雅以其信誉为产品担保的精神。其左边上绿下红的标志也是 TAG 和豪雅的名字合成的，小巧的标志充满运动的活力，代表着豪雅表的主流产品为运动表。整个标识以深蓝色为底，显出其大气、沉稳、卓越的制表精神。下面的一行小字表明了豪雅表的产地和创始时间。

图 3.22　豪雅表品牌标识

二、品牌历史

豪雅表具有“钟表王国”的美称和 140 多年的历史，是众多高档手表中的佼佼者。豪雅表也是世界上第一个为运动赛事计时的专业运动表品牌。豪雅表作为钟表的先驱，始终秉承着原创理念来制造研发精准确切、可靠美观的手表。酷爱运动的创始人爱德华·豪雅一直将竞技运动的本质——“挑战自我、追求成功、卓越品质”作为豪雅表的品牌精神。

1860 年，豪雅表的创始人——爱德华·豪雅在瑞士西部汝拉山区一个名为圣艾迈的小镇上创办了自己的微型制表工作室。从此，在国际高档手表以及国际体育领域占有了举足轻重的地位。

爱德华·豪雅一生酷爱运动，热衷于创造准确无误的计时器，他从需要精准计时的各类运动竞技项目中吸取了无尽的灵感用于豪雅表的设计。“将时间的计量带入一个新的高度”一直是豪雅的信念。因此从建厂开始，豪雅表就一直是制表业的先锋。从手表的技术、材料的选用到款式的设计，豪雅表打造了一系列尊贵手表典范，被称为“自 1860 年以来，瑞士前卫风格的代表”。

经过 20 多年的发展，1882 年，豪雅为其第一只机械秒表申请了专利，自此，豪雅就一直是运动计时表的权威和领先技术的代表。

1887 年，豪雅表以著名的“振荡齿轮”获得专利，这项发明今天仍然被许多知名制表商用于机械计时中。

为了追求手表精确的计时功能，豪雅在 1916 年发明了第一款能够精确到百分之一秒的秒表 Micrograph，打开了制表史上傲人的一页，并成为随之而来的安特卫普（1920 年）、巴黎（1924 年）和阿姆斯特丹（1928 年）三届奥运会的专用计时表。

图 3.23　豪雅：竞潜系列女表和男表

豪雅还与国际赛车运动联合，于 1933 年推出世界上第一个装置在赛车仪表板上的计时码表 Autavia，使赛车手可以方便地读取比赛进行时间。

1964 年，推出 Microtimer，计时的准确度高达千分之一秒，被称为世界级车赛中专用计时器。

1969 年，豪雅表推出以 MONACO 为主题的 CHRONOMATIC，这是第一款采用微型转子的自动计时机芯，刚刚推出市场即掀起抢购热潮。以至于国际著名影星史蒂夫·麦昆在轰动一时的电影“Le Mans”中，也选佩 MONACO 腕表。

1971 年，豪雅表被国际滑雪联盟指定为所有美国和加拿大世界杯滑雪竞赛及许多欧洲重要世界滑雪比赛的官方指定计时器。

2000 年，进入新千年之际，豪雅公司推出标志性的“Link”系列运动手表。流利的线条与强烈的对比，衬托出不锈钢材质的力与美。精美的表带极具代表性，不但符合人体工学，而且佩戴灵活舒适，流线型的设计富于承先启后的意义。

进入新世纪后，赛车运动逐渐兴起。为了配合大众的品位，2001 年，豪雅表推出专为 F1 赛车设计的 Kirium F1 一级方程式赛车计时码表。这是一款兼具指针式表面和液晶显示屏幕的高档专业运动腕表。

2003 年，重新推出 Microtimer 概念表，它是专为 F1 赛车度身定制的科技成果，全球第一款能够精确到千分之一秒的瑞士机芯。Microtimer 概念表不仅突破性采用了非结晶液态金属（Liquidmetal），还带有单圈计时记忆功能和最快单圈时间计算的 F1 模式。

三、经典作品

豪雅表的产品风格是卓越出色和尊贵典雅，它的主题产品有 Aquaracer、Link、Carrera、Monaco、TAG Heuer Formula 1、Professional、Kirium、Monza 和 Autavia 系列的男士和女士名表。

（一）“林肯”系列

“林肯”（Link）系列自 1999 年以来，便一直以独一无二的美学，完美地融合了卓越的运动精神与尊贵的优雅气质。豪雅表“林肯”系列（意为“运动与优雅”）是瑞士制表业中体现“运动与优雅”至高神韵的作品，是融合精神力量与运动生活态度的卓越代表。优雅、创新、无与伦比的佩戴愉悦感，让人一望可知的S形链环，完美的人体工程学设计，奢华精致的细节，将十足的运动精神与优雅之美完美结合，展现前卫且经典永恒的卓越风范。

图 3.24 豪雅“Link”系列

豪雅表于2003年推出全新的“Link”系列，不仅更具现代感，也更为精简雅致。十足的运动精神结合罕有的优雅之美，淋漓尽致地展现出这款腕表精湛卓越的风范。

2004年，为了向两位最知名的品牌大使致敬，豪雅表推出两款限量版产品：2004 Link塞纳限量版自动计时码表和2004 Link老虎·伍兹限量版自动计时表，为豪雅表再添锦色。2007年，豪雅表推出了Link Calibre S机电机芯计时码表。这款独一无二的机芯是豪雅表独家开发，并且已经获得专利，它无疑是对钟表制造传统的再次革命。腕表以其精密先进的制表工艺做支撑，秉承豪雅表前卫创新颠覆传统的特质，设计上大胆突破，极简主义的完美线条，别具现代感的设计，体现不凡品位，散发极致优雅的诱惑力，是前卫、成熟潮流人士完美品质生活的首选。

豪雅表“林肯”系列Calibre 6腕表兼具林肯系列所有的特性，采用精准的Calibre 6自动上弦机芯，精湛的手工工艺使其颇具盛名。旋入式表冠，不锈钢光面固定式表圈，垂直纹理的白色、咖啡色、黑色三种色彩版本的表盘，流利的线条与不锈钢材质映衬出别样的力度与华美。抗光处理弧形玻璃镜面，手工镶嵌的立体弧形时间刻划和夜光显示指针，强调易读性。透明蓝宝石水晶玻璃表背，让机芯精美的运作一览无余。“林肯”系列Calibre 6腕表的独特设计在于安放于6时位置的大秒针计数内盘和日期显示，与外表盘交相呼应，独具匠心，使该腕表更具装饰意味，是设计的点睛所在。该款表200米防水，功能性无可挑剔。

（二）柯瑞姆

2001年，豪雅表推出柯瑞姆（Kirium F1）一级方程式赛车计时码表。Kirium F1是目前市场上唯一兼具指针式表面和液晶显示屏幕的高档专业运动腕表。当关闭液晶显示屏幕时，Kirium F1看起来完全是标准运动表的表面，但一旦启动液晶显示屏幕，它就成为一只高科技多功能显示的运动表。Kirium F1的外观采用Kirium系列流线型设计，液晶显示屏拥有七项特殊显示功能，包括：精度可达1/100秒的计时码表功能、倒数计时功

图 3.25 豪雅“Kirium F1”

能、星期显示、日历显示、第二地区时间显示、万年历以及冷光。此外，Kirium F1 也具有 200 米防水功能。

四、品牌评价

不断创新的技术、精益求精的计时和坚韧耐用的材质，这些与众不同的特质都使得豪雅自创立以来一直和许多高水平的竞技项目保持着密切的联系。豪雅表始终是知名运动手表的典范。在超凡的精致中彰显着浓郁的运动个性。这个瑞士制表业的“传奇品牌”积极投身于运动事业，创造出了有史以来最准确的计时仪器和运动腕表。从 20 世纪 20 年代的奥林匹克运动会到 F1 赛事，豪雅表不懈地追求着一个又一个计时器的巅峰。通过与具备运动气质的好莱坞影星和极具超凡魅力的运动明星结合，豪雅表塑造了自身集成功、运动与优雅于一体的形象，并巧妙地将运动与魅力合二为一。

豪雅倾注于打造精品，每一款表都会给人独一无二的时尚体验，每一款表都需要经过至少 60 项的严格测试，未通过任何一项即予以淘汰。使每一款豪雅表均成为技术精湛的钟表杰作。在制作腕表的每一道工序中，均要求无懈可击。豪雅表的这种严苛标准，使其在抗撞击、抗坠落、抗紫外线、抗拉扯、防水、抗震等方面独具强大的功能性，使它能够成为各种特殊消费者忠贞不渝的伴侣。

豪雅表追求表里如一的完美，不仅对机芯和各类组件严格要求，能工巧匠们还为其设计了前卫、后现代的时尚造型。富有个性色彩的指针，或朴实或现代的表带，让消费者的选择空间更加广阔。

五、豪雅表与名人

豪雅表一直以来，都是各界名流的钟情之物。布拉德·皮特、莎拉波娃、乌玛·瑟曼、伍兹、姚明等赫赫有名的人物，都曾是豪雅表品牌的代言人，诠释着它集运动与优雅于一身的独特魅力。在先后与 F1 著名赛车手摩纳蒙托亚（Juan Pablo Montoya）和基米莱库宁（Kimi Raik Konen）以及全球排名第一的高尔夫球手老虎·伍兹（Tiger Woods）合作后，豪雅表又把目光对准了在 NBA 打出一片天下的“小巨人”姚明和网球新星玛丽亚·莎拉波娃（Maria Sharapova），分别邀请他们代言“竞潜”（Aquaracer）系列限量腕表和 F1 钻石腕表，以彰显“运动与魅力”的品牌理念。

姚明代言的限量版腕表，是在豪雅“竞潜”系列中最为畅销的基础款式上加以设计并推出的。此款腕表在 11 点钟位置刻有数字“11”，表盘上还有姚明的红白双色中英文签名及红色的篮球标志。其特别的设计含义在于：11 号是姚明在休斯敦火箭队的号码，红色既是休斯敦火箭队的代表色，同时也是中国的象征。此外，腕表后底盖还刻有篮球图案、姚明的昵称“小巨人”以及限量号码，在全球仅发售 1 100 只。

塞纳，一级方程式赛车历史上最传奇的名字，这个世界著名的巴西赛车手掌握着时间，永远向着完美冲刺。辉煌的职业生涯——三次世界冠军、41 次胜利、80 次最早经过终点与 65 次杆位，使他的名字无可争议地成为一个传奇。在塞纳的传奇生涯中，他的速度和令人过目不忘的头盔是他的两大标志。为表达对塞纳速度的敬意，豪雅表将这两大元素融入其中推出的 2004 Link 塞纳限量版自动计时码表中。限量款的抛光固定表圈配备有速度计刻度。塞纳头盔的颜色——巴西国旗的绿色——点缀着表盘，表盘正面为蓝色，9 点钟位置的小计时器设计有绿色指针，塞纳的签名为黄色，出现在 4 点钟位置，而计时器刻度位于表圈上的标度为黑色。塞纳的标志、塞纳的彩色头盔、"LIMITED EDITION"（限量版）字样和限量版编号都镌刻在定制的表背上。这款表创新出色的设计，又独一无二地将性能与风格结合于一体，引人注目，代表着豪雅表的卓然声誉。

第四节　爱彼表（Audemars Piguet）——家族传承的典范

创 始 人： 朱尔斯·路易斯·奥德莫斯（Jules-Louis Audemars）
爱德华·奥古斯蒂·皮捷特（Edward-Auguste Piguet）

创始时间： 1875 年

创始地点： 瑞士日内瓦

一、品牌标识

爱彼表品牌标识的下半部分是两位创始人姓氏的合成，体现了两个创始家族对爱彼表的一种承诺和后世制表大师的忠心。上方的 AP 是取两位创始人姓氏的首字母，清晰明了，让人产生很深的印象。对于今日在奢侈品名表界有着显著地位的爱彼表来说，AP 已经成为品牌的符号，更是一种身份和地位的象征。

AP
AUDEMARS PIGUET

图 3.26　爱彼表品牌标识

二、品牌历史

1875 年，两位青年才俊 Jules Louis Audemars 与 Edward Auguste Piguet 在钟表制造艺术的发源地瑞士的日内瓦，携手开创钟表制造的辉煌事业。1881 年正式注册"Audemars Piguet & Cie"爱彼表厂。从此，爱彼表在国际表坛展开一部经典传奇。

爱彼表从诞生至今，始终传承着传统精湛的制表技术和优秀的企业精神，是世界上少数迄今为止仍由创办家族主管理的钟表商之一。

爱彼表之所以能在瑞士制表行业中永垂不朽，就在于两个始创家族历来对爱彼表的苦心经营和不断探索。自 1882 年开始，Audemars 及 Piguet 的家族成员便出任公司各主要职务，而 Audemars 及 Piguet 则分别掌管公司两大业务范畴。Audemars 负责技术创新部分，Piguet 则较多参与商业活动。这种联合的管理方法被家族成员沿用至今，历久不衰。

1917 年，Jules-Louis Audemars 退休并由其儿子 Paul-Louis Audemars 继任董事会主席及技术经理。1919 年，Paul-Edward Piguet 也继承父业，掌管公司的商业部门。直至 1962 年，Paul-Louis Audemars 的两位女儿也开始在公司工作，其中一个女儿 Jacques-Louis Audemars 更成为董事会主席至 1992 年。现在，爱彼表已传至第四代，而董事会主席更由 Jacques-Louis 的女儿 Jasmine Audemars 出任。

早在 1892 年，便制造了第一只具备三问功能的腕表。1889 年，在第十届巴黎全球钟表展览会上，爱彼表的一款集合了万年历、双追针计时、三问报时等复杂功能的怀表引起了极大轰动，以震撼的影响力使爱彼表一举进入了顶级钟表品牌行列。1925 年，创制出当时最薄的怀表（1. 32mm）。1934 年，研制出第一只镂空怀表，引发了镂空表的风潮。从 1946 年和 1986 年，分别推出了全世界最薄的机械腕表（1. 64mm）以及首枚自动超薄陀飞轮腕表（4. 8mm）。在 1972 年爱彼表推出“皇家橡树”（Royal Oak）系列，这个系列是高级运动腕表系列，成为爱彼表举世知名的代表作，对爱彼表具有里程碑意义。

图 3. 27 爱彼表：皇家橡树系列

1998 年，爱彼表正式成为专门从事高度复杂机芯发明和创造的 Renaudet Papi 公司的股东。该公司也重新命名为 Audemars Piguet Renaudet Papi。从此以后，爱彼表的制表造诣攀至另一高峰。

“八大天王”系列是爱彼表大师耗时 8 年推出的 8 款最自豪的设计，从 1999 年开始发布，每款全球限量 20 只。这个系列旨在创造钟表工艺的八大奇迹。

爱彼表在每一年都会定下一个主题。现今女性对复杂机械表的需求日渐殷切，爱彼表将 2004 年定为“女士之年”，并借此机会推出了全新女装腕表“Deva”、“Dream”和“The Lady Royal Oak”三个系列。

三、经典作品

爱彼表工厂目前已经成功开发出“八大天王”系列、挑战婚戒大小的最小女用三锤三问表、具三音锤自鸣功能的三问表以及一部分“皇家橡树”系列表款。

（一）“皇家橡树”系列

“皇家橡树”的设计线条与其复杂的装置一样一丝不苟，无论表壳、表盘以及表链均力臻完美，不但讲求美学，也力求保护其复杂的机械装置不受灰尘、湿气、温度变化及其他无形威胁的影响。“皇家橡树”1972 年首次在巴塞尔钟表展（Basel Watch Fair）亮相便一举成名，创下辉煌成就，成为一代经典。其创制意念是从史书中获得：当年英国国王查理二世在流亡的路上为躲避追捕曾藏身于一棵中空的橡树中，后来回到英国重振旗鼓，成为英国史上著名的君王之一。两百年后，为纪念上述历史事件，英国海军将其三艘战舰命名为“皇家橡树”，战舰的窗户呈八角形。爱彼表的大师从这段历史出发，创造出了举世闻名的“皇家橡树”系列。

“皇家橡树”系列集优雅、稳固于一身，在爱彼表系列美钻名表中，“皇家橡树”系列是最受注目的一款，其特点在于经典设计的八角形粉蓝珍珠贝母表面，饰以熠熠生辉的八角形钻石内圈，陪衬磨砂白金表壳。“皇家橡树”代表现代科技的大突破，其崭新的设计是 18K 黄金及钢的精炼结晶。除了时针及分针外，表面上更配有日期指针。其表盘为八角形源于橡树树干的横截面形状，表框镶有 8 颗白金螺丝，精钢制成的表面以 250 个不同的角度打磨而成，分外光亮，制作工艺高超令人叹服。

“皇家橡树”系列的表款有 700 多种，有玫瑰金、黄金、白金男女表款，计时码表、两地时间显示、月相盈亏显示、万年历、镂空表、陀飞轮表等。表冠的牢固镶工确保 50 米防水，离岸型系列备有 100 米防水。此外，还配有动力储备功能，可持久使用 38 小时，能自动包容年历中不规则的情况。其中最昂贵的一只表，光表壳上就镶嵌了 32 颗大钻石，表面上镶嵌了 237 颗小钻石，11 颗红宝石，表链上镶嵌着 454 颗钻石，其豪华昂贵、完美极致完全秉承了“传统、卓越和创新”的三大理念。

（二）“八大天王”系列

“八大天王”系列是爱彼表大师耗时 8 年推出的 8 款最自豪的设计，从 1999 年开始发布，每款全球限量 20 只。这个系列旨在创造钟表工艺的八大奇迹。

“八大天王”系列 1 号于 1999 年推出，采用 Cal. 2869 机芯、手动上链，双追针计时、陀飞轮装置、万年历、三问报时，铂金材质，蓝宝石透明底盖，一出厂就即告售罄。

图 3.28 爱彼表“八大天王”系列

在“八大天王”1 号问世后仅一年，即 2000 年，爱彼表推出“八大天王”2 号。这是一款采用 Cal. 3090 机芯、手动上链，具备陀飞轮、三问报时、万年历和大视窗日历、铂金材质、蓝宝石透明底盖的顶级复杂腕表。同年推出“日出日落时间等式万年历”和“世界时区万年历”腕表。2001 年，

“八大天王”3号诞生，采用Cal. 2894手动上链机芯，拥有“动力描述器”、陀飞轮、计时码表、70小时动力储存显示。“八大天王”4号于2004年年底推出，算是“迟到”了。但这款手表的功能和美观足以弥补爱好者们长久等待的焦急——手动上链、陀飞轮、双十日动力描述器和24小时倒数动力储存指示，950铂金表壳，蓝宝石透明底盖。爱彼表的设计师介绍说，为了这款手表，他们四处寻找灵感，最终用复杂的机械技术将这些灵感呈现出来。

2007年推出了“八大天王”5号，将千禧系列的椭圆形表壳内配备了直线型万年历，以及无须上有润滑的高效率擒纵系统。还有三大天王将在2020年前推出。“八大天王”系列已经成为世界著名收藏家的梦想珍品。

其中的“八大天王”第5号腕表于2007年推出，采用铂金或红金表壳，限量发行20只。为了设计制作这款出类拔萃的瑰宝，爱彼表厂再度革新钟表技术，在千禧系列（Millenary）的椭圆形表壳内配置了直线型万年历，以及无须上油润滑的高效率擒纵系统。这款爱彼独家设计的擒纵系统，是制表界的创新革命，势将成为收藏家们梦寐以求的极品。

爱彼全新擒纵系统改进了1791年罗宾的设计，即使承受撞击仍能保持精准无误。为解决抗震的问题，爱彼的制表师特别设计了新式“防护拴”（Guard-pin），能够阻止系统在运作时意外滑脱。相较于传统的瑞士杠杆式擒纵系统（Swiss Lever Escapement），爱彼表厂全球首创的新擒纵系统具有众多技术规格上的优点：

无须润滑：爱彼独家擒纵系统的特殊几何造型可以省去上油润滑的麻烦——这正是所有钟表师梦寐以求的。如此一来不仅简化保养工作，也可避免润滑油蒸发之后留下油渍堵塞机械装置。

分离式单击擒纵系统：单一一次传动敲击可使摆轮振动两次，因此可减少运作的干扰，大幅提高效率。

直接传动：动力直接从擒纵系统传送到摆轮，不需要经过杠杆型擒纵叉，因此大幅降低能量耗损率。

超高效率：传统的瑞士杠杆式擒纵系统本身消耗了65%的能量；爱彼独家擒纵系统只消耗48%的能量，比传统机芯的能量高出近50%。

绝佳的抗震性：每个组件的形状都经过精心设计，极为精确的切割技术保证了各零件不会因剧烈震动而移位。

四、品牌评价

爱彼表创办人一向醉心于制表艺术，凭着无穷创意与独到眼光，专注研制超薄机械零件。如鸣响报时器、日月星盈亏、计时马表、两地时间显示、温度测量器及指南针等，爱彼表创制出精密复杂的机械表，屡获殊荣。在1889年举行的第十届巴黎环球钟表展览会中，爱彼表参展的Grand Complication陀表、具备问表、双针计时器及恒久日历功能，精湛设计引来极大回响，声名大噪，享誉全球，为爱彼表在表业界树立了崇高的地位。爱彼表在历届钟表大赛中屡得奖牌，是拥有金牌数最多的品牌。

爱彼表在130多年里推出了无数的精品杰作，是全球生产复杂功能腕表款式最多的厂商，也是世界上最昂贵但不又镶嵌钻石机械表的世界纪录的拥有者。

爱彼表至今仍然保留着手工制作的传统，年产量很小，单价很高，主要品种独家定制。每一只表都是制表大师尽善尽美的杰作。从机芯、精密零件的加工、装配、校准，到雕刻、绘画、镶嵌宝石等工艺，全部是经由技艺精湛的制表大师的手工完成的。复杂的工艺、完美无缺的宝石使爱彼表成为表界最难制作也最不可能仿冒的表。购买者要想得到梦寐以求的表，少则等上几个月，多的要等上几年。

爱彼表享有极高的声誉，深受收藏家的青睐，更为贵族政要、名流人士所推崇。百年来一直被认为是鉴赏级的名表，它的消费群体属于金字塔的顶端，与百达翡丽、伯爵表被世人赞为“三P”或三巨头。

“高档、精巧、繁复、限量”是爱彼表的经营理念。爱彼表一向以生产高级的复杂腕表为主业，未来仍会朝着这个方向迈进，并且继续为钟表业引进新技术。从第一款采用陀飞轮的腕表到机械线圈、最小的自绕圈表具有永久日历、双时间等，都是爱彼表发明和创造的划时代的世界第一。正是爱彼表的这种永不停留的创新精神，使其不断创造出世界最薄又最复杂的钟表仪器。

五、爱彼表与名人

已有133年历史的爱彼表在Audemars及Piguet的第四代后人领导下，成就骄人。精湛的制表技术和华贵典雅的设计，令爱彼表深受钟表收藏家推崇，成为世界十大名表之一。爱彼表的年产量很小，公司一向实行为客户独家定制和限量销售策略。这使得爱彼表名声赫赫，又难觅行踪，颇有一层神秘色彩。而这恰是该品牌拥有者所希望的。任职美国加州州长的电影明星施瓦辛格就是爱彼表的忠诚消费者之一。他收藏了将近24块爱彼表，并且都是独家定制。在他拍的最后一部电影《终结者3》中，他戴的限量版爱彼表零售价高达19.9万美元。

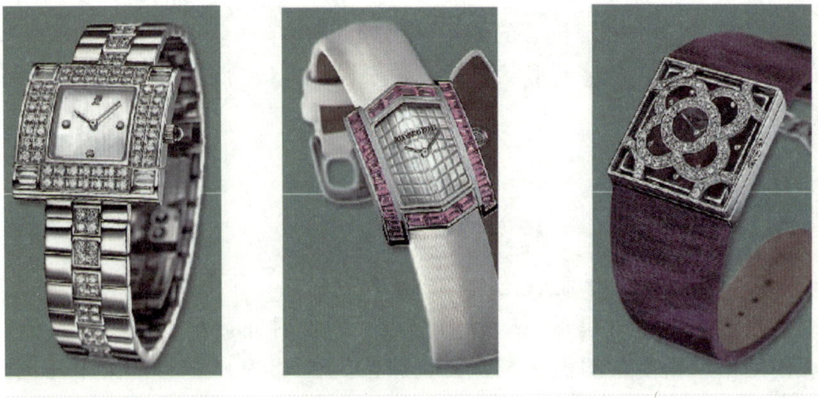

图3.29 爱彼表女款系列

第五节　百达翡丽（Patek Philippe）——收藏家的瑰宝

创 始 人： 安东尼·百达（Antoine Norbert de Patek）
简·翡丽（Jean Adrien Philippe）
创始时间： 1839 年
创始地点： 瑞士日内瓦

一、品牌标识

百达翡丽商标的上面图案是由骑士的剑和牧师的十字架组合而成，也被称作“卡勒多拉巴十字架”。它来自于一个历史故事：1185 年，西班牙一个叫卡勒多拉巴的城市受到摩尔人的侵略，勇敢的牧师雷蒙德和骑士迪哥·贝拉斯凯斯率领民众进行殊死的抗战，最终把摩尔人驱走。牧师（十字架）和骑士（剑），合在一起便成为庄严与勇敢的象征。中间一行字是安东尼·百达和简·翡丽的姓氏合成的，标志着他们珠联璧合的合作精神。下面的一行字表明了百达翡丽表的产地日内瓦。

图 3.30　百达翡丽品牌标识

二、品牌历史

百达翡丽的创始人安东尼·百达于 1839 年开设了百达钟表公司。1844 年，安东尼·百达与简·翡丽在巴黎钟表展览会中相遇。当时简·翡丽已经设计出很薄的袋表，上链和调校都不用传统的表匙。这种袋表在展览会上甚受漠视，而安东尼·百达却深为其新颖的设计所吸引。两人经过一番交谈，立即达成合作的意向，简·翡丽加盟百达公司。1851 年，百达公司正式改名为百达翡丽公司。

安东尼·百达与简·翡丽的合作可谓珠联璧合。安东尼·百达对艺术有很深的造诣，倾向唯美主义，在钟表制作上追求完美与最高境界。简·翡丽则是一位有天赋的设计师、发明家。两人的结合，决定了百达翡丽钟表的外观精美，工艺卓越，水准超群，一丝不苟，奉行“雅美、优质、可靠”的原则。

百达翡丽公司精湛的制造技术，造就了许多顶级品牌表。1925 年，百达翡丽应纽约大银行家、大收藏家亨利·格里夫斯的要求特制一只复杂袋表。百达翡丽公司用了 3 年时间设计，从 1928—1933 年用了 5 年时间，才制造出融时间、时差、星象图、纽约的星辰月亮盈亏图于一身的袋表。其精妙绝伦的程度，创下了钟表史上的里程碑。这只表的价值高达 1 100 万美元，创造了全球最昂贵的表的纪录。

1927 年，应美国汽车大王柏加德的订购，公司制作出了一只可以奏出他母亲最心爱的摇篮曲的打簧表，当时价值为 12 815 瑞士法郎。1988 年百达翡丽又以 200 万瑞士法郎将这只表购回，作为公司的经典收藏，这一举措轰动了全世界。

1953 年，生产的一只白金镶钻日月星辰万年历男表，在 1997 年中国香港举行的春季拍卖会上以 540 万港币被一位欧洲富豪买走，创下万年历表的最高价和亚洲手表拍卖最高价两项纪录。

1985 年，百达翡丽公司生产的 940 型号的多功能手表，有全自动、日历、月相、闰月、自动跳日等功能，机身厚度仅 3.75 毫米，为同类手表中最薄的。

早期的百达翡丽表壳，采用的材质为纯银和 18K 黄金。20 世纪以来，大部分选用 18K 金（包括黄金、白金、玫瑰金等），甚至铂金。而全钢的表壳，到后来才有一小部分。百达翡丽表机芯均采用高钻数。早期的表多在 15 钻以上，后来的产品以 29 钻为多。20 世纪 60 年代制作的一些性能复杂的金表，钻数高达 37 钻，为同类表中所罕见。

目前百达翡丽仍是全球唯一采用手工精制，坚守着钟表的传统工艺且可以在原厂内完成全部制表流程的制造商。瑞士钟表界称这种传统制造手法为“日内瓦 7 种传统制表工艺”，即综合了设计师、钟表师、金匠、表链匠、雕刻家、瓷画家及宝石匠的传统工艺。百达翡丽深信，由这类工艺大师的巧手所制作出的名表皆为独一无二的艺术珍品，而这也是百达翡丽钟表最值得骄傲的特色。为了突破传统，开创更理想的工作环境，百达翡丽现任总裁兼董事总经理菲利浦·史东先生从 1988 年在日内瓦规划与兴建全新的工厂，目的是“把百达翡丽独特的工艺及科技结合在一个屋檐下”。

在钟表技术上，百达翡丽一直处于领先地位，拥有多项专利。从 1851 年“百达翡丽”获第一项“旋柄上发条”专利起，重大的专利项目计有精确调节器、双重计时器、大螺旋式平衡轮、外围式自动上链转子，以及有关平衡轮轴心装置等。百达翡丽从 1839 年创立至今，一共取得 70 项专利，其专利之多，为名表中之最。

从 20 世纪初开始，百达翡丽即以提供复杂功能表而闻名。在 1902 年，双指针计时码表获得专利。在美国收藏家的需求驱动下，测时技术突飞猛进，而百达翡丽也成功地在拉丁美洲市场推出了 Chronometro Gondolo 系列产品。在女表设计方面，百达翡丽开始研发可以置于腕表中的较小型机芯。

20 世纪 20 年代，百达翡丽以新颖的设计来装饰样式多变的腕表。早期的机芯为长方形、椭圆型或细长型以适用于装饰艺术表壳。到了 1930 年，公司已为腕表制造立下了更高的质量标准。而在 1932 年，公司为美国收藏家 Henry Graves Jr. 打造出世上最复杂功能的怀表。

百达翡丽在 20 世纪 40 年代打造的计时腕表和显示世界各地时间及万年历的腕表，如今在拍卖会上均以天价为收藏家所竞购。在多功能设计上声誉卓越的百达翡丽更研发出一系列的男表机型，并配以获得专利的多种自动上链设计。

自 1950 年以来，几乎所有的百达翡丽表均配以 Gyromax 专利摆轮，而为了配合喷射机时代的需求，公司更于 1959 年推出专利的时区表。

20 世纪 70 年代百达翡丽开始以系列设计推出绅士和淑女腕表。如 Calatrava（Ref.

3919)、Ellipse 以及 Nautilus。作为电子计时的先驱，百达翡丽将其技术应用于石英机芯的研发，并同时设计出一系列的手动及自动上链机芯，以新创的机械制表技术与当时来自日本的石英震撼相抗衡。

20 世纪 80 年代，机械制表技艺重新获得肯定。百达翡丽在 1989 年庆祝公司成立 150 周年纪念时，推出 Caliber 89 型最复杂功能可携带式时计。它是世上最具复杂功能的时计。其中的复活节日期装置、逆行日期指针、万年历设计均在 20 世纪 80 年代获得专利。

经过 10 年的发展，到 20 世纪 90 年代百达翡丽推出的新系列复杂功能腕表，有万年历码表和陀飞轮三问万年历表。为了满足客户对稀有而特殊时计的需求，公司开创了腕表订制中心，并将年产量订为 20 000 只。1989 年为庆祝公司成立 150 年，推出最复杂的纪念表。正像公司宣布的“这是有史以来功能最为复杂的一款可携带式计时器”。在此同时，百达翡丽也开发了多项复杂功能。如在 1996 年得到专利的精确月相、月龄装置，并推出设计新潮的淑女表款。原有的款式也被赋予新意，而高科技的机芯渐渐重新替换了石英产品。

2000 年，公司出品“千禧之星”，是世界上唯一将伦敦西敏斯特钟楼的庆典报时声模仿得足以乱真的袋表。“千禧之星”经过 8 年的研究设计，其卓越之处在于它包括了 1 118 个零部件、21 项复杂功能、6 项发明专利。把包括太阳时在内的时差、日出日落、天空与月亮移动、日历快速调校装置与灵活的三点钟开启装置等融于一体。这些前所未有的复杂功能，在钟表发展中创下世界纪录。

图 3.31 百达翡丽“千禧之星”

2001 年，全新推出最复杂的“Sky Moon Tourbillon”万年历腕表。这是首款能够在表背面显示整个夜空图的双面腕表。其中有星体的活动、月球轨迹、月相盈亏、恒星时间等显示，这种表每年只生产 2 只。

图 3.32 百达翡丽天文陀飞轮表

2007 年，百达翡丽新推出“Gondolo Gemma 腕表”系列。这是迄今为止最复杂、款式最炫目的腕表，在巴塞尔表展中赢得无数好评。这款表的表壳镶有完美切割的蓝宝石水晶镜面，还有 289 颗钻石，总重达 2.08 克拉，是百达翡丽“Gondolo”系列中最瞩目的一款。

百达翡丽 2009 年后出品的机械机芯将全部采用独一无二的百达翡丽印记。自 1839 年创立以来，百达翡丽始终致力于追求卓越品质与独立自主，而百达翡丽印记正是这一理念的最新硕果。

图 3.33　百达翡丽印记

图 3.34　2012 年百达翡丽推出超级复杂功能计时系列

图 3.35　百达翡丽“Nautilus”系列

三、经典作品

百达翡丽主要产品系列“Nautilus”系列、“Aquanaut Luce”系列、“Calatrava”系列、“Golden Ellipse”系列、“Gondolo”系列。

（一）“Nautilus”系列

“Nautilus”系列的一个大惊喜是 5980/1A 计时码表，休闲优雅与运动活力并重的 Nautilus 运动表加入计时性能，堪称最佳组合。它所配备的 28-250C 导柱轮自动上链计时码表机芯，由 2006 年才发表的 5960 年历计时码表所配备的机芯修改而来，具有先进的导柱轮计时机制和创新的垂直碟形离合器，负责控制启动及停止计时性能。中央计时秒针除了具备自动回位的特色外，更可以持续运转，兼任大秒针的角色。积分和积时小表盘合二为一，由同心刻度指针显示，设计不凡。

表宽达 44 毫米的 5980/1A 是“Nautilus”系列中最大型的腕表，经过细意修饰的表壳搭配两只计时按钮，可谓天衣无缝，好似 1976 年的原有款式早料想到会加入计时性能一般。Nautilus 新款系列重新演绎了百达翡丽悠闲典雅的腕表设计，叫人爱不释手。各种细致且精心设计的改变在彰显腕表风格之余，也保留了原有款式的过人风采。Nautilus 型号 5980/1A 计时码表当属系列内的傲人杰作，它的出现圆满了这个充满魅力的腕表系列，也为这个追寻另一个 30 年荣耀成就的系列开始了最完美的起点。

（二）“Aquanaut Luce”系列

“Aquanaut Luce”系列在表盘和表带设计上延续了传统的浮雕图案，使其更能代表百达翡丽腕表家族演绎女性休闲高雅的气质。2007 年，百达翡丽表盘和表带主要有两种激动人心的绚丽色彩：精致的清新冰蓝（Icy Blue）和成熟的金属灰色（Metal Gray）。这两种经典永恒的色彩，与抛光不锈钢表壳的炫目光泽以及表圈上镶嵌的 46 颗上品威塞尔顿（Top Wesselton）无瑕美钻所散发出的优雅气质，交相辉映，美轮美奂。

采用全新色彩的表款充满清新气息和创新色泽，在任何季节都能折射出女性的优雅气质。“Aquanaut Luce”腕表系列还有神秘黑色（Mysterious Black）、洁白无瑕（Pure White）和紫色伊人（Purple）三种色彩。而该系列的小型表款则仅有黑色和白色。“热带”（Tropical）复合材料表带，既耐磨防水又奢华舒适，并配以使用方便的不锈钢折叠表扣。表壳的防水深度可达 120 米，并带有旋入式防水表冠。对于希望将休闲高雅的气质与高级腕表和奢华珠宝融为一体的现代女性，“Aquanaut Luce”系列还专门准备了 18K 白金表壳的密嵌钻石表款。这款“Aquanaut Luce”腕表采用 Caliber 330 S C 自动上弦机械机芯。

图 3.36　百达翡丽“Aquanaut Luce”系列

四、品牌评价

逾百年来，百达翡丽一直信奉精品哲学，遵守重质不重量、细工慢活的生产原则。主旨只有一个，即追求完美。它奉行限量生产，现在每年的产量只有 2.5 万~3 万只。在长达 177 年中，百达翡丽出品的表数极为有限，不敌一款时尚表的年产量，并且只在世界顶级名店发售。

百达翡丽始终保持着每年仅手工制造一只表的传统。要拥有这只表，必须预订，还要耐心等待 8~10 年时间，且价格不菲，人民币 3 000 万元左右，但买者却认为物有所值。在追求完美的过程中，美感无处不在，即使在看不到的表壳之下也充满美的设计。手工打磨的连接、边角、机芯上美丽的圆形纹理，这些都是细微之处，却也经过精雕细磨。成百上千个零件的和谐运作，使表嘀嗒走动。然而是美赋予表生命，使它灵动、鲜活。每一只百达翡丽表都是制表师心血的结晶，每一道工艺都凝聚着几代制表师的灵感、激情与创作，还有自豪。要知道十年磨剑，才能成就一代百达翡丽制表师。

复杂功能是制表业中的顶级工艺，而百达翡丽尊崇的正是这“完美的复杂性”与“完美的精确性”的结合。百达翡丽的尊贵不仅在于它典雅的外表，还在于它内部机械的极端精密复杂性。“在最简约的外表之下，配置最复杂的款表”一直是百达翡丽信奉的准则。19 世纪制造的百达翡丽表，尽管轮轴末端已在轴承上转动了逾 120 亿次，但依然精确得令人叹奇。

“没有人能拥有百达翡丽，只不过是为下一代保管而已”。百达翡丽要告诉所有的人，它的尊贵不仅在于它的精确、独特、卓越与高贵，而且在于它的耐用、恒久与延续。它的价值是“持久的价值”，不能以单纯的金钱来衡量。这其中包含着超凡的美丽，传奇的工艺与卓越的可信度，以及对现在与未来的主人的忠诚。百达翡丽之所以能如此自信，正是因为它具有历久弥新的品质。而在这品质背后，凝聚的是几代百达翡丽人的心血，以及对完美的执着与追求。

五、百达翡丽与名人

百达翡丽的客户名单中，共有 100 名国王，54 名王后，更不乏如爱因斯坦、居里夫人、夏洛蒂·布朗特、柴可夫斯基等显赫人士。

（一）夏洛蒂．布朗黛（Charlotte Bronte）

夏洛蒂是英国小说家布朗黛三位姊妹中的大姐。她的名著《简·爱》塑造了新式杰出女性，使这位在偏远地区任教的老师，成为伦敦文学界的新宠。她于 1846 年购买了百达翡丽的这支置有桶形擒纵机制的怀表，因为夏洛蒂来自约克郡荒野，表上珐琅图绘风景的独特情调深深感染了她的思乡情怀。

（二）维多利亚女王（Queen Victoria）

英国维多利亚女王在 1837 年 18 岁时登基，统治大英帝国 64 年之久。她的道德观和责任感深深影响了维多利亚时代人民的思潮。她购买的百达翡丽表是首批问世的免用钥匙上链的袋表。女王 1851 年 8 月 18 日在伦敦世界博览会上亲自为自己挑选了这件精品，并保存了将近 50 年。表盖上饰有钻石拼成的玫瑰，蓝色珐琅与女王的蓝眸相互辉映，透视出高贵与典雅。在她的影响下，阿尔伯特王子也选购了百达翡丽的一只猎表。名人王宫贵族购精品，不仅为百达翡丽奠定了其贵族化的地位，而且赢得了世界的赞誉。

（三）伯德上将（Admiral Richard E. Byrd）

伯德上将是美国南极探险家。早在第一次世界大战后，他身为海军飞行员时就曾首航到南极，并领导一批批科学家探险队到南极从事考察。1928 年，他为首次的南极之行订制了一款百达翡丽表。高度精确的机芯由软铁和不锈钢所制成，双重表壳以保护机芯免受强烈磁场的干扰，据亮光指针和时标显示，使他的南极探险充满了神秘色彩。

图 3.37　百达翡丽“Aquanaut Luce”系列：两款全新色彩，尽显时尚妩媚

第六节 宝玑表（Breguet）
——发明创造的摇篮

创 始 人： 亚伯拉罕·路易士·宝玑（Abraham-louis Breguet）
创始时间： 1775 年
创始地点： 瑞士日内瓦

一、品牌标识

标识的上半部分是优雅的宝玑指针。因其近针端的偏心月造型而成为宝玑表两个多世纪以来的形象标志。标识的下半部分是被誉为“表王”的创始人宝玑的姓氏以及创始时间1775 年。

图 3.38 宝玑表品牌标识

二、品牌历史

1775 年，宝玑在法国的巴黎创立了第一个钟表店，立即得到了欧洲贵族阶层的认可，王公贵族纷纷购买宝玑表。

1747 年，宝玑在瑞士的纳沙泰出生。他大部分时间居住在巴黎，一生中创造了无数伟大的发明，这些发明几乎涉及制表业的每一个领域。接连不断地创新突破令他的事业不断攀上高峰。如改良自动表、发明自鸣钟用的鸣钟弹簧，以及避震装置等。而对钟表业影响最大的，莫过于陀飞轮。

一直以来人们刻意谋取的是机械如何与转动的星体同步，得出相同的运转时间。但宝玑大师却看到了反作用的影响。地球在自转时产生的地心吸力，使摆轮的摆幅上下不一致，需要另一种相反的力量将它控制。陀飞轮的面世，令这一理想成为现实。陀飞轮可以补偿手表在不同位置时产生的摆差。其原理是，把摆轮和擒纵机构安装在一个旋转的笼架里。摆轮和擒纵机构围绕其共同的轴杆旋转，这样就可以在各种位置时使摆差一致。陀飞轮笼架或框架一般每分钟旋转一次，但也有每四分钟或每六分钟旋转一次的陀飞轮。这项以旋转产生反作用力的装置，在 1801 年 6 月 26 日得到专利。1801 年之后的几年，宝玑一直在寻求产品的改良，直到 1805 才完成第一只陀飞轮表。到 1823 年他逝世的时候，制作总数约为 35 只。这些以陀飞轮装置操纵的表，已经是极有收藏价值的珍品。至今，新辟的宝玑私人博物馆尚未有他做的陀飞轮袋表。200 年后的今天，这种装置的功能已经衰退，但却成为各个奢侈品品牌比拼指标技艺的标志性装置。目前只有 26 个著名品牌的 2 000 只表才能奢侈地装上宝玑的陀飞轮，这种表的价值为 8 万~50 万瑞士法郎。

观赏宝玑的古董钟表就像是回顾钟表的技术发展历史一样。1780 年，宝玑研制出

“Perpetuelle” 自动机械怀表，这款表可在佩戴者行走或乘骑时自动上链；3 年后，设计出著名的宝玑指针和数字，简洁、合理的设计，令宝玑指针的名声不胫而走，成为诸多其他品牌手表模仿的目标。1782 年 8 月，宝玑又制造出一块金壳珐琅自动上条怀表，它具备了两问报时、60 小时动力储存显示功能、双发条盒等功能，那是目前为止我们知道的宝玑最早的自动怀表。从那个时候起，宝玑表开始席卷整个欧洲，各国的皇公贵族都以拥有宝玑表为荣。

1823 年，77 岁高龄的宝玑离开了人世，他的后人继续将宝玑的制表精神发扬光大。宝玑的第五代孙子——阿伯拉罕·路易·宝玑就是航空时计的先驱。1907 年，年仅 27 岁的路易·宝玑制造出可以凭借本身动力起飞的直升机 Gyroplane；1909 年，他制造出第一架双翼飞机；1912 年，制成了第一架海上飞机；1915 年，制成了第一架轰炸机；1917 年，宝玑 Xiv（14）型飞机协助联军取得了第一次世界大战的胜利……在航空事业如日中天的同时，路易·宝玑并没有忘记宝玑光辉的制表历史，所以宝玑表一直坚持着为航空业提供精密的计时表，他们制造出名为 Siderometre 的恒星时间手表，此外还开发了 Typexi 及 Typexii 驾驶机舱时计，现在仍在十几个国家的飞机上使用。

第二次世界大战结束后，法国国防部决定给空军精锐部门配备精密的计时表，并要求表的规格达到动力储存 35 小时以上，每天误差低于 8 秒，每天使用 300 次以上无任何故障等。宝玑按照上述规格完成了设计，并将此表定名为 Typexx。Typexx 拥有哑黑表面、大型夜光数字和指针，可旋转的外圈。其中最重要的是拥有了“一按飞返启动”功能（即只需按动一颗按钮，中轴的计时指针便会立即飞回起步点开始下一次计时，比多数计时表要按三次按钮的步骤简单轻松得多）。这一复杂设计即使在半个世纪之后，也只有少数几家表厂能生产。1950 年，这批 Typexx 表得到法国技术中心认可，并在此后的二十多年都成为法国空军、航空测试中心以及海军通信部门的指定计时器。法国政府对 Typexx 手表的控制十分严格。每一年，这批表都要收回抹油一次。选择的保养机构位于拜占冈的官方时计运行控制中心，或委托 Dodane 表厂进行。抹油测试之后的手表会在表底刻上 fg（fg 是法文 findegrantie 的缩写，意即保养日期的期限及年月日数字）。在数字指定的日子里，又得再次将表送去抹油。

“宝玑手表 200 年前是怎样制作，到现在仍沿用这种工艺。宝玑最引以为豪的是其传统制作工艺的悠久历史”。宝玑中国销售及市场经理魏美薇如此介绍说：2002 年，宝玑为了纪念 1810 年为那不勒斯皇后所特制的世界上第一只腕表，推出造型别具一格的蛋形女表“那不勒斯腕表”（Reine de Naples）。这是一款三针自动腕表，梨形的美钻与蛋形表圈相映成趣，在当年的日内瓦制表工艺大赛中摘取了“最出色女表”的殊荣，再度展现了宝玑的创意美学。同年还推出一系列巧夺天工的表款，其中包括一款闹铃表和一款女装钻石陀飞轮表；随后，宝玑又隆重推出经典男装表。全新开发的机芯，严格的生产标准和完美的款式，让宝玑获得了很多人的青睐。2003 年，宝玑的 Lereveildutsar 表款赢得了瑞士日内瓦钟表大赛的观众票选冠军。同时，飞返小秒针及能量储备显示装置的 Classique 自动上链系列也获得 Montrespassion 杂志与 Uhrenwelt 杂志读者评选的 2003 年度最佳款式。

2004 年，宝玑把 1794 年发明的 No. 5 表再版。当时这只表问世后，只有玛丽·安托瓦内特王后和奥尔良公爵少数王室成员拥有过这款表。斯沃琪集团主席尼古拉斯·海耶克在一次竞拍中购得一只珍贵无比的宝玑 No.5，它决定复制这款名表，以表示自己对这款表的钟爱。经过宝玑制表大师耗费数月的精心制作，这款既保留了绝世精品的原样，又融入了现代擒纵机构充满天才和永恒美感的杰作诞生了。这款全真复制表只有 5 只，每只的价格高达 1 500 万元人民币。

如今，宝玑表的四大系列——Classique、Heritage、Marine 和 Typexx 的影响力在不断地扩大，而制表的工艺一如 200 年前的风范，每一只宝玑表都有一个专门的独立编号，每一只宝玑表都由制表大师把传统的工艺和最先进的技术完美地、个性化地应用于这只表，使每一只表都成为了一件个性化的孤品。同时，所有宝玑表的新型号的表壳均饰以币纹，这俨然成为了宝玑表最大的标志。

图 3.39　宝玑经典

图 3.40　宝玑经典 1808 超卓复杂型

图 3.41　宝玑 Marine

图 3.42　宝玑 Perpetual Calendar

图 3.43　宝玑 TYPE-XXI

三、经典作品

（一）Classique

1. Classique 5177

Classique 5177 配备全新的基本机芯——自动上链机芯，这款精湛设计具有极大的发展潜力，可演变成为复杂程度不一的各类机芯。腕表糅合多项尖端技术，包括硅擒纵轮及擒纵杆、陶瓷轴承、专为摆轮游丝设计的全新 Nivachoc 避震器及 DLC 涂层（钻石型碳复合物）内发条鼓表面，表现精确突出。宝玑游丝及摆轮配备四枚黄金调制螺丝，充分展现品牌一望而知的个性，也让宝玑的优良传统发扬光大。

18K 黄金表壳及搪瓷表面，陪衬针尖镂空的蓝钢指针及字体独特的数字，让宝玑无出其右的风格表露无遗。表面 3 时位置设有日历，此外置中秒针，行走顺滑流畅。腕表选用蓝宝石背板，精致考究的机芯设计一览无遗，尽显工匠的超凡工艺与敏锐触觉。日内瓦条纹饰面与人手花样车床雕刻的黄金摆锤构成鲜明对比，要求极尽严谨，即使最微细的配件也一丝不苟。Classique 5177 腕表另备有花样车床雕刻表面，装设罗马数字表盘字圈，设计别树一帜。

2. Classique 5197BA/15/986

宝玑延续不朽的传奇，全新设计糅合突破性技术与无与伦比的宝玑风格，进一步巩固宝玑领先钟表业界的崇高地位。Classique 5197 腕表的宝玑 591. A 超薄双发条盒机芯，配备由硅制成的摆轮游丝、擒纵杆及擒纵轮，结合尖端科技与精确报时功能，绽放隽永不凡的美态。全新 Classique 5197 腕表独有多项卓越特色，当中包括车床刻花宝玑表面及表环坑纹，机芯在 Vallée de Joux 宝玑厂自行设计和制造，是第一款采用全套硅组件的时计精品。这项举足轻重的突破性技术，让腕表灵魂所在的摆轮游丝、擒纵杆及擒纵轮功能更胜一筹。

这款表拥有 18K 黄金圆形表壳，表环饰以优美坑纹，蓝宝石玻璃表背，圆形角件焊于表壳，以螺丝销夹紧表带，具有 30 米防水功能。其表面为镀银 18K 金表面用人手以刻花机雕刻“圆形小麦粒”图案，刻有独立编号和宝玑标志，表盘字圈设有罗马数字刻度，日期窗设于 6 时位置，蓝钢“宝玑”指针。

（二）Marine 5817BE/Z2/5V8

Marine 5817 的 18K 粉红金及 18K 白金表壳，糅合鲜艳的梦幻色彩，令人爱不释手。外圈、表壳及摆锤选用 18K 粉红金，表壳外框、表冠及表耳则采用 18K 白金。黑色镀铑表面中央的刻花波浪纹，与粉红镀金数字时标及 18K 粉红金指针互相辉映，构成鲜明对比。夜光分点及双日期窗也是腕表的瞩目焦点。表背的人手装饰波浪纹图案设有蓝宝石舷窗，清楚显示自动上链机芯的稳定节拍。Marine 5817 备有黑色橡胶表带或全 18K 粉红金表带。

四、品牌评价

温哈勃斯堡公爵（Vonhabsburg）曾如此评价说：“宝玑似乎发明了一切，以后的任何技术与设计似乎都只是其发明的变招而已。”“宝玑是欧洲文化遗产的组成部分，它的座右铭是文化！宝玑是技术和艺术的绝妙联姻，拥有宝玑，你就同时拥有爱因斯坦和贝多芬”。

我们欣赏宝玑的钟表，就如同拜读钟表业精彩的技术发展史一样。宝玑始终以其经典的设计和高超的工艺引领着钟表界的潮流。每一只宝玑表都是极致的精品，都以艺术品的珍藏流传于世。每一只宝玑表都体现了人类最伟大的原创精神，都记载了宝玑制表大师的天才和对钟表的感悟。

宝玑表的价格因其经典而昂贵，最贵的高达数千万元。根据佳士得、苏富比和安帝古伦的拍卖数据，宝玑的身价已经超过劳力士、江诗丹顿、爱彼，仅次于拍卖明星百达翡丽。2007 年 11 月，一款为法国皇后约瑟芬定制的宝玑腕表，在佳士得以约 136 万美元的价格成交，是佳士得当年钟表拍卖纪录的第三位。

五、宝玑表与名人

宝玑从创业之初，便确定了“精巧、独特、优质”的发展理念，从而使宝玑表超凡脱俗，成为高贵地位的象征。这也使得宝玑深受历史上那些达官显贵的青睐。宝玑表的精妙绝伦集中体现在为法国王后玛丽·安东尼 1793 年订制的一只怀表上。王后要求这只表的制造时间与价格全无限制，但必须是一只具备所有功能的最优秀的怀表。1820 年该表完工，它集计时、自动、日期、报时、温度显示等功能于一身，其水晶表面、表背及黄金打造的表壳，均镶有钻石，实在是美轮美奂。宝玑为此融汇了各种先进工艺，用了 27 年才完成，堪称当时钟表业的佳作。

1815 年，法国拿破仑与英国惠灵顿公爵大战滑铁卢，使用的就是宝玑表，为这场历史上著名的战役提供了精准的时间。

科学家爱因斯坦和作家柴可夫斯基都是宝玑表的拥有者。宝玑表是这两位伟人获得惊人成就的在时间上的见证者。

其他世界历史名人如法王路易十六、俄国沙皇亚历山大一世、英国维多利亚女王、英国首相丘吉尔、普鲁士威廉一世，直致美国国务卿杜勒斯等，虽然彼此并不处于同一时期，但都有一个共同的联系，那就是都为宝玑表的钟爱者。

18 世纪 90 年代，在法国外交部长夏尔的公馆举行的豪华晚会上，聚集了法国上流社会的一群精英，宝玑先生从口袋里掏出一只新发明的表，扔在地板上，人们立即围过来捡起这只表，发现毫发无损，而且分秒不差。原来这是一款防震装置的表，令在场的精英权贵们大为震惊，这个故事也被传为佳话。

正因为宝玑有这样辉煌的历史，才会有“表王”和“现代制表之父”的美誉。

第七节 伯爵表（Pigegt）
——用珠宝提升表的奢华

创 始 人：乔治·伯爵（Georges Piaget）

创始时间：1874 年

创始地点：瑞士伯爵村

一、品牌标识

伯爵表在品牌标识中用其创始人的姓氏做标识，代表了他对世人的承诺。标识的形状设计体现了伯爵的优雅艺术与高贵气质。伯爵的每一款表都是精雕细琢的艺术品，并以珠宝使这种艺术价值得到升华，该标识形象地包含了它的精神。

图 3.44　伯爵表品牌标识

二、品牌历史

伯爵表为表中后起之秀。它跻身于第一流手表行列，还是 20 世纪 40 年代后期的事。这个今天令无数望族趋之若鹜的顶级表，在其起飞前，却经历了近百年的缓慢发展。

1874 年，乔治·伯爵在瑞士侏罗山区深处一座朴实的小村庄创立了伯爵表厂，为了表彰伯爵对钟表行业的贡献，政府把这个村命名为伯爵村。

夏日，村庄四周环绕着避过大西洋丰沛雨水的翠绿田野。伯爵家族和所有村民一样，在田野工作，在和煦的阳光下安详慵懒的酣眠。冬日，村里的屋舍几乎全被厚厚的积雪覆盖，在森林忧郁静默的气息中，在温暖的柴火光中，他们寻找着忘却寒冬的办法，于是，他们选择了从事高精密机械机芯的制造。

在漫长的冬季，与外事隔离的伯爵家族得以不受干扰，在片刻也不能松懈的专业制造过程中保持高度的专注，本着无比的耐心，研制出精湛的制表工艺。

100 多年来，此段单纯却不平凡的历史成就了伯爵的事业，也改变了生活在这偏僻山村村民的命运。

最初，伯爵是瑞士制表大厂的季节性机芯制造商，乔治·伯爵的 14 个子女都加入了制表坊的工作行列。当人手短缺之时，当地村民也会相助。多年来，朴实的生活经验及坚韧、勤奋、恒心等精神再汇集当地智慧，形成了他们的共同价值观。制表厂成为了伯爵家族的企业，并迅速建立了口碑。有一天，依偎在松树下的他们，决定生产自己的腕表，并建立自有的品牌。这在当时是个极为大胆的构想。这个来自刹那间的灵感，掺杂着天真的想法与创业精神，就是因为有着坚强的信念和冒险的精神，才造就了品牌的诞生。

机芯无疑是腕表的核心，不过，当今却只有少数几家瑞士表厂真正具备设计、开发与制造自家机芯的能力，伯爵正是这少数当中的佼佼者。

1943 年，"伯爵"正式注册，由于生产腕表的工艺技术精密可靠，很快成为首屈一指的钟表制造商。之后 Piaget 的孙子为伯爵表的发展开拓了国际市场。1945 年，伯爵首次推出玫瑰花造型的腕表，上面刻有 Piaget 的标志。1956 年，伯爵推出第一款 9P 超薄机芯只有 2 毫米，制成超薄的女士腕表，成为超薄机芯的翘楚。伯爵首创的纤薄型机械运转装置，开辟了制造精细腕表的新领域，缔造了钟表业的一个里程碑式的历史传奇。伯爵在 1958 年推出 12P 超薄自动机芯厚度仅为 2.3 毫米，创造了吉尼斯世界纪录。

到 1959 年，伯爵已拥有"制表与珠宝工艺大师"的称号。1960 年推出第一款珠宝腕表。20 世纪 60 年代以来，伯爵一边致力于复杂机芯的研究，一边发展顶级珠宝首饰的设计，被称为"瑞士奇葩"。伯爵以各种炫目的贵重宝石镶饰独特表面，其推出的镯形腕表，堪称精品界的一大盛事。方形钻石编织成细腻动人的网络图案，圆形钻石则使整个表体轮廓闪烁生辉。此款高宝石镯形腕表以宽阔的链带，装点出珍贵罕有的"方格棋盘"，在钻石及黄金网眼中，与人体肌肤色泽相互辉映，奢华中不失含蓄、柔美。

1979 年，推出 Polo 系列腕表，机芯采用了伯爵独有的浮动陀飞轮技术，镶嵌有 627 颗钻石，显示出伯爵卓然精密的设计风范。这款表目前世界上只有 2 只，尽显 Polo 系列的尊贵品味。

世界上最贵的一只表是伯爵在 1981 年推出的，立即引起轰动。这只表价值 350 万瑞士法郎，制作时间长达 2 年，由 154 克铂金铸成，配有 396 颗钻石，还有一颗 3.85 克拉的蓝色超级美钻。这款表的完美造型无疑使表的奢侈达到了极致。

1987 年，伯爵机械系列腕表问世，它包括复杂的功能，月相、万年历等，甚至可以成为透视装置。

1990 年，伯爵由表坛珠宝大师发展成为珠宝巨擘，推出 Tanagra 和 Possession 首饰。从设计、制作蜡模型到镶嵌宝石，伯爵表始终秉承精益求精的宗旨。其"手铐腕表"（Cuff Watches）和"硬币腕表"（Coin Watches）设计出众，是伯爵表中的珍品。时至今日，Piaget 的出品，每一部分都是由 Piaget 工作室所制造，独一无二，一丝不苟，甚至自设铸金工场，务求尽善尽美。

2003 年，推出了"Emperador"陀飞轮腕表。这款表不仅是一款方形的 3.5 毫米超薄机芯陀飞轮，而且是一款鬼斧神工的镂空雕刻与钻石镶嵌的表，不仅技术精湛，而且美轮美奂。表壳上镶嵌有 151 颗美钻，极板上镶嵌了 159 颗圆钻，还装饰着 7 颗蛋圆形切割的蓝宝石，堪称表界的精品。

2005 年和 2006 年，新季度产品包括 Limelight Rose Mofil、Possession、Cage Motif 和 Piaget Polo。Limelight Rose Mofil 是伯爵女装手表，Possession 是伯爵女装戒指，Cage Motif 则是伯爵女装耳环，而 Piaget Polo 是伯爵男装名表。Limelight Rose Mofil 这款伯爵女装手表，采用了 18K 白金材质的活动式表壳。它的表盘造型使用玫瑰造型的设计，以色彩渐层方式排列和紧镶 718 颗粉红色的宝石，以及 73 颗圆形与美丽的钻石。

从评价极高的 9P 与 12P 机芯到 2006 年全新创作研发的 608P 手动上链浮动陀飞轮机芯，800P 自动上链机械机芯，850P 双时区机芯及 450P 手动上链机芯，充分见证了伯爵机芯工作坊数十年来耐心培养、苦心传承的创新能力，以及绝无仅有的专业知识。

图 3.45　伯爵镯形腕表

图 3.46　伯爵 Polo Tourbillon Relatif

图 3.47　伯爵左图：向巴黎敬意
右图：向纽约敬意

图 3.48　伯爵表左图：万年历腕表
右图：镂空腕表

三、经典作品

伯爵表 Piaget Polo 自 1979 年面世以来，一直是全球各地追求品位的人士极想拥有的藏品。该表款之所以能成为当代传奇经典表款，与 20 世纪 80 年代上流社会生活形态的改变有关。

20 世纪 70 年代，上流社会盛行一股马球运动流行风潮，多数有品位的贵族都参与马球运动的竞赛，因此伯爵表厂专为这种贵族运动设计出 Piaget Polo 腕表，一推出即深受推崇与爱戴。腕表最初的创作理念具有多种特色，包括一体成型的设计坚固耐用；符合手腕设计，让佩戴者有最舒适服帖的感受，并不会勾到衣物；亮面及雾面相间的设计；维持顶级的设计品位等。

在风靡 20 余年后，1999 年新一代 Piaget Polo 以崭新的面貌让世人重新体验 20 世纪 80 年代经典传奇与现代风华带来的震撼。全新推出的 Piaget Polo 腕表保留了 20 年前无缝边一体成型的设计，兼备了 Piaget Polo 的精要，并添加时尚新元素，呈现出古典与创新兼具的全新生命力。新款 Piaget Polo 腕表以 18K 黄金及白金精铸，备有钻石款式及伯爵特有、自行研发的机芯，展现绝佳设计品味。全系列 Piaget Polo 腕表共有 7 款，兼具男女对表款式，无论是机械或石英机芯，都融合了休闲与华贵的精髓，为崭新的时代奠定时尚简约与华贵优雅的格调。

（一）“Piaget Polo”男表系列

“Piaget Polo”系列为时尚经典的表款，经重新诠释后，为深具时尚品味与酷爱悠闲生活的人士所做。它主要设计的概念除传承原创外形的风格，并添加具划时代演绎的含意；独创圆形表壳特色忠于原创精神及新款式兼具男女表款等特点，同时腕表的设计也更符合人体工学的设计，更加服帖于手腕。

腕表的另一个特色为机芯采 11 法分口径，震频每小时达 21 600 次，并以 5 个方位校正，可快速上链，运用磨光及磨边联桥，有日内瓦条纹装饰。腕表的链带及表壳则运用雾面及亮面等不同处理方式，营造出框线的效果，表背并刻有伯爵的英文标志。18K 黄金表款采伯爵自制的自动上链机芯，具时、分、秒、日期显示及 40 小时动力贮存等功能。在设计上维持一贯的传统风格，在银色表面内三个硕大的阿拉伯数字时标位于 3、9 及 12 点钟方向，6 点钟位置为日期显窗口，剑形的时、分及秒针则准确地指向正确的时刻。清晰简单的面盘呈现出经典不褪流行的特色。

腕表的表框在设计上将原创时横过表面的线条，保留成 6 个简单对称的条纹，表框与表带条纹相间的设计一体成型，以雾面磨砂及抛光相间处理，佩戴者可在任何角度折射出不同的光泽，不论是白天或黑夜都相当适合佩戴。

（二）“Piaget Polo”女表系列

“Piaget Polo”女表系列在设计上与男表相同，有表框镶钻及无镶钻等款式，采用伯爵表厂自行研发的石英机芯，具有可靠、耐用、精准、电能长达 62 个月等特性。伯爵表在腕表的制作上并不排斥使用石英机芯，所有伯爵表制作的机芯，不论是机械或石英，都拥有 80% 以上相同的组件，因此只要是能符合美观与实用，加上客人的需求，石英机芯也是最好的选择。此外，女表的整体设计上，较男表小巧，但清晰简单的面盘同样呈现出经典不褪流行的特色。腕表的表框在设计上与男表相同，保留成 6 个简单对称的条纹，表框与表带条纹相间的设计及一体成型的设计形成 Piaget Polo 一贯特色，表带及表框采用雾面磨砂及抛光相间处理。

四、品牌评价

瑞士的制表工业举世闻名，品质更是傲视寰宇，而堪称艺术杰作的伯爵表，以强调花式设计的风格与精雕细琢的制表技术。偏爱伯爵表的人大多是因为它精致的宝石镶工和细腻的艺术风格。每一件伯爵表都是一件艺术品，结合了智力、美学、耐力和技术的艺术品。多年来，伯爵秉承其家族的座右铭：“永远做得比要求得更好。”一代接一代皆为其卓越的制表技术与美学素养贡献心力。伯爵因此有“珠宝计时器”的美誉。伯爵的产品风格是精湛技术和时尚创作，它的主题产品是男士和女士名表、戒指、耳环和座钟。

“世界上最昂贵、最华美的腕表”一直是伯爵的品牌形象。伯爵告诉世人的是：只有品质上完美的表才是真正值得拥有的。伯爵的每一款表都是一件艺术品，都是结合了制表大师的智慧、美学理念和精湛技艺的艺术杰作。正如总裁伊夫士·伯爵所说的“你从伯爵表上看时间，是在欣赏一件至尊之宝”。

伯爵的高贵完美被称为“世界八大奇观之一”，可以与埃及的金字塔、中国的万里长城等相提并论。

五、伯爵表与名人

伯爵在世界市场的消费群，不仅包括商界巨贾、影视名流，甚至也包括政界要人。里根总统、肯尼迪夫人……都是伯爵的钟爱者，前意大利总理还特别订制了50只伯爵腕表赠送给各国元首。一个月薪两到三万的人，一般是不会来买伯爵表的。能消费得起伯爵表的人，钱对他们来说已经不是问题。伯爵带给他们的，是时尚、是独特、是品位，也是身份和身价的象征。

图 3.49　伯爵国旗表

图 3.50　蓝色珍珠母贝表

第八节　芝柏（Giard-Perregaux）
——钟表界的法拉利

创 始 人： 让·范西瓦·波特（JeanFrancois Bautte）
康士坦特·芝勒德（Constant Girard）
玛丽·佩雷戈（Marie Perregaux）
创始时间： 1791 年
创始地点： 瑞士日内瓦

一、品牌标识

GP
GIRARD-PERREGAUX
WATCHES FOR THE FEW SINCE 1791

图 3.51　芝柏品牌标识

芝柏表的标识是由两位创始人的姓氏所构成，而其上方简称 GP 又朗朗上口，容易记忆。下方的小字标示出品牌为制表专业，创始时间为 1791 年。其灰色的底面透露着典雅含蓄，正如芝柏表的创作精髓，拥有很高的品质却不华丽张扬，静静地等待懂得欣赏的人细细品味。

二、品牌历史

芝柏表的第一个创始人是日内瓦一位名叫 Jean-Francois Bautte 的表匠。Bautte 于 1772 年 3 月 26 日出生在一个劳工阶层的家庭，12 岁开始投身于制表业拜师学艺。逐步学成了制壳、车工、制表和珠宝镶嵌的技巧。他同时挤出时间接受教育以弥补年少失学之遗憾。他早年的成就为日后芝柏厂的诞生播下了种子。

1791 年，Bautte 19 岁时，在日内瓦打造出了刻有自己名号的钟表，这就是芝柏的前身，象征着他已经成长为一位制表大师。

1837 年 11 月 30 日，Bautte 逝世，享年 65 岁。为纪念 Bautte，他的儿子 Jacques Bautte 和女婿 Jean-Samuel Rossel 共同成立了“Jean-Francois Bautte”公司来承继他的钟表王国。1883 年，改名为“J Rossel Fils”，1906 年，和 Constant Girard 夫妻所创的芝柏表厂正式合并。康士坦特·芝勒德（Constant Girard）和玛丽·佩雷戈（Marie Perregaux）这对夫妻用自己的姓氏重新命名了公司，取名为芝柏（Girard Perregaux）。

作为世上仅存的几家专业制表厂之一，芝柏最大的心愿就是把表厂辉煌的过去传承下去。自 19 世纪中期，芝柏表便与高级腕表工艺的极致——陀飞轮结缘。表厂创办人康士坦特·芝勒德以过人的专业造诣，令品牌直到今天仍受举世尊崇。康士坦特·芝勒德曾创制了三金桥陀飞轮表（Three Gold Bridges Series），这是一款有着非凡的技术、高度个性化的风格的表，为今天芝柏表的品牌赢得了奢侈品钟表世界中“腕表工艺的极致”的尊贵地位。

康士坦特·芝勒德1867年发明的三金桥陀飞轮表具有令人震惊的独特性元素，特别表现在机芯的结构和组件的排列上。这一发明基本上确定了机械机芯的结构：包括一个主机板、一个发条鼓条板（或板桥）、一个上板桥及一个擒纵叉，所以一个机芯包括三个板桥成为芝柏普遍的组件。但康士坦特·芝勒德的杰出之处在于以上组件的结构及排列方式，这三个平行排列的金桥板不仅外观精美，还能固定发条鼓、指针和陀飞轮，而且这三个金桥板还蕴含独特的象征含意。康士坦特·芝勒德的三个箭型金桥象征着过去、现在与将来。从人类计算时间的历史，源自公元前3000年美索不达米亚文化中以3及其倍数作为时间计算的基础。从宇宙天体运动来看，太阳轨道有三个阶段：日出、日顶、日落。根据“三位一体”的宗教含义类推出三种不可分割的自然元素：水、土、火。康士坦特·芝勒德的三个箭型金桥不仅是表业中功能与美学的完美结合之典范，而且已经变成了芝柏表一个象征性的标志。

三金桥陀飞轮表在1867年推出就在巴黎万国博览会上获得金奖，1889年再度赢得巴黎世界博览会冠军，因此而博得“钟表界的蒙娜丽莎”的美誉。

1932年，芝柏表横扫整个美洲，而且在美国设立了自己的分公司。1940年，第二次世界大战爆发，公司的运作几乎完全没有受影响。为配合公司的国际知名形象，办公大楼的建造工程于1948年在瑞士拉桑迪坊芝勒特广场一号展开。这座大楼在1988年重修，至今仍是这家表厂的总部。在1986年，芝柏表的研发部开始设计三金桥陀飞轮腕表。

芝柏表的“歌剧”（Opear）系列可以奏出莫扎特的《小夜曲》和柴可夫斯基的《不伟大的爱》。“歌剧”系列是芝柏表的顶级复杂巨作。制表大师用独具匠心的高超技艺，由数百件精致灵巧的零件，组合成环环相扣的齿轮、擒纵机构、音簧机制，模仿出绝佳的管弦乐团演奏出莫扎特和柴可夫斯基的天籁之乐。芝柏表的“歌剧”系列把时间与音乐完美结合，每一件作品都堪称极品，树立了世界表界的里程碑。

在1991年，时值芝柏表厂200周年庆典之际，三金桥陀飞轮腕表由原来直径45毫米的怀表，缩制成直径为28.6毫米的腕表，其精密度达到了登峰造极地程度，这款缩小的腕表完全传承了当年三金桥陀飞轮怀表的顶尖技术，又融入腕表的独特艺术文化传统，成为瑞士高级制表历史中的重要杰作。

1993年，芝柏与法拉利签订了合作协议，创作双秒分段计时表的限量版，这些表使用的都是传奇的跃马标志。推出充满跑车概念的“法拉利”、“计时码表”、“法拉利总裁表”。还推出了“向法拉利致敬”的纪念表，这些标都深受跑车赛手和车迷的喜爱。

1996年11月，芝柏在日本市场再获荣宠，其经典系列Vintage1945被选为“全年最佳手表”。之后，芝柏在日本开设了自己的分公司。与此同时，芝柏表买下了玛基列特别墅。这幢20世纪早期的建筑物，成为表厂新的博物馆。1999年，芝柏首次参加在日内瓦举行国际高级钟表大展，展出了两枚最新的自动机械机芯：柱状轮计进表及自动上链的陀飞轮表。

为了降低成本，瑞士很多表厂都已经停止设计和生产机芯。芝柏是少数几家自己做机芯的厂家之一。从意念的产生到实物的完成，传统制表工艺和尖端先进科技进行完美的结合。

1998 年，推出全球首只三金桥陀飞轮机械女表，直径只有 31 毫米，极为精致，至今仍然是芝柏表的经典杰作。

芝柏于 2001 年推出“世界时间”腕表系列（ww. tc），“ww. tc”系列首创先河的采用双表冠设计，9 点钟位置的表冠是用以调整世界 24 个不同时区的调转盘。本着精益求精、超越自我精神，芝柏表于 2006 年发表最新的世界时区表款“ww. tc Heure du Monde”，将世界时区与万年历两种复杂功能巧妙结合于一身，满足了整个系列对精确掌握时间的要求。

2004 年，推出全球瞩目的女表系列 Cat's Eye 等。为了庆祝 Cat's Eye 于日本及瑞士获得了最佳女表大奖，芝柏表特别推出全钻珠宝表。

此款珠宝表的设计，白金表壳镶以 315 颗华丽美钻，并延伸到优雅弧线般的长型表耳，表盘上 4 个阿拉伯数字镶以闪烁的钻石，呈现于娇嫩的粉红珍珠贝母盘。此外，表冠更镶嵌了一颗晶莹剔透的粉红水晶，显得格外妩媚。

粉红色丝绢表带搭配镶满钻石的金蝴蝶扣，增添华丽感。底盖以四颗锁牙螺丝锁紧，可以看到 GP 033R0 自动机芯的运作。表盘上呈现 Cat's Eye 腕表的 3 项功能：9 时位置的小秒盘显示、1 时半位置的日期显示及 4 时半位置的动力储存显示。

三、经典作品

（一）芝柏表“Vintage1945”系列——怀旧复古与现代时尚的结合

1945 年，芝柏推出一款深受 Art Deco 影响的方形表，以雅致的线条刻画方形表的独特魅力，竹节型表画龙点睛带出其优雅的辨识度。1995 年芝柏以其复刻版，推出“Vintage 1945”系列，为 20 世纪 40 年代的复古线条注入新颖的现代元素，让表壳更为服帖手腕曲线，凸显视觉与舒适度的协调性。

1. Vintage 1945 三金桥陀飞轮自动表

为了凸显引以为傲的陀飞轮装置，芝柏表厂顶级制表大师以细腻专业的技艺，通过表底的透窗，从表面与表底都可清楚鉴赏陀飞轮装置之美。如同其他系列腕表一样，这款独特的作品具备玫瑰金、黄金、白金或铂金版本，搭配纯手工缝制的鳄鱼皮表带。

2. Vintage1945 大日历月相自动表

装载芝柏自制机芯的 Vintage 1945 大日历月相自动表，以无高低与无间隔的日期显示方式，推出后即惊艳表坛，并获得专利权，2001 年，更陆续被瑞士、法国与德国杂志评选为“年度最佳腕表”。6 点钟位置的独立小秒针与月相盈亏显示，与大日历显示窗相互辉映，在表盘上形成完美的平衡视觉效果。

3. 穿越时空的典雅仕女芝柏表“Vintage1945 Lady”系列

承袭自芝柏博物馆典藏——“Vintage1945”的造型意图，忠实呈现原创复古样式，在寻求都会女性自我风格的过程中，锤炼出全新表款“Vintage 1945 Lady”，20 世纪 40

年代雅致的时空背景一一浮现。

现代女性追寻内在气质与外在美感的调和，典雅仕女表凝聚百年技艺，摒除媚俗的模仿跟风，细心保留对20世纪40年代的缅怀，呈现出优雅的外形，在追求卓绝品味的同时，更拥有精确的内涵。唯美的弯弧表壳线条是反复精确运算后的心血，在视觉上重现古希腊雅典学院的黄金比例；在工学上则是服帖人体手腕的完美设计。

创作者的体贴与睿智，让你在举手投足间散发绝对自信。感性人文的表面构图对应知性刚毅的金属指针，在刚与柔的交汇中，确立现代仕女时计的新典范。独树一帜的竹节饰环表耳，将 Art Deco 艺术风格特有的异国风情表露无遗。

更小巧精致的表壳，体现佩戴时的适合度，透过不锈钢特有质地的诠释，在光影中反射出自我。原厂石英机芯拥有“快慢微调装置”的设计，是历史见证也是一份心意。在后工业时代追求经济效益的制度下，近代的石英机芯已牺牲这项善意的功能，在石英表发展史中占有一席之地的芝柏表，为此款典雅仕女表装置了自行研发的石英机芯，彰显机芯自造能力的同时也提升了机芯的使用效率，为典雅仕女表提出精准隽永的背书。

（二）三金桥陀飞轮腕表

在1986年，芝柏表的研发部开始设计三金桥陀飞轮腕表。在1991年，时值芝柏表厂200周年纪念，三金桥陀飞轮腕表首次面世。这款表无论在美感、技术及象征意义上都堪称至尊，成为瑞士高级制表历史中的重要杰作。它的设计师康士坦特·芝勒德注重于那些可以使他的钟表更具有令人震惊的独特性元素：机芯的结构和组件的外形，对于钟表制作而言这确实是一项极大的挑战。在技术上而言，三金桥陀飞轮腕表将机芯缩小至容纳于12法分直径的面积内，并保留机芯的结构形式，令三金桥变成表盘。此外，它还用锚形擒纵器替代制动式擒纵器。

这些创作，无疑成为芝柏表的骄人标志。自动或计时以及高复杂表种的数目，也正在日渐增长。它们有如把无价的知识贮存在锦囊里，让芝柏的制表师一代接一代，一手传一手地延续下去，写出可歌可泣的传奇。

图3.52 芝柏三金桥陀飞轮万年历计时码表

图3.53 芝柏三金桥陀飞轮万年历计时码表背面

图 3.54　芝柏三金桥陀飞轮

四、品牌评价

芝柏表的尊贵不仅在于它的精确、独特、卓越与高贵，而且在于它的耐用、恒久与延续。每一只以芝柏命名的表，都由芝柏的设计师、工程师以及制表师一丝不苟地构想和制造出来。他们所创造出的作品，无疑成为芝柏表的骄人标志。他们将世界顶级制表工艺付诸实践，有如把无价的知识贮存在锦囊里，让人们随时随地都能感受到什么叫艺术、什么叫尊贵。

正是由于这些大师的辛勤耕耘为芝柏表在世界确立了无比尊贵的地位。因此，芝柏成为那些名人雅士的心爱之物。芝柏表的制作，是心力的结晶，也是对美学和技巧完美配合的追求。芝柏在满足不同年代的品位和潮流之余，更传承了传统素质及优点，做到了始终如一。

芝柏以三金桥陀飞轮技术誉满钟表界，其制造的顶级复杂功能计时器尽显着它对钟表事业的卓越贡献。从 1966 年研制成功了世界第一枚高频率的机械机芯，1969 年研制出第一枚石英机芯并成为国际标准，到 1991 年三金桥陀飞轮腕表的问世，都彰显出芝柏的技术进取精神。每一款芝柏腕表都是腕表领域的精华名品，它们把世界顶级的制表工艺、制表艺术、制表大师的天才储存在锦囊之中，值得人们去拥有、去收藏、去领略其间的艺术与尊贵。

五、芝柏表与名人

红遍中国香港和中国台湾的著名影星舒淇小姐佩戴着芝柏的“猫眼”（Cat’s Eye）腕表作为模特秀的压轴，她的超凡气质和芝柏的品牌精髓不谋而合。舒淇在访问中说：“手表除了具有报时的功能以外，更能体现个人品味。个人的内涵从选择佩戴的手表便能瞧出端倪。我自己颇钟爱芝柏表，觉得它是一个极有内涵的品牌，而 Cat’s Eye 的亮丽设计更让人爱不释手”！除了舒淇是芝柏的忠爱者以外，著名影星孙宁、于小伟、高虎，名模韦杰也盛装出席，和其他贵宾一起穿梭时空。

第九节　劳力士(Rolex)
——名表中的霸主

创 始 人: 汉斯·威尔斯多夫(Hans Wilsdorf)
创始时间: 1908 年
创始地点: 瑞士日内瓦

一、品牌标识

劳力士表的品牌标识为一只伸开五指型的皇冠。五指手掌表示该品牌的手表完全是靠手工精雕细琢的，而皇冠的设计诠释着创始人决心把自己的品牌打造成手表领域中霸主的雄心壮志。标志的下半部分为劳力士的名称，简洁而醒目。“Rolex”是皇家一词的变体，彰显着劳力士表的尊贵和霸气。

ROLEX

图 3.55　劳力士品牌标识

二、品牌历史

汉斯·威尔斯多夫 1881 年出生在巴伐利亚的一座城市。1905 年，由德国人 Hans Wilsdorf 和他姐夫 Alfred Davis 在英国一同创办钟表公司“Wilsdorf & Davis”，这就是劳力士腕表公司的前身。Hans Wilsdorf 既不是瑞士人，也不是制表匠，他们将 Hermann Aegler 的瑞士机芯进口到英国，和其他品牌的表壳进行组装，卖给珠宝商。

1908 年，Hans Wilsdorf 在瑞士的 La Chaux-de-Fonds 注册了商标“劳力士”(Rolex)，标志着劳力士的诞生。“Wilsdorf & Davis”公司在 1912 年离开英国，搬到瑞士的日内瓦。1915 年 11 月 15 日，公司正式注册为劳力士公司。世界钟表业从此多了一个奢侈品品牌。在公司近百年的发展进程中出现了一次又一次里程碑式的创新。

劳力士是见证了无数体坛、探险、艺术及精品人生的历史的巨霸。它始终把“功能和品质”放在第一位，不断追求典雅瑰丽，功能创新与时尚。那些被称为钟表大师的劳力士设计师们，努力不懈地创制出各种款式新颖、功能独特的腕表，糅合典雅、尊贵和功能独特于一身，这正是劳力士表享誉全球的非凡之处。

1910 年，劳力士研制出体积小巧可以佩戴在腕上的表，掀开了钟表业的一场革命，把传统的袋表统统送进了博物馆。

1914 年，劳力士的一款小型腕表获得英国 KEW 天文台颁发的 A 级证书，这是权威天文台对钟表精确度的最高级别认可。这一殊荣使得劳力士身价倍增，此后数十年，劳力士成为了“精确”的代名词。

1926 年，劳力士推出了世界上第一只防水防尘表，即著名的劳力士“蚝式”

(Oyster）表。1927 年，英国女游泳运动员葛丽芝戴着这种防水表横渡英吉利海峡。在水中整整浸泡了 15 个小时后，那只劳力士表仍旧分秒不差，运转如常。当时，这件事被英国媒体称为“制表技术最伟大的胜利”。劳力士由此奠定了在手表防水技术上的领先地位。

1931 年，劳力士制造出了后来风靡一时的“恒动”（Perpetual）表，给钟表业带来了又一场革命。这种自动表的中轴有一个摆铊，可以把手腕摆动产生的能量转换为手表的动力达到自动上链。这在当时被公认为最精确可靠的手表自动上链技术。1945 年，劳力士推出全球首只可以自动转换日期的万年历手表。1956 年，推出了具备星期显示功能的日历表，并有 26 国文字可供选择。

1953 年，登山运动员爱德蒙·希拉里戴着劳力士表登上了世界屋脊珠穆朗玛峰，地势的高寒没有影响劳力士的精准。探险家雷诺夫费戴着劳力士表征服了南极，零下数十度的严寒没有丝毫的改变。1955 年，劳力士为深海潜水员研制的潜水表问世，其防水深度达到 100 米。同年劳力士发明飞行员手表，以便人们在不同时区测量精确的时间。这些都为劳力士赢得了极高的声誉。

劳力士手表一向以专业功能见长，因此深得全世界专业人士的推崇。劳力士腕表的发明很多，如第一款防水功能的表壳，第一款表盘上带日历显示的腕表，第一款腕表可以同时显示两个不同的时区等。到目前为止，劳力士腕表仍然是计时机芯认证最多纪录的保持者。

1960 年，劳力士把计时秒表改装为“蚝式宇宙型计时表”，集合了现代专业运动手表的各种性能，特别是计时显示平均圈速的功能设计，深受赛车选手的欢迎。在美国迪通那赛车赛事的选定计时器，并命名为“迪通那”表。

劳力士给人印象最深的还是其保值功能。如果保养得好，它的价值可能六七年翻一番。1997 年，在中国香港拍卖行的春季拍卖会上，一只 20 世纪 40 年代制作的带速度计的 18K 玫瑰金方形劳力士男表拍出了 22 万港币。而在 2002 年日内瓦的拍卖会上，被越南末代皇帝戴过的一只劳力士金表，以 34.2 万法郎被卖出。这只表产于 1952 年，世上仅存三只。

三、经典作品

目前，劳力士专业手表主要有以下几类。第一，探险家Ⅱ型（ExplorerⅡ），附带 24 小时红色辅助针，以方便探险爱好者辨别日夜。第二，潜航者型（Submariner），防水深度超过 300 米。第三，游艇名士型（Yacht Master），配有可旋转外圈，方便计算时差。第四，格林尼治Ⅱ型（Gmt MasterⅡ），其可转动外圈及 24 小时指针，不仅同时显示两个时区时间，更可将时针独立移动至另一时区，而无须移动分针及秒针。第五，宇宙机型（Cosmograph），为一款多功能手表，能满足工作、运动及商业等多种需要。

在劳力士的众多款手表中，我们不能不提到劳力士 Cosmograph Daytona Ref. 6239 和劳力士 Submariner Ref. 6538。

劳力士 Cosmograph Daytona Ref. 6239 被表迷昵称为“保罗·纽曼”（Paul Newman）。

之所以和保罗·纽曼有关，一说纽曼在电影《飞车龙虎斗》（The Winning）里佩戴的就是这款表，也有人说保罗·纽曼在片中没有戴，却在拍该片海报时戴了，并引起意大利表迷的注意，因而一炮而红。早期 Cosmograph Daytona 的特色是白色（或黑色）表盘，配上 3 个黑色（或白色）小表圈、手上炼机芯、不锈钢表款等，具备这些特色的保罗·纽曼表，身价和收藏价值很高。后来 Cosmograph Daytona 再推后续表款，但表迷坚持编号 6239 和 6241 才是“纯正”保罗·纽曼表。由此可见保罗·纽曼对表迷的影响程度。

图 3.56 劳力士保罗·纽曼表

被昵称为詹姆斯·庞德的劳力士 Submariner Ref. 6538 生产于 1954 年，不锈钢表壳，具防水功能。据信演员史恩·康纳莱 1962 年演出第一集 007 电影《第七号情报员》时佩戴的就是这款表。预估拍卖价为 124 万~186 万元。

劳力士“品质至上”的经营哲学使其获得了巨大的成功。在劳力士“皇冠”系列手表上真正体现了这套哲学的精髓。该系列专为鉴赏首饰表的名士而设计，称得上是劳力士显赫工艺的最佳典范。它采用极品的制表质料黄金或铂金精心凿制而成，严格挑选镶嵌最纯正的罕贵宝石，配合绝对可靠的劳力士机芯。每一款都是稀世奇珍，其美感与价值，恒久不变。名款手表，只做限量生产，其中若干款式更是独一无二的珍品。

四、品牌评价

劳力士之所以能在竞争如此激烈的世界表坛享有盛名，与它“品质至上”的经营哲学和进取精神是分不开得。劳力士一直在追求完美，它的每位钟表设计师都抱有相同的信念，那就是凡事必须做到最好，这也正是劳力士表享誉全球的非凡之处。

劳力士独具匠心的表壳线条、不易磨损的水晶表面、配合紧锁上链表冠令杰出运动员喜爱它，探险家信赖它，艺术家欣赏它。今天，劳力士手表已经不是单纯的手表了，它已经演化为一种高档首饰，一种高贵生活的体现。

图 3.57 劳力士名士航海表

劳力士不仅在 20 世纪的机械表时代一直是全球手表业的领头羊。而且时至今日，超卓的工艺与技术依旧使得劳力士保持着手表业的翘楚地位。劳力士作为全球顶级的腕表品牌，一个多世纪以来一直是功能和尊贵的超群象征。

五、劳力士与名人

图 3.58　左：科威特贵宾于 1974 年送给周恩来的劳力士金表
右：1968 年瑞士钟表仪器展览团送给毛泽东的金劳力士手表

1968 年，劳力士送给毛泽东主席一款劳力士金表，1947 年劳力士赠送给周恩来一只劳力士金表，以表达对中国领导人的敬意。1968 年送给毛泽东的劳力士金表日期显示不是阿拉伯数字而是汉字，这是订制领域的最高榜样。仅凭这一细微差别，就足见瑞士人的用心良苦。除此之外，样式和纯金质地在这里并不显得过于突出。劳力士也算是见过大世面的手表品牌，戴过它的名人巨富何止数以万计。但能在劳力士表厂下订单订制手表的人恐怕为数不多。可以断定，这种带汉字的金劳力士不说是天下绝版，至少也是凤毛麟角。想要找一只与这块“主席劳力士”完全雷同的货品恐怕相当费力。眼前的这块“主席劳力士”别说拥有，哪怕只是真正见过的人也一定微乎其微。

第十节　积家表（Jaeger-LeCoultre）——典雅的创新摇篮

创 始 人： 安东尼·考拉脱（Antoine Le Coultre）
阿玛德·积家（Edmond Jaeger）
创始时间： 1833 年
创始地点： 瑞士汝拉

一、品牌标识

JAEGER-LECOULTRE

图 3.59　积家表品牌标识

积家表的品牌标识由两部分构成。上面的像背靠背的两个坐着的人取自于创始人姓氏的第一个字母“J”，彰显着家族企业的大气。下面的一行字是两位创始人 Antoine Le Coultre 和 Edmond Jaeger 的姓氏的组合，代表着他们携手并进忠实于品牌的精神。

二、品牌历史

积家钟表的品牌在 1833 年由安东尼·考拉脱创立于瑞士的汝山谷（Vallée de Joux），之后积家表不仅以传统制表工艺的捍卫者自居，同时也是精确计时技术和设计领域中的先驱之一。积家表出色的质量、创新的概念及细腻的工艺，使它成为业界中的佼佼者。

在积家过去的重要成就当中，不乏多项世界第一的创举及登峰造极的杰作，以及历久弥新的经典，例如 Reverso、Duoplan、Master Control、Memovox Polaris、Gyrotourbillon I 等腕表，还有驰名的 Atmos 空气钟。今天，积家共拥有一千多名员工，他们分别掌握四十多种分工以及二十多种技术，传承悠久的优良传统，推出独一无二的钟表创作，向品牌创始人的创新精神致敬。

Antoine Le Coultre 先生凭着过人的天赋，一手创立了一个傲人的瑞士钟表品牌。Antoine Le Coultre 先生是 16 世纪从法国前来此处避难的新教徒后代。在他制造机械仪器的父亲的影响之下，灵魂深处有着一股追求创新革命的发明家精神。他积极研究钟表机械及齿轮制造技术，最卓越的发明之一，是用来制造钟表齿轮的仪器。

1833 年，靠着这项出色的发明，远见卓识的 Antoine Le Coultre 先生成立了自己的工作坊，这就是积家表厂的前身。他深谙“齿轮是好表的灵魂”这个道理，把制作的齿轮零件精密化，优秀的品质立即获得业界的肯定，积家表很快在瑞士钟表界崭露头角。成功激励了 Antoine Le Coultre 先生进一步实现了他毕生最大的梦想——生产自己品牌的钟表。但却没想到日后他的工作坊会成为历史上最重要的钟表厂。

自 1833 年成立迄今，积家已有 200 多个专利，创造出 250 多个出色的机芯，成就获得国际肯定。目前积家的三个系列 Master、Reverso 与 Atmos 都是独家制作的精密机芯。

1844 年，积家发明世界上最精确的仪器——百万分之一米测量仪。1847 年发明杠杆式上弦表冠，不需上弦钥匙即可为钟表上弦，并调校时间的第一个可靠上弦系统。1907 年推出世界上最薄的机械机芯，1928 年发明了空气钟，1931 年研制出可翻转的腕表，1950 年推出闹响的腕表，1958 年推出了码表，1992 年制定出保证腕表精准的 1 000 小时测试，2004 年推出球形陀飞轮机芯腕表。这些高超的制表技术造就了积家这个被称为“瑞士钟表业之父”的品牌。

1900 年，接掌家族事业的雅各·大卫·考拉脱（Jacques-David Le Coultre）与巴黎的航海计时器大师阿玛德·积家（Edmond Jaeger）彼此携手合作。他们的友谊，以及彼此文化的兼容并蓄，催生了积家钟表（Jaeger-LeCoultre）这个品牌。在品牌标识的下半部分清晰地显示了这一名称。

此后的积家表继续创造辉煌。1928 年，发明了一款由空气温差驱动的时钟 Atmos 空气钟，1℃的温差可供应 Atmos 48 小时的动力，不需使用电池、不需上发条，而每只 Atmos 在无空气污染的情形下可行走 600 年才会有机械性损耗。多年来瑞士政府都以能代表瑞士钟表精神的作品来作为官方赠礼，其中最著名的就是积家的 Atmos 空气钟。瑞士政府曾经把这项深得瑞士艺术精髓的杰作送给肯尼迪总统、丘吉尔首相和戴高乐将军。

1931 年，积家推出传奇的可翻转腕表 Reverso，为业界的传奇经典。它自问世以来，几乎不曾修过。这只传奇腕表的长方形回翻转表壳内，更配有十二枚不同机芯，这是一款结构复杂的三问表，陀飞轮及万年历表。

从 1950 年开始，积家又推出了一系列经典作品：为职场人士所设计的 Memovox 闹响腕表，Geophysic 码表，世界上最小的石英机芯，最小的石英跑马表机芯等。到 1989 年积家推出 Grand Reveil，这只合并了万年历手表及闹铃表功能的手表，被收藏家视为是创世纪的发明，由 300 件精密零件构成；随后又发明了第一只世界时区表（Geographic），它可同时显示两地时间，不论你在哪一个城市都不会与家乡时间有误差。1992 年，积家制定出最严格的腕表测试标准一千小时测试（Master 1000 Hours Control），确保“Master Control”系列腕表的精确可靠。2004 年推出世界“首创”配备球形陀飞轮机芯腕表 Gyrotourbillon I。该机芯的复杂程度为钟表制作树立了新的典范。积家表无须刻意去炫耀，它依然吸引了众人的目光。2006 年推出的 idEALE 女装腕表温柔婉约，令人顿生爱慕之情。

2007 年，积家推出了高级珠宝腕表“玫瑰系列”（La Rose）。这款表在威尼斯电影节上高调亮相，吸引了众多目光。这款表上镶嵌了 3 000 多颗珍贵的宝石，其中有 1 480 颗粉红色宝石，120 颗钻石，构成了一朵玫瑰花，另有 1 370 颗 Tsavorites 宝石构成了绿色的枝干，颜色的搭配自然温馨，使用了“熔模铸造”、“雪花镶嵌”和“宝石镶嵌”等技术。制表大师和宝石镶嵌专家们耗费了 600 多小时来精心构思、制作每一个细节，使每一片花瓣都各显美态，每一个弯枝都自然平和。终于制作出一种清新欲滴、朝露环绕、雍容璀璨的珍贵腕表。这款表配备了积家 846 机芯、镀铑白金表壳，上链表冠隐藏于表盘下面。这是一款可于自然争辉的美轮美奂的极致作品，处处彰显着积家表至高无上的艺术精髓。

2008 年积家为广大女性献上全新“Reverso”腕表系列。其中的 Reverso Squadra Lady 女装腕表外表果敢大胆。双面表盘，灵巧快速的表带更换设置，多种材质集于一身，古典风格设计和璀璨夺目的美钻镶嵌。该系列各款腕表均搭载积家最新一代机芯，并将“Reverso Squadra”系列腕表的典型特点与契合女性纤腕的精致加工完美结合。

三、经典作品

（一）可翻转（Reverso）腕表

1931 年积家推出传奇的可翻转腕表，成为业界的传奇经典。它自问世以来，几乎不曾修过。这只传奇腕表的长方形回翻转表壳内，更配有十二枚不同机芯，尤其是结构复杂的三问表，陀飞轮及万年历。

一直以来，腕表这样的奢侈产品、难以承受剧烈的撞击，因此不适合在马球、滑雪、赛车等运动中佩戴，直至 Reverso 的出现，才扭转了这个局面。积家的 Reverso 腕表是专为马球选手所推出的抗冲击和震荡的腕表，为高档腕表中罕见的经典之作。腕表所配备的滚轴式翻转系统，让腕表拥有两种不同的面目。这是全世界首款将两枚机芯融于一只腕表中的设计，并且可以从两面读取时间，其复杂程度以及收藏价值可想而知。而将它做得更小更薄、并具有多种复杂功能，是对积家制表工匠的最大挑战。根据设计初衷，表背完全为镌刻雕花装饰之用。积家的设计师将腕表镶嵌在实心的支架上，表壳可轻易反转，以达到保护表面的目的。

翻转过来的另一面，成了积家表艺术大师施展才华的舞台。手工的精细雕刻，容不得任何细微的错误，由经验丰富的雕刻工匠镌刻于 Reverso 腕表另一面的精美图案，可以是姓名缩写、家族徽号或难忘时间的记录。这个独一无二的装饰，既美丽，又代表个人风格，具有很高的纪念意义。积家还将珐琅釉彩绘艺术、珠宝镶嵌工艺展示在腕表的另一面，让它真正成为一件价值连城的艺术品。

（二）idEALE 女装腕表

idEALE 女装腕表与表链连接的四个表耳分别镶嵌有 6 颗钻石，爪形表链紧握着内涵丰富的表壳，象征着女性与积家之间密不可分的联系。其设计灵感源于不同时代的女性们，她们在世界舞台上的重要角色。因此爪形表链更能够烘托出佩戴者非凡出众的女性风格。腕表的每个制作细节都十分考究，值得细细品味。无论从哪一个角度去欣赏它们，它们总是如此出众、如此动人。

无论是珍珠白或是灰黑色表盘，都和工艺细腻的表壳完美地搭配在一起，同时也让时间显示得更加清晰明了。表冠设计是钟表和珠宝工艺的完美结合。其上镶嵌了一颗宝石，如同心中的珍藏，但仍保持操作的便利性。尽管腕表拥有迷人的外形，佩戴舒适与使用方便才是腕表的精髓。腕表的弧形表带，适合不同的手腕尺寸佩戴。

图 3.60 积家陀飞轮两地时间腕表

黄金或是精钢材质的表带，都拥有无螺丝衔接的精致设计，兼顾了女性美和佩戴的舒适感受。甚至在每个表结背后都拥有风格内敛的饰纹，每个细节都将高雅的气质表露无遗。腕表出色经典的女性美，是都会女性的最佳知己。

积家表所有钟表产品，全由技术精湛的工艺工匠一手包办，无论在雕刻、搪瓷绘画技术、宝石镶嵌，还是在刻透视机芯等技巧方面，均显示出积家追求钟表艺术更高境界的渴望。

图 3.61 积家八日动力储存镂空万年历腕表

图 3.62 积家陀飞轮腕表

图 3.63　积家三问腕表

图 3.64　积家超薄腕表

图 3.65　积家球体陀飞轮腕表

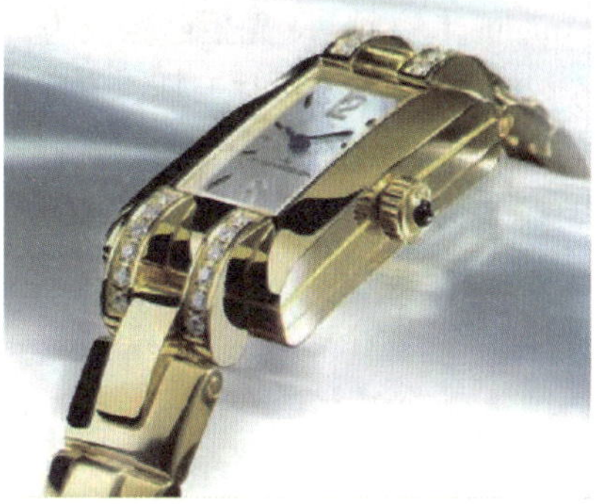

图 3.66　积家 idEALE 女装腕表

四、品牌评价

近两个世纪的岁月中，积家表日益辉煌。目前积家有超过 900 名员工，是世界上规模最大的钟表厂之一。时至今日，积家厂内分工达 40 种，并运用 20 种尖端科技，“名表山谷”的精神所在，“唯有事必躬亲，才能生产最好的产品”，让积家成为世界上最多钟表工艺遗产的表厂之一，同时获得最多的钟表专利及发明。每件成品都传承了积家 170 年悠久的传统，遵照传统工艺打造，并融入最先进的现代技术。为了呈现钟表的极致美感，积家钟表兼容了细腻典雅的巴黎风格：悠久的工艺传统，融合巴黎上流社会的高尚、优雅，丰富了积家的内涵。

积家表设计理念是喜欢令人渴求，所以它决不轻易展示内在的所有秘密。唯有深入了解它、欣赏它，并将之私有珍藏，才得以体会它的完美。它的美是难以捉摸，但却扣人心弦。三维的外形设计细腻讲究，充满了线条与光影的变化。表壳的体态展现出它强烈的个人气质。

在手表发展的历史上，有很多重要的里程碑都是由积家创造的。在陶瓷绘画、雕刻艺术、宝石镶嵌、透视机芯等方面，积家都有极高的造诣，使得积家表成为钟表界的佼佼者。每一款表都以昂贵的价格、独具匠心、炫目的珠宝令人念念不忘。这些技术创新表现出积家追求钟表艺术最高境界的精神。积家具有显赫的地位、辉煌的历史，是名副其实的“瑞士钟表业之父”。

五、积家表与名人

1929 年，为祝贺英国女王伊丽莎白二世登基，受瑞士政府所请，积家创作了一款至今仍是世界上最小的手表作为登基礼物。女皇在加冕典礼上佩戴着积家珠宝表，尽显尊贵和典雅。

1932 年，印度王在积家特别订制了 50 只绘制着珐琅肖像的腕表，当时被传为佳话。昂贵奢华的材料、精湛的制表工艺、出类拔萃的设计风格，让佩戴者体验着无限的梦想，也使这些表升华为一个个故事，流传为一个个佳话，而被那些收藏家们迷恋。

Antoine Le Coultre 先生已经成为传奇了，但他的精神依然是今天所追求的目标。积家的钟表不是冰冷的计时工具，它完美的机械工艺所传达出的是美感、热情与真实。每个人可以根据自己的生活方式，选择适合自己的积家表款。它们体现了积家哲学，传达出货真价实的时间文化。

第四章

世界顶级皮具品牌历史

奢侈品的品牌魅力是富贵豪华的、是闪光的、明亮的、让人享受的。它是多数人梦寐以求，却注定只有少数人才能拥有。尤其是对于与女人形影不离的奢侈品箱包，它使使用者显得有地位、有身份、有高人一等的权力。因为它是贵族形象的代表，是富贵与个性化的象征，使得众多的白领们，愿意攒下几个月的薪水，倾其所有买一个 LV 的包，或是 Prada 的手提袋，享受那独一无二的尊贵价值。如果说奢侈在物质上是一种享受，那么在精神上就是一种慰藉。它将给予感官上诸多美好感受，净化我们的心灵，也使生活更有品味。每一款奢侈品都价格不菲，然而它的真正内涵有时并不能用金钱来衡量，因为它集合了人类对于美的最大限度的理解和追求，暗示我们什么才是高品位的人生。法国乌婕妮皇后最钟爱的路易·威登包，英国戴安娜王妃最为钟情的 Lady Dior 手袋，还有被许多女人视为毕生追求的爱马仕的铂金手袋，无不彰显着品牌和时尚的魅力。

路易·威登、Chanel、Dior 等奢侈品品牌的皮具在人们的生活中越来越成为重要的点缀。这些奢侈品品牌经历了无数个抑或是繁华抑或是萧索的时代。它们有着高贵的血统，丰富的文化内涵，就像那些曾是贵族阶层的符号一样，让拥有它们的人有着别样的荣耀和尊贵。它们的历史中都萦绕着奢华的光辉，让人无法漠视也不敢怠慢。曾经颇受皇室贵族推崇的奢侈品品牌依然低调地华丽着，它们从来不去喧哗自己的奢华身份，相反更专注于从每一个细节上维护自己的品牌，传承自己的品牌文化。依靠精益求精、传承百年的纯熟手工工艺，制造出无与伦比的经典产品。如果你想彰显自己独特的风格和非凡的品位，那么这些顶级品牌是你必然的选择。

第一节　路易·威登（LV）
——皮具世界的奢华

创 始 人： 路易·威登（Louis Vuitton）
创始时间： 1854 年
创始地点： 法国巴黎

一、品牌标识

路易·威登的品牌标识由两部分构成。上面是叠加在一起的两个大写字母 L 和 V，是 Louis Vuitton 的缩写。下面是品牌创始人名字的全称。整个的构思简洁而富有内涵。表达了儿子 George Vuitton 对父亲的敬意，也表达了对品牌创造的不懈追求。

图 4.1　LV 品牌标识

二、品牌历史

1854 年，路易·威登在法国巴黎创立了 Louis Vuitton 品牌，现隶属于法国专产高级奢华用品的 Louis Vuitton Moet Hennessy（LVMH）集团。路易·威登的第一份职业是为名流贵族出游时收拾行李。1852 年拿破仑二世登基，乌婕妮皇后兴趣广泛，喜欢游历欧洲。但旅游的欢乐往往因旅途行李的杂乱无章而大打折扣，使这位追求精致生活的皇后十分烦恼。路易·威登凭借自己的手艺，把皇后的精美服装巧妙地绑在旅行箱内，平平展展，秩序井然。路易·威登的出色工作给皇后的旅行带来了快乐和享受。由此这个从乡下来的年轻人很快得到了皇后的留意和信任。在为皇后服务的过程中，旅行者们的苦乐引起了路易·威登的注意。当时交通工具正发生着巨大的变革，乘坐火车成为旅行者最时髦的选择，然而这也给他们带来了很大的麻烦：不是旅行箱把衣服弄得皱皱巴巴，就是行李包在火车的颠簸中从货架上滚落下来。路易·威登为了给更多的人免除旅行之忧，便于 1854 年结束了为宫廷服务的工作，在巴黎创办了首间皮具店，取名路易·威登，主要产品就是平盖行李箱。

第一次世界大战时，路易·威登为适应战争的需求，改为制作军用皮箱和可折叠式担架。第一次世界大战后，他又专心制作自己的旅行箱，由于制作工艺精细、面料独特、设计完美时尚，赢得不少名人政要的追捧，订单也源源不断。到路易·威登的孙子加士顿（Gaston）的时代，路易·威登产品已推至豪华的巅峰，创制出一款款特别用途的箱子。箱子里面的配件也日益丰富，有各种材质的梳刷和时尚的镜子，纯银的水晶香水瓶等。路易·威登还为顾客量身订制他们需要的各式各样的个性化产品。

1875 年，路易·威登在巴黎的店面设计了华丽无比的橱窗，橱窗里面展出了 LV 各种行李箱。整个巴黎的王室成员、贵族政要、富豪佳士都纷纷到这里欣赏这些奢侈品。直至今天路易·威登在巴黎的旗舰店，仍然如同一座艺术的博物馆，典藏着 LV 的历史，记载着皮具创作的丰碑，述说着巴黎的时尚，承载着无数追捧者的梦想，吸引着无数慕名而来的游客和买家。

1893 年，在美国芝加哥的旅游产品展览会上，乔治·威登设计的产品被誉为举世无双的杰作。他设计的五个锁栓的防盗锁，使每个顾客的锁都各有不同的组合设计，确保防盗功能。其独特周到的设计理念，受到各方推崇。

1896 年，Louis Vuitton 的儿子乔治·威登（George Vuitton）设计出了“Monogram”

图腾：以 LV 缩写搭配上四瓣花纹，在四片花瓣外画上圆圈、内有反白的菱形、星形，防止了当时的仿制品，维护了自己的品牌，这个图腾成为 LV 的永恒标志和象征。路易·威登图腾代表了 19 世纪末东方艺术的风潮，同时又融合了当时欧洲盛行的重装饰和实用画派的思想，把这两者的精髓融合在“Monogram”的花纹之中。同时 George Vuitton 借用此标识来表达对父亲的敬意。因为早在 1888 年父亲就想把品牌的名称放在自己的产品上。最能代表路易·威登品牌形象的 Monogram 帆布图样，堪称经典艺术之作。也是在这一年，乔治·威登推出了 Monogram 的“字母组合帆布”系列。该系列后来成为了路易·威登品牌王国的终极标识。“帆布、格纹、LV 图腾”就是 150 年前的路易·威登品牌的标识，直到今天依然是路易·威登品牌的识别符号，它已经成为路易·威登品牌永恒的镜像。

图 4.2　LV“Monogram”图腾

1898 年乔治·威登把公司总部与旗舰店都迁到巴黎香榭丽舍大道，成为世界上规模最大的皮件专卖店。

1901 年，路易·威登的 Steamer 旅行袋诞生，此旅行袋被视为现代轻巧柔韧软包手袋的先驱。它完全用手工缝制，做好一件就需要 15 个小时。由于它精雕细琢的工艺与经典的材料，使其大受欢迎。

乔治·威登的儿子加士顿在成长过程中，更多地接触了现代的工艺与设计理念，并从父亲手中接过了公司的帅印。加士顿的作品更加突出传统与时代的结合，在用料上也更加讲究。他发明了一种新涂料，加在帆布面上，使产品更柔软耐用。在加士顿的倡导下，轻便防水、质地柔软耐用的旅行袋成为旅游产品中新的典范。1920 年，加士顿开始设计餐具箱和用于搭乘飞机时使用的轻便手提箱，产品推出后迅速占领了市场。1932 年，他又推出了水桶包，这种可以放置一瓶香槟的包使路易·威登的形象大增，成为世界最著名的品牌之一。

路易·威登不断创制各款特色产品，他们还经常与著名艺术家合作，使产品保持传统一贯的风格与卓越品质。识别 LV 品牌标识，是一个浪漫而美丽的过程。因为 LV 的字样经常融入于皮件千变万化的花纹中，每一款产品的图案与花色都成为路易·威登的独家专利。

1987 年，LV 与法国另一奢侈品集团 Moet Hennessy 合并，成立 LVMH 集团，从此拥有了纪梵希等其他著名品牌。到今天，LVMH 已经是全球最大的奢侈品集团，并在全球各大都市开设了直属分店。1997 年，年仅 34 岁的纽约设计师马克·雅各布斯（Marc Jacob）加盟 LV，出任集团设计总监。他开创的时装系列，为 LV 这个象征巴黎传统的精品品牌注入了新的活力。马克·雅各布斯提出“从零开始”的极简哲学，他结合 LV 古典气派的形象，将传统字母组合图案印压在糖果色漆皮皮具上，配以简约的服装系列，令 LV 的形象趋向时尚活泼，获得全球时装界的一致喝彩。

在此之后，2003 年，路易·威登在设计上有了更让人惊喜的创新。设计师马克·雅各布斯首次与日本新艺术家村上隆携手，设计出清新可爱的大头娃娃与色彩艳丽的花花图案。新设计摒除了 LV 经典的“Monogram”图案给人老气的感觉，以“幼稚”的诱惑力在全球风靡一时。正是这种大胆创新的魄力，让路易·威登多年来一直稳坐时尚类顶级奢侈品的宝座，这个混合着古老的沉稳和年轻的、可爱的奢侈品品牌，成功地让自己的名字成为了奢侈品的代名词。

图 4.3 村上隆设计的 LV 图案

2004 年，路易·威登推出了最具影响力的“Theda”手包。这款包的表面由蓝绿色鸵鸟皮和绸缎精制而成。售价高达 5 550 美元，并且只在美国纽约第 5 大道的专卖店和英国伦敦的专卖店限量销售，伦敦专卖店只有 10 只。在纽约和伦敦的消费者为能买到一款这样的包不得不等上几个月。

LV 的各种旅行箱、提包、背包、皮夹约一个月就会推出新款式，极具气派的耐用皮具采用的皮料大部分具有防水及防磨损性能，加上极坚韧牢固的线脚，令每个 LV 皮具都非常耐用。每个正品 LV 皮具都有一个独特的编号，印压在一个不显眼的地方，这也是鉴别真伪 LV 的方法之一。多年来，LV 的形象专业、低调，但又不失高贵，其黑、白、灰、咖啡、天然色等基本色调的服装，再配上任何款式的 LV 皮包，无不时时衬托出穿着者的独特气质。经过一个多世纪的发展，LV 已经成为世界经典皮具的象征之一。

三、经典作品

（一）LV“帆布”手袋系列

LV 产品最经典的恐怕要数“帆布”手袋系列，从 1896 年使用至今仍屹立不倒。在颜色上，LV 产品拥有优雅经典的棕黄色、森林绿、水蓝色，再加上光面与皮面的对比，极大地展示出人与自然的和谐共处。辨别路易·威登产品最大的要诀是看它的使用寿命。虽然产品时时出新，但它的品质不会改变，一般每一件路易·威登产品从款式、花色到使用寿命都可以坚持 100 年以上。不过，这一点只有在拥有了路易·威登产品之后才能慢慢品味。路易·威登“帆布”手袋系列的 Steamer 旅行袋是现代软包的先驱设计。

图 4.4 路易·威登的 Steamer 旅行袋

（二）LV 经典“Monogram Denim”手袋系列

1896 年，乔治·威登推出了“Monogram 帆布”手袋系列。该系列直到今天依然在 LV 产品中广泛使用，备受欢迎。LV 经典“Monogram Denim 手袋”系列是路易·威登手袋中最经典的系列，鲜艳饱和的对比色度，羞涩甜美的可爱样式，以及华美无比的面料，美不胜收，性感而俏丽的形象，满足了女人心底最原始的欲望。路易·威登全新“Denim”系列手袋包一经推出便受到爱包人士的追捧，包身为 Denim 布，Monogram 的缇花，天然牛皮手挽，以及磨亮黄铜配件加金色润饰，展现出令人赏心悦目的新风貌。

图 4.5 LV 经典“Monogram Denim 手袋”系列

（三）LV“Speedy 手提袋”系列

堪称 LV 最畅销的明星商品 Speedy，当初这款包是应顾客要求而特别定做的。这个包的主人就是在电影《罗马假日》里拿着一个 LV 旅行箱出走的奥黛莉·赫本，由于她希望有一个比较小的软袋可以随身携带，因此 LV 特别为她设计出轻巧的 Speedy。

路易·威登 Speedy 提袋一直是众多女性心中的 No. 1 经典单品，Speedy 30 恰到好处的大小尺寸，容量及携带性都相当的高。Speedy 将 Keepall 旅行袋重新演绎，弧圆的外形令手袋空间更加宽敞。拉链阔开口附加挂锁，安全可靠。Speedy 最独特的是，既有挺度也可以折成扁平状而方便旅途中携带。LV 的 Speedy 受到各年龄层喜爱，其优雅的魅力外形，拥有人气不坠的顶级地位，也是许多人入门 LV 的基本款式，此款包无论在人气度、划算度、耐用度和整体感都是上上之选，此款共有 5 种尺寸，其中最适中 Speedy 30，这款包已是品牌的招牌包款，但因为太受欢迎，连专卖店也常会有缺货的情形。

图 4.6 “LV Speedy 手袋”系列

图 4.7 LV 2014 年新款的水桶包

四、品牌评价

150 多年来，路易·威登一直维持着经典的品牌形象，一贯的高贵质感，并且每一款箱包都是以手工缝制，它的质地与艺术感觉让任何一个追求高品质生活的人都无法拒绝。英国豪华游轮“ 泰坦尼克”号在 1911 年处女航中不幸遇难。在“泰坦尼克”号沉没数十年后，从海底打捞起的多种贵重物品中，有一件路易·威登的硬型皮箱。神奇的是，经过数十年海水的浸泡，这只皮箱居然没有渗入一滴海水。

“LV”是人们心目中尊贵的象征，拥有和渴望拥有路易·威登的人在心理上形成了共同的价值取向和情感体验。正如电视剧《欲望都市》中一句台词说的，“当拥有 LV 包的那一天，就是我出人头地的那一天”。100 多年来，世界经历了翻天覆地的变化，人们对美的追求也经历了巨大变迁，但路易·威登不但声誉卓然，而且至今仍保持着无与伦比的魅力。

无数的传说、无数的美誉、厚重的历史、难却的梦想都能毫不夸张地用在路易·威登品牌上。150 多年来，路易·威登从法国宫廷御用箱包制造商，到工业革命时期新贵们作为他们的身份标志而被追捧，再到名人政要的挚爱，都显示了 LV 奢侈帝国的魅力。正像一位对路易·威登产品痴迷心醉的法国富翁让·弗朗索瓦·巴多内说的那样：“通过花钱，你可以融入路易·威登的梦幻世界，我们是这个品牌团体的一部分，而且它们把产品的价格抬得越高，我们就卖得越多。尽管它蒙蔽了我们，但我却心甘情愿。”这就是路易·威登精神的影响力，它深深地影响着人们的生活方式和价值观念。

五、路易·威登与名人

LV 向来启用“著名的脸庞”来为自己的产品做宣传，性感美艳的捷克名模爱娃·赫兹高娃、散发着拉丁狂野魅力的詹妮弗·洛佩兹、有着波希米亚风情的乌玛·瑟曼都曾是该品牌的代言人。

著名的好莱坞女星乌玛·瑟曼天生丽质，身高180厘米，身材苗条纤细，一向是不少影迷心目中的标准美女。乌玛·瑟曼于1970年4月29日出生在美国波士顿，父亲是研究印度佛教哲学的专家，母亲来自瑞典，是个心理分析医生。东方文化的熏陶和一袭欧洲风韵，使美丽的乌玛·瑟曼气质独特，且有种神秘感。

路易·威登的艺术总监马可·雅格布斯曾经在拍摄代言广告时说："乌玛是一位美丽得令人难以置信的女性，也是一位伟大的女演员，Louis Vuitton谜一般的吸引力和永恒魅力中有了新灵魂，她是能捕捉这种灵魂的最佳选择。"

路易·威登2007年起推出全球企业广告系列"Core Values"，表达品牌旅游文化传统及价值，同时兼顾季节性新品发表。2008年找来史恩·康纳莱代言（Sean Connery）。

史恩·康纳莱出生于1930年8月25日，称霸影坛40年，以古典的英国腔演出系列007詹姆斯·邦德先生闻名于世。不甘角色定型的他，尝试多种戏路，1978年以《铁面无私》摘下奥斯卡最佳男配角。16岁投身英国海军的史恩·康纳莱，出生于工人家庭，终身以苏格兰人为傲。身上刺有"Scotland Forever"的刺青，代表其心志。2000年，史恩·康纳莱更被英国女皇封为"爵士"。喜好健身的史恩·康纳莱，1950年曾获选Universe先生第三名。2005年，史恩·康纳莱在他75岁生日前一个月宣布退休，但一直以来"粗中带细"的个人风格鲜明，即使78岁的他拍起LV广告，优雅、性感，老当益壮。

以拍摄名人知名的摄影师Annie Leibovitz掌镜下的史恩·康纳莱一派优雅，以78岁高龄重拾往日007情报员的性感魅力。拍摄地点选在史恩·康纳莱退休后定居的巴哈马群岛附近海边，戴着草帽、胡须全白，手边路易·威登全防水功能的经典Keepall提袋，手腕上戴的是经天文台认证的LV 277腕表，为LV演起现实生活中名流富豪的新角色依然传神。

生于1984年的斯嘉丽·约翰逊是当今好莱坞最具潜力的少女明星之一，2007年代言LV广告。斯嘉丽一头亮泽金发配合娇柔慵懒之态，重现20世纪50年代好莱坞女星的动人艳色。

第二节 香奈儿（Chanel）
——永远的经典

创 始 人：加布里埃·香奈儿（Gabrielle Chanel）
创始时间：1913年
创始地点：法国巴黎

一、品牌标识

香奈儿的品牌标识由两部分组成：一个圆圈和两个交叠的双C。其中的字母C既是

图 4.8 香奈儿品牌标识

香奈儿的爱称“CoCo”的两个字母“C”的组合，又仿佛代表着既依赖又独立的对称关系，传递着香奈儿不曾改变的浪漫不羁的情怀。外面的圆圈则代表了香奈儿追求完美无缺的精神。除了双 C 标志之外，菱形格纹和山茶花也都被频繁的用于香奈儿旗下的各种产品中。在当今的时尚界，香奈儿已经成为全球最知名的品牌；双 C 的经典 Logo 将永远席卷时尚流行、永不缺席。

二、品牌历史

香奈儿是 1913 年法国人加布里埃·香奈儿创立并以她的名字命名的。香奈儿夫人出生于 1883 年，Coco 是她的小名，其经典的风格一直是时尚界的鼻祖。香奈儿夫人曾经说过：“我不能理解女人为何不能只是为了表现礼貌，出门前都好好打扮一下，谁知道某一天会不会是命中注定的大日子?”香奈儿的时尚精神，让这个世界更加多姿多彩，美丽缤纷。

1910 年，香奈儿夫人在巴黎的康朋（Rae Cambon）街上开设了一家专门经营帽子的小店，这是她的第一家帽子店，同时也是香奈儿的总店。1912 年香奈儿在当时法国上流社会度假胜地——诺曼底海边，开设了第一家分店，也是她的第一家服装沙龙。1913 年，在巴黎正式创立了“香奈儿”品牌。

1924 年，香奈儿推出经典的黑色小礼服，掀起世界服饰的革命，这种服装直线条、简单、颜色单纯，年轻自然，舒适自然。香奈儿喜欢男性打扮，于是她将男性风格融入女性服装，形成自己独特的风格品味，既符合实用需要，又符合当时的流行趋势。

1925 年，香奈儿开始生产少量的口红、腮红和保养品，供客人和自己使用。

1939 年，第二次世界大战爆发，香奈儿生意也受到严重的影响。除了巴黎康朋街 31 号还可以继续营业，其他的店都被迫关门。之后，香奈儿移居瑞士，过着隐居的生活。

1954 年，已经 71 岁高龄的香奈儿突然宣布复出。她把当时追求平等的时尚观念赋予新一季的香奈儿时装。这一时期，她推出了经典的花呢套装。

1955 年 2 月，香奈儿女士推出了一款配有金属链条的双层翻盖可闭合方形包。它成为了人们所熟知的 2.55 包。1921 年，香奈儿女士在康朋街的 31 号设立了她的第一间时装店。为了纪念这段珍贵的历史，康朋成了最新推出的系列手袋的名字。此款包采用菱形格纹，使用触感细致而坚韧的皮革，包上标有香奈儿双“C”的 Logo，一经推出，便受到明星们和名门望族的大家闺秀的青睐。香奈儿 2.55 包和康朋包凭借其独特的设计，成为香奈儿品牌的传世精品之作。

1971 年，香奈儿在她长住的里茨（Ritz）饭店去世，享年 88 岁。

1983 年，德籍天才设计师卡尔·拉格菲尔德（Karl Lagerfeld）接管了香奈儿公司，不但正确把握了香奈儿的设计原则与精神，还以他独特的自由、任意、轻松的心态，将香奈儿的设计推陈出新，给香奈儿品牌注入强大的活力。

香奈儿的一生充满着传奇色彩。她最钟爱用黑色与白色进行美丽的幻化，实现一种绝对的美感以及完美的和谐。她留下许多对流行的看法，成为引导这个时代流行的直接心灵导师，她认为美指的是内外皆美，虽然流行不断推陈出新，但是风格永远不会被淘汰。同时她深信“简单”是让美好质感呈现的最佳方式，她留下的经典设计包括：No. 5 香水、斜纹软呢、双色鞋、黑色小洋装等，经典的配件就是主张让女人双手空出来的皮革穿链带的手提包，她钟爱的山茶花也依旧绽放在绸缎的晚宴包浮雕花样里。

三、经典作品

（一）康朋包（Cambon Bag）

时尚界最大的特点是变幻莫测，能让青春娇艳的花朵永不褪色是它不可推卸的责任，于是，不管如何解释精品的定义，它最重要的特色就是力求让其独有的风格抓住众人的胃口。20 世纪 30 年代，女士使用的背包样式单一，非拎即提。香奈儿女士通过自己独特的设计，为背包配上肩带，使女人肩膀挎上背包肩带，方便而又不失优雅，这是时尚界跨出划时代的第一步。随着当时生活方式不断变化，香奈儿女士为进一步帮助女人“空出双手”，设计出了一款康朋包，这种款式的包清爽而简约，成为香奈儿皮具划时代产物。

图 4.9　康朋包

康朋包在拉格·菲尔德时代赋予了新的时代意义，为了表达对香奈儿女士的致敬，拉格·菲尔德延续了香奈儿经典的菱格纹，并将香奈儿经典的菱格纹发扬光大，“双 C”标识也戏剧地变换了位置，连包款、尺寸都呈现出无数个变化，尤其是各种扁式康朋包，让众人为之心动，而且也成为香奈儿划时代的经典产品。

（二）香奈儿 2.55（Chanel 2.55）

1955 年 2 月，香奈儿女士推出了一款配有金属链条的双层翻盖可闭合方形包，该款包由于 1955 年 2 月问世，所以被称为“2.55”。这款包具有金色链带、菱格纹。香奈儿手袋的经典传奇早已享誉全球，并继续深得女性宠爱。它是女人们配饰品中的明星之选，完美融合了视觉魅力和实用性，以及创新和传统，半个世纪以来已成为经典的象征。

图 4.10　香奈儿 2.55 包

很多年以来，这款包在原设计上出现了很多的变化，包括皮革或织物的面料，金属链条或与皮革相互交织缠绕的链条，双层翻盖或单层翻盖，以及小姐方形锁扣或双 C 图形锁扣。最早的 Chanel 2.55 有 2 个款式：日间采用有纹路的小羊皮面料，晚间则使用丝绸或者针织花呢以搭配晚装。

Chanel 2.55 手袋从剪裁、贴合、缝纫、再剪裁、拼接、装上拉链、镶嵌扣眼、缝好搭扣、完成、包装……一切都经过精心设计。为了兼顾实用和美观，2.55 手袋共设置了 3 个内层口袋，最小的一个专门用来放口红，如此考究的细节设计在当时还很罕见。所有的手袋都来自巴黎附近的一家工厂，每一款都需要 6 个工人花 10 小时、经过整整 180 道工序才能完成。而在正式开工生产前，还需要一周时间制出标准样品，同时与康朋街进行不断的交流沟通。一般来说，对于一个有 30~40 个款型的系列，所准备的原型样本往往会超过 200~300 个。

由 Coco Chanel 女士所首创设计的 2.55 包半个多世纪以来一直作为优雅与时髦的代名词而被女士们珍藏，简洁优美的线条，随身便携设计、五种尺寸，所有这些都让名媛贵妇们趋之若鹜。

2005 年 2 月，为了纪念 Coco Chanel 于 1955 年推出 2.55 包 50 周年，卡尔·拉格菲尔德重新制作了这款包，它被称为复刻版 2.55。从技术的角度讲，复刻版应该仅仅被用于 2005 年的纪念款式。不过，它为所有具有 2.55 原形包特点的变化款式提供了方便的称呼，比如：类似原形的 2.55 复刻版和带有双 C 图形锁扣的 2.55 经典翻盖包。

四、品牌评价

法国前文化部长曾有如下一段评价："这个世纪法国将有三个名字永存，戴高乐、毕加索和香奈尔。"毕加索称香奈儿是"欧洲最有灵气的女人"，萧伯纳给她的头衔是"世界流行的掌门人"。"一个女人凭借一件黑色套头毛衫和几串珍珠项链，就革命性地改变了时装"。克里斯汀·迪奥作出如此惊叹：香奈儿，这位带着艺术家灵气与革命家锐意的现代时装王后，就是这样用她的个人风格改变了时尚的流向，并用她的魅力影响着无数的后继者。

香奈儿，不只是一个人名，不仅是一个品牌，在其 90 多年的发展历程中香奈儿创造的不只是经典的服装款式，而是独具香奈儿精神的理念、经验和变革。所以说香奈儿是时尚，但更多的是一种生活方式、一种革命精神。Chanel 的设计精髓使女人能自由的呼吸，香奈儿有句名言："只有女人才真正了解女人。"简洁而浪漫是她的目标，实用又不失女性美是她设计的准则。

五、香奈儿与名人

2007 年，黛安·克鲁格（Diane Kruger）携手 Chanel，成为香奈儿"Paris Biarittz"系列手袋的广告代言人。她拥有清澈且令人着迷的眼神，学习芭蕾舞的她练就了无可挑剔的体型，与同样是德国血统的卡尔·拉格菲尔德先生稳步建立了良好的合作关系。他们的友谊始于"Paris Biarritz"系列广告的拍摄期间，黛安·克鲁格作为该系列广告的模特，能够用德语同大师互相交流，彼此都为对方留下了深刻的印象。为了不违背她独特的个性和美丽的气质，整组广告的拍摄，卡尔·拉格菲尔德先生让她依据自己的喜好，自由摆放姿势。

黛安钟爱香奈儿品牌，时常光顾精品店挑选配饰，而且尤为钟爱手袋。在她还不出名时，Chanel 已经经常邀请她坐在时装发布会的前排，令她感念万分。自从 2004 年穿着 Chanel 荣获戛纳电影节最佳女演员，她从影后一直保留着对 Chanel 品牌的忠诚。2005 年和布拉德·皮特（Brad Pitt）一起出演《特洛伊》，再一次穿着卡尔·拉格菲尔德先生为她量身设计的绣有山茶花的奢华薄纱礼服。2006 年 9 月在《Copying Beethoven》多伦多的首映礼上，黛安再次惊艳红地毯，身着庄重完美镶有珍珠的紧身 a-line 礼服。后来，她出演了丹尼斯·阿康特（Denys Arcand）执导的新片《L'Age des Tenebres》，在剧中她饰演一名幻想成为英雄和影星的女性，全剧戏服均出自香奈儿，自然而然地使黛安与香奈儿的情缘达到了顶点。

香奈儿的另一位杰出代言人是克劳蒂亚·雪弗（Claudia Schiffer）。享有“真人芭比”美誉的德国名模克劳蒂亚·雪佛1970 年 8 月 25 日出生于德国杜塞尔多夫，身高 1.80 米，父亲为律师。她的爱好包括网球、绘画和骑马。克劳蒂亚. 雪弗 1987 年被星探发掘后开始模特生涯，曾出现在《ELLE》、《TIME》和《COSMOPOLITIAN》等 550 多本杂志的封面，并为巴黎、米兰和纽约等地时装大师竞相邀请的模特；在 1995 年曾被法国杂志评为“世界上最美丽的女人”，且连续三年入选美国《人物》杂志“50 位最美的人”之一，同年成为香奈儿的代言人。

克劳蒂亚·雪弗是 Chanel 2008 年的宠儿，2007 年年底，她接受卡尔·拉格菲尔德的邀请，于法国南部的圣特罗佩斯进行为期 3 天的 2008 年 Chanel 春夏系列广告拍摄。这个“世界上最美丽的女人”在刚成名时就被选为 Chanel 的代言人，20 多年的时间过去了，她风采未减，魅力依旧。

第三节　迪奥（Dior）
——低调的华丽

创 始 人： 克里斯汀·迪奥（Christian Dior）
创始时间： 1946 年
创始地点： 法国巴黎

一、品牌标识

迪奥的品牌名字取自克里斯汀·迪奥名字中的 Dior，在法语中是金子和上帝的意思。表现了创始人一心想把自己的品牌做到精致的愿望。半个世纪以来，这个名字一直是华丽与高雅的代表，而 CD 这个 Christian Dior 的简称常常用在 Dior 的手袋等各种系列产品上，成为 Dior 的简略符号。

Dior

图 4.11　迪奥品牌标识

二、品牌历史

1946年，法国人克里斯汀·迪奥在巴黎创建了迪奥品牌。在20世纪的顶尖品牌中，克里斯汀·迪奥一直占据前列，成为“二战”以后时尚潮流历史的代名词。不少人发出这样的感叹：“如果迪奥还活着，如今的时尚应当是另一个样子。”

1905年，迪奥出生在巴黎郊区的小企业主家庭。少年时的迪奥家庭富裕，生活幸福。他自幼酷爱艺术，并逐渐显示出了超凡的艺术天赋。在每年家乡举办的狂欢节上，他总能做出绝妙的戏装，获得家乡人的赞誉。

1910年，迪奥先生跟着家人迁徙到巴黎。父母认为像他们这样家庭出身的孩子，应该有一份体面的工作，而不能整日沉迷于艺术与花卉中。因此，当迪奥高中毕业后迪奥先生提出希望进入艺术学院深造时，立刻遭到父母断然地拒绝。他顺从了父母期盼他成为外交官的心愿，于1923年进入巴黎政治学院就学。不过，他同时也争取到了父母的妥协，允许他在课余时间学习艺术课程。

在求学过程中，他接触到许多最时髦、最前卫的艺术，还结识了一群志同道合的朋友，如现代艺术大师毕加索、达利等。1927年迪奥服完兵役后，他父亲实在抵不过他对艺术的热爱，同意出资帮他开了一家画廊，不过不准以家族的名字为画廊命名。画廊开幕后，迪奥先生如愿展出了毕加索、达利等20世纪当代艺术大师的作品。

1931年，迪奥父亲的破产与母亲的去世，使迪奥开始了居无定所、穷困潦倒的生活。当时的迪奥寄住在设计师桑奥泽家中，在桑奥泽的影响和鼓励下，他开始尝试着画一些时装画勉强度日。后来，他开始学习时装设计，为报纸、杂志及一些商家设计图样，走上了服装设计师的道路。

1942年，迪奥进入了时装界声名显赫、精英云集的Lelong公司，从一名小设计师成长为一名高级时装设计师，很快就显露出超人的才华。

1946年，迪奥经历了4年的设计师创作，他不仅为自己赢得了广泛的美誉，最重要的是他得到了法国纺织大王布萨克（Marcel Broussac）的赏识，并资助他成立了迪奥工作室。从此他开始打造迪奥品牌的雏形，标志着一个顶级品牌的诞生。

1947年2月12日，“二战”后的巴黎分外萧条。走在街头的巴黎女子身着笨拙的平肩裙装，怀想着昔日的浪漫与华丽。就在这满目疮痍的战后巴黎，一场时装界的革命悄然爆发了。这一天，克里斯汀·迪奥的首次时装发布会在巴黎的蒙田路三十号举行。在这次发布会上，迪奥的服装强调圆胸细腰丰臀的款式，一扫“二战”以后巴黎时装界的沉闷，使简洁优美的线条，高档华丽的面料重新回归时尚界。在战争中心力交瘁的女子们仿佛一夜之间找到了自己，看到了希望，迪奥唤醒了她们对美的追求。

从1947年第一次时装发布会到1957年辞世，迪奥在辉煌中结束了他的一生。而此时迪奥公司的服装占法国高级女装出口的一半。人们在怀念这位大师的同时，更加尊崇他使女性曲线得以含蓄而优雅展现的服装理念。接下来的设计师都秉承了迪奥的设计原则，继续推进迪奥这一世界顶级品牌。

1996 年，在迪奥工作室成立 50 周年的庆典上，一个身着黑色紧身衣、头缠黑色丝巾，戴老式黑呢毡帽的小胡子——约翰·加里亚诺（John Galliano）成为了迪奥新的首席设计师。他的到来不仅将庆祝活动推向了高潮，更为这个经典的老品牌带来了戏剧化的转变，从此，这个西班牙与意大利的混血儿把迪奥推向了一个由传统、优雅走向性感、前卫的新境地。加里亚诺被称为当今最有影响力的设计师。他的设计具有浓郁的浪漫色彩，造型和线条与迪奥的风格一脉相承。

加里亚诺推出的三大系列作品都充满了人文艺术气息，通过戏剧化场景、情节与人物塑造展示女性的魅力。他喜欢采用编织的花边、织造的流苏，通花织锦，手绣和华贵高跟鞋表现一种宫廷的奢华气氛。以夸张、戏谑的手法描绘出声色陆离下的不安与躁动。加里亚诺的设计大胆前卫，又不失历史的厚重感。他作品中浓郁的女性味道、浪漫华丽的色彩都是 Dior 精神的完美再现，而渗透其中的文艺气息与颓废色彩则是鲜明的加里亚诺风格和世纪末情调。在怀旧与梦想流行的今天，加里亚诺的设计无疑暗合了知识女性的心态，使她们在 Dior 面前甘愿弯下腰身。

几十年来，迪奥品牌文化不断影响这一代又一代人的生活品味，为人们创造着“新的机会，新的爱情故事”，而被其引领的时尚也在不断变换，但人们始终相信只要迪奥品牌还存在，拥有它就拥有了时尚、高贵和美丽的人生。

三、经典作品

（一）迪奥马鞍包

图 4.12 迪奥马鞍包

有着美丽的装饰与别出心裁设计的迪奥各种女士提包，在浪漫妩媚、性感粉红的氛围下仿佛跳动着春天的雀跃心情，将女性的甜美魅力一展无疑！

迪奥手袋主要突出的是个性，他们在 20 世纪 60 年代推出了一个“马鞍”系列，用高级牛仔布、提花高级帆布、小牛皮及鹿皮等不同面料制作，造型比较复杂，马鞍上还设计了一个枪套似的东西，很俏皮。

（二）“Lady Dior”系列

图 4.13 “Lady Dior”

在所有迪奥手袋中，最著名的当属“Lady Dior”系列。带有迪奥标识图案的女士迪奥手袋是迪奥经典手袋的都市变奏曲，迪奥独有的饰物绗缝图案，永恒优雅，具有成熟感。此系列手袋因英国王妃戴安娜的携带而引起了全球的购买狂潮。

（三）“Jeanne 手袋”系列

迪奥的“Jeanne 手袋”系列是迪奥的另一款独特设计。设计师约翰·加利亚诺曾说：“很高兴能以这样华丽的皮革为质料。我从《圣女贞德》中找到灵感，

图 4.14 “Jeanne 手袋”

以含蓄和现代的方式演绎，设计出富有立体感的造型。”“皮革采用盔甲般的立体结构，覆盖柔软的壳形袋身，鲜见品牌标志，却有高级订制服系列中的长链和束带，与金属拉链开口紧密配合。部分“Jeanne 手袋”原创元素包括装饰艺术车线，衬垫细节与仿旧铜铆钉，无不体现出品牌对质量与细节的坚持”。

无论是订制的还是供市场的各式手袋，迪奥的质量与创意一向都是全新奢华典范。从软身到立体化手袋，迪奥的皮具不断扩充更新，推出这样更全新造型独特手袋系列。约翰·加利亚诺透露：“我们设计手袋，是为了觉得有这种需要，这是一种对渴望的追寻。”拥有过这款手袋后，你可能难以想象没有它的日子会变成怎样。“Jeanne 手袋”系列将昔日的手袋经典线条提升至新的高度，展现出迪奥工艺师的精湛做工。

四、品牌评价

迪奥是一个历史悠久，长期屹立于世界时尚舞台前沿的品牌。作为第一个注册商标，迪奥最早确立了品牌概念，把法国高级时装业从传统家庭式作业引向现代化企业操作。迪奥以品牌为旗帜，以高雅与品味为准则，坚持华贵、优质的品牌路线，运作着一个庞大的商业帝国。此后，迪奥公司又开发了许多边缘产品，真正成为一个品牌下的商业帝国。如今的迪奥品牌，其品类范围除高级女装、高级箱包外，还有香水、皮草、头巾、针织衫、内衣、化妆品、珠宝、皮鞋等，但无论哪一种产品都拥有一流的品质。这也是像阿根廷国母贝隆夫人、温莎公爵夫人、戴安娜王妃等名人都是 Dior 最忠实顾客的原因。

在中国，迪奥的主要目标消费群体是 25~45 岁的女性人群。这一人群感性而小资，她们深信女人一生中有许多东西是被当成某种生命的印记存在的，迪奥就是其中很重要的一项内容。著名的时装大师香奈儿曾经说过：“克里斯汀·迪奥不是让女人穿衣服，而是装饰女人。”

迪奥可以粗犷狂野，可以温婉高雅，还可以天真可爱，迪奥手袋总是可以给你百变的感觉，加上无可挑剔的做工，风靡全球。钻石格纹是迪奥专用的钻石切面一般的格纹，较少出现在服装上，只有在迪奥的皮件上，才会明显见到。

迪奥品牌的包包特色即奢华、浪漫和性感，其引领时尚前卫的感觉深入人心，它的风格就是时尚和独具特色，每一款都极具女性化魅力而且玩味十足，回味无穷，具有极强的装饰性，带给人们无限诱惑。

五、迪奥与名人

迪奥诞生 60 年以来，不计其数的设计作品让世人为之惊艳赞叹，而其中又有数件堪称迪奥历史经典之作，Lady Dior 便是其中之一。这款包因与戴安娜王妃的一段小故事而闻名。1995 年，迪奥公司赞助的塞尚画展在巴黎大皇宫展出，开幕式上法国总统希拉克夫人向戴安娜王妃赠送了迪奥新款包。迪奥旋即将这个还没有命名的新包，冠以 Lady Dior 的优雅名字，成为如今迪奥主线销售的基本款皮包之一。戴安娜王妃非常喜欢这款 Lady Dior 手袋，之后她在出席很多重大场合都会带上这款手袋，因而也让 Lady Dior 风靡全世界。

图 4.15　Lady Dior

Lady Dior 手袋的花纹属于 Cannage 图案，也就是绗缝菱形棱格，再加上它招牌的品牌金属吊扣，优质的小羊羔皮，以及 95 道精细的工序使得 Lady Dior 成为了世界包袋设计史上的不朽传奇。

2014 年，法国玫瑰玛丽昂・歌迪亚（Marion Cotillard）为品牌经典手袋 Lady Dior 代言。且在 Jean Baptiste Mondino 掌镜的全新宣传大片中一睹巨星风采。玛丽昂・歌迪亚在 Jean-Baptiste Mondino 的镜头前轻舞飞扬，曼妙动人。一举一动自由从容，犹如插上天使的翅膀，飞舞出欢乐无邪的时光。Lady Dior 手袋如影相随，隽永风韵与自由气质、大胆创意相得益彰。玫红真皮洋溢波普风，棕色鳄鱼皮透露珍贵特质，精致优美的粉红印花图案绽放出烂漫欣悦。

第四节　古琦（Gucci）
——引领潮流的经典

创 始 人：古琦奥・古琦（Guccio Gucci）

创始时间：1923 年

创始地点：意大利佛罗伦萨

一、品牌标识

古琦的标识上方是以该品牌创始人古琦奥・古琦的名字设计成的图案，黑底白字，简洁而典雅，如同古琦低调而奢华的迷人风格。下方是把 Guccio Gucci 两个字的首字母正反重叠形成的一个对称图形，代表品牌简介完美的文化理念。

图 4.16　古琦品牌标识

绿红绿花纹标志

20 世纪初，古琦制作的马鞍肚带上就已装饰上绿红绿布带。后来这种绿红绿花纹被使用在行李箱上做识别花纹，这也是古琦历史上最早出现的标识设计。20 世纪 50 年代，古琦将它作为品牌标识正式推出，天然原色真皮产品上标的是绿/红/绿的色带，染色后的真皮皮具上标的是对比柔和的蓝/红/蓝的色带。现在我们在反摺的牛仔裤管内里、缝边、腰带、皮件背带与皮鞋上都可见到这样的花纹。

银色的 Gucci 标志

以“Gucci”做标志，开始是金色，1994 年古琦以年轻化的全新形象面向大众，金色改为了银色。20 世纪 50 年代，公司采用了双 G 字母的标志。这是他们依据使用的一种叫双 G 帆布的全棉织物设计出来的。这个标志在服装、配饰以及行李袋上广泛使用，也作为图案出现在服饰品的设计中。

竹节手柄

以竹节作为手袋的手柄，是第二次世界大战时因为物资缺乏的应急之举，之后却成为古琦的经典标志之一。

二、品牌历史

古琦奥·古琦出生在意大利佛罗伦萨的一个手工业家庭。1898 年古琦离开家乡来到英国寻求发展。最初他在伦敦 Hotel Grand Savoy 任酒店经理。1922 年，古琦奥·古琦回到佛罗伦斯，之后在 1923 年开了一家专卖皮箱和马具的小店，并办了家小作坊生产饰品。小店很快扩展成一家制作手袋和骑马装备的商店，产品品质上乘，款式新颖时髦，为品牌树立了极佳的口碑。

1937 年，古琦首次出现源于马衔与马蹬的马衔炼设计，接下来更因世界大战、物料短缺的情况，进而设计出以竹节替代皮革手把的提包，至今仍堪称经典。20 世纪 50 年代，原为固定马鞍用的直条纹帆布饰带被应用在配件装饰，并注册为商标，而著名的双 G 花纹也在同一时期设计出来。

古琦经营的初期就以独特的商品设计与手工精湛而备受赞誉，许多古琦举世闻名的经典设计都是在这时发展出雏形，这个时期的许多创作就如同一颗珠蚌内的沙粒般，在当时也许并不起眼，但经过多年的磨炼洗礼，变成光泽耀人的珍珠。

1938 年，第一家分店在罗马著名的 Via Condotti 开幕，古琦开始走出家庭形态，以企业形态正式对外发展，1939 年，随着古琦奥·古琦的四个儿子阿尔多（Aldo）、毛里齐奥（Vasco）、索勒（Ugo）与鲁道夫（Rudolfo）相继加入并委以重任，古琦从个人事业变成家族企业。

1947 年，古琦推出竹节手柄手袋，其独特的材质和简洁的造型博得了时尚界人士的喜爱，获得了大众的认可。同时带有双 G 标志、衬以红绿饰带的帆布包和皮具也陆续推出。佩戴古琦包已经成为一种社会地位和身份的象征。

1953 年，第一家海外分店在纽约曼哈顿岛 58 街开幕，古琦变成跨国公司，也是少数几个优先进入美国市场的意大利品牌。

20 世纪 60 年代，古琦相继在伦敦、棕榈滩、巴黎等世界繁华都市开设了专卖店，并在格蕾丝·凯莉、皮特·莎拉和奥黛丽·赫本的帮助下成功进入好莱坞。

1961 年，古琦奥·古琦推出贾姬包。贾姬包的原始款编号是 G1244，以米色帆布为主体，搭配棕色的猪皮镶边以及管状弹簧锁，以马厩用品为创意来源，取材自马的鼻罩，方便夹在腋下和探入取物。

然而，到了20世纪70年代，古琦家族的内讧演变为公开的争斗，古琦品牌因疏于打理而开始走下坡路。很多有欠考虑的特许经营协议和品牌拓展计划将古琦推向大众市场，甚至出现在了街边小贩的货摊上。

1990年，古琦经历了更大的灾难。兄弟之间互相倾轧，遗产相争，家族内部的斗争使得曾经繁华一时的古琦家族四分五裂，公司也濒临破产。

1995年，是古琦的转折时期。古琦行政总裁多米尼科·德索勒（Domenico De Sole）启用原女装部负责人、美国人汤姆·福特作为古琦的创意总监，这极大地改变了古琦的命运。在推行了一系列有效措施之后，多米尼科·德索勒和汤姆·福特成功地将混乱之中的古琦，重新带上了有序经营的轨道。

1997年，古琦与瑞士钟表制造商赛弗琳蒙切斯集团合作，建立了古琦在美国、加拿大、德国、法国、中国香港和中国台湾的直接销售网络。古琦又成了国际化奢侈品的象征，再度跻身于路易·威登、普拉达以及爱马仕等少数优秀品牌才能参与的精品市场竞争之中。古琦2011春夏包包广告大片里，蛇蝎美人的性感魅力锋芒毕露。

三、经典作品

（一）竹节手柄手袋

1947年，古琦推出了让其引以为傲的特色手袋——竹节手柄手袋。当时的意大利生产原料十分匮乏，独具慧眼的古琦先生就开发用麻纤维、亚麻、黄麻和竹子为材料制作各种提包。所有的提包上使用的竹节柄都是采于800米以上的中国或越南的山区，并选用竹子的根部，再经过特殊的手工烘烤技术，使竹节坚实耐用。鞣制的竹节手柄上遗留的烧痕，依稀可见手工制作古琦手袋时的情景备有可拆卸的压鳄鱼纹皮背带，连接处巧妙结合金色的“马勒”勾。闪烁的彩色珠片缝制在印彩图案上，色彩的碰撞，交相辉映，激起更加热情的光芒。轻质的亚麻编制面料被采用，并与耐磨的深棕色鳄鱼压纹小牛皮相结合。竹节旋转纽扣两端以金色装饰片加以修饰。Gucci竹柄手提包的设计灵感来源于马鞍的侧面，简洁的造型令人一见钟情。格蕾丝·凯莉、伊丽莎白·泰勒、伯德拉·克尔都是这款包的追捧者，著名的导演米开朗基罗·安东尼奥尼更是在他拍摄的电影中多次使用了这款竹节柄的手提包，使得他的影片充满了梦幻般的魅力。

图4.17　竹柄手提包

图 4.18　贾姬包

（二）贾姬包

1961 年，古琦奥·古琦推出贾姬包深受杰奎琳·肯尼迪（Jacqueline Kennedy）的喜爱，这款包也因此而闻名世界。自从 1961 年推出第一款贾姬包以来，它就和其后衍生的一系列相关款式，成为古琦历久不衰的经典款式。贾姬包摆脱了传统风格，重新融合传统与现代的流行感，创造当今时尚摩登的形象。搭配经典提花双 G 图案的帆布表面、银色嵌古琦 Logo 的长型环扣，呈现出既高雅又前卫的形象，为古琦忠实顾客不可或缺的配件之一。

四、品牌评价

在品牌转型的风潮中，最成功同时也是最具话题性的非意大利古琦莫属。古琦品牌一向以高档、豪华、性感而闻名于世，以“身份与财富之象征”的品牌形象成为富有的上流社会的消费宠儿，一向被商界人士垂青，时尚之余不失高雅。古琦的品牌文化不是虚幻的、空泛的概念，而是产品风格和时尚指向融为一体的，渗透在产品深层次的精神特质。这种精神特质是贯穿于古琦整体运作的各个环节，并通过产品造型风格体现出来，且与消费者的审美取向相统一、相协调的品牌精神。

是什么使古琦成为世代相传的世间珍品？是什么让古琦在恒长的岁月里傲视群雄？是什么使古琦昂贵的令人瞠目结舌？不是别的，就是传承 80 多年文化的双 G 品牌。这个来自意大利风情的品牌，经典传承、个性时尚、美轮美奂，时刻挑逗着人们的欲望。

历代古琦的设计大师都是些疯狂的创新者，他们把风流、时尚、完美融化在作品中，掀起一波又一波的流行潮，驱赶着王公贵族、名人佳丽、富豪子弟去追赶新潮、猎奇时尚，尽享人生的精美。

《纽约时报》曾经这样对古琦风靡全球进行评价：有钱阶层和飞机头等舱的乘客，为了展现自己的身份和品味，出门前一定要置办一套古琦的行头。就连在飞机上睡觉用的遮光眼罩也要赫然印着古琦的银色标志。

五、古琦与名人

1947 年，古琦奥·古琦推出第一款竹柄手提包，它的设计灵感来自马鞍的侧面，一经推出就获得格蕾丝·凯丽、伊丽莎白·泰勒及博德拉·克尔等众多名人的青睐。著名导演米开朗基罗·安东尼奥尼更是在其拍摄的影片中多次使用 Gucci 的一款竹柄手提包。至今竹柄手提包仍是 Gucci 最有代表性的款式之一。

在庆祝古琦品牌创建 85 周年时，古琦公司推出的古琦纪念册中，记载了古琦 85 年来的品牌历程，其中便有古琦与好莱坞明星的留影。

古琦以完美的设计和婉约的艺术风格为那些高雅而又时尚的人们带来了无数的惊

喜，以“身份与财富的象征”的口碑成为名门贵族和明星们的宠儿。

杰奎琳·肯尼迪是古琦忠实的顾客。杰奎琳·肯尼迪被称为美国历史上最具魅力的第一夫人，贾姬是人们对她的昵称。杰奎琳曾经留学巴黎，对自己的品味很有信心，当她成为第一夫人的时候只有31岁，跟以前的第一夫人相较，年轻了好几十岁。在穿着上，也有很大的不同，她坚持不穿严肃的套装，而喜欢穿A字无袖洋装，把手臂完全露出，裙子长度截至膝盖，而且不穿丝袜，在当时看来非常大胆。坚持用自己的方式，穿出第一夫人的优雅。无论何时何地，杰奎琳的穿着打扮都既端庄典雅又艳丽动人，经常掀起美国妇女的模仿风潮。

古琦曾经在1961年推出了专门为杰奎琳·肯尼迪设计并且以她名字命名的一款经典的贾姬包，这个包款推出时正好符合当时女性快节奏的生活需要，也是当时女包前所未见的年轻化设计，所以立刻深受贾姬的喜爱。之后，在杰奎琳·肯尼迪出席各种场合时，便可看见她手中拎着一款贾姬包，这无疑是为此款包做得最好的宣传。不仅如此，杰奎琳还搜集每一季的新花色，也让这个包在当时造成风靡热卖。之后古琦更陆续以贾姬包为基本灵感，设计出多款贾姬型包包，成为消费者喜爱的名牌入门款。

第五节 寇兹（Coach）
——垂手可得的奢华

创 始 人： 迈尔斯和莉丽安·坎夫妇（Miles and Lillian Cahn）
创始时间： 1941年
创始地点： 美国曼哈顿

一、品牌标识

经典的“COACH”图案，简单明了，没有多余的修饰，造型优美，端庄大气，代表了寇兹优雅简洁的品牌精髓。

COACH

图4.19 寇兹品牌标识

二、品牌历史

以皮件设计著称的寇兹，是1941年迈尔斯和莉丽安·坎在纽约曼哈顿创办的，一开始只是个位于阁楼中的家庭工作室，有6位手艺精致皮件工匠，生产出高质量皮件。

1962年是寇兹重要转折的一年。当年，迈尔斯和莉丽安·坎夫妇观看一场棒球比赛，不经意间从全美棒球手套中获得了灵感。比赛过后，他们发现棒球手套具有越用越光滑、越柔软的特性，因此这对有心的夫妇回去后开始研发相似于手套皮质的鞣革处理，使皮革更柔软，且具有自然不易脱色、耐磨损的特性，第一个寇兹手提包就由此诞生。

同年，寇兹公司请伯尼·凯森（Bonnie Cashin）协助寇兹设计皮包，而将寇兹品牌引领至一个新的高峰。她设计的第一个作品是从购物纸袋延伸出的创意设计，也成为寇兹的第一个购物包。

1985 年，寇兹被名为莎拉·李（Sara Lee）的公司收购。新的经营者进一步拓展了寇兹的产品范围，其产品涉及手袋、男女小皮件、公文包、旅行袋、旅行用品、鞋履、手表、外套、珠宝、家具和相关配饰产品。

20 世纪 90 年代，寇兹遭遇了来自路易·威登、古琦以及普拉达等品牌的激烈竞争。这些品牌推出了大量新潮的手袋，占据了很大一部分的市场份额。而寇兹却还在生产真皮的、厚重结实的律师公文包，逐渐失去了消费者的青睐。1995 年，现任 CEO 雷·弗兰克福特（Lew Frankfort）接掌品牌。1996 年，设计师瑞德·克拉科夫（Reed Krakoff）加盟寇兹。在他们的带领之下，寇兹手袋采用新的材质、推出新的设计，重新打造出寇兹时尚而又女性化的形象。以花纹织布为原材料的手袋与真皮质的相比，大大节约了成本，从而提高了公司的利润率。

2000 年，寇兹从母公司中独立出来，并于 10 月在纽交所上市。主打“高端形象，亲民价格”和“可以负担的奢侈品”的成功定位得到金融市场的认可。从 2.5 美元的开盘价到 2007 年年底 30.58 美元的收盘价，7 年多的时间里，Coach 股价累计上涨了 1 123%。在 2002—2007 年的 5 年时间里，其股价表现不仅远远好于标准普尔 500，并且同期的回报率也高于奢侈品巨头路易·威登与蒂芙尼之类的奢侈品品牌。

2006 年，在庆祝公司成立 65 周年之际，寇兹重新推出“莱格希”（Legacy）系列。这是设计师瑞德·克拉科夫设计的。灵感来自于寇兹历史上曾出现过的多款经典手袋图案，克拉科夫把品牌历史和美国的休闲随意结合起来，设计出全新的“莱格希”系列。“莱格希”的材质极为考究，主要有高档的短嘴鳄鱼皮、蟒蛇皮和鸵鸟皮，经过人工打磨精制而成。奢华高贵、超细柔软的质感，使这款包在 65 周年的庆典上大获成功。

三、经典作品

寇兹永远用不完的创意元素，价位则属精品名牌中较平价的大众化入门等级，近几年在日本及全球大受欢迎。

图 4.20 “C”系列包

（一）“C”系列包

2001 年，推出的经典寇兹 C 系列包也在一片 Monogram Logo 风中，成功加深品牌印象，烘托色彩斑蓝拼接的青春时尚。将一连串的“C”型图案印制在各种款式的手袋皮具上面，使这个系列的包成为品牌标志营销活动中的重要一部分，各种样式的产品，从实用的购物袋到高贵典雅的晚装手袋都可以看到“C”的踪影。并且，寇兹以此系列包为原型，持续增加多种款式和材料，每年都会推出加入最新时尚元素的新的

“C”系列包。

（二）寇兹“汉普顿”（Hamptons）系列包

寇兹“汉普顿”系列包包括大提包、超大提包和皮夹，全部由满布寇兹经典品牌图案的布料搭配精致皮革制成，匠心独运。其中的“汉普顿周末”是寇兹第一个纯生活风格的系列，轻便、休闲、功能齐全而且经久耐用的特性让它无论日常工作还是周末、旅游都非常适合。该系列从一开始就受到了极大的欢迎，于是品牌季复一季从色彩、风格和材质上不停为它注入新元素，历久长新的形象让它魅力愈增。

图 4.21　寇兹“汉普顿”系列包

四、品牌评价

寇兹公司是享誉世界的时尚商品生产商，也是美国资格最老和最成功的皮革制品公司之一。如果在大都市里稍微留意一下女性的包袋，一定会发现：带有一个独特“C”标记的寇兹手提袋的女性越来越多。寇兹一直强调皮件的实用性，因此它的每一个钥匙环或零钱包也都具有最大的实用性。此外，寇兹一直坚持手工制造和使用优质原料，并在销售产品时，极为体贴地在皮包中附上清洁保养用的刷子，或寇兹皮包专用皮革清理剂，以保持皮件的色泽和柔软耐用的特性。

寇兹坚持创造“买得起的奢华精品”，其产品均系精选上等材料，由享誉世界的著名设计师设计，随后经过熟练工匠多道工序精工细作而成。每一件寇兹产品都是值得收藏的精美艺术品，凭借着耐久的质量、精湛的制作工艺，在消费者中建立起坚实的声望。寇兹顾客通常会用“结实、实用”来形容寇兹的产品。寇兹一直以高质量深感自豪，信赖正是该品牌的核心。寇兹海外部总裁皮特·艾默生（Peter Emmerson）曾这样诠释寇兹的精神：“冒险、创新、实际、机能、品质、合理的价位”，也就是在品牌传统的基础上，结合时尚感与合乎现代生活需求的机能性，表达出一种生活的方式与态度，这就是寇兹，它不是放在博物馆中供人瞻仰的作品，而是可以融入生活的设计。如今在世界各地，东京、纽约、伦敦……寇兹为我们带来的是一种别致、时尚、美国化的生活方式。无论是曼哈顿的职业女郎，还是东京的潮流女性，或是好莱坞的时尚明星都是寇兹的拥护者。

五、寇兹与名人

许多中外名人也是寇兹皮包的忠实顾客。国外艺人如著名歌手珍妮佛·洛佩兹、麦当娜，好莱坞偶像茱丽安·摩尔，朱莉亚·罗伯茨以及玛丽莎·托梅等。

在诸多的名人当中不得不提的是凯特·波斯沃斯（Kate Bosworth）。2008 年 3 月，凯特·波斯沃斯担任寇兹亚洲品牌形象代言。

1983 年 1 月，出生在加州洛杉矶的凯特·波斯沃斯，童年的大部分时候都是奔波在不同的城市和州之间。6 岁时她与父母搬到旧金山，9 岁去了康涅狄格，14 岁在马萨诸塞的 Cohasset，正是这一年，拿过马术冠军的凯特听说一部关于赛马的影片正在选演员。尽管她只是抱着试试的念头参加了《马语者》（The Horse Whisperer）在纽约的公开试镜，却赢得了女主角最好朋友的角色，有机会与著名电影人罗伯特·雷德福（Robert Redford）合作，而此前她所有的表演经验不过是在加州小县集会上演唱或者在社区剧院的《Annie》中的露面。影片上映后，凯特的名字更多被人提起，但她担心过早的事业会剥夺童年的快乐，所以又度过了一年半的普通人生活，才再次接拍影片。2000 年她出演了两部影片，分别是《饿狼传说 2》（The Newcomers）和《冲锋陷阵》（Remember the Titans），两年后她出演的《蓝色激情》（Blue Crush）成为演艺事业的一大突破，她塑造的职业冲浪运动员安妮，意志坚定，勇敢独立，不畏挫折，给观众留下了深刻印象，她的事业由此开始起飞，陆续出演了《诱惑法则》（The Rules of Attraction）、《仙境谋杀案》（Wonderland）、《Advantage Hart》和《偶像有约》（Win a Date with Tad Hamilton!）、《飞跃海洋》（Beyond the Sea）等影片。2003 年她被授予青少年好莱坞新生代女性新人奖。

凯特·波斯沃斯凭借其独一无二的美式风格和清新优雅的形象，成功获得了担任寇兹 2008 亚洲代言人的机会，并更好的诠释了寇兹独特的品牌魅力和品质内涵。

第六节　普拉达（Prada）
——永不褪色的经典

创 始 人： 马里奥·普拉达（Mario Prada）
创始时间： 1913 年
创始地点： 意大利米兰

一、品牌标识

PRADA

图 4.22　普拉达品牌标识

Logo 不一定很大很醒目，像 PRADA 这样有时偶尔闪动及不事张扬的感觉更含蓄、更有品位。

普拉达是一个以完美主义著称的家族品牌。在普拉达品牌发展的历史过程中，一共用到了两个标志。第一个是由盾牌和缆绳图案组合而成的标志。据有关资料记载，1919 年，普拉达被赐封为意大利皇室的御用供货商，并且还被授予萨沃家族盾牌和缆绳纹章的使用权。普拉达的创始人马里奥·普拉达为了纪念这次殊荣，把盾牌和缆绳图案完美地结合起来，作为普拉达的第一个标识开始使用。

图 4.23　普拉达盾牌缆绳标识

图 4.24　普拉达倒三角标识

第二个是倒三角形的铁皮标志，品牌名称下方标着“MILANO”及“1913”，这个鲜明的形象标识是由马里奥·普拉达的外孙女同时也是普拉达现任的设计总监缪西亚·普拉达设计的。1985 年缪西亚设计出第一款尼龙手袋，但是当时却没有可以使用的品牌标志，于是缪西亚设计了一款独特而又抢眼的标识，这便是我们最为熟悉的普拉达倒三角铁皮标识。

二、品牌历史

20 世纪初，意大利人马里奥·普拉达在意大利米兰创立了普拉达品牌。

回溯 Prada 的历史，必须从 20 世纪初不断繁荣发展的交通谈起。那个时候，美洲与欧洲之间的交通逐渐变得频繁起来，与此同时，旅行也开始变得经常。于是创立人马里奥·普拉达兄弟便决定生产一系列旅行用的皮具产品。虽然那时运输尚不便捷，但是马里奥还是坚持从英国进口纯银，从中国进口最好的鱼皮，从波希米亚运来水晶，将亲自设计的皮具交给一向以品质著称的德国生产，开启了普拉达一贯追求卓越完美的品牌精神。用顶级的产品滋润了普拉达这个品牌，引来了皇室贵族等上流社会的宠爱。

图 4.25　米兰老店

图 4.26　米兰老店

图 4.27　米兰老店

1913 年，普拉达在意大利米兰的市中心创办了第一家精品店。创始人马里奥·普拉达所设计的时尚且品质卓越的手袋、旅行箱、皮质配件及化妆箱等系列产品，得到了来自意大利皇室和上流社会的热烈拥戴。

1919 年，普拉达被赐予意大利皇室的御用供货商的殊荣，这使得普拉达成为意大利豪华奢侈皮具的代表。

1958 年，马里奥·普拉达去世。在普拉达家族中有一个极为苛刻的规定，就是女人不能参与家族生意。然而，马里奥·普拉达的去世使得女儿路易莎担当起经营公司的重任。到了 20 世纪 70 年代，古琦、爱马仕等一些品牌的迅速发展对普拉达造成了很大的威胁，几近濒临破产，路易莎把普拉达交给女儿缪西亚·普拉达。

1978 年，这个历史悠久的著名品牌由于缪西亚的加入，被赋予了新的发展元素与活力。缪西亚与当时具有丰富奢华品生产经验的帕特里奇奥·贝特尼（Patrizio Bertelli）结了婚。主要的经营业务由帕特里奇奥负责。1983 年，缪西亚担任普拉达的总设计师，通过她天赋的时尚才华不断的演绎着挑战与创新的传奇，而帕特里奇奥·贝特尼，一位充满创造力的企业家，不仅建立了普拉达全世界范围的产品分销渠道以及批量生产系统，同时还巧妙地将普拉达传统的品牌理念和现代先进技术化的工艺进行了完美结合。同年，普拉达在米兰开设了第二家专卖店，并在 1985 年推出了广为时尚界推崇和追逐的尼龙背包。当时，Miuccia 企图寻找传统皮料不同的新颖材质，历经多方尝试，从空军降落伞使用的材质中找到尼龙布料，以质轻耐用为根基，“黑色尼龙包”一炮而红。

历经 20 多年的努力与奋斗，这个历史悠久的品牌不断地发展与演变。1982 年，Prada 首次推出了女鞋系列；1988 年建立了女装系列；1993 年，男装成衣与男鞋系列也被相继推出，同年还推出以缪西亚小名命名的 Miu Miu 女装系列；1997 年，推出普拉达运动系列；2000 年，普拉达推出了美容系列，包括皮肤和眼部护理产品；2002 年春夏推出小山羊皮扣带鞋；2003 年春夏推出银色坡跟鞋和镶有仿宝石的鸵鸟皮手袋；同年秋冬推出配有蓓蕾点缀的鳄鱼皮高跟鞋。通过缪西亚与帕特里奇奥·贝特尼的默契合作，普拉达已经从一个小型的家族企业发展成为世界顶级的奢华品牌。

近两年来，除了经典的尼龙提包，普拉达也大力开发一些流行款式，如小型购物提包，其缤纷的颜色、易保养的帆布材质，引爆了提包的另一风潮。

2007 年，普拉达推出羊羔皮流苏手袋系列 Nappa Frange Bag，来自西班牙超软的羊羔皮袋饰上大片有型流苏，是少有时装味浓的设计。要制作这样一个手袋，需耗费大量的时间，并要求极其精湛的工艺。这组手袋正如时尚人士所说，为 T 台增添了不少魅惑的时尚感，皮质的流苏铺陈在包包之上，带给人一种流苏般火热的情怀。该手袋系列一经推出，便得到时尚界人士的青睐，一时间成为许多明星出行时的贴身之物。

2013 年普拉达推出新款包包，女士单肩手提斜挎包系列，两边拉链，中间空间较大的包包，可以手挎也可以肩背，更加方便，也更加安全。

三、经典作品

在普拉达的系列产品中，皮具最令人倾心。普拉达的皮具豪华优雅，不同的产品系列又会有自己独特的风格和特色。

（一）尼龙包

1985 年，缪西亚在参观一个军事基地时发现了作为军用帐篷和降落伞材料使用的尼龙面料经久耐用，当时激发了她的创作灵感。尼龙包使用的是聚酯材质，即使在强大压力或者是拉力之下都能完好如初。尼龙不像其他材料容易受损，更重要的是其表面的高密度分子使其不易沾上杂质，使用者可以自己及时清除撒在表面的各种液体杂质。其价格也不会像皮革手袋一样昂贵，对于想拥有高品质手袋的人来说，是最好的“入门级”手袋。尼龙的材质不像皮革那么突兀，因此可以很好地与各种套装搭配。缪西亚精心设计出了一款黑色尼龙精织背包。这款包由于轻盈、实用、时尚的特点很快就风靡起来，专卖店里一款又一款的尼龙手袋总是被抢购一空。自此，尼龙包成为了普拉达产品中的经典产品，并被反复推出。

图 4.28 普拉达尼龙手袋

（二）“流苏手袋”系列

普拉达于 2007 年推出的羊羔皮“流苏手袋”系列，是普拉达产品中较昂贵的手袋系列。此系列所有包款全部由超软羊羔皮制成。

要制作这样一只流苏手袋是要经历过硬的手工技术的，这就需要耗费大量时间，而且对那些普拉达工匠来说，每一次精细的工艺就像是对他们的手艺的挑战。超软羊羔一直是普拉达钟情的经典材料。这种超软羊羔皮全部来自西班牙最优质的皮革生产地，在全世界都独一无二，具有超柔软的质感。流苏手袋周身的羔羊皮流苏极其考究，每一条宽 4 毫米丝毫不差。至于包体的制作也相当复杂。首先，将皮革切割成造型所需的大小不同的条块，把每一块的边缘分别进行特殊的手工喷绘，进行做旧工序，制造出古旧的效果。流苏手袋边缘用鳄鱼皮或蜥蜴皮包边，也通过做旧工序产生仿古视觉。然后，再将这些条块一一组合，在每块皮革边缘 3 毫米处仔细用铆钉和薄薄的特级粘胶缝合，做出手袋的造型。真皮的三角形品牌标识时隐时现于流苏中间，充满了梦幻的感觉。

图 4.29　普拉达流苏手袋

普拉达羊羔皮流苏手袋系列满载着民族的风情，采用了高贵质感舒适的材质，显得格外奢华尊贵，各种时尚逼真的配色更是带有回归大自然的情怀，不同的皮质还有不同纹理，流露出不同的情感特色。这款普拉达羊羔皮流苏手袋成为追求时尚品位的女性的最佳腕上标签。

（三）“双拉链手袋”系列

2013 年普拉达推出新款包包，两边拉链，中间空间较大的包包，可以手挎也可以肩背，更加方便，也更加安全。

图 4.30　普拉达女士单肩手提斜挎包系列

四、品牌评价

普拉达在历经近百年的发展过程中，通过致力于创造兼具经典色彩和创新精神的时尚理念，成为享誉世界的传奇品牌。1913 年，在意大利米兰开设的备受青睐的精品店依然在意大利上层社会拥有极高的声誉与名望。普拉达产品所体现的价值一直被视为日常生活中的非凡享受。

普拉达亮眼的表现主要归功于普拉达的设计与现代人生活形态水乳相融，不仅在布料、颜色与款式工夫，其设计背后的生活哲学正巧契合现代人追求切身实用与流行美观的双重心态，在机能与美学之间取得完美平衡，不但是时尚潮流的展现，更是现代美学的极致。

普拉达每一系列的设计均流行在最前沿。对它来说，设计是个不断尝试和创新的过程，需要有不妥协的探索和实践精神。即使在今天，普拉达这个百年老字号，非但未因岁月的沧桑而显得过时，反而在花哨的潮流世界里，秉持它一贯精致的作风，显示出普拉达人到中年后那种成熟庄重又非常典雅的风韵。普拉达自成一格，以精致的皮革产品，而显得有声有色。凡是有能力的女人无不以拥有一两件普拉达产品为荣。

“除了普拉达你还梦想什么?”高贵、典雅、内敛是普拉达的精神。似曾相识的怀旧、新鲜亮丽的姿态，诠释着超凡脱俗的风韵，总是吸引着时尚的目光。因为普拉达能够给你带来快乐的人生。

五、普拉达与名人

高贵、典雅、硬朗是 Prada 皮具一贯的风格，自从 1913 年普拉达的创始人马里奥·普拉达创立了这一品牌开始，就注定它要走高消费路线，因为当时普拉达的顾客几乎都是意大利的名门闺秀。在时尚界，许多业内的大师都对普拉达皮包推崇有加，唐娜·凯伦（Donna Karen）就是黑色尼龙系列的追随者。普拉达最红的 Nappa Gauffre 褶皱包，当辣妹维多利亚、麦当娜、杰西卡·辛普森，这些老少明星都拎着一款上街的时候，便成了横跨春季和冬季的时尚宠儿。

2006 年，一部《The Devil Wear Prada》更是让普拉达名声大噪，使其成为更多无论是社会名流还是普通女人都想要拥有的一个品牌。

普拉达代言人——瓷娃娃吉玛·沃德（Gemma Ward）

澳大利亚少女名模，不到 20 岁的她，年纪永远会被猜得更稚嫩。带着一种梦幻般的、女童的纯净，气质清新、就像个洋娃娃。她就像那个夜晚偷吃的洛丽塔，充满了孩子气。

实际上，吉玛·沃德最初进入模特圈时已经是 15 岁了。那是 2002 年，她参加澳大利亚珀斯市超模选秀，虽然所有人都认为她非常可爱，但她却连初赛都没通过。

幸运的是，这次露面让很多人注意到了她。2003 年 9 月，她与纽约著名的模特经纪公司 IMG 签了约，公司随后将她走秀的录像带送给了普拉达公司，那时已是 2004 年春夏季时装周期间了，吉玛的样子让普拉达女士惊叹，她随即拍板，让吉玛·沃德为她旗下主线普拉达和副线 MIUMIU 做专属模特走秀。像当年的 Kate Moss 一样，有“时尚教母”普拉达的器重，想不走红也难。吉玛·沃德从此踏上事业的青云路，随后拍摄了普拉达和 Versus 的春季系列平面广告，并登上了澳大利亚版、意大利版和英国版 Vogue 杂志的封面以及 W 杂志的封面，新的合约开始纷至沓来，直到这个秋冬，火得一发不可收。

普拉达捧红过诸多女模，可是没有一个人的风格像吉玛·沃德那样贴合她的

MIUMIU。评论界常常开玩笑，说普拉达对 MIUMIU 很“私心”，把好玩的点子都倾注到这个以自己乳名命名的二线品牌里，尽情地泼洒童心，发挥了所有闪光的设计。而这个品牌又仿佛专为吉玛·沃德而设，带着一种梦幻般的、女童的纯净。吉玛·沃德也说她最爱的品牌就是 MIUMIU，“它是我的最爱。也许你看不出，它年轻、纯净，却是富有震撼力的”。——这评论仿佛是在说她自己。

普拉达 2013 早春度假系列包包广告大片曝光，摄影师 Steven Meisel 执镜，超模 Sasha Pivovarova 演绎，她身着时尚品牌服装，尽情展示着普拉达的简约舒适风格。

第七节　托德斯（TOD'S）
——时尚之都的高尚优雅

创 始 人：迪埃格·德朗·韦拉（Deigo Della Valle）
创始时间：1986 年
创始地点：意大利佛罗伦萨

一、品牌标识

托德斯的品牌标识是由一个椭圆形的外环和两个气势磅礴的兽头构成，椭圆环形的内部是黑底白字，TOD'S 字样高贵典雅，准确诠释了托德斯的优雅简洁。托德斯的标识充分地表达了托德斯产品的风格，展示了托德斯皮具的豪华气派。

图 4.31　托德斯品牌标识

二、品牌历史

托德斯是由意大利藉商人迪埃格·德朗·韦拉于 1986 年在意大利的佛罗伦萨创立的。

1975 年，迪埃格在伯伦纳（Bologua）大学结束了法律学习，在美国工作了一段时间之后回到意大利，继承了家族事业。

创立托德斯品牌的迪埃格·德朗·韦拉家族拥有百余年的制鞋历史。家族血统使它能拥有比一般公司更紧密的合作关系，也能让精致的工艺有完整、深入的传承。托德斯深深了解人们在生活中需要样式美丽、精心制作的鞋品，它们可以在各种不同场合穿着：工作环境、优雅的场合或是休闲的时刻。迪埃格·德朗·韦拉先生不断研究和革新最终使得如今拥有国际声誉的奢华的软帮鞋——Gommino 鹿皮鞋，这是一款号称人人必备的鞋子。它的鞋底由标志性的 133 颗橡胶粒组成，时尚人士亲切称其为“豆豆鞋”。Diego Della Valle 先生最初想设计一款极为轻软、有防滑作用，可当“开车鞋”的便鞋，专为法拉利车主而设计，主要为了让开车的人穿了之后踩踏板不会打滑。未料到推出以后大受欢迎，这些“豆豆”使得穿上TOD'S鞋的人感到非常舒适，久而久之竟成了整个品牌的美学象征。托德斯一举成为意大利制鞋业里的佼佼者。

迪埃格·德朗·韦拉先生在1997年进一步拓展了他的产品系列，推出了一款糅合经典与现代元素又不失别致的拎包，这便是D系列手袋，它完美地体现了托德斯一贯坚持的质地、设计风格和品牌精髓。

到2005年9月底，托德斯集团在全球范围内已有104家直营店及40家经销店。通过直营店铺销售也是抵御假货的一个有效途径。目前，托德斯集团超过一半的收入来自海外销售，其中，除意大利以外的欧洲地区销售额所占比重为28%，美国占有10%，亚洲占近13%。

2006年，亚太地区旗舰店在中国香港置地广场盛大开业庆典上，托德斯特别推出“Unique 001”系列手袋。这个系列珍贵无比，全球只有5件产品，材料全部选自珍奇皮质，分别用鳄鱼皮、蟒蛇皮、水蟒皮、鸵鸟皮和小斑马皮精制而成。每一款只有唯一的一件，这些“举世无双”的产品具有极高的收藏价值，而且极其奢华经典。

2006年，托德斯推出限量版的T Bag。该系列包最大的特色是材质优良，设计独特新颖，一经推出便受到明星们的追捧和拥戴。

2013年，春季TOD'S推出新款女士“Gommini”系列鞋履，被形容为像是走在水床上，完全没有压力的“豆豆鞋”。“在意大利才能找到世界上最棒的鞋子”几乎是大多数人心目中毋庸置疑的真理，被称为完全没有压力的“豆豆鞋”，便成为时尚人群中最炙手可热的单品。

三、经典作品

（一）D Bag

“D”系列手袋的设计简单大方，毫不炫耀装饰与奢华，而是将全力倾注于托德斯值得骄傲的手工技艺上。它的每一个制作环节却都满含了精益的手工技术：皮革选材、手工剪裁、手工缝制、亲手缀上托德斯标记、组装内衬。每个角上的皮帮都带有地道独特的托德斯商标和细节；底部的金属钮钉使手袋更加平稳，也保护手袋不受刮擦困扰，经得起历史和时间的考验。

图4.32　TOD's D Bag

最早的D Bag就像一个密不透风的小桶，外形浑圆而坚挺，是十足的坤式包样。但随着手袋流行更趋于休闲化，D Bag也逐渐柔和了性格，用料更加柔软坚韧，甚至在袋口加上了可以抽紧的皮绳。古董款的D Bag通常在包体正面有一条垂直的中缝，并且一定骑着这条缝加上Tod's的名牌，而这其实也是设计在D Bag上的唯一装饰。

“D”系列手袋有大、中、小三种规格，以小牛皮、黑漆皮、鳄鱼皮为主，从诞生之日起便成为镇店之宝，多年也被反复推陈出新，令粉丝们疯狂追捧。

D Bag 是一个设计非常简单低调的单品，它强调的并非是名牌性的华丽设计，它比较注重的是皮革质感的追求，还有实用性，这样的一个包包其实是受到很多明星欢迎的，很多女明星私底下喜欢轻松的装扮，这个时候提一个简单轻松的包包就变得很重要，但这个轻松的包包的质感又必须要很高，托德斯的 D Bag 正符合这样一个又轻松、又简单、又高质感的三重特色，难怪受到众多女明星的青睐。

（二）T Bag

T Bag 是 2006 年秋冬推出的系列，以独树一帜的拉链式外口袋为设计概念所推出的设计款式，兼具实用和时髦的外形，曾获 WALL PAPER 杂志评选为年度最佳设计。这款全新的 T Bag 包款另外添加了独特的俏皮元素，限定推出附有四叶幸运草坠饰的独家限量版，并在 Logo 吊饰背面特别烙印“TOD'S EXCLUSIVELY MADE FOR SHIN KONG MITSUKOSHI HSIN YI 10TH ANNIVERSARY”的字样。两款各限量 25 只，非常值得珍藏和纪念。

图 4.33 TOD's T Bag

T Bag 的选材是柔软昂贵的小羊皮，手感超乎寻常的细腻，这种包包材质搭配金色或银色的磨砂扣环、拉链，小铆钉，更添活泼跃动的休闲气息。T Bag 有多个口袋，外出时可以将不同的物件分门别类地放在不同的小口袋里。

四、品牌评价

无论是哪一款包，从精心打造的第一刻起，到呈现出永恒却不失完美的现代设计风格，托德斯就是手工制作经典皮具的完美标志。如果追求一款顶级的品牌包是一种虚荣，那么对托德斯的虚荣是值得的，它完美而深沉，因为低调而能够躲过媚俗的仿冒者的跟踪。同时还实用耐看，禁得住推敲，历久弥新。托德斯手袋用优雅而简洁的奢华追求极致的品位，高贵珍奇的质地，富有创新的设计，独具匠心的制作透视给人们，它不只是一个时尚的流行品，这是长久以来托德斯精神的标志，是托德斯献给时尚人士的精品。

托德斯皮具从开始制作到送至忠实拥护托德斯的名人、顾客手中的那一刻，每一分钟 TOD'S 的产品都被投入同样的细致精心。无论鞋或是包，都是点滴设计思维荟萃呈现的永恒而不失高贵的现代设计风格，托德斯就是手工制作的经典，男女皮具的完美标志。由最初的手工皮革切割，到将不同部分进行组合缝制，一款托德斯鞋的制作过程超过 100 道工序，均以纯手工完成，其间的每一道工序都由专门致力于该道工序的技艺精湛的工匠亲自操作。根据不同的设计，一款鞋最多要使用 35 片皮革，每一片都将进行单独的处理，并由专家负责检验每一件皮革，并监控其颜色、厚度、质地，因此，这些皮革都是统一规格。而在最终成鞋前和成鞋后更须经过严格的手工检验，保证它们的质量——哪怕存在有最微小的瑕疵，也将被淘汰销毁。托德斯拎包的制作工艺也毫不逊色，同鞋十分相似，从另一角度说，它的制作工程更像是一款精致古老马鞍的制作。托德斯皮具经典时尚、优雅端庄，不论商务或旅行、白天或黑夜，都是理想选择。

托德斯每一件单品制作过程中的每一步都是手工艺的奇迹的体现，从皮革的切割到手工的缝制，任何一个细节都充分保证了最终成品的优美和耐久的质地。托德斯不动声色地流露出顶级时尚的超然品质，实用耐看，禁得住推敲，历久弥新，在任何时代都可以成为经典。对托德斯的成功，美国媒体这样评价：迪埃格比任何一位欧洲的商人都更了解美国及亚洲市场，此外，他还理解那些生活在飞机上，穿洲过界的国际人士的需求。

在 TOD'S 的工厂里，每天上千位工匠用自己的双手缝制出一款款皮鞋，这听上去更像是 19 世纪工业革命以前的事情。但它的确就是意大利 TOD'S 公司在 21 世纪的生产情景。这家奢侈品生产公司已经有 100 多年的历史，现任首席执行官德拉·瓦莱是这个家族企业的第三代领导，即便这样，这家公司仍然固执地秉承着传统的手工生产工艺。德拉·瓦莱解释说："现代化生产不符合 Tod's 追求高质量、高品质的理念。"

五、托德斯与名人

从 FASHION SHOW 到奥斯卡颁奖典礼，只要有名模、明星、名流出席的场合，都可以见到托德斯的"芳踪"。一时之间，莎朗·斯通、哈里森·福特、辛迪·克劳馥等巨星、名模，几乎人脚一双托德斯的便鞋；女士则除了便鞋外，还有方形购物袋 D Bag。托德斯成了名流们的"生活必需品"。

托德斯 2008—2009 秋冬系列广告，选择与独具魅力的奥斯卡影后格温妮丝·帕特洛（Gwyneth Paltrow）一起拍摄，拍摄场地是格温妮丝一向钟爱的意大利 Capri 岛，并由国际著名的时装摄影师 Mario Testino 操刀。格温妮丝完美演绎了意大利贵族丰饶豪华的户外生活，让人想起永恒经典的 Grace Kelly 及 Katherine Hepburn。而在格温妮丝为托德斯拍摄的电影短片中，我们关于罗马的浪漫记忆也因为 Tod's 的 Pashmy 手提包被全部唤醒。

格温妮丝与生俱来的优雅气质，无论银幕上下均散发着光彩，将广告中的神韵拿捏得恰到好处。她说："意大利风格是非常性感、极具女人味的，同时我也喜欢它潜藏的无穷无尽的启发。"

如果说好莱坞的黄金时代为广告的拍摄带来了灵感，那其实只说对了一半。也许是电影《天才里普雷先生》中的 Amalfi 海岸镜头，让我们觉得它带有浓浓的怀旧感，可是广告的成果完全不然。摄影师 Mario Testino 以其尖锐独到的眼光和其卓越技巧，悄悄地捕捉目标深藏的性感美态。Mario 的作品视觉效果强烈，且富有现代感又历久弥新，将托德斯的 DNA 完美体现。格温妮丝不但穿上了本季必选的高跟鞋，更穿上了完美形态的牛仔裤，加上如牛油般柔软的机车夹克。托德斯创意总监 Derek Lam 表示："格温妮丝以永恒不变的优雅和时代的触觉，自然地流露出了美国女性的精神，成为 TOD'S 女性的最佳代言人。当然，除了她无懈可击的风格外，我们同时也非常欣赏她作为演员的作品。”

正因如此，托德斯更首次邀请格温妮丝参与其首部电影短片的拍摄。短片由著名导演 Dennis Hopper 编写及执导，内容如同现代的童话故事。在短片中，格温妮丝饰演一名经常被世界各地传媒紧盯的著名女星，她正接受一名英俊的记者访问。在访问中，格温妮丝发现有记者正在偷拍，在匆忙离开时留下了她宝贵的“Pashmy”手提包。为了将其情有独钟的“Pashmy”手提包物归原主，英俊的记者于是四处寻找美丽的女星，并在罗马外面的华丽舞会中重遇她。Hopper 说：“灰姑娘有鞋子，而格温妮丝有的便是托德斯手提包。”

托德斯集团主席迪埃格·德朗·韦拉表示：“这角色非格温妮丝莫属。她是我们品牌最完美的大使，现代、迷人，而且重视家庭。我认为她是奥黛丽·赫本的现代化身。”Hopper 说：“将难忘的电影浓缩为 8 分钟的短片并不是最困难的部分。”除了故事的中心外，这部极为奢华的短片还包含了各式各样目不暇接的额外元素：精巧的蔓藤花样图案、高跷上的小丑、古董马车、街上的卖艺人，甚至乐队。特别当实际拍摄现场与剧情发展相似时，世界各地的传媒一知道格温妮丝及 Hopper 在这儿的时候立即蜂拥而来。拍摄的每一个人都产生了如同费里尼经典作品 LaDolce Vita 般的共鸣。

格温妮丝与 TOD'S 的合作可谓再自然不过，格温妮丝热爱意大利，自己也是托德斯产品的爱好者。片中格温妮丝以两个不同的造型演出，并配上 TOD'S 各式各样的产品。影片造型师 Elizabeth Stewart 表示，格温妮丝轻而易举地演绎了由托德斯创作总监 Derek Lam 设计的优雅服装系列。“格温妮丝有一种经典而独特的风格，充满城市的触觉；即使简单如牛仔裤及白衬衫，她也可以穿出味道来。我觉得她的特质正好符合 Derek 纤细简约的设计风格。晚宴的场景重点在于突出她的晚装包，而日装的焦点则一定是 Pashmy 手袋。容量大而轻巧的 Pashmy 手提包是每位女性的必需品”。

第八节　登喜路（Dunhill）
——让男人心动的经典

创 始 人：阿尔弗雷德·登喜路（Alfred Dunhill）
创始时间：1893 年
创始地点：英国伦敦

一、品牌标识

Dunhill 的品牌标识是以创始人的名字，黑体字 Dunhill 成为识别登喜路的最显著标识。它简洁大方，俊秀飘逸，充分地体现了登喜路产品稳重实用、精益求精的传统本色。

图 4.34　登喜路品牌标识

二、品牌历史

登喜路有着100多年的发展历程，英伦湿润的气息使得它有着传统、优雅的美誉。它的设计风格可以归结为实用、可靠、稳重。集独特创意和超凡的工艺于一身，是为数众多的奢侈品品牌当中，颇显男性的阳刚魅力与英国式的优雅风格。

1893年，阿尔弗雷德·登喜路在英国伦敦创建了登喜路品牌。1902年，阿尔弗雷德在伦敦开设了一家旗舰店，并且获得了很大的成功。“登喜路驾车族”是年轻的阿尔弗雷德·登喜路为公司起的名字，这个伟大的事业开始于20世纪早期的伦敦。在当时，驾车只是少数人消遣和娱乐的方式，这些人一般都是富家的公子、喜欢冒险的贵族或是那些富有且行为不羁的人士。而登喜路就为这些人设计和提供顶级的皮具。1904年，在水晶宫举办的国际服装、面料和纺织品博览会上，登喜路的服饰赢得了“驾乘专用服饰”的金奖。1907年，登喜路开始致力于制造豪华的高尔夫系列产品。随后的时间，登喜路公司把自己的产品线拓展到体育用品和航空产品系列。

进入21世纪以来，登喜路凭借自己产品的卓越品质，将男性的阳刚魅力演绎的极致奢华。2004年，登喜路著名的设计师比尔·安博格、瑞查德·詹姆斯、尼克·艾甚力和汤姆·波尔特都推出了自己的经典之作 Sidecar Amber 皮具系列，充分地展示了男人的优雅、绅士和刚毅。

阿尔弗雷德一生都疯狂迷恋速度、精准、烟草。他性格倔强、富有才华，不仅是商业天才而且还是优秀的钢琴家、驾驶高手。在他的一生中，拥有着辉煌的事业和高品质的生活。他从15岁开始便接受马车皮具学徒生涯的训练，卓越创造力体现在一连串的发明清单上：防风烟斗、白点标志、手调烟草等，他将登喜路的风格定为始终有骑士影子的绅士产品：从赛马会、板球、烟草烟斗、皮具、绅士服装、腕表、香水到男人需要的一切益智精巧的小玩意。

从阿尔弗雷德·登喜路100多年前开设他的第一家汽车配饰产品专卖店开始，到21世纪初所赞助的国际汽车赛事，这种无畏的冒险精神贯穿了登喜路发展的全部历程，并成为登喜路的风格和特点。这份冒险精神加上对奢华独到的理解造就了登喜路辉煌的今天。

当维多利亚时期年轻的赛车手们终于得以真正地放开手脚，将汽车驾驶到极致，享受愉悦、疯狂而刺激时，适合身份的驾车服就成了问题，他们需要配备一些特殊的服装。而阿尔弗雷德·登喜路正是为他们提供这种装备的人。

三、经典作品

登喜路皮具是世界上最能让男人动心的皮具用品。它色彩低调、款式多样、主张绅士主义和实用主义的结合。专门装烟斗和香烟的口袋、皮面短而又耐高温的技术等，无处不充满了登喜路对男士的特殊关怀。

登喜路皮具具有悠久的历史，标志性产品有6大系列：Ensign、Motorities、Sidecar、D-eight、DunhillConfidential、Dunhill Tradition。

登喜路“Ensign 全皮”系列特为快节奏的都市人所设计。棕色压花牛皮，触感柔顺，轻巧耐用。边角处细致的加厚衬边，让你在匆匆步出希思罗机场候机大厅，赶往斯坦福桥足球场的私人包厢途中，尽可放心的承受少许碰撞摩擦。该系列的皮具采用英国传统制革法，在伦敦工作室纯手工精心打造，由高度精准的刀具单独切割，用专用缝针走线和刻痕。闪烁着美丽的古铜色泽的精美皮革，随着时间流转而产生愈发美丽的光泽。

每款 Ensign 皮具都独一无二，个性十足，表现出男性的坚实、精美、强健。每一款都配有拉链式背带、文件袋、磁式翻盖，可以作为手提电脑包使用。每款 Ensign 背包都配以登喜路标志性的可调节式条纹肩带，风格各异，超凡脱俗。登喜路 Ensign 休闲皮包系列为繁忙的生活中增添一抹奢华气息。坚固、精致与耐用使得登喜路 Ensign 皮具系列充满阳刚魅力，成为现代繁忙生活中的主流风格。

图 4.35　登喜路 Ensign 手提包

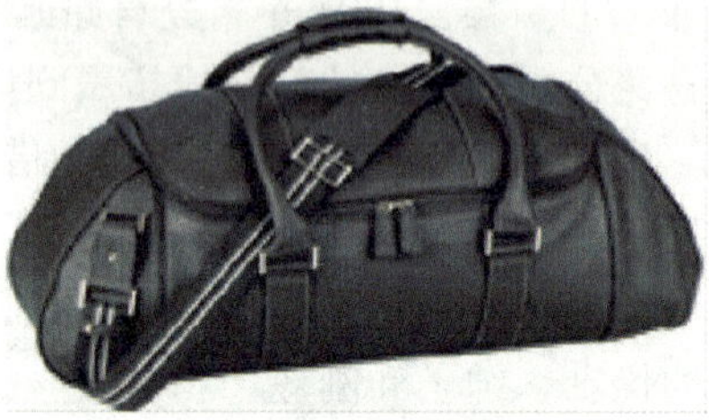

图 4.36　登喜路旅行衣物专用袋

此大提包有许多用途，非常适合周末旅行。此款式的最大特色包括双拉链开口，可提供更大的使用空间，同时也可以充分打开开口，轻松收藏个人用品。内部功能则包括两个平口袋和一个安全拉链口袋。大型手柄以柔软的皮革制成，即使装满也能舒适的提取。

Ensign 大提包的设计与之前推出的 Cricket 健身包如出一辙，设计有多个隔层、空间宽敞、功能强大也便于手提。深棕色小牛皮革，质料轻便柔软，备有宽大拉链，方便开启，是经典的周末出游必备旅行包。

“Tradition” 系列是登喜路最引人注目的系列。这款包全部都是手工制作，植物鞣制染色技术都用到极致，令人叹为观止。

Tradition 皮具的外观设计十分高贵典雅，工艺制作十分精细，手工走线细腻规范，皮面处理完美无缺，手工着色准确自然，造就了 Tradition 皮具的高雅气质。新一代的 Tradition 在保持原有经典特质的基础上，在选材上更是奉行至轻至柔的理念。每一间皮具都用顶级的植鞣小牛皮，有着令人难以置信的轻柔质感，倾倒了所有迷恋它的使用者，其完美与细致令人难以忘怀。

四、品牌评价

登喜路凭借着出类拔萃的品质早已成为世界知名的奢侈品品牌，尤其是为众多的男士追逐和推崇。它的很多产品都是为男性设计的。男装、皮具、打火机、男用香水等。登喜路不仅注重产品的外形设计，而且也非常注重产品的实用性。比如在登喜路皮具“Motorities”系列一款挎包的背后有几个小孔，这是专门为了手机设计的，手机装在包里也可以听到响亮的铃声，就不会漏掉重要电话，这只是一个小细节。还有一款休闲男装的兜非常之大，除了装手机、钱包等，还可以装几本杂志，很实用，这是登喜路一贯的传统。

早在 20 世纪初，登喜路已经是英国皇室最为青睐的供应商，尤其是威尔士亲王，对登喜路的产品极为推崇。英国首相丘吉尔也是登喜路产品的拥护者，在战争期间，人们能够经常看到他穿着登喜路的男装出现在各种场合。这足以说明，登喜路产品已经成为男性用品中的经典，绅士生活的必备之物。

五、登喜路与名人

登喜路拥有忠实而尊贵的顾客群，他们每一位都是当时流行时尚的引领者。这份名单包括：西班牙阿方索国王，挪威肯特公爵、暹罗（今天的泰国）国王、埃及国王法鲁克、荷兰王子贝恩哈德、印度大公，以及萨默塞特·毛姆、奥利弗·哈代等。几乎每个人都很喜爱登喜路的香水，享用登喜路的雪茄，同时希望通过登喜路的手表来知晓时间，用登喜路的钢笔和文具给亲朋好友写信。登喜路在战争时期最著名的顾客是英国首相丘吉尔。第二次世界大战后，众多明星也加入了登喜路客户的阵营。如今，人们可以在 Chartwell 一睹这些名人明星喜爱的那些独特的古董产品的风采。

2008 年 4 月，鉴于国际巨星裘德·洛（Jude Law）过去两年在亚洲成功代言登喜路品牌，登喜路与其继续签约，使他成为登喜路全球代言人。

在英国年轻一代的演员中，不乏外形优秀的男星，但裘德·洛给人留下的印象却最为深刻。摩羯座的他除了有一张迷倒众生的英俊面孔外，还有嘴边那抹似醉非醉的笑意，仿佛身后藏着许多令人难解的谜题。自踏入电影界以来，裘德·洛屡屡被国际大导演盛邀演出，可以说是星运亨通。他在银幕上成功地刻画了一个个令女性着迷的角色，体现出非凡的表演才华。

裘德·洛于 1972 年 12 月 29 日出生于英国伦敦。1992 年，学有所成的裘德·洛开始了其演艺生涯，在伦敦主演了多部舞台剧。1994 年裘德·洛在《疯狂追缉令》（Shopping）中饰演一名飙车、打劫、商店寻乐的英国街头少年，出色的演技令其声名鹊起，得以受到英国制片商的青睐。1995 年裘德·洛前往美国百老汇发展，在著名女演员凯瑟琳·特纳的极力推荐下，出演《鲁莽》（Indiscretions），并因此荣获托尼奖最佳男配角奖及世界戏剧奖。随后，他开始将主要精力投向电影，并取得卓越的成就。

围绕英伦绅士新风尚之理念，登喜路在风格、创新、质量和智慧上挖掘价值，创下了卓尔不凡的声望。作为现代男性的典范，裘德·洛自身的阳刚气质和其如日中天的演艺事业与登喜路的新绅士精神理念完美契合。正如裘德·洛这样评价道：“登喜路作为奢侈品品牌，可谓实至名归。他们崇尚经典，与时俱进，坚持将创意设计思路、完备的使用功能和卓越的品质完美结合。”

第九节　芬迪(Fendi)
——来自罗马的尊贵典雅

创 始 人： 爱德拉·卡萨格兰德（Adele）
爱德华多·芬迪（Edoardo Fendi）
创始时间： 1925 年
创始地点： 意大利罗马

一、品牌标识

20 世纪 80 年代起，设计大师卡尔·拉格菲尔德设计的芬迪“双 F”标识成为显贵华丽的代名词。“双 F”的标识最初是用于皮革制品衬里上的花纹，后来才逐渐用于芬迪一系列手袋及配饰中，成为芬迪商标。

图 4.37　芬迪品牌标识

品牌初期的标识是小松鼠。关于这只小松鼠还有一段美丽的爱情故事：在芬迪夫妇的一次结婚纪念日上，爱德华多·芬迪送给太太爱德拉一幅绘有小松鼠的木画，爱德拉十分喜爱这只可爱的松鼠，为了纪念丈夫的深爱和呵护，爱德拉把松鼠作为芬迪的标识印在了芬迪的购物手袋上，这成为芬迪的第一个标识。

二、品牌历史

意大利人爱德拉·卡萨格兰德女士于 1918 年在意大利的罗马创办了芬迪品牌。那是在第一次世界大战结束后不久，爱德拉·卡萨格兰德女士在罗马开设了一家专为城中显贵及好莱坞女星设计定做皮草大衣的“皮革皮草专卖店”，这家店就是现今闻名全球的精品王国——Fendi 的前身。1925 年，爱德拉·卡萨格兰德与爱德华多·芬迪结为连理，时装店也因此改名为芬迪时装。1938 年，芬迪夫妇的第二家时装店在罗马开业。

芬迪夫妇有 5 个聪明可爱的女儿，这也决定了以皮草起家的 Fendi，是一个从创立开始就以母系为中心的家族企业。第二次世界大战结束后，芬迪年仅 15 岁的长女保拉（Paola）投入家族生意。以后的几年间，芬迪的其他 4 个女儿安娜（Anna）、弗兰卡（Franca）、卡拉（Carla）和阿尔达（Alda）陆续成为 Fendi 的第二代传人。5 个女儿的加入，正好为公司提供新的想法与活力，也让 Fendi 更贴近当代女性日新月异的需要。5 个姐妹没有辜负家族的众望，他们以出色的创意和领导才能让芬迪立于世界奢侈品品牌之林。

1965 年，年轻的卡尔·拉格菲尔德（Karl Lagerfeld）加盟，他用两个反转的 F 字母组合为芬迪设计了 Logo，是继香奈儿的双 C 字母、古琦的双 G 字母后的又一经典双字标志，Fendi 至此正式成为一流的国际品牌。

芬迪夫妇的外甥女希尔维亚（Silvia Venturini）成为芬迪的第三代传人，芬迪经历了 80 余年的历史，是继 Prada、Gucci 之后，又一个米兰热门时尚的象征。

芬迪推出的皮草成衣系列，成功开创高尚时装风潮。继此之后，Fendi 再起革命，为皮具产品注入新构想。各款优质真皮手袋，破天荒地结合了印刻、编织、染色及鞣革等新技术，令人眼前一亮。从此，女士们的手袋不单是一件随身携带的实用物品，更是高级的时尚配饰。

自 20 世纪 70 年代开始，Fendi 家族开发了另一项让他们从此屹立不倒的拳头产品——手袋。要说 Fendi 有多少堪称经典的手袋系列，两个人四只手也数不过来：1997 年的 Baguette 手袋，后来的 Ostrik 手袋、Diavolo 和 Biga 手袋，以及 Chef 手袋，还有人所共追的形状细长的法国长面包形手袋，掀起一股全球抢购热潮，成为 Fendi 的代表作。这款由爱德拉·卡萨格兰德外孙女 Silvia Venturini Fendi 设计的法国长面包形手袋，款式超过 400 种。稍后，更出现了牛角包系列，如果你可以算作一个 20% 的时装迷，就不可能对牛角包一无所知。

芬迪让女性为之疯狂的各式手包，款式独具创意，从精致的刺绣镶珠设计、充满民俗风情的绑染布料到镶以仿钻和貂皮的高档材质都有，让人爱不释手。多变化的材质，可背可提可挎的多样式设计满足了所有人的不同喜好，实现了与服装的完美搭配。

芬迪一直致力于为人们带来奢华瑰丽的优质产品，而手袋是女士们衣柜里最重要的一部分，反映出她们的个性和风格。芬迪一直领导手袋潮流，每一款产品均是原创意念、精致刺绣、匠心设计和卓越工艺的完美结晶。

2001 年，芬迪被世界上最大的奢侈品集团 LVMH 并购，同时为了保持芬迪品牌特色，LVMH 让芬迪 5 姐妹仍然参与芬迪的经营，并耗时 3 年在芬迪的创始地罗马修建了富丽堂皇的总部，期望着芬迪能再创辉煌。

2012 年，Pietro Beccari 被任命为首席执行官。Fendi 以一系列活动庆祝 Baguette 15 周年——定制概念店以及 Rizzoli 公司出版的 Fendi 手册书，这部书重新编辑收藏了 6 只 Fendi 最优秀、最出色的 Baguette 手袋，以此纪念其获得的巨大成就。Baguette 掀起的狂潮一如既往。

三、经典作品

（一）柏格（Baguette）包

Baguette 包在 1997 年 3 月推出并走红世界的一款包。由意大利时装屋芬迪正牌传人设计塞尔维亚·芬迪（Silvia Fendi）推出。芬迪的 Baguette 手袋法文名字原指法国长棍面包，法国人在买了长棍面包之后一般都把它夹在腋下带回家，而这款略显长方形的芬迪小皮包有着短短的背带，当你背着它时正好把它夹在了腋下，Baguette 的名字也由此而来。当 Baguette 手袋刚刚面世时，销售未见火爆，正巧当时开始拍摄不久的电视剧

《欲望都市》正苦于找不到合适的赞助商，芬迪慧眼独具成为《欲望都市》的赞助商。四个时髦女郎特别是女主角 Carrie 和最受欢迎的放荡女 Samantha 在电视剧中总是拿着各色各样的 Baguette 手袋在纽约的大街小巷招摇过市。电视剧迅速在全球蹿红后，Baguette 手袋也卖断了货，芬迪赚了个盆满钵满。芬迪凭借这一经典的设计，成功地摆脱了品牌多年来予人"古板"的形象，也使之成为时尚界的新宠，全世界的名流莫不以拥有 Baguette 为傲，更以拥有它为至尊无上，这就是在时尚界著名的柏格风潮。

图 4.38 柏格包

图 4.39 普拉柔

图 4.40 普拉柔

（二）普拉柔（Fendi Palazzo）

Fendi 一直尊重历史传统，并将超凡工艺、奢华质料与昔日的美学观融合为一，创制精彩的时尚服装及配饰，全新的 Fendi Palazzo 手袋正是其中一项代表作，Fendi 从罗马传统中汲取灵感，悉心创作这款 2006—2007 秋冬系列之标志手袋。回顾几百年来的意大利历史，水桶是罗马人日常生活的一部分，用以运送货物、杂货、井水以及矿场的石块，为意大利的庄严建筑提供稳固基石。象征创意与革新的时尚品牌芬迪采用了深受欢迎而历久不衰的圆筒形作为素材，并重新演绎，效果令人惊叹。每款 Fendi Palazzo 手袋更备有两种不同手柄设计，这种设计灵感均源自典雅的罗马建筑。手袋备有两款尺码，并有不同款式，简约版本选用特柔软的小羊皮或麂皮缝制，衬以精致金线，突出圆筒形状。最华丽的款式则是小牛皮或羊皮配虎纹印花，袋身满布金色窝钉。Plexi 金银丝砖块款式，别具新意。手柄长度既适合手挽，也可挂肩，潇洒有型。每款 Fendi Palazzo 手袋更备有两种不同手柄设计，小羊皮饰带结辫或光面 Plexi 链条。全新 Fendi Palazzo 手袋每款型号附有芬迪独特印记，标志着卓越的工艺与质量。

（三）“Allin 手袋”系列

2013 年 6 月，意大利手袋设计名门 Fendi 为都市时尚质感女性设计发布了全新的购物手袋，取名 Allin，意在将女性的所有东西都能轻巧方便收纳。“Allin 手袋”设计体现了时尚简约的风格，外层物料采用了最优质的 Flamingo 小牛皮，质地光滑柔软。设计师细心地运用特别的剪裁技巧，加强手袋边缘的承托能力，令圆浑流利的手袋线条不会被皮革柔软的特质所影响。正因为如此，Allin 手袋是市面上唯一一款可以自行站立，不需要任何支撑的皮质购物袋，它将以极具风格的线条及优质的用料俘虏一众潮流人士的心。

图 4.41 “Allin 手袋”系列

四、品牌评价

为顾客提供最独特矜贵的优质产品，是芬迪一直坚守的承诺。芬迪一次又一次开创华丽手袋潮流，品牌地位傲视同侪。芬迪致力于为顾客带来奢华瑰丽的优质产品，而手袋是女士们衣柜内最重要的一环，反映出她们的个性和风格。芬迪一直领导手袋潮流，每一款产品均是原创意念、精致刺绣、匠心设计和卓越工艺的完美结晶。芬迪的行政总裁同时也是来自 LVMH 集团的麦克尔·伯克在芬迪八十周年庆典谈及芬迪时说：“芬迪深厚的文化底蕴、开拓创新的设计思路和精湛的制作工艺是品牌枝繁叶茂的根基，我相信品牌本身巨大的潜力，再加上 LVMH 集团清晰的目光及远见，定能在今后登上更高的层次，成为时尚界独一无二的奢侈品品牌。”

五、芬迪与名人

全球精于打扮而魅力四射的女士们，独具个人品位，流露一派优雅气质，很多都不约而同地选择芬迪手袋，足以证明芬迪在时尚潮流手袋的至尊地位。莎拉·杰西卡·帕克（Sarah Jessica Parker）、朱莉安·摩尔（Julianne Moore）及莎朗·斯通（Sharon Stone）都是芬迪手袋的拥护者，她们各有自己心爱的 Biga Mesh 华丽手袋（全球仅限量 30 个）。潮流代言人珍妮芙·洛佩兹、哈莉·贝瑞及妮可·基德曼均穿着芬迪服饰，彰显其非凡品位。

在众多明星当中莎拉·杰西卡·帕克更可谓引人注目。而提到她，我们都会不禁想起《欲望都市》，除了四个女主人公异常丰富的感情经历，最令人难忘的要数那些数不胜数的服装、鞋子和包包了。

莎拉·杰西卡·帕克于 1965 年 3 月 25 日生于美国俄亥俄州。成长于辛辛那提，早年遭生父遗弃，母亲再嫁后共育有八名子女。自小练习芭蕾舞团和美国芭蕾舞剧院作职业演出，8 岁时即在当地参加电视剧演出，11 岁随家迁居纽约，随后与史长登上百老汇舞台，出演《真善美》、《安妮》等剧目，并在《安妮》中担任主角达两年之久。1979

年踏入影视圈，1981 年以电视剧《Square Pegs》崭露头角，20 世纪 90 年代初以《爱就是这么奇妙》、《今夜你寂寞吗》等片打响知名度，戏路也逐渐拓宽。近年将主要精力投入到电视圈，1998 年开始出演热门电视剧《欲望都市》，其后凭该剧连续三年赢得金球奖、电视剧类最佳女主角奖及艾美奖的肯定。

2001 年莎拉主演了影片《没有男友的生活》。2004 年参与了迪斯尼动画片《牧场是我家》的配音。银幕下的她也是个情感丰富的女人，并时常成为绯闻中的主角，1984 年因拍摄《引郎入室》与男演员小罗伯特·唐尼结缘，而后展开长达七年的亲密关系。1997 年 5 月与男星马修·鲍德里克共组家庭，2002 年秋天迎来了他们的爱情结晶 James Wilke Broderick。2008 年，莎拉与《欲望都市》原班人马汇聚一堂，出演由电视剧改编的同名电影。

在《欲望都市》当中，莎拉·杰西卡·帕克扮演的 Carrie 曾经拿过各种款式的芬迪手袋。这足以证明戏里戏外，她都是芬迪手袋的拥趸。明星的时尚效应是足够大的，该剧播放之后，一时间剧中的芬迪包几乎成了全球女性争相抢购的对象。

第十节　爱玛仕（Hermès）
——追求完美、一丝不苟

创 始 人：蒂埃利·爱马仕（Thierry Hermès）
创始时间：1837 年
创始地点：法国巴黎

一、品牌标识

爱马仕的品牌标识由字母和图案构成。其中上面是一辆敞篷的四轮马车和一个赶车人，下面是爱马仕的姓和品牌的创始地。爱马仕以定做高级马具制造起家，随着时代的日新月异，将敞篷的四轮马车和赶车人作为自己的标识，它是爱马仕家族起源于马具制作的传统象征，同时它也暗示着爱马仕的品牌宣言，即爱马仕的卓越与经典只有通过消费者的参与和理解才能够永远的被继承下去。

图 4.42　爱马仕品牌标识

二、品牌历史

历经了 170 多年的风雨沧桑，爱马仕家族经过几代人的共同努力使其品牌声名远扬。

爱马仕只是巴黎城中一家专门为马车制作各种配套的精致装饰的马具店，在 1885 年举行的巴黎展览会上，爱马仕获得了此类产品的一等奖。此后，爱马仕之子埃米尔·

查尔斯再建专卖店，生产销售马鞍等物品，并开始零售业务。随着汽车等交通工具的出现和发展，爱马仕开始转产，将其精湛的制作工艺运用于其他产品的生产之中，如钱夹、旅行包、手提包、手表带，以及一些体育运动如高尔夫球、马球、打猎等所需的辅助用具，也设计制作高档的运动服装。爱马仕品牌所有的产品都选用最上乘的高级材料，注重工艺装饰，细节精巧，以其优良的质量赢得了良好的信誉。

19 世纪初，法国人蒂埃利·爱马仕出生在德国。1837 年，27 岁的他在巴黎创办了马具制造工厂，开业初期专门制造有关骑马的皮革制品做批发。他制作的马具因手艺精湛、质量上乘，博得王室贵族的喜爱。在 1867 年的世界贸易博览会上，爱马仕凭借其马车配件的手艺精湛赢得了一级荣誉奖项。

1879 年，爱马仕传至第二代即蒂埃利的儿子查理·爱马仕（Charles Hermès）手中，1880 年，查理把爱马仕的旗舰店搬到了商家云集的巴黎福宝大道 24 号。

20 世纪初，汽车诞生并逐渐流行，马车或骑马代步似乎难免遭受淘汰。马具制造业因而步入黄昏。当时爱马仕已传至第三代即蒂埃利的孙子埃米尔·莫里斯·爱马仕经营，面对此困境，家族掌舵人毅然决定把公司转向生产皮具及行李箱。同时，埃米尔还发明了具有神奇功能的拉链，并取得了拉链专利在法国的使用权。埃米尔为公司的发展找到了商机，重新塑造爱玛仕风格，更使得家族企业脱胎换骨般发展。

1930 年，爱马仕推出一款能让女士平常上街用的包，后来演变成“凯莉包”。

1951 年，埃米尔的女婿罗伯特·迪马接掌了爱马仕公司。1978 年新任总裁吉恩·路易斯·迪马作为第五代传人，在接手公司后使得爱马仕有了巨大的飞跃，由一个纯手工业的家庭工厂发展成生产高级精品的跨国集团。1992 年，爱马仕在位于巴黎市郊 Pantin 的大楼落成，为设计部门及皮革工厂提供更宽敞的工作空间，其大堂入口还摆放了一尊展翅的飞马铜像，象征爱马仕锐意进取。凭借优质的原材料及独具匠心的工艺，不断拓展领域，创造新高峰。爱马仕含蓄地荟萃过去、现在及未来，在尊重材质及原创手艺的基础上，准备就绪，为更高的理想迈步，但又时刻不失自我的灵魂。

爱马仕有着丰富的产品线。1920 年，爱玛仕的企业总部落成，产品线也积极拓展至手提袋、旅行袋、手套、皮带、珠宝、笔记本、烟灰缸及丝巾等，其中尤以丝巾最为人称道。首条丝巾作品名为“Jeu des Dmnibus Dames”。爱玛仕丝巾以高级真丝制造，在柔滑光身的丝面上，印上华丽贵气的图案。每一条丝巾从印花设计至制作完成，往往需时半年至一年，制作之严谨实在叫人佩服得五体投地。

1956 年，好莱坞明星格蕾丝·凯莉由于使用爱马仕 1930 年推出的一款包在媒体频频亮相，因此这款包被命名为“凯莉包”（Kelly Bag）。此款包采用特殊缝法，并且有着精巧小锁装饰，携带起来优雅方便。至今“凯莉包”仍旧是每个爱美女士的“必有物品”。1961 年，首度推出香水系列；1976 年，更进军高级腕表市场。

1974 年，爱马仕柏金手袋（Birkin Bag）诞生。当时的爱马仕总裁在飞机上遇到了法国的女歌星简·柏金（Jane Birkin），她向总裁抱怨说，现在都找不到做工精良又实用的大提包，于是爱马仕的总裁就为她专门设计了这款手袋，并以她的名字来命名。

1984 年，推出“柏金包”。这款包以 20 世纪 60 年代法国著名女明星简·柏金的名字命名。这款包以细节出类拔萃而闻名于世。当时社交界的名媛雅士要想得到这款包，要等上几年也在所不惜。

2013 年，推出新款的包款系列，非常引人注目。以大胆、颠覆传统地对比色调缝制，双色提把与同色系内里设计，玩起色彩游戏，将明亮的颜色搭配沉稳色调，在正与负、内与外等细节上做设计上的变化，改变以往呆板的印象。

图 4.43　爱玛仕 2013 年新款包

发展至今，其男女装更晋身一流品牌之列，与其他传统制衣牌子看齐。这种发展路线有点像路易·威登，两者皆先以皮袋闯出名堂，后再发展时装。在不断扩充产品类型下，爱玛仕已渗入每个讲求品味人士的生活细节里；地球上，差不多每处繁荣的城市都有爱玛仕的踪影。

三、经典作品

限量生产的 Hand-made 皮具爱玛仕最为时尚迷所推崇的便是各类皮革制品，为了追求品质完美无瑕，Hermès 的各类皮革制品均限量生产、人手制造，尤以凯莉包（Kelly Bag）及柏金包（Birkin Bag）为其顶级代表作。

（一）凯莉包（Kelly Bag）

20 世纪四五十年代好莱坞女星格蕾丝·凯利（Grace Kelly）。她多次成为著名导演希治阁（Hitchcock）的电影女主角。后来她邂逅欧洲小国摩纳哥的王子，并在 1956 年下嫁成为摩纳哥王妃。其后，传出消息说格蕾丝·凯利怀有身孕。有一次，她为了躲避记者镜头，自然地以 Kelly Bag 遮掩隆起的小腹，成为经典的一幕。爱玛仕其后获得摩纳哥王室同意，正式以王妃婚前的姓氏为此手袋命名为“Kelly Bag”，这是爱玛仕最经典的产品。Kelly Bag 可以由不同皮革所制。在《Life》杂志的封面，格蕾丝·凯利拎着一款最大尺码的鳄鱼皮凯莉包，伴掩着身怀有孕的身躯，流露出将要做妈妈的女性妩媚，给人们留下深刻的印象。这个封面足以让凯莉包风靡世界，从此这款凯莉包缔造出 50 多年的经典传奇。

图 4.44　凯莉包

每一款凯莉包，由采购人员从每年全球的拍卖会采购到上等的皮革，精选之后每一块皮革只选最好的部分。手袋的缝制自始至终由一个师傅进行，全球定制这款手袋的奢侈品信徒们，必须等上六至七年后才有货可取，而它的市面炒价已经达到60 000美元以上。皮革是一部分的价值，更有价值的是耗于其上的时间和它的手工艺术。

（二）柏金包（Birkin Bag）

1984年，爱玛仕推出了令人梦寐以求的“柏金包”。这款包是以法国女星简·柏金（Jane Birkin）的名字命名的。柏金包兼具优雅与实用性，与凯莉包同样是由马鞍袋演绎而来。袋身较宽且深，盖袋利落的三片状设计，展现其潇洒简洁的风格。一次，爱马仕主席兼行政总裁杜迈先生在飞机上偶遇到初为人母的简·柏金。两人在交谈过程中，杜迈先生发现简·柏金使用的不是著名的凯莉包，他问其原因时，简·柏金解释道：“其实并不是我不喜欢凯莉包，而是因为凯莉包的袋身较窄，让我无法把婴儿的尿布、奶瓶等杂物同时都放进去。”为此，杜迈先生灵机一动设计了容量较大的柏金包。兼具优雅与实用于一身的柏金包，不仅能够充分展示出现代女性的能力与自信，尤其在休闲之时，适合旅行登机的柏金包更是方便、实用并充满时尚感，因而大受大众的青睐。另外，由于柏金包容量大、易于放置文件，也有许多追求高品位的职业女性把它当作公文包使用。

图4.45　柏金包

柏金包的尺寸有30cm、35cm、40cm、45cm等4个不同的选择，皮质却有90种不同的素材与颜色可以选择（牛皮、羊皮、猪皮以及比较珍贵的鳄鱼皮，鸵鸟皮以及蜥蜴皮）。价格从最基本的款式开始，是9 000美元，到豪华的珍贵皮质为50 000美元不等。这样的天价，却往往拿不到现货，因为每只包都是师傅们手工制作的，一个皮包的完成时间为3个月，所以，通常在订购了后，要6个月~1年后才能取到货。

四、品牌评价

让所有的产品都至精至美、无可挑剔，是爱马仕的一贯宗旨。舒适及原创精神、不附和潮流、不刻意表达自己是爱马仕的追求。早在20世纪来临之时，爱马仕就已成为法国式奢华消费品的典型代表。20世纪20年代，创立者蒂埃利·爱马仕之孙埃米尔曾评价爱马仕品牌是“皮革制品造就运动和优雅之极的传统”。

爱马仕以朝气蓬勃的活力进驻全球每一角落，将生活品位及创作理念不断升华，在不同文化国度中激起交流的火花。

优雅、精致与浪漫是很多人对爱马仕这个拥有170多年悠久历史的品牌的评价，因此，能拥有一个爱马仕皮包是许多名品爱好者毕生最大的愿望，这也是爱马仕留给人类的一个传奇。爱马仕的工匠们在制作皮包时，对每一个细节都追求完美，他们要求所用的皮料必须具备独特的香味、润泽的光芒、结实富有弹性，而且要有柔软的触感，然后再利用他们精湛的工艺进行加工处理。在各种原料拼合之前，他们都要全面检查所有的搭配是否完美，而且不能破坏每一块皮料，以发挥出它们原有的独特性和原始之美。因此，要订制一个有爱马仕镇店之宝美名的“凯莉包”，需要等上几年时间，因为它的每一块皮革都要经过多重繁复的步骤来处理。这种皮包均有制造匠师的标记，不论维修或保养，都由同一匠师负责。如此严谨的制作，正是它矜贵的原因。

五、爱马仕与名人

远的来看，从以好莱坞女星 Grace Kelly 名字命名的凯利包和以法国女星 Jane Birkin 命名的柏金包，可以看出爱马仕与名人的关系可谓是藕断丝连，它以其优雅精致的品质赢得了众多明星的青睐，同时爱马仕也以优质的皮革制成的上佳皮具，迷倒不少爱名牌，却不愿做流动名牌广告牌的人。这其中便有世界名模凯特·莫斯（Kate Moss）。当女儿还是个婴儿的时候，凯特·莫斯随身携带的柏金手袋里塞满了女儿的尿布。

在 20 世纪 90 年代中期，掀起简约主义与病态美学的凯特·莫斯出生于 1974 年 1 月 16 日，14 岁随家人度假的返英途中，被英国风暴（Storm）模特经纪公司的萨拉·多卡斯发掘。第一次做模特，便被英国杂志《The Face》大幅报导。

凯特·莫斯是设计大师卡尔文·克莱恩的宠儿，虽然个儿不高，而且也没有傲人的丰满身材，甚至有点瘦骨嶙峋，但时装大师都非常喜欢用她做时装表演模特。摄影师尼克·耐特认为，“莫斯有着美丽的外表，更有坚强的内心以及过人的聪慧。这些优点在她身上完美地融合在一起，所以她能吸引无数人为她痴迷，能保证自己一直屹立在时尚舞台的最前沿”。

凯特·莫斯的个人风格曾经影响了当代最重要的时装设计师、画家、化妆师、造型师，她抽烟、喝酒、戒毒，我行我素，她在任何场合下的着装都无懈可击，带动当时的流行风潮。然而一次过量吸食可卡因而晕倒在 T 台，差一点毁掉了她的事业和前途。

还好，莫斯迷们的支持帮她渡过了难关，2006 年，《名利场》杂志更是顶着压力将她作为 9 月号杂志的封面，32 岁的她头戴俄罗斯式白色软毛帽、身穿黑色皮靴和白色长手套，以最简洁的时尚符号展示出她优雅的一面。《名利场》以大篇幅彩页向这位英国名模表达敬意，因为在该杂志同期推出的“2006 年最会穿衣国际名人榜”上，莫斯毫无争议地排名第一。

凯特·莫斯喜欢我行我素，很多时候，她都是素面朝天，衣饰简洁，然而，她却屡屡被评为最会穿衣的名人，正是凭借着细节的点缀，也许是一副墨镜，也许是一个挎包，或者是那随意的系扣方式……所有的神奇都隐藏在这奇妙的小细节中，迅即将这一处姿色平平的街景点化成为高端时尚杂志内的一页。时尚只会眷顾有心人，也许我们的衣服不起眼，但经过各种手包的精心的细节点缀，我们也能成为街头的亮点，这也许正是莫斯的时尚之道。

无论什么时候总能看见与凯特·莫斯相伴相随的不同款式的爱马仕柏金包，时尚大方而又不失优雅和精致。这足以见得凯特·莫斯对爱马仕包的忠实和喜爱。

第五章

世界顶级服装品牌历史

“In today's world, you are what wear”. 这句话的意思是说，在今天的世界，你穿什么就代表着你是什么。从这句话中，我们不难看到服装在人们生活中的重要性。有些人甚至把服装称为人们的第二肌肤。在当代社会，服装不只是一件普通的陪衬物，更是一个人内在气质的外在表现。而高级服装更能够最大限度地体现出一个人的身份、品位以及魅力。高级时装价格虽然相当昂贵，但它如果能够完美地表现出一个人的风度，那么人们就愿意花这笔钱。有一个贺岁电影，名字叫《最爱女人购物狂》，其中有这样一个情节足以描述消费者对顶级服装的迷恋程度。有个人来到一家名牌服装店，在数十件昂贵的服装里面挑选出五六件，观众本来以为这就是她所选择的衣服，但是出乎意料的是，她却吩咐店员：“除了这几件不要，其他的都给我打包。”虽然故事显得有点夸张，但现实生活中女人对时尚服装的热情，却委实如同火焰山一般，长久燃烧不熄。这些时尚女性都把她们的目光聚焦于那些国际顶级的奢侈品品牌，甚至对它们顶礼膜拜。

在牛津字典里，对奢侈品的定义用了三个 E：Expensive，Enjoyable，but not Essential（昂贵的、令人愉快的、但不必需的）。也就是说，奢侈品首先是昂贵的，价格是它的门槛。第二个就是令人愉快的，可以享受的，奢侈品带给人们的愉悦感是立在艺术层面上的，所以更加令人赏心悦目。可以说，奢侈品所带来的社会地位的暗示，也使人享受其中。最后奢侈品在功能性上都不是必需的，所以它自然不会像必需品那样总以性价比吸引消费者。奢侈品都有很高的功能溢价和功能冗余，而且对品质的要求已经达到了吹毛求疵的地步。也正是这种社会暗示以及赏心悦目的感觉，一大批有特殊需求的消费者被吸引了。

服装类奢侈品（或者称为顶级服装）是指在国际上享有很高的知名度和美誉度，注重品位和质量并且主要面向高端市场的服装产品，这些服装选用高档面料，制作精心，品质卓越，代表着服装的最高境界，属于奢侈品的范畴。与一般的服装相比，除了价钱上的差别之外，更重要的，是这些服装能使消费者感受到一种高雅和精致的生活方式，而这种感觉是一般服装所不能够带来的。这一点也是那些顶级服装制造商所追求的。他们始终相信，虽然他们的衣服昂贵，但是会使穿者有涵养、有地位、有美感、有价值。

Dior、Channel 等这样的顶级时装品牌并不是靠卖多少万件衣服来赚钱的，他们有自己的品牌主张，只为顶尖的上游人士专门定制服装。但由于设计师的灵感不同及世界流行趋势的改变，再有个性的品牌也不得不对一些时尚元素作出改变。而能展现这些改变的就是各大时装发布会了。所以，新装发布会的成败也决定了一个品牌能否留住老的客户和吸引新的客户，这也是一个时尚品牌最重要的宣传手段。因此，在讨论十大奢侈品品牌之前，我们需要了解一下与服装业尤其是这些顶级品牌有密切联系的时装周。

目前世界上最知名的莫过于四大时装周了。顶级时装秀主要在巴黎、伦敦、米兰、纽约定期举行，时间会在官方网站上公布。这四大时装周是国际顶级品牌汇聚与较量的舞台，展示的服装总是引领着每年的流行趋势。各品牌设计师们都不遗余力，倾情奉献，缔造美妙绝伦的 T 台经典。一场接一场的精彩时装周在给人视觉冲击、引发连连惊叹的同时，更是推动了时装界的发展。时装秀一般分为定制、成衣、男装 3 大类，时间各有不同。它们的展示基本决定了当年及次年的世界服装流行趋势。大时装周每年一届，分为春夏（2、3 月上旬）和秋冬（9、10 月）两个部分，每次在大约一个月内相继会举办 300 余场时装发布会。四大时装周整体风格略有侧重，纽约偏向自然和实用，伦敦则是前卫尖锐的代表，巴黎以奢华新奇著称，米兰的精致高贵则成为这个时装周的标志。

目前，服装类奢侈品品牌大部分都是欧洲制造。中国奢侈品企业相当少，与巨大的市场显得很不协调。中国有着上千年的悠久历史，深厚的文化底蕴更是深深地吸引着国内外友人。许多具有中国特色的产品都在许多国家受到了热烈欢迎。如何借鉴这一文化并把它与我国的服装业发展结合起来是一个值得深入探讨的问题。2008 年 4 月，NE · TIGER（东北虎）发布了代表华夏民族精神的礼服——NE · TIGER 高级定制华服系列，并被誉为中国第一奢侈品品牌，这可以称之为中国服装业奢侈品迈出的重要一步。NE · TIGER 华服由拥有 1 600 年历史的中国皇家御用贡品云锦和名绣造就而成。为了宣传这一品牌，东北虎专门邀请了莫万丹、熊黛林、戴小奕等共 20 位中外顶级名模展示辉煌的中国服装文化。此外，NE · TIGER 还把高级定制华服系列带到当时正在举办的“博鳌亚洲经济论坛”上，令各国政要、商业领袖和知名学者领略中国的服装文化瑰宝。

第一节　香奈儿（Chanel）
——女性时尚经典的代言人

创 始 人：加布里埃 · 香奈儿（Gabrielle Chanel）

创始时间：1913 年

创始地点：法国巴黎

一、品牌标识

Chanel 的双 C 标识由其创始人 Coco Chanel 名字的首字母 C 相互交织组成。此外，Chanel 的小名是 CoCo，双 C 也可以说是取 CoCo 的两个 C。同时，双 C 标识也是香奈儿的设计理念，因为她坚信女人要内外双美。到现在，香奈儿的经典双 C

图 5.1　香奈儿品牌标识

标志已经成为一种时尚界的骄傲，也是女人最想拥有的品牌之一。

二、品牌历史

香奈儿女士全名为 Gabrielle Chanel，一般人尊称 Mademoiselle，而她的好朋友昵称她叫 CoCo。香奈儿女士出生于 1883 年 8 月 19 日。小时候家境并不优裕，父亲是个四处兜售杂货的小商人，母亲身体不佳，在生完第五个小孩后的第二年后便病逝。香奈儿 12 岁时和她姐姐一起被送到孤儿院。不久，姐姐因病去世，香奈儿则一直在孤儿院居住。直到 1900 年，香奈儿被送到一所教养院性质的学校，在那里她学会了基本的缝纫和社交礼仪。1908 年，在巴黎她认识了英国花花公子亚瑟·卡佩尔（Arthur Capel），两人一见钟情。之后，香奈儿靠着 Capel 借给她的钱在巴黎坎朋街 21 号开了第一家帽子店，自此开始了不平凡的设计生涯，这个店也成为香奈儿的总店。1912 年，她在当时法国度假胜地诺曼底海边 Deauville 城开了第一家分店。除了卖帽子外，她也开始卖时装了。1913 年，她将裙子剪短，令女人首次露出足踝，被后来的时装大师 Yves Saint Laurent 先生赞美为“解放了女性”。1916 年，香奈儿已经是三家时装店的老板。

1924 年，香奈儿推出了著名的黑色小礼服，掀起世界服装的革命。第一次世界大战爆发后，男士上战场，女性负起持家工作，之后职业妇女渐渐兴起。环境变化需要女人穿着较实用的服装。同时，她认为手工定做服装已经不适合大众需要，因此她便决定投入成衣这个市场。这让香奈儿企业即使在战争年代也能稳固成长，从而发展成为数一数二的服装大企业。

1971 年，香奈儿不幸与世长辞。但她始终深深地爱着她的这份事业，直到逝世前都还在设计服装。之后，香奈儿服装先后由 Caston Berthelot、Ramon Esparza、Yvonne Dudel、Jean Cazaubon 等人掌管设计大任。但是他们都因受香奈儿本人影响太大，在设计上亦步亦趋，以至 Chanel 的时装魅力一点点地褪色。到了 1983 年，德籍设计天才卡尔·拉格菲尔德（Karl Largerfeld）接管香奈儿公司，不但正确把握了香奈儿的设计理念与精神，还以他独特的自由、任意、轻松的设计心态将 Chanel 的设计推陈出新，给香奈儿品牌注入强大活力，不可思议地使香奈儿的产品再次风靡全球，甚至比以往有过之而无不及。他因此也被称为老佛爷。他的一大创举便是剪破 Chanel 雪纺长裙的裙摆，搭配 Chanel 外套以及鲜艳夸张的珠宝饰品，让习惯 Chanel 优雅传统的时尚界非常震惊，事实证明拉格菲尔德这个大胆的做法是正确的。在他的引领下，Chanel 王国到达了另一个巅峰。当卡尔·拉格菲尔德任 Chanel 主席设计师后，公司的销售额约有 50% 来自成衣销售。与此同时，他也为 Chanel 带来了种种美誉。1986 年，卡尔·拉格菲尔德发布的秋冬流行趋势为 Chanel 赢得了金顶针 Dedor 奖；1988 年，卡尔·拉格菲尔德和 Chanel 设计室荣获由美国设计师协会颁发的国际时装特别奖。卡尔·拉格菲尔德总是抱着自由、任意和轻松的设计心态，并且能够把这两种截然对立的艺术感觉统一在设计中。同时，他的作品始终给人带来新鲜感，任何色彩在他手中都能转变为时尚的宠儿。

现在香奈儿的当家人是 43 岁的穆琳·琪凯特。琪凯特于 2003 年在香奈儿策划转型的关键时刻加入公司。凭借出色的表现，琪凯特步步高升，先是在香奈儿驻美分公司担任总裁，2007 年 1 月 1 日，她荣升为香奈儿新设立的全球首席执行官一职。琪凯特是一个美国人，这一点在家族色彩较浓的奢侈品公司倒不常见。一直以来，琪凯特与香奈儿的创意大师配合得天衣无缝，包括设计大师拉格菲尔德及其法国主人——韦尔泰梅家族（家族中的两兄弟在公司里担任着重要职务）。尽管香奈儿的财务状况一直是个秘密，但据分析人士估计，公司的营业额在 30 亿美元以上。香奈儿由服装起家，发展到现在，其相关产品有服装、香水、皮包等多种产品，但是服装依然为香奈儿的主导产品。香奈儿的业务遍及世界，年服装量达 28 000 套。① 有意思的是，香奈儿这个品牌创立了近百年，却从未造过一件男装，直至 2005/2006 的秋冬系列才造了几件男装上市。

在高级时装中，所有制作中的误差都不得超过 5 毫米。凭借精湛的手艺，人手一针一线，疏密有致，做工细致。香奈儿每一件高级时装都是独一无二的，当然它的价格也不菲，一件简单的日装裙 15 000 美元起价；略加刺绣的价值 2 万美元以上；手工繁复的晚装，则可卖到 15 万甚至 25 万美元。即使这样，香奈儿在全世界仍受到众多消费者的追捧。香奈儿跟全球最好的纺织商、染色商、刺绣作坊及配饰作坊合作，保证服装所有环节都完美无缺。为此，香奈儿这个奢侈品巨头将法国最拔尖的 7 家手工作坊陆续揽入旗下，包括纽扣坊、羽饰坊、刺绣坊、鞋履坊、制帽坊、金银饰坊及花饰坊。这 7 家工作坊共同组成了一家名为“Paraffection”的公司。其中，刺绣作坊如迷宫般地被分隔为 12 个区域，有十几名女绣工辛勤工作。即便是给 V 字领加上装饰线这样的简单活计也需要花费约 20 小时，而像让·保罗·高提耶（Jean Paul Gaultier）1998 年推出的 Trompel’oeil 风格豹纹裙这样的大作品，耗时甚至超过 500 小时。

三、品牌评价

从 1913 年发展至今，香奈儿已经成为全球最知名的品牌；有人说：在世纪末的今天，还有哪个品牌能得到一家三代——祖母、母亲、孙女的同时钟爱，那首先是“香奈儿”……伊丽莎白女王曾经这样评价香奈儿服装：“当你找不到合适的服装时，就穿香奈儿套装”。这句话之后也成为欧美上流社会女性传颂的经典。香奈儿改变了时装概念，把时装变成了一门艺术。《时代》周刊对于香奈儿本人的评价更印证了这一点：“她设计的服装改变了人们对女人的看法，也使女人重新认识自己。”对于消费者来说，今天的 Chanel 产品代表着华丽、现代与摩登，尽管一款香奈儿时装的价格高达十几万元，可是高雅、简洁、精美的风格，使其他时装都相形见绌，深深地吸引着每一位女性。香奈儿所强调的款式实用、线条流畅和简单奢华早已成为时尚女性的基本穿衣哲学。

香奈儿品牌在世界品牌实验室（World Brand Lab）编制的 2006 年度《世界品牌 500 强》排行榜中名列第 94 位。

---

① 张玉斌，等．奢侈品［M］．北京：北京工业大学出版社，2007.

四、香奈儿与名人

黛安·克鲁格（Diane Kruger）出生在德国，曾经在英国担任专业的芭蕾舞者，因演出受伤转而担任模特。高挑的身材加上长年芭蕾舞所训练出来的气质，让她在德国模特界快速蹿红。随后被吕克·贝松发掘，开始电影工作。在法国拍过三部电影之后，就被导演沃夫冈·彼得森发现，出演《特洛伊》中倾国倾城的王妃海伦，黛安·克鲁格影途一片光明。作为香奈儿的忠实代言人，在2007年担任戛纳电影节主持人的时候，黛安·克鲁格身着由Karl Lagerfeld为她量身定做的香奈儿高级礼服，再搭配上她最钟爱的香奈儿高级珠宝，尽显华美和典雅。

2001年，电影《卧虎藏龙》在洛杉矶首映，由李玟（COCO）主唱“卧虎藏龙”的主题曲“A Love Before Time”更被提名入围当年奥斯卡金像奖最佳电影主题曲奖，广受各界注意。不久以后，李玟被选为2001年香奈儿亚洲区名人形象大使，并受邀到韩国及法国巴黎各地参加香奈儿的服装发表会。由于李玟在亚洲已获得无数的音乐大奖，在亚洲及美国赢得广大歌迷的支持。因此当香奈儿选择形象大使人选时，李玟成为了最佳人选。有意思的是，李玟的英文名和香奈儿女士的昵称一样，两个“COCO小姐”就这样邂逅了。

第二节 乔治·阿玛尼（Giorgio Armani）
——随意优雅的男性时尚

创 始 人：乔治·阿玛尼（Giorgio Armani）
创始时间：1975年
创始地点：意大利米兰

一、品牌标识

乔治·阿玛尼的主要标识由大写的Giorgio Armani构成，简洁大方。一方面是创始人对品牌的神圣责任，另一方面体现了乔治·阿玛尼品牌一贯秉承的简约风格。乔治·阿玛尼的服装有多个系列，系列不同，标识颜色也各异。乔治·阿玛尼品牌正装的布标Logo为黑底白字，而适合一般场合穿着的休闲服装的布标Logo则为白底黑字。至于阿玛尼（Armani）的副线品牌服装，则多以鹰的翅膀向左右两边张开，整个形象由简单的黑白相间的条纹构成，给人很强的平面感。中间的两个大写字母GA是Giorgio Armani的简称。大方简洁的设计集中体现了乔治·阿玛尼优雅含蓄的时装风格。

GIORGIO ARMANI

图 5.2　阿玛尼品牌标识 I

图 5.3　阿玛尼品牌标识 II

二、品牌历史

1934 年 7 月 11 日，乔治·阿玛尼出生在米兰附近一座名叫皮亚琴察的小镇子。无忧无虑的童年生活给阿玛尼留下了终生的美好回忆。他的母亲对他影响很深，在着装上，他母亲喜欢黑色、白色、灰色和米色，从不追求时髦但是却依旧那么优雅和高贵。阿玛尼在当地公共学校读书的时候，狂热地迷上了戏剧和电影。然而为了顺从家人意愿，他不得不放弃爱好进入米兰大学医学院。不过，后来因身体不适，他在医学院学习两年后还是中断了学业。

1957 年，阿玛尼进入了意大利著名精品百货连锁店 La Rinascente 工作。他在这家百货公司当过助理摄影师，后来进入公司的设计室。那段时间，他从印度、日本和美国购买优质产品，并通过举办展览，将外国文化介绍给意大利消费者，从此开始了对流行时尚的接触。多年的实践和勤奋的思考使得阿玛尼学习和了解到了从事时装业的必备知识，为他以后从事服装设计打下坚实基础。1964 年，从未受过正规培训的阿玛尼为有意大利时装之父之称的尼诺·切瑞蒂设计了一个男装系列。1970 年，阿玛尼在好友的鼓励下成为一名自由时装设计师和时装顾问。自此，阿玛尼开始在意大利时装界崭露头角，1974 年，阿玛尼成功在米兰推出以自己名字命名的男装表演，展览出他设计的一系列男士夹克，轻松自然的风格突出了人体的美感，在当时大获好评。

1975 年，阿玛尼创办了自己的公司——乔治·阿玛尼有限公司，并确立了阿玛尼商标，“乔治·阿玛尼”这一品牌正式诞生。当年 7 月，阿玛尼推出无线条、无结构的男式夹克，既扬弃了 20 世纪 60 年代紧束男性身躯的乏味套装，也不同于当时流行的嬉皮风格，在时装界掀起了一场革命。之后，阿玛尼把设计重点从男装转移到女装。先后推出了一款松散的女式夹克，采用传统男装的布料，配以男装的设计元素，把女装的线条变宽，从而使女装也透露着些许男性的刚毅。1979 年，阿玛尼荣获尼曼·马库斯奖。1980 年，剪裁精巧的阿玛尼男女“权力套装”（Power Suit）问世，宽肩和大翻领的设计灵感来源于当时的好莱坞，这一设计也成了国际经济繁荣时代的象征。为了宣传这一服装系列，阿玛尼把此套服装提供给即将拍摄的电影《美国舞男》中的男主角理查德·基尔，随着影片的放映成功，阿玛尼也得到越来越多高端消费者的青睐。此后，阿玛尼开始了与影视明星的长期合作，甚至设计了大量戏剧和舞蹈服装。1982 年，阿玛尼成为自 19 世纪 40 年代克里斯汀·迪奥以来，第一个荣登《时代》杂志封面的时装设计师。他经常邀请好莱坞明星穿着自己的品牌服装出席奥斯卡颁奖礼，米歇尔·法伊弗和朱迪·福斯特等一大批名流都是他的忠实客户。1983 年，阿玛尼获美国时装设计评议会（CFDA）国际奖。阿玛尼品牌 1974 年落户意大利米兰市场，1989 年进入伦敦市场，1991 年进入美国市场。之后几年，阿玛尼推出了各种色系的洋溢着热带风情的沙龙裙，创造了性感柔美的女性形象。

2004 年 4 月，阿玛尼在上海开了中国最大的旗舰店。阿玛尼集团期望 2008 年以前在中国最主要的城市建立一个拥有 20~30 家独立专卖店的零售网络。

阿玛尼是第一位认识到名人市场潜力的现代服装设计师。为此，他专门在洛杉矶设立了办事处，向名人出租服装，满足他们在服饰方面的各种需求。在经营方式上，阿玛尼将那些给自己贴牌生产的企业一一收购，同时还收购两家制衣企业。除此之外，他还在全球范围内收购了一些第三方分销商。然而，在收购过程中，阿玛尼坚持一条原则，那就是不收购其他品牌，以免损坏阿玛尼品牌或者无法融合。时至今日，阿玛尼公司的业务已遍及一百多个国家和地区，产品种类除了服装外，还包括领带、眼镜、丝巾、皮件、鞋子、香氛等，这些配件也和服装一样，无不讲求精致的质感与简单的线条，透露着阿玛尼式的随意优雅。乔治·阿玛尼品牌服装的面料都相当昂贵，为了满足大众对品牌的需求，稍便宜的副牌服装使用的面料多为最新技术合成纤维，外人难以仿制。

阿玛尼服装品牌线（产品定位由高到低排列）：

Armani Prive——高级定制服

这一系列被称为红毯女星制服，不难看出阿玛尼在国际明星当中的受欢迎程度。通过亲身定制，把关注点放在如何更好体现人体的自然美态上，Giorgio Armani 赋予高级订制服不同于其他品牌的崭新定义。

Giorgio Armani——高级成衣

Giorgio Armani 可谓是华尔街的最爱，男人们为了能拥有一件可以一掷千金，女人们则沉迷于其洗练风格中所透露出的优雅高贵。一直以来，Giorgio Armani 的高雅和华丽一直深受消费者的钟爱。

Emporio Armani——成衣

1981 年，Giorgio Armani 推出了以老鹰为标志的 Emporio Armani，风格走年轻路线，为爱 Armani 但不喜欢扮成熟的年轻人，提供了一个不错的选择。

三、品牌评价

作为奥斯卡、戛纳、威尼斯等世界电影节出场率最高的品牌之一，Giorgio Armani 总是在经典高雅和随意浪漫之间徜徉。经典创新的结构设计再加上精益求精的制作工艺，阿玛尼高品位的服装虽然昂贵，但是很有涵养。美国知名时尚杂志 VOGUE 评价说：阿玛尼是有风格而不过于雕琢。大多数情况下，“穿 Armani”是一种地位的象征。有人评价说：不论在任何时间、场合，Giorgio Armani 的服装都没有不合宜或不流行的问题。正是看中 Giorgio Armani 自我创作风格这一点，许多世界高层主管成为这一品牌的追随者。

意大利影星索菲亚·罗兰曾经说过：“当今时装界充斥着混乱、狂妄的形象，而走进阿玛尼的世界你就仿佛进入了台风中心最平和的风眼，进入了一个完美静谧的境界和一种从不会被动摇的风格里。一件阿玛尼的礼服不会让你有丝毫的怀疑或不确定——因为它是阿玛尼，它拥有你所需要的一切。”

阿玛尼打破了男女有别的俗套，也取消了阳刚和阴柔的界限，开创了中性化时装的新天地。

比尔·盖茨、美国前总统克林顿都青睐“Armani”这个品牌。在好莱坞甚至流行着这样一句话：“当你不知道穿什么才对时，穿阿玛尼就没错了。”阿玛尼的服装是世界公认的最优雅的设计。曾经有国外媒体夸张地说：“在意大利，他们有教皇和阿玛尼。”确实，阿玛尼身上有一种帝王般的威严气质。乔治·阿玛尼也被誉为“时尚教父”。他把当初一家花500英镑开设的时装公司，变成今天资产过百亿的时尚王国。阿玛尼现在覆盖的领域包括时装、配饰、手表、化妆品甚至汽车配件等。

四、阿玛尼与名人

（一）理查德·基尔

阿玛尼曾说：“人生是一部电影，而我在设计它的戏服。”一直以来，阿玛尼的设计在经典高雅和随意浪漫间徘徊。1980年，在电影《美国舞男》当中，阿玛尼为理查德·基尔饰演的主人公设计了至少30套西装、浅色衬衫和成百条领带。影片中，理查德·基尔从浴室走出来后对着满床的Armani西装却不知该穿哪一件。这一经典场景给人留下了深刻印象。阿玛尼的每一套服装都是那么合体、精致，穿在男主角理查德·基尔堪称完美的身上，全世界的观众都忍不住为之着迷。这部电影不仅让理查德·基尔成为当时最为人们津津乐道的时尚偶像，更让阿玛尼的时装事业走出了米兰，迅速在世界各地掀起了热潮。

（二）凯蒂·赫尔姆斯和汤姆·克鲁斯

2006年11月18日，凯蒂·赫尔姆斯（Katie Holmes）和汤姆·克鲁斯（Tom Cruise）在意大利罗马一个中世纪城堡永结连理，成为好莱坞一对令人羡慕的夫妇，而且现在他们还有了自己爱的结晶。两个人结婚时，凯蒂·赫尔姆斯的结婚礼服就是由乔治·阿玛尼设计的，除此之外，当天克鲁斯家族所有人的装备也是由阿玛尼设计的。可见阿玛尼在好莱坞明星群里的受欢迎程度。

第三节 纪梵希（Givenchy）——法兰西式的精致优雅

创 始 人： 休伯特·德·纪梵希（Hubert de Givenchy）

创始时间： 1952年

创始地点： 法国巴黎

一、品牌标识

图 5.4　纪梵希品牌标识

纪梵希的品牌标识鲜明有力，上半部分 4 个变形的黑体字 G 图案构成了纪梵希的标识。让人看过一眼就很难忘记。G 来自于 Givenchy 的首字母，表达了创始人对品牌的神圣责任。同时这四个 G 又分别代表了品牌的四种精神："Genteel"（古典）、"Grace"（优雅）、"Gaiety"（愉悦）和"Givenchy"（纪梵希）。这个标识堪称 Givenchy 的金字招牌。下半部分为黑体的 Givenchy，代表着品牌创始人对自己品牌的高度的责任感。

二、品牌历史

纪梵希的创始人休伯特·德·纪梵希于 1927 年出生在法国诺曼底 Beauvais 的一个富有家庭。纪梵希从小就对时装设计充满了热忱，而且很早便展露了艺术天分。1937 年，纪梵希参观巴黎万国博览会的服装展之后，那些优美雅致的展览品引起了他浓厚的兴趣，他当时便决定成为一位时装设计师。他独自来到巴黎，从此开始了他长达 43 年的时装设计生涯。1945 年，纪梵希从巴黎艺术学校毕业，先后为多个设计室设计服装。几年中积累的宝贵经验成了纪梵希的终身财富。

1952 年，纪梵希开设了自己的时装屋"纪梵希工作室"（the House of Givenchy）。标志着纪梵希品牌的诞生。

1953 年，纪梵希开始为好莱坞电影明星设计服装，并受到前所未有的欢迎。在这一年，纪梵希遇到两个世界著名女性——奥黛莉·赫本（Audrey Hepburn）和杰奎琳·肯尼迪（Jackie Kennedy）。当奥黛莉·赫本身着他设计的白色礼服出现在著名影片《情归巴黎》（*Sabrina*）时，纪梵希开始受到国际关注。从 1953 年延续到 20 世纪 90 年代，奥黛莉·赫本式晚礼服一直是纪梵希服饰的象征与标志。当约翰·肯尼迪总统遇刺后，世人注意到悲伤的肯尼迪家族都身着纪梵希服饰。杰奎琳·肯尼迪为葬礼专门订购了一套纪梵希礼服，专程从巴黎空运过来。据说，当时纪梵希工作室存有肯尼迪家族每个女性的个人服装样码。

1955 年，纪梵希开始设计非配套穿女装，并把奥纶纤维引入女子高级时装，从而开始了高雅与摩登的结合。1967 年，纪梵希推出线条清晰却肥肥大大的布袋装。当时的时装杂志 VOGUE 这样评价："这与其说是时装，不如说是创造了一种新的穿着方式。"进入 20 世纪 70 年代，纪梵希推出了各种新式的高级女士轻便装，并分别在 1978 年、1982 年两次荣获"金顶针"奖。1988 年，纪梵希因为资金原因，将自己的企业转让给了路易·威登集团，但自己一直担任"法国纪梵希设计室"首席设计师。直到 1995 年 7 月 11 日，经历了 43 年的辉煌后，休伯特·德·纪梵希在他 68 岁时宣布退休。他退休前的最后一台展示会是空前的，也是令人难忘的。"时尚、简洁、女性化"，人们在他塑造的活泼而优雅的女性形象中重温了这一品牌的风格本质。当纪梵希身着一贯的白衬衫，在40位女模特和助手们的伴随下，生平最后一次出现在T型台上时，全场长时间起立向这位伟大的“时装界绅士”致以敬意。当时的时尚杂志称他的退休标志着“一个优雅时代的终结”。

纪梵希在几十年的设计生涯中，曾为各种年龄、各种身份的名流设计服装。著名的温莎公爵夫人、摩纳哥格雷丝公主、罗兰·巴朵、玛丽·柯林斯、索菲亚·罗兰、伊丽莎白·泰勒、达西·米勒以及为威利斯·辛普森等。其中为温莎公爵夫人定制的那些服装款款都美丽绝伦，为了特别保护这些服装被闲人窥视，还特别设计了温莎蓝色的服装套，至今都传为佳话。纪梵希即能设计令人惊叹的华贵的宫廷样式服装，也能设计充满活力、青春的时尚风格。纪梵希总能屹立在他所处的不同时期的时尚潮头，弄潮于变幻莫测的流行中，得心应手。

三、品牌评价

作为一个和迪奥同时代的优秀服装品牌，纪梵希一直以“4G”的设计风格、合理的剪裁结构和优雅脱俗的服装样式深受名媛的喜爱，并且成为精致生活和优雅时尚的象征。纪梵希先生本人在任何场合出现时均表现出来的优雅风度与不俗的外形，被称为“时装界的绅士”，而纪梵希品牌简洁典雅的风格，或多或少是纪梵希个性的反映。其设计简单明快，富有现代气息，高贵典雅的设计理念堪称经典之作，Givenchy男装则以近乎完美的穿着体验与视觉效果带给人们对男装的全新理解，着重舒适、贴身，搭配得宜，要求整体形象的优雅与高贵。优质的面料，广泛的色彩主题是Givenchy成为法国传统的华丽精致风格的代表之一。

四、纪梵希与名人

（一）奥黛丽·赫本

提起纪梵希，人们最先想到的是优雅高档的时装，同时脑海里浮现出奥黛丽·赫本清丽的身影。她美丽的倩影完美阐释着纪梵希时装的细致与高贵。“金风玉露一相逢，便胜却人间无数”，用这句词来形容纪梵希与奥黛丽·赫本的相遇比较贴切。1953年，纪梵希为奥黛丽·赫本新电影《窈窕淑女》中的角色做服装设计。他首次与赫本见面时，原本以为会看到一位明艳照人的大明星，不料却来了个穿长裤、平底鞋、短发、没有任何装饰、脂粉未施的年轻女孩。身材瘦平、脖子纤长的赫本，拥有纯洁无邪的气质，她在纪梵希的巧手打扮下，焕发出优雅风韵。他们也因此结为朋友，他们的名字在报章杂志上双双出现。穿时装的明星无数，也有无数的名牌被明星所穿，但没有一个名牌和明星配合得如此和谐，如此相得益彰，触发各自最高贵、最灵动的光彩。

影迷们肯定至今都无法忘记奥黛丽·赫本身着一袭黑色长裙，在影片《蒂凡尼的早餐》中留下的经典画面。而赫本美丽的倩影，似乎已经成为纪梵希时装作品高贵优雅的缩影。小黑裙、墨镜、童花式发型、黑色高领毛衣、平底浅口鞋……从《蒂凡尼的早餐》、《情归巴黎》到《罗马假日》，Givenchy几乎渗入了她的全部电影生涯。

除了奥黛丽·赫本，还有英国温莎公爵夫人，影星索菲亚·罗兰和伊丽莎白·泰勒都是纪梵希的常客。

（二）张曼玉

一直以来，世界级的电影节一直是女明星们争奇斗艳的必争之地。戛纳作为电影之都，更是传扬美丽和引发精彩“暗战”的地方。2007 年，戛纳的红地毯上有一位华人女星尤其受到镁光灯的青睐，并在场里场外掀起欢腾的浪潮。第一次穿礼服亮相，善于把握时尚的张曼玉聪明地选择了纪梵希这个优雅的品牌。胸前含蓄的打折，上部高挑的腰线，曼妙轻灵的裙摆，张曼玉犹如淡隐淡现在薄雾中，美被她演绎得无可言语。当她穿着纪梵希这套最新款定制的礼服走在红地毯上并向媒体妩媚地微笑时，优雅和清新感染了在场的每一个人。纪梵希这个顶级服装品牌又一次在戛纳的夜空留下了经典印记。

第四节 迪奥（Dior）
——法国时装文化的最高精神

创 始 人：克里斯汀·迪奥（Christian Dior）
创始时间：1946 年
创始地点：法国巴黎

一、品牌标识

克里斯汀·迪奥拥有时装、香水、配件等不同系列。在标识的处理上，各个不同的产品系列都有其独特的方式。常见的标识有两种，一种是 CD，也就是品牌创办人 Christian Dior 的简称。CD 这个缩写常出现在 Dior 的配件上，像是皮带、皮夹的扣环或是眼镜镜架的侧面。另一个便是 Dior。值得一提的是，Dior 服装与其他名牌做法不同，它从不将任何“CD”或“Dior”等明显的标志放在衣服上，而衣标上 Christian Dior Paris 的字样，则是其唯一的辨识方法。在皮件上，迪奥品牌标识还有钻石切面一般的格纹，但是在服装上却很少可以看到。

Dior

图 5.5 迪奥品牌标识

二、品牌历史

1905 年 1 月 21 日，迪奥出生在法国诺曼底的格兰维尔（Granville）村庄一户普通的中产阶级家庭。父亲靠做化肥的生意成为一名成功富有的商人。Dior 先生在家里 5 个孩子中排行老二，虽然家境富裕，但其父母对孩子的严格管教却丝毫没有懈怠。在他 6 岁时，迪奥全家迁居巴黎。他们的新公寓充分体现了法兰西浪漫主义的装饰风格，尽显高雅和奢华。迪奥的母亲玛德琳气质优雅、脾气温和，这些都给迪奥日后的服装设计留下深刻印记。和多数人一样，迪奥的父母认为像他们如此显赫家庭出身的孩子，应该有一份体面正经的工作，而不是整日沉迷于艺术当中。所以当迪奥高中毕业后提出希望进入艺术学院深造时，立刻遭到父母断然地拒绝。注重家庭观念的他，为了尊崇父母期盼他成为外交官的心愿，于 1923 年进入巴黎政治学院（Ecole des Sciences Politiques）就学。但同时也与家人取得妥协，在课余时间继续学习自己喜欢的艺术与音乐课程。1928 年，迪奥开始了自己的艺术之旅，在几个好朋友的支持下，他与人合伙开设了一家小画廊。但是在 1930 年，迪奥的母亲因病去世，其父亲深受打击，没有精力打理业务，随后 1931 年宣布破产。

在如此沉重的打击下，迪奥无忧无虑的富裕青年时代从此宣告结束，从此开始了居无定所，食不果腹的艰苦凄惨生活。不过他并没有因此而失去对生活的热忱与信心，他在一位做裁缝的朋友那里找到一份画素描与纸样的职务，这虽是一份不起眼的工作，却成了他日后辉煌生涯的起点。之后几年，他先后曾在巴黎服装设计师 Robert Piquet 与 Lucien Lelong 门下担任助理，学习如何制作高级订制服装的高深技艺。第二次世界大战期间，巴黎沦陷了。法国人引以为傲的高级订制服传统就这样被保存了下来，然后发扬光大成为现今代表法国文化的重要元素之一。

第二次世界大战结束后，迪奥在偶然的机会下巧遇商业大亨 Marcel Boussac，当时这位财富饱满的大亨正在物色一位设计师来共同合作进军时尚事业。两人一拍即合，于是 1946 年，拥有 85 位员工与投入 6 千万珐琅资金的第一家 Christian Dior 店，于巴黎最优雅尊贵的蒙田大道 30 号正式创立，这也成为迪奥品牌正式在世界服装时尚舞台亮相的标志。

1947 年 2 月 12 日，克里斯汀·迪奥举办了展示会并推出他的第一个时装系列，运用精巧的肩线，凸显丰润的胸型，使得充满女性魅力的身体线条毫无保留地在世人面前展现出来，颠覆了所有人的目光。在展示会上，《哈泼》杂志（*Happers Bazaar*）的主编对迪奥说："这像是一场革命，亲爱的迪奥先生，你创造了一种新风貌！"于是"新风貌"（New Look）女装使迪奥成为时装之王，一夜之间闻名天下。

要解析 New Look 所造成的震撼，我们必须先了解当时的社会状况。1946 年，第二次世界大战才刚结束，人们试着从惨痛的战争经验逃脱出来继续生活，重新建立面对未来的崭新方式。尤其是女性为了因应战时男人的短缺，纷纷加入工厂或农产的劳力工作。所以当时的服装风格，毫无时尚感可言。宽松的直筒剪裁与裤装，为的是让工作时行动方便自如，盛行的粗厚牛仔布质，因为它们更能耐磨耐穿，而用垫肩所作出之夸张的肩部线条，其实只是希望自己能像男人一样强壮的自我安慰。所以当迪奥推出强调女性优美线条的柔软肩线、束腰与大圆裙的时尚新装时，在场的所有与会人士为之惊艳。靠着日益积累的经验和自己的智慧，迪奥先生不但没有使这个品牌受到战争的太大影响，反而拯救了法国的时装事业，并更加奠定了他扬名后世的伟大名声。法国政府授予他"荣誉骑士奖"，以表彰他这些年来对法国高级时装业所作出的卓越贡献。

不久，迪奥带着他第一个时装系列"新时尚"成功地将崛起的事业发展到大西洋的彼岸——美国，在纽约最热闹的第五大道与 57 街交界处设立了迪奥的店面。他宣布将为美国妇女量身设计特别的款式，此举获得了很大成功。在最初五年里面，他的服装销售额的一半来自美国。他在美国和加拿大等美洲国家开展业务，并且很快扩展到更多的国家和地区。他的时装、香水、配件等都相继推出并继续获得成功。法国式的经典服装因此形成了一个庞大的商业网络。1957 年 3 月 4 日，迪奥先生成为首位登上美国《时代杂志》的封面服装设计师。就在同年 10 月 24 日，迪奥因心脏病发逝世，给世人留下无尽的遗憾。不过之后的每一位继任设计师都秉承迪奥先生一贯追求的高品质，优雅时尚且女人味十足的设计风格，并且不断创新的引领流行精神。

1957 年，伊夫·圣罗兰继承了迪奥公司艺术总监的职位，期间发布了自己设计的迪奥系列——“梯形线”，保持了一贯的高雅。1960 年，马克·伯翰（Marc Bohan）接替伊夫·圣罗兰成为迪奥的首席设计师。他执掌迪奥近 30 年，推出了一系列线条优美、品味高雅的高级女装，并为迪奥赢得了 1983 年和 1988 年的“金顶针”奖。1987 年，迪奥正式被 LVMH 集团收购。1989 年，詹弗兰科·费雷（Gianfranco Ferre）成为新一届的设计师。詹弗兰是科学建筑出身，他将严谨的设计元素和迪奥浪漫的现实主义风格融合，所设计的服装也获得了消费者的认可。1996 年，LVMH 集团宣布由英国的年轻设计师约翰·加利亚诺（John Galliano）担任首席设计师。这一举动虽然在当时引起法国上下一片哗然，但是之后约翰用他的不俗表现作出了最好的回答。1997 年，在迪奥 50 周年发布会上，约翰·加利亚诺推出了全新的迪奥女性形象：优雅中加入了一丝妩媚。正是在他的带领下，迪奥的销量一路高升，始终保持着高级华丽的设计路线，不断地为人们创造新的惊喜。2001 年法国籍设计师 Hedi Slimane 接手改名后的 Dior Homme，他的设计强调完美的线条，超小尺码的服装透过精瘦的年轻男模特儿呈现出一种带点病态的美感，风靡了全球。迪奥一代又一代才华洋溢的设计大师与优秀能干的管理经营者，持续了迪奥先生细腻优雅却充满创造想象力的时尚精神，为这个品牌不断地注入新鲜的能量与活力，延续着迪奥品牌的传奇。

Dior 每一系列服装都是那么的高雅尊贵，因而一直都不断吸引好莱坞巨星与欧洲皇室贵族及豪门贵妇们的喜爱与青睐。从 20 世纪 50 年代起的艾娃·加德纳（Ava Gardner）、玛琳·黛德丽（Marlene Dietrich）、丽塔·海华斯（Rita Hayworth）、英格丽·褒曼（Ingrid Bergman）到现在的妮可·基德曼（Nicole Kidman）与麦当娜（Madonna）等都是 Dior 的爱好者。知名影星伊丽莎白·泰勒更曾一口气订制 12 条 Dior 裙装。英国皇室的温莎公爵夫人及狄安娜王妃都曾穿着 Dior 的衣服出席重大宴会，而英国伊丽莎白女皇二世的妹妹玛格丽特公主新婚大典的婚纱，也是由 Dior 先生亲自出马设计并制作的。

三、品牌评价

Dior 在法语中，意思是“上帝”与“金子”的组合，淋漓尽致地表达了现代女性的追求。迪奥女装可谓是华丽优雅的典范。大 V 领的卡马莱晚礼裙，优雅的窄长裙，从来都能使穿者步履自如，体现了幽雅与实用的完美结合。迪奥的做工以精细见长，注重的是服装的女性造型线条，而色彩上迎合上流社会成熟女性的审美品位，象征着法国时装文化的最高精神。迪奥是第一个以注册商标确立“品牌”概念，把法国高级时装业从传统家庭式作业引向现代企业化操作的设计师。他以品牌为旗帜，以法国式的高雅和品味为准则，坚持华贵、优质的品牌路线，运作着一个庞大的时装王国。直到现在，Christian Dior 这个名字依然引领着世界的流行时尚。

法国时装界首席评论家贝巴拉曾评论迪奥是“时装界的拿破仑”，因为他的时装改变了女性的审美观和生活观。

“诱惑、创造力、女性化、华贵”是对迪奥服装的经典概括。迪奥在战后用奢华而贵重的服装造型表现出女性的丰满和柔美，被称为创造了妇女的“新造型”。迪奥的“新造型”将女性的曲线、丰满的胸、纤细的腰肢、圆凸的臀部表现得淋漓尽致。使女性的柔美焕发出超然的魅力。被当时的报界赞誉为：“迪奥是最出色的时装天才。”

迪奥的崇拜者们有王公贵族和名媛佳丽。温莎公爵夫人、德国女演员黛德丽、玛格丽特公主、丽塔·海华斯、格雷丝·凯莉、索菲亚·罗兰、伊丽莎白·泰勒、希拉克夫人等，都是用迪奥的服装来展示他们在每一重要场合的美丽和品味。

四、迪奥与名人

2006 年 3 月 5 日第 78 届奥斯卡颁奖晚会上，影星查理兹·塞隆（Charleze Theron）身着 John Galliano 设计的 Dior 礼服靓丽登场。身着定制的 Dior 礼服，查理兹·塞隆踏上奥斯卡的红地毯，深色软缎礼服凸显她高贵典雅的气质，顿时成为媒体的焦点。

1975 年，查理兹·塞隆出生在南非。但是如今，她在好莱坞已经成为集三千宠爱于一身的人物，短短时间内能做到这样，恐怕好莱坞只有查理兹·塞隆能做到这点。查理兹·塞隆在 16 岁就走上了米兰的 T 台。如同许多女星一样，她不久也从 T 型台上跨入大银幕，由于对自己良好的信心以及姣好的面容，使得查理兹·塞隆的银幕之路几乎可以称得上是一路坦途。查理兹·塞隆在顶级女星中有值得夸耀的地方：玲珑浮凸，天然曲线，没有任何的人工痕迹，好莱坞甚至把“维纳斯”的名字冠于她头上，为她不仅美丽而且与众不同的气质。

现在的她是奥斯卡影后，好莱坞的红人。不过在她的名单上，她最尊敬的人是曾经打造迪奥的设计师约翰·加利亚诺（John Galliano）。“她知道如何发挥她自己的潜力”，约翰·加利亚诺说道。查理兹·塞隆也一直宣称迪奥是她的至爱。

第五节　范思哲（Versace）
——意大利的性感诱惑

创 始 人： 詹尼·范思哲（Gianni Versace）
创始时间： 1978 年
创始地点： 意大利米兰

一、品牌标识

范思哲的品牌标识由蛇发女巫美杜莎（Medusa）和城墙垛一般的传统图案组成。希腊神话中的蛇发女妖美杜莎，它代表着致命的吸引力，她的美貌如此蛊惑人心以至于使见到她的人即刻化为石头。范思哲一生都在追求这种美的震慑力，他的作品不论是艳丽性感还是典雅端庄，总是苛求着极度的带有毁灭性的完美，也正是这种别样的美征服了时尚界。范思哲在品牌标识中用了这个神话，体现了其在时装界的独领风骚和前卫成熟。无论何时何地，只要穿着范思哲的服装，你就有一种不可抗拒的魅力。标识下方则打出自己的名字，表示了创始人对品牌塑造的追求。

图 5.6　范思哲品牌标识

二、品牌历史

詹尼·范思哲于 1946 年 12 月 2 日出生在意大利南部的里吉奥·迪·卡拉布里亚。父亲是推销员，母亲是服装设计师，经营着一家名为“巴黎淑女”的时装店。范思哲自幼耳濡目染，深受母亲的熏陶，对时装设计产生了浓厚兴趣。1964—1967 年期间，范思哲进入大学学习建筑专业，但他把大部分精力都放在了设计服装上。

1968—1972 年，范思哲一直在母亲的时装店中任设计师兼采购。1972 年，范思哲迁居世界著名时装之都米兰自由设计师，开始正式以服装设计为生。1978 年，范思哲在米兰的永恒大厦成功举办了第一个有自己签名的女装展示会，标志着范思哲品牌从此诞生。1979 年，一直对品牌形象倍加关注的范思哲开始了与美国摄影师理查德·艾维登（Richard Avedon）的合作。

整个 20 世纪 80 年代，热爱音乐的范思哲，凭借超强的领悟力和学习能力，在摇滚乐时髦的时候，与摇滚明星合作推出了摇滚服，完成他的事业的一次大转折。

1982 年，范思哲在年度秋冬女装展中推出了著名的动感金属服装，这种服装在后来成为了他时装设计中的一个经典特征。1986 年，范思哲获得意大利总统授予的“共和国荣誉”奖章。1987 年 3 月 31 日，毕加特在斯卡拉剧院上演了《列德与天鹅》，范思哲为这部芭蕾舞剧设计服装。1988 年 9 月，在马德里开张了一个 600 平方米的展厅，这是他在西班牙的第一家时装店。

1989 年，在巴黎推出“Afelier”系列，标志着范思哲终于从意大利的时尚圈子扩展到法国时装界，将巴黎作为其品牌每季新作品发表的基地。范思哲的这一行动引发了意大利时装风格进入巴黎的风潮。范思哲在米兰郊外 25 英里处的阿尼斯建立了一个服装生产基地，聘请了 20 个富有经验的服装制作专家专门生产顶级的“Afelier”系列的服装。范思哲曾经把其中最杰出的 4 件送给了英国王妃戴安娜，使得他的“Afelier”系列变成抢手货。范思哲的一件“Afelier”服装标价 15 000 美元，但仍然一抢而空。这个系列的年销售额曾经打破一亿美元。

1990 年 4 月，范思哲在纽约的麦迪逊大厦开张了第二家时装店，这也是他在美国的第十一家店。1991 年 3 月，“Versus”香水推出。1991 年 6 月，范思哲正装推出。1993 年，他获得了有时装界奥斯卡美誉的美国国际时装设计师协会大奖。1994 年，在柏林著名的 Kurfurstendamm 又开了一家 600 平方米的服装展厅。

1997 年 7 月 25 日，范思哲在美国迈阿密别墅外的大理石台阶上被连环杀手开枪打死，震惊了世界。这一天成为世界服装史上最为黑暗的一天。范思哲死后，范思哲的品牌由他的妹妹多娜泰拉（Donatella）担任设计，她延续了范思哲的一贯风格，既含蓄又外露，在理性与感性之间表现女性的精致美感。

在 2013 秋冬米兰时装周上，设计师多娜泰拉·范思哲（Donatella Versace）也选择了“朋克”这个主题，不过多娜泰拉·范思哲（Donatella Versace）更倾向于把这个系列称为“Glunk”：“Glam”（华丽）和“Punk”（朋克）的结合体，她将用大量光亮的皮革、PVC 材质，尖锐的银色铆钉，以及范思哲标志性的张扬性感，来诠释自己对“朋克精神”的理解。

在连续几季描绘“性感女战士”的形象后，2013 秋冬范思哲秀场终于给我们带来了不一样的感觉，她们身穿闪闪发亮的 PVC 紧身套装或连身裙，披着机车夹克或是线条简洁、色彩明亮的皮革外套，也有英伦味道的黑白格子，看起来就像是即将登场表演的朋克乐队女主唱，气场十足。

而朋克风格常备的撕裂感细节，在多娜泰拉·范思哲手中变成了品牌常用的镂空剪裁，那些看似错综复杂的镂空设计，不但勾勒范思哲女郎的曼妙身材，性感十足同时兼具更高的使用性。

范思哲的品牌具有鲜明的个性：古典贵族风格的豪华、奢丽加之流行文化的直露与大胆、激情与热烈，创造出在奔放与高雅之间徜徉的时尚服装。范思哲的服装总是贴体而比任何人的用料都少，衣服的领子常开至肚脐，紧身衣的缝制使女性的每条曲线都完美展现，开缝间的花边若开若合，从而使身体若隐若现，具有了隐约的撩拨感。范思哲品牌的成功得力于家族团体的努力。詹尼是天才的设计师；哥哥桑托是了不起的经营管理者；妹妹多娜泰拉先致力于宣传推广并独立开发“Versus”品牌。Gianni Versace 他创立了自己的品牌，他是性感、美丽和光鲜的代名词，范思哲说自己的设计能让所有人忍不住回头多看几眼。他的妹妹多纳泰拉·范思哲继承了他的风格，用曲线和透明将公司的活力发扬光大。范思哲最倾心的时装面料是皮革。他喜爱皮革所表现的力量与感性，以及色调的丰满与质地的丰富。皮革，象征着他心目中佛罗伦萨的辉煌。从范思哲的皮革设计中你可以体味到意大利古典文化与现代精神的完美结合。质地柔软却能承载丰富颜色的丝绸也是范思哲喜爱的面料。

三、品牌评价

范思哲代表着一个品牌家族，一个时尚帝国。“范思哲”这个品牌的成名史并不长，但正是这个经历了短短一二十年的品牌已成能与阿玛尼、古琦和瓦伦蒂诺齐名的意大利四大时尚品牌之一。有人说，范思哲的崛起促使时装业本身的精神实质得到了升华，把普通的衣服变成了艺术。范思哲品牌服装兼具古典与流行气质，并游走于高雅和通俗之间。豪华是这一品牌的设计特点，强调快乐与性感，既有古典贵族风格的豪华、奢丽，又有流行文化的直露与大胆、激情与热烈。

范思哲的服装是一个奇迹，他以惊世的才情、狂妄的个性、独特的情节，把传说中的美杜莎神奇地复活。他把贵族的典雅、华贵与现代的性感、浪漫融为一体，造就了一个范思哲的服装时代。在天桥上、橱窗里、银屏中，范思哲的高级服装极尽张扬奢华之能事，吸引着时尚界的名媛雅士、贵族豪门。用珠光吊带、精致蕾丝、羽毛绸缎，把女人装扮得绚丽多姿、美如天仙。用特殊裁减的黑色长礼服、安娜·卡列尼娜式的简洁含蓄，表现着女人成熟与妩媚的风情。古典花纹百褶超短裙配上俏皮的小背心，散发着洛丽塔般的甜蜜与纯真的性感，这些服装都使女人“具有致命吸引”。

1983 年，范思哲品牌荣获柯蒂·沙克奖。1986 年，意大利总统授予范思哲“意大利共和国荣誉”奖章，1988 年，被“Cutty Sark”奖选为最富创意设计师奖，1993 年，获美国国际时装设计师协会奖。

四、范思哲与名人

范思哲一直以奔放的风格和色彩缤纷的图案傲然于时装界。范思哲的目标消费群主要针对皇室贵族和明星，以及高品位社会中上阶层人士。顾客群中既有王公贵族也有黑人摇滚乐手。从凯特·摩丝、纳奥米·坎贝尔、麦当娜，再到戴安娜王妃、艾顿强、妮可·基德曼等艺界名流都是他的支持者。他们当中有的明艳至极，有的野性十足，有的高贵典雅，有的性感撩人，但都以妖艳而赢得诸多赞美。

范思哲将艺术热情、高超的时装设计水准和自己一手栽培的顶级名模成功地结合在一起，进而成为国际豪华时装秀最积极的策划者和参与者。

2005 年，多纳泰拉·范思哲邀请戴米·摩尔（Demi Moore）拍摄时装广告，合同金额超过了 1 000 万美元。很多人是通过著名影片《人鬼情未了》中黛米·摩尔的精彩表演熟悉她的。现在，黛米·摩尔已经是 3 个孩子的母亲，但是她依然是那么的漂亮、性感、女性味十足，这和范思哲的时装特色极为一致。为什么范思哲选择戴米·摩尔做代言人？正如多纳泰拉·范思哲所说：“戴米·摩尔有孩子，有事业，与此同时，她美得要命。”

2005 年，好莱坞最耀眼的一颗黑珍珠、奥斯卡影后哈莉·贝瑞（Halle Berry）与意大利时装名牌范思哲签约，成为 Versace 新品的代言人。时尚界的王牌摄影专家马里奥·特斯蒂诺（Mario Testino）前往洛杉矶给哈莉·贝瑞拍摄了一组照片，为 Versace 新品做宣传。在新拍摄的广告片当中，一台吹风机把哈莉·贝瑞的头发吹得有些零乱，健康的橄榄肤色，诱人的双唇，迷离的眼神，无不显示出一种狂野不羁又性感十足的魅力。广告中的哈莉·贝瑞，周身上下散发出美丽女人的成熟、自信、勇敢和大气，这也许正是范思哲选中她作为麦当娜和戴米继任者的原因。

范思哲公司的首席设计师多纳泰拉·范思哲对哈莉·贝瑞的出色表现一直赞不绝口。他说："我一直选择有灵感的女人来代言范思哲，哈莉·贝瑞的身上汇集了所有的优点，热爱色彩，真正有感觉，坚强而不失妩媚，她是当今世界一个真正的女人。我认识哈莉许多年了，一直钦佩她的果敢和专业精神。我们的广告恰好处在她拍摄《X 战警 3》的空档期中，她只有一天的时间。结果她不知疲倦地从早上五点一直忙到凌晨一点，坚守岗位 20 个小时，连眼皮都没眨一下。"

第六节　普拉达（Prada）
——简约中蕴藏的典雅

创 始 人： 马里奥·普拉达（Mario Prada）

创始时间： 1913 年

创始地点： 意大利米兰

一、品牌标识

图 5.7　普拉达品牌标识

普拉达的服装，除了布标上的 PRADA 大写之外，几乎没有任何明显的辨识记号，唯有皮件上才有明显的倒三角形的铁皮标志：上面除了 PRADA 之外，在其下方会有一行标明其"品牌诞生地"的 MILANO 小字，及创立品牌的年份 1913，这也体现了 PRADA 低调、简约大方的设计风格和对完美主义的不懈追求。

图 5.8　普拉达盾牌缆绳标识

图 5.9　普拉达倒三角标识

二、品牌历史

Prada 可谓说是一个老字号，近百年来，坐落于米兰维多利亚艾曼纽二世大街上。古色古香的普拉达百年老店见证了普拉达家族的曲折兴衰。眼看着普拉达由一个孤零零的皮具店，发展到遍布全球一百多个专卖店的时装王国。但由于它的出品追求完美，所以无论老少，对此品牌的认知度绝不逊于其他任何品牌。

普拉达创立于1913年，当时只是一个专营皮件与进口商品的零售店。创立者马里奥·普拉达遍访欧洲，选购精美的箱包、饰品以及衣类等供上层社会享用。这些产品都经过马里奥·普拉达的精心挑选，形成了一种普拉达风格概念。当时美洲与欧洲之间的交通频繁，于是创立人马里奥·普拉达决定生产一系列旅行用的皮具产品。虽然当时运输尚不便捷，但是马里奥追求完美的品牌精神始终不变。从英国进口纯银，从中国进口最好的鱼皮，从波希米亚运来水晶，自己亲自设计皮具的款式，找一家品质卓越的德国厂商生产。普拉达一直致力于将最完美的产品奉献给消费者。普拉达去世以后，他的女儿路易莎得以接手他的事业。

20世纪70年代中期以后，由于受到古琦、爱马仕等主要竞争对手强有力的挑战，公司面临极大的困难，几乎濒临破产。但是家族内部的另一位女性在短短10年内使这个时装帝国起死回生、重整旗鼓。这就是马里奥·普拉达的孙女缪西娅·普拉达（Miuccia Prada）。Miuccia 1950年出生，从小就受到家庭耳濡目染的她，虽然不是科班出身，但对于时尚行业却很专心。在很多人眼里，缪西娅外表敦厚，身材一般，为人低调，几乎没有任何人能想到Prada在她的领导下发展地如此顺利。其实，当初她临危受命接管Prada时，并没有十足的信心。直到1987年，在一次商品展览会上，天生具有设计才能的缪西娅遇到了天生就有经营头脑的Patrizio Bertelli，两人一见钟情后坠入情网，结为人生的伴侣，从而揭开了Prada再创辉煌的新篇章。缪西娅·普拉达以感悟力决策品牌设计风格，而丈夫Patrizio Bertelli则以清晰的逻辑思维让Prada一步步壮大起来。他们两人优势互补，推动Prada在时代前沿登峰造极。在她的掌管下，普拉达的产品逐渐向多元化方向发展，但是重点放在服饰设计上面。1989年，缪西娅·普拉达举办了首次女装发布会，立即引起了时装界的轰动。每年的两次发布会，成为时尚界的期盼。

到了20世纪90年代，普拉达在全球时装界已经成为领军品牌，其服装和饰品时尚精美，品质极高。普拉达时装擅于采用豪华面料，样式极简，颜色以黑、棕、灰、绿、米色为主，虽然不追求肌肤的暴露，却时时传达着感性的自信。

1992年，缪西娅推出了个人风格突出、并以自己小名命名的副牌“缪缪”（Miu Miu）系列产品，Miu Miu是Prada唯一一个年轻副线的品牌，把消费对象定位于年轻人。MiuMiu系列设计更加流畅，色彩更加朴实，缪缪系列产品充分体现了缪西娅率性自我的性格。

1993年，缪西娅获得美国时装设计师协会颁发的“国际设计师最高荣誉奖”。1995年，她赢得年度“最佳时装设计师”的美誉。直到20世纪80年代末期，Prada在人们心目中都还是一个专门出产皮件的意大利品牌，但在20世纪90年代的“崇尚极简”风中，Miuccia所擅长的简洁、冷静设计风格成为服装的主流，Prada所设计出的服装更成为极简时尚的代表符号之一。缪西娅·普拉达每一系列的设计均行走在流行的最前沿。对她来说，设计是个不断尝试和创新的过程，需要有不妥协的探索和实验精神。从这个过程诞生了一系列真正创新和令人印象深刻的设计元素，最终成为了时尚界的当代“经典”。

普拉达如今已在全球很多国家的大城市开设了专卖店。它的时装、男女鞋、手袋都是各国时尚人士追逐的目标。足球界的万人迷贝克汉姆是普拉达的忠实拥趸，英国皇储查尔斯新娶的妻子卡米拉出访美国穿的也是普拉达，可以说普拉达是社交界的必备品牌。此外，普拉达的忠实顾客有很多都是欧洲皇室成员，甚至后来成为意大利皇室指定的供应商。

普拉达 2013 春夏系列注定让人惊讶，放弃了怪异以及难以驾驭的路线，它变得更实用和富有亲和力，但却保持独树一帜的风情。普拉达再次把诗意与坚强两种对立的女性特质结合在一起。樱花朵朵仙气飘飘配以重磅真丝，黑白红的纯粹色彩让人感受到从黑暗走向光明的愉悦感。普拉达再次坚持所谓的“未来复古浪潮”。

三、品牌评价

由行李箱和手袋起家，一直蓬勃发展及扩张的意大利品牌 Prada 通过致力于创造兼具经典色彩和创新精神的时尚理念，成为一个阶层的代名词。当人们提到某人穿用普拉达时，就让人对其所处阶层了然于胸。普拉达简约自然却不失雍容华贵的风格在众多时尚品牌中独树一帜，令人耳目一新。使用普拉达不只是为了炫耀，更是代表一种品味。该企业品牌在世界品牌实验室编制的 2006 年度《世界品牌 500 强》排行榜中名列 145。

四、普拉达与名人

消费时代，电影催促时尚繁荣；时尚与电影共赢。一提到普拉达，不得不提到 2006 年风靡一时的电影《穿普拉达的恶魔》（*The Devil Wears Prada*）。2006 年，这部电影的上映，成为那年夏天最热门的时尚话题之一。美国影评界评论其为“今年第一部精致、优雅，又具有娱乐性的电影”。这部电影将众多顶级品牌如普拉达、香奈儿、爱马仕、范思哲等收罗帐下，当然最大的赢家首数普拉达。影片虽只有短短 100 分钟，但是最后女主角 Miranda 身着一件优雅的普拉达黑色 V 领低胸晚装出席晚会现场并上演职场大逆转的精彩表现，让全世界记住了“Prada”。影片当中令人眼花缭乱的奢侈诱惑令消费者们目不暇接，这部影片在很长一段时间掀起了一股普拉达风暴。

第七节　杰尼亚（Ermenegildo Zegna）——顶级尊荣的阳刚风范

创 始 人： 埃麦尼吉尔多·杰尼亚（Ermenegildo Zegna）
创始时间： 1910 年
创始地点： 意大利

一、品牌标识

杰尼亚标识简洁却显得非常有都市味。大粗体的英文全称“Ermenegildo Zegna”在黑色背景的衬托下显得苍劲有力，就像一个成熟男人一样，拥有力挽狂澜的能量，却依然表现得很沉着和稳重。这正是杰尼亚一直坚持的风格：真正的财富者从不炫耀。杰尼亚品牌用创始人的全称 Ermenegildo Zegna 作为品牌标识，在彰显对自己品牌创始人的尊敬的同时，更是一种理念的传承，那就是对完美的不懈追求。

Ermenegildo Zegna

图 5.10 杰尼亚品牌标识

二、品牌历史

杰尼亚集团是一个意大利传统家族企业，1910 年诞生于阿尔卑斯山脉 Biella 地区的 Trivero 小镇，由埃麦尼吉尔多·杰尼亚创立。那时，不到 20 岁的埃麦尼吉尔多·杰尼亚在意大利比耶拉开了一间手工纺织作坊。最初这间简陋的作坊只能生产一些小块的羊毛面料。随后，杰尼亚开始设计、生产天然优质纺织品。到 1938 年，杰尼亚公司生产的高级时装面料达 450 种，出口到 40 多个国家。公司的做法是到世界最好的原料基地购买优质原料。例如从澳大利亚购买美丽奴羊毛，从南非购买马海毛，从中国内蒙古购买羊绒，从中国江浙一带购买丝绸，从埃及购买棉花。

1966 年，Ermenegildo Zegna 去世，他的两个儿子 Angelo Zegna（现任集团主席）和 Aldo Zegna 继承父业，领导公司向成衣市场进军，并把男式服装的发展路线定位在世界顶级男装市场，推出了一流的男装品牌——杰尼亚（Ermenegildo Zegna）。由于拥有面料经营积累下来的多年经验，以及自家拥有纺织厂，杰尼亚很快就晋升为意大利男装行业中的领头羊，接着公司又逐步开发了针织、配饰和运动装系列。

从 20 世纪 80 年代起，杰尼亚集团开始向纵深拓展，并在经营规模上走向国际化。1980 年和 1985 年杰尼亚集团分别在巴黎和米兰开设了第一家专卖店。

至 2005 年，杰尼亚已拥有了 460 个各式的销售点（Ermenegildo Zegna 和 Zegna Sport），其中有 187 家是集团直接管理的。据称，杰尼亚每年使用 2 000 000 米纺织面料，生产 500 000 套服装、1 500 000 多件运动装和 1 700 000 件各式服装配件。杰尼亚在全球有超过 6 000 名员工，2005 年的收入达到 7.13 亿欧元，所有的销售中出口比率占 86%。

杰尼亚品牌为消费者提供了很多的选择余地。包括最为高级华丽的手工制作、适合正式商务场合的服饰“Napoli Couture”系列以及经典款式“Sartorial”系列，再加上都市感极强的“Zegna Sport”系列，杰尼亚总是能考虑到不同消费者的需求。当杰尼亚推出新品的时候，销售人员会把精美的画册寄给顾客，并且邀请其来选购。凡是在杰尼亚店内购买的衣服，客人可以随时拿来干洗。虽然公司承担了一笔不小的费用，但是这一细节却可以密切与顾客的关系。当客人取走已洗好的衣物时，往往又为其重新购买新衣奠定了基础。

杰尼亚曾经推出一款13万元的限量版西服。该西服是用12微米~13微米的羊毛精纺打造，用肉眼看甚至比丝绸还要薄，纽扣采用兽类最坚硬的角质做成，意大利设计，并根据面料对气候的要求在瑞士制作，而消费者订购这样的西服至少要提前50天左右的时间。据称，一套“杰尼亚”品牌羊毛西装穿过以后，在衣柜里用衣架挂上6天，西装上的褶皱就会自然消失，一套崭新的西服出现在眼前，其面料考究和精细可见一斑。

作为男装中的精品，杰尼亚生产几乎所有的男士衣物，但从不生产女装。在男士衣物方面，杰尼亚不断拓宽经营范围，从衣服到裤子，从衬衣到领带，从皮鞋到皮包，从风衣到雨伞，形成了男士着装的完整系列。杰尼亚一直以量体裁衣、个性化定制来稳固自己的顾客群。杰尼亚希望以自己的品牌产品，将男士从头到脚武装起来，以彰显完美的、高贵典雅的文化品位。凭借在生产过程中对细节的控制，包括对面料的精心雕琢、细致裁剪、艺术设计，使杰尼亚的服装品质得到了充分的保证。杰尼亚就是以特有的梦幻般的面料，把男装艺术发展到精致。因而多年来，杰尼亚品牌一直是众多社会名流所青睐的对象。它所吸引的消费者包括了各国政界名流和世界各地的明星。

三、品牌评价

杰尼亚是男装中的极品之一，更被冠称为意大利殿堂级男装品牌，是个性与艺术性完美结合的作品。杰尼亚不追求新奇的款式和华丽的色彩，以其完美无瑕、剪裁适宜、优雅、古朴的个性化风格风靡全球。目前杰尼亚集团已经是名副其实的世界男装潮流的领导者。它的服装一向精致无瑕，优雅古朴。一直以来，杰尼亚凭借精美的面料、无与伦比的剪裁以及极高的制作品质给人成熟高贵之感，从而带给消费者本质上的奢华。男装西服品牌中，论设计和剪裁，排名第一的也许是乔治·阿玛尼。但若以面料排名的话，杰尼亚是当之无愧的第一名。现在很多国际一线服装品牌，甚至包括阿玛尼在内，采用的都是杰尼亚的面料。杰尼亚面料如此柔软的秘密在于其制造过程中所用的水来自意大利山区，这种水不含矿物质。

杰尼亚的设计师用他们的聪明才智创造出含蓄、大气、充满阳刚坚毅的男性精神，他们用自己对服装的全新理念设计每一套西装，以“炼金术”的精雕细琢、至善至美、情趣横生，向世界展现男装的顶级风范。

四、杰尼亚与名人

图5.11 杰尼亚男装

气质忧郁的第75届奥斯卡影帝阿德里安·布洛迪（Adrien Brody）曾担任杰尼亚的代言人。阿德里安·布洛迪是奥斯卡75年历史中最年轻的影帝，在他29岁时，凭借《钢琴家》摘得奥斯卡的桂冠。在电影里，他以高超的表达能力和艺术气质造就了一个高品位的魅力男人。戏里戏外他都很低调神秘，成熟的气质和杰尼亚的品牌风格很接近，不难理解杰尼亚为何会选他做代言人。他的成就向人们展示：成功男人，都应该拥有杰尼亚。

美国前总统克林顿、法国前总统密特朗、英国王子查尔斯等人都是杰尼亚西装的拥趸。在纽约、伦敦、巴黎、东京等大公司的会议室里，人们也可以经常见到从头到脚打点着杰尼亚服装的公司首脑。他们用杰尼亚来表现“男人味”，用杰尼亚来诠释岁月的沉淀，用杰尼亚托衬男人的儒雅，用杰尼亚释放激情和成熟，用杰尼亚演绎高贵与地位。

第八节 胡戈·波士（Hugo Boss）——优雅的德式风格

创 始 人： 胡戈·波士（Hugo Boss）
创始时间： 1923年
创始地点： 德国麦琴根（Metzingen）

一、品牌标识

Hugo Boss的男装系列有三种不同颜色的标识，不同的标识所代表的服装风格迥异，满足了现代人不同的生活需要。主要标识为黑色标识（Boss Black），大写的BOSS极为显眼，下方是这个品牌的全称。这个标识整体上清晰简洁，黑底衬托下的白色粗体大字显得铿锵有力，彰显了品牌感性却不张扬的品牌风格。这一系列服装通常给人自信、完美的感觉。不论穿者是在正式场合还是办公、外出都很适用。此外，橘色标识（Boss Orange）系列则是休闲服系列，不经意的裁剪加上优质的面料，是追求独特个人风格男士的最佳选择。第三个标识为绿色标识（Boss Green），贴合运动的设计、完美的手工制作加上精致的细节处理，这一系列适合于活跃的户外运动爱好者。

BOSS
HUGO BOSS

图5.12 胡戈·波士品牌标识

二、品牌历史

1923年，胡戈·波士先生在德国斯图加特南部的一个名叫麦琴根（Metzingen）的小镇开设了自己的服装厂，初始以生产工作服、防水服装、雨衣及制服起家。在这个只有2万人的小镇，BOSS很快就已精致、专业的服装赢得声誉。在BOSS的带动下，这个小镇后来发展成德国名牌工厂店最集中的小镇。但数年后，BOSS却因德国经济萧条影响而陷入危机。20世纪30年代至20世纪40年代初，Hugo Boss为德国突击队和德国政治军事组织生产制服。第二次世界大战后，家族生意已传至第三代。1948年，推出男装和童装系列。1953年，Hugo Boss初次生产男士礼服。20世纪60年代开始推出高级成衣系列。当时的市场定位主要是针对白领中产阶级，设计生产小批量、高品质、高档次而价格适中的服装，很快就获得成功，波士品牌随之走向世界。今天波士的形象与职业白领联系在一起，就是从那时候便开始的。波士以风格沉稳的男装开始，到了1972年，才正式涉足时装界。之后，波士在拓展国际业务的同时，不断拓宽完善品牌线，逐渐成长为一个包括男装、女装、女衣、鞋履包袋、香水、眼镜配饰等的世界顶级时尚品牌。

1985年，Hugo Boss于德国上市。1991年，Hugo Boss全盘被意大利时装集团Marzotto所收购，从此Boss家族与Hugo Boss品牌再无关系。Marzotto家族通过旗下意大利Valentino公司拥有其50.9%的股份。不过，BOSS集团在新东家的带领下依然发展得很好。

2002年，塞尔策就任Hugo Boss董事长兼CEO后，对整体品牌运营进行调整，改变了单一的品牌定位。如今的Hugo Boss品牌涵盖了奢侈生活的各个方面，包括男士休闲装和女装系列，以及眼镜、香水、手表、鞋类和皮具等。2006年，Hugo Boss经营性利润达到1.84亿欧元，在100多个国家开设有5000多个专卖店，并一直以其品位、质量、时尚感和华贵的气质而备受推崇。2007年，英国私募基金Permira公司获得Valentino公司大股东的地位，间接控股Hugo Boss。

波士旗下现有三个品牌：波士、胡戈和波帝萨里尼。它们分别代表着三种不同的气质和生活信念。Boss是公司的核心品牌，以上班族套装为主。简洁现代的设计加上完美的用料和裁剪，是注重实用与品质的男士和女士的选择。Hugo在坚持高品质的同时，别具创意的特色特别适合潮流触角敏锐、坚持自我风格的现代男士和女士。Baldessarini以品味超凡、要求严谨的男士为对象。在经营策略上，针对旗下各品牌的特点，销售点也有差别。Boss Hugo Boss主要在高素质的男装零售店发售；Baldessarini Hugo Boss则以高级豪华的男装店铺为销售点。值得强调的是，不只服装，波士的其他各类产品也遵循这一分类。Boss于20世纪80年代初开始进军香水世界。到了20世纪80年代中期，BOSS大受注目，成为新宠，原因是在大受欢迎的电视片集《*Miami Vice*》中，男主角们所穿的就是Hugo Boss，而那些裁剪漂亮，线条简洁的西装令人惊艳。那些住在高级公寓里、手拿移动电话的企业管理人员成为BOSS西服的忠诚消费者。风格硬朗的BOSS西服，更多地为企业家、商人设计，是上班族的象征。对于欧洲男士来说，它的形象内涵具有巨大的吸引力。

波士走的是以自己开专卖店为主的销售路线，而不是传统的在时装店里开设专柜的做法。波士在全世界范围内有上千家专卖店，其中波士自己独家经营200家，其他的大约800家是与别人以特许经营的方式合作营业。波士只在那些为数不多的以经营高档商品为主的大百货商场设有专柜，如巴黎的“老佛爷”、纽约的“第五大道”和Bloomingdales等，其他的大众型商场很难找到波士的影子。

Hugo Boss在国际男装市场上占有举足轻重的地位，其足迹更是遍及世界各个地区：欧洲（17个国家），亚洲（12个国家），大洋洲（2个国家），南美洲（2个国家），北美洲（3个国家），据不完全统计，BOSS在全球大约有550家专卖店。

三、品牌评价

与巴黎的浪漫不同，德国一向以严谨的格调著称，在品牌的塑造上也是如此。由德国人胡戈·波士于1923年创建的Hugo Boss品牌，在男装界大刮阴柔风潮的今天，始终以阳刚味十足的男性本色形象示人，传达出一种精致、自然、执著，坚持经典的男性服装风格。而拥有一件Hugo Boss的品牌服装，已成为众多商务人士的终极向往。

Hugo Boss在国际时装界拥有举足轻重的地位，作为德国的经典品牌，其一直以其优雅的品位、极富现代感的设计和无可挑剔的品质在全球范围内受到人们的钟爱。BOSS的服装样式是许多中高级主管心目中的标准典范。并且，在品质和做工上，维持欧洲最大男装生产商的一流水准。历经70多年风雨，波士始终在国际时尚舞台上扮演着引领者的角色，这一点可以归为BOSS一直崇尚的哲学："为成功人士塑造专业形象。"如今的Hugo Boss品牌在人们心目中早已成为了时尚服饰的同义词。在公众眼里，Hugo Boss代表创意、创新和进步，它成功地将传统的上班西服转化为时尚性感的时装。

四、BOSS与名人

多年来，Boss一直是一级方程式重大赛事的赞助商，因为F1赛车很好地体现了Boss的风格——动感、成功、心胸博大。作为迈凯轮车队的赞助商之一，Hugo Boss选中F1车坛独树一帜的人物费尔南多·阿隆索作为其西班牙地区代言人可谓实至名归，就连他转会其他车队，Hugo Boss仍然选择他作为2008年的品牌代言人。

Hugo Boss的主旨就是成熟稳重，彰显出不凡的男人品味。阿隆索深沉的态度与稳健成熟的男人气质同BOSS品牌搭配的天衣无缝。穿着Hugo Boss西装的阿隆索同样能展现出气质不凡的感觉，干练、稳重、洒脱，成功的男人大多如此，阿隆索作为Hugo Boss的代言人实至名归，也带动了F1车手对BOSS的狂热。

第九节　巴宝莉（Burberry）
——浓烈的英伦色彩

创 始 人：托马斯·巴宝莉（Tomas Burberry）
创始时间：1856年
创始地点：英国伦敦

一、品牌标识

巴宝莉骑士标识创立于1856年，上方是一个动感十足、身着盔甲的骑士，中间镶刻着巴宝莉的英文名称 BURBERRY，下方是品牌的诞生时间。驰骋的骑士手拿盾牌，整个标识看起来就像一个穿着盔甲的武士一样，保护着大不列颠联合王国尊贵的服装文化。整个标识充满典型的英国气质，预示着巴宝莉这一品牌越走越远，越飞越高，所有这些已经成为皇室御用品牌的标志。

图 5.13　巴宝莉品牌标识

二、品牌历史

身处英国街头，即使吹着寒风、下着细雨，但英国人却不爱撑伞，宁愿穿上一件风衣。这并不是英国人的怪癖，而是缘于一件遮风挡雨的风衣所提供的方便和效益。而提起风衣，许多人第一联想就是英国品牌 Burberry。

1856 年，托马斯 · 巴宝莉在英格兰汉普郡的贝辛斯托克开了一家“巴宝莉”的户外服饰店。世界第一位到达南极的挪威探险家罗阿尔 · 阿蒙森小分队的户外用品和服装就是巴宝莉品牌的产品。

1879 年，Burberry 研制了一种布料：Gabardine，这种布料的灵感来源于一个很有意思的故事。当时，Thomas Burberry 发现牧羊人及农夫身上穿的麻质罩衫竟有冬暖夏凉的奇妙特性，便决定从中取经。经过几番研究，他制成了一种防水防皱、透气耐穿的布料。1888 年，Thomas Burberry 发明的 Gabardine 成功取得了专利，并为当时的英国军官设计及制造雨衣。直到今天，Burberry 制作轻便、防水服装的方法仍是个秘密。

1891 年，巴宝莉在伦敦 Haymarket 开了第一家店，现在那里仍是巴宝莉公司的总部所在地。1901 年，Burberry 设计出第一款风衣。不久第一次世界大战爆发，Burberry 风衣被指定为英国军队的高级军服。为配合军事用途，巴宝莉在设计上也修改为双排扣、肩盖、背部有保暖的厚片，并在腰际附上 D 型金属腰带环，以便收放弹药、军刀等。这款实用功能至上的风衣，被取名为“Trench Coat”，后来成为巴宝莉的经典代表。直到今日，翻开英国牛津辞典，如果想查“风衣”这个单字，你会发现“Burberry”已成为风衣的另一代名词。Burberry 的另一经典可说是以米色、红色、黑色与白色等线条构成的格纹。原本用于风衣内里的格纹，于 1924 年首度现身，优雅时髦的韵味，在当时引起了热烈反响，今日，格子图案和风衣成为巴宝莉的经典符号。

20 世纪初，Burberry 推出了多款分别适用于各种场合的运动装束，为喜爱户外活动者提供不同选择。由于具备极佳的防风和保温功能，它一次又一次成为探险家及飞行家的首选。1911 年，挪威探险家罗尔德 · 阿蒙森上校率领一支 5 人的小分队，成功地成为世界上最早抵达南极的人，而他装备的就是巴宝莉品牌的户外用品和服装。他在南极留下了一个巴宝莉的斜纹布帐篷，以证明他完成了这次探险。这一轰动全球的探险，使巴宝莉这个品牌也因此而扬名世界。

1955 年，凭着传统、精谨的设计风格和产品制作，巴宝莉获得了由伊丽莎白女王授予的“皇家御用保证”徽章。今天，巴宝莉经典的格子图案，独特的布料功能和大方优雅的剪裁，已经成为英伦气派的代名词。

1997年，巴宝莉经营出现亏损的困境，管理层发生重大变动，零售天才布拉沃（Rose Marie Bravo）开始担任首席执行官。在她的带领下，Burberry的经营方向产生了变化，由向来主要为皇室和年纪较长的名人提供服饰调整到为多个层面的客人提供服装，进一步扩大客人网路。把巴宝莉的产品扩张到所能及的所有品类，同时把巴宝莉品牌也扩展了几个个性化鲜明的副品牌。而巴宝莉品牌的精髓还是完整地保留下来。这个扩展策略挽救了巴宝莉。

2001年，Burberry在创作总监Christopher Bailey的带领下推出了Prorsum高级男女装系列，一洗以往古老形象，为品牌建立了时尚新形象。

2003年，Burberry更推出了以创立人Thomas Burberry命名的新系列，提供更年轻及时尚的轻便服饰，进一步把品牌推至年轻一族。

巴宝莉的两款顶级系列是“Burberry Prorsum”和“Burberry London”。“Burberry Prorsum”是顶级的巴宝莉服装，代表着巴宝莉的高贵和经典；“Burberry London”是巴宝莉在全球的核心产品系列，代表了一贯的英伦生活方式。

三、品牌评价

1912年，到达南极的第一人罗尔德·阿蒙森（Roald Amundsen）写到：“衷心地感谢巴宝莉。在去南极的途中，巴宝莉风雨大衣帮了我极大的忙，事实上它已经成为我的好朋友。”罗尔德·阿蒙森的这一评价很好地体现了巴宝莉服装的性能特征：巴宝莉服装最能够承受冷风和风暴，从而在寒冷气候下确保良好的服装人体环境。

巴宝莉这个品牌给人们最直观的印象就是其古典、传统的设计风格。彻头彻尾的英国传统味道加上经典的“格子”图案已经成了这个品牌的骄傲。时尚界流传着这样一个毫不夸张的说法：只要一下雨，整个伦敦就都覆盖在巴宝莉之下。巴宝莉的服装带有一股英国传统品牌的设计风格，它那经典的格子图案和大方优雅的裁剪赢取了时尚者的欢心。格子图案是巴宝莉家族身份和地位的象征，历经近百年都盛名不衰。

巴宝莉是一个很容易引起人浪漫遐想的品牌。人们喜欢它的原因，不仅因为他100多年的经典历史、标志性的格子图案，还有高级时装回归，奢华瑰丽风尚。人们从巴宝莉中可以寻回真正传统的典范。在网络上流传甚广的一篇文章《女人一生需要的25件奢侈品》中，Burberry名列第三位。英国的雨雾天气里人们也不爱撑伞，身着一件Burberry潇洒自如地走着，算是让东方人驻足的街景了。

四、巴宝莉与名人

在2006年的八国集团首脑会议上，英国首相布莱尔赠送给美国总统布什的生日礼物便是巴宝莉的一件毛衣。当时美国前总统布什从“空军一号”上缓步而下，向欢迎的人群挥手致意，轻风拂起处，Burberry经典的格子衬里亮在众人眼前。迈克尔·杰克逊一向喜欢把自己躲在墨镜与口罩后面，但却慷慨地让Burberry风衣和Burberry长围巾到处惹眼。

奥黛丽·赫本在《蒂夫尼早餐》中身穿着巴宝莉的避雨服，而在《克莱默夫妇》中的梅丽尔·史特里普、在《华尔街》中的迈克·道格拉斯都穿着巴宝莉的高档服装。

第十节 唐纳·卡兰（Donna Karan）——时尚的纽约都会韵味

创 始 人： 唐纳·卡兰（DONNA KARAN）
创始时间： 1985 年
创始地点： 美国纽约

一、品牌标识

Donna Karan 的服装就是以自己的全名作为品牌标识，但是她很少会把品牌名称直接设计在衣服外面，而只印在服装里面的布标上。米色背景下的唐纳·卡兰标识显得感性和干练，充满都市气息。标识上面一行是其英文全称 DONNA KARAN，明确地传达了品牌自我表达的时装设计理念。下面的 NEW YORK 则显示了这个品牌的诞生地纽约，强调了这个品牌植根于纽约特有的生活模式。

DONNAKARAN
NEWYORK

图 5.14 唐纳·卡兰品牌标识

二、品牌历史

唐纳·卡兰是一个外表平和貌不惊人的女子。她的母亲是时装模特兼服装公司的销售主任，父亲则是一位著名的男装经销商。可以说，唐纳·卡兰是在纽约时装界的熏陶下长大的。1968 年，唐纳·卡兰进入帕森设计学院学习。大学二年级时，她在休闲服装品牌 Anna Klein 找到一份兼职，通过潜心学习她逐渐开始崭露头角。后来她开始担任 Anna Klein 的助手，并在 1974 年继承了总设计师的位置。1985 年，唐纳·卡兰和雕塑家的丈夫斯蒂联手推出了自己的设计品牌唐纳·卡兰，标志着唐纳·卡兰品牌的诞生。当年推出了第一个 Donna Karan Collection 高级时装系列。在她的首次个人服装发布会上，全面别致的设计让初出道的米兰荣获了当年美国时装设计师委员会评选的年度最佳设计师奖。始终坚持“为现代人设计现代化服装”，唐纳·卡兰迅速开始了品牌扩张路线，并陆续推出了一系列各具特色的产品。1988 年，Donna Karan 因女儿的需要而产生灵感，创立了集团的年轻系列 DKNY（DKNY 就是 Donna Karan New York 的缩写），把纽约独立、自由的精神融入到设计之中，成为国际都会风格的代表。

1991 年，Donna Karan 推出了首个男装系列 DKNY MEN，满足了成熟男士的着装需求。DKNY MEN 系列包括正式套装、休闲系列、皮件、领带、饰品、泳裤、鞋子等。这一系列充分展现出男性的无穷活力和纽约的街头气息。1992 年，Donna Karan 推出了充满美式风格的副牌 DKNY MEN，并凭此获得了年度最佳男装设计师的称号。干净利落的线条和灰黑色调凸显都市男性的干练、自信，这一款服装还受到了前任美国总统比尔·克林顿的青睐。1996 年，唐纳·卡兰股票在纽约股票交易所上市。DKNY 在 1997 年再划分为 DKNYPure、DKNYClassic、DKNYJeans 和 DKNYActive，实行以多取胜。DKNY 的设计灵活多变，切合日常生活所需，十分实用，不受潮流影响、受到喜爱自由搭配流行服饰的摩登一族青睐。1999 年，DKNY 女装内衣和男装内衣的相继推出，更完善了 DKNY 的产品系列。DKNY MEN 年轻系列男装随即问世。

2014 年是唐娜·凯伦品牌成立 30 周年，因此 Donna Karan 2014 秋冬女装秀也就别具意义。在秀场邀请函上，设计师 Donna Karan 如此写道："30 年过去，我如今视风格为一种进化过程。它对你是谁、你去过哪里、你即将去哪的独特反映。这个旅程永无止境……"

以礼服闻名的唐娜·凯伦，在 30 周年纪念大秀上率先展示了 14 款黑色系礼服。掩藏在黑色中的蕾丝拼接、镂刻、高开衩、透视、V 领、吊脖设计等性感细节让这 14 件黑衣丝毫不显平淡。接着炽热的红色、沉稳的大地色、高贵的紫罗兰色礼服接连出现，虽然颜色各异却都释放着霸气无双的女王范儿。特别是半透明薄纱拼接天鹅绒的修身礼服，尤其惹人遐想。

20 多年来，DKNY 的设计灵活多变，但是却一直坚持优雅又不失保守的服装路线。米兰认为一位女性真正需要的是这样几件衣服：一件紧身衣、一件弹力 T 恤、一件白衬衫、一件西装上衣、一件羊毛背心、几件牛仔装。

唐纳·卡兰能够如此洞悉消费者的需求，原因在于其非常注重与顾客的关系，并尽力与顾客保持开放性对话。唐纳·卡兰的目标群体是纽约这所城市所吸引的来自世界各地但终于融入这座名城的纽约人，并扩展到对纽约生活方式的向往者。她的品牌既适合早九晚五忙碌的职业妇女，也受到影视明星、豪门贵妇的热心追捧。例如好莱坞当红影星黛米·摩尔和布鲁斯·威利斯夫妇，都曾是 DKNY 1996 年宣布的形象代表，其他钟情该品牌的名人还有汤姆·汉克斯、麦当娜、芭芭姗，乃至克林顿总统夫妇等。此外，公司会定期出版各种有关时尚的书籍并创办半年刊《女性对女性》。同时，唐纳·卡兰还引领美国时装界参与各种公益与慈善性事业。到现在为止，Donna Karan International 在全球拥有 80 多家 Donna Karan New York 与 DKNY 专卖店。

三、品牌评价

唐纳·卡兰与卡尔文·克莱恩、拉尔夫·劳伦并称美国三大设计师。作为高级女装品牌，唐纳·卡兰被称为当代美国的香奈儿。唐纳·卡兰品牌领导和指导着今日美国女性的衣着，并极力为所有崇尚美的现代时尚女性服务。特有的都市气息和现代节奏相结合，唐娜·卡兰这个品牌被称为艺术性与灵敏市场反应的完美结合。

唐纳·卡兰对于女性时装的喜好和追求很清楚。正如她所说："对我而言，时装设计就是一种自我表达，一种作为妻子、母亲、朋友和商人的情感宣泄。”这段话充分体现了唐纳·卡兰总是能够恰如其分地知晓女性对于服装的喜好和追求。她更多的是把服装当成多文化的非语言表达方式，从而设计出了集舒适、方便及功能性于一体的高级时装。

四、唐纳·卡兰与名人

唐娜·卡兰最大的隐形代言人莫过于克林顿夫妇了。克林顿最钟爱充满美式风格的副牌 DKNY MEN。在克林顿竞选总统期间，希拉里在一些朋友的帮助下开始为下一任“第一夫人”做准备。服饰作为首要的准备，希拉里花费了很多心血。因为她不再只是代表她自己，她所处的角色将是代表美国民众，因此既要魅力不凡，又要显现为人母亲的闲适。最终希拉里选择了“唐娜·卡兰”。她曾多次身穿一袭“唐纳·卡兰”牌露肩晚礼服出席不同场合。这对在美国政坛上赫赫有名的夫妻热衷于“唐纳·卡兰”，使唐娜·卡兰的人气直线上升。

第六章

世界顶级汽车品牌历史

汽车是人类历史上最伟大的发明之一，它的诞生与发展，在历史的长河中给我们留下了无数可圈可点的回忆。汽车自19世纪末诞生以来，已经走过了风风雨雨的100多年。从卡尔·本茨造出的第一辆三轮汽车以每小时18千米的速度行使，到现在，竟然诞生了从速度为零到100千米/小时只需三秒钟多一点的超级跑车。在这100多年的发展史中，汽车的发展和进步可以说是日新月异，其中有着太多的辛酸与喜悦。

汽车是人类超越自身体能局限的工具，它使得我们可以在更为辽阔的地域自由行使，在世界工业化的进程当中，汽车带给人们一日千里的奇迹，在不知不觉地改变着人们的生活方式和价值理念，把人类的发展带入更加现代和文明的社会当中。

随着汽车技术的不断进步和成熟，汽车也早已不仅仅是代步的工具，在很多人眼里，它已经成为身份的象征，代表着驾驭它的主人的地位和财富，彰显着个性和品位。而那些被列为世界顶级奢侈品的汽车品牌，如德国的宝马、奔驰，英国的劳斯莱斯、宾利等，也都早已成为一个时代的象征，从成立之初，创始者都已赋予它们不同的个性和风格，经历了上百年的洗礼之后，这些品牌依然生机勃勃，光辉闪亮。它们已经超越了交通工具的范畴，成为个性与身份的代表，令无数人为之倾倒。

汽车品牌的象征意义已经超过了产品本身，演变为被社会认可的一个符号、一种精神或一种情怀。尤其是那些被公认为世界顶级奢侈品的汽车，它们出类拔萃，无一不经历了历史的磨炼和时代的洗礼，每一处精巧的设计均体现出以人为本的理念。这些品牌不因时间的流逝而褪色，也不随时尚的流转而改变，它们或是张扬，或是低调，作为个人品位和财富地位象征标识，早已享尽芸芸众生的追捧和青睐。

第一节　宾利（Bentley）
——彰显尊贵豪华的经典

创 始 人：沃尔特·欧文·本特利（Waltar Owen Bentley）

创始时间：1919年

创始地点：英国克鲁郡

图 6.1　创始人：沃尔特·欧文·本特利

一、品牌标识

图 6.2　宾利汽车标识

宾利轿车标识是以公司名的第一个字母“B”为主体，两边生出一对翅膀，似凌空翱翔的雄鹰，庄严而夺目。它所呈现给世人的永远是动力、尊贵、典雅、舒适与精工细做得最完美结合。下面的大写“BENTLEY”是创始者的家族姓氏，就像本人的签名，表达了创始人对品牌的神圣责任。

二、品牌历史

有一部车曾经被这样形容：“这辈子你都别想拥有它，能看见就是一件幸事。”它就是宾利。

昂贵的价格，精湛的手工制作，纯正的英国贵族血统，每年 1 000 多辆的限产，使超豪华宾利轿车成为全球富人彰显富足的终极精品。

1905 年，年轻的本特利在英格兰北部的一家机械厂开始了自己的学徒生涯。他在业余时间，设计并制造一些小型摩托车，并热衷于参加小型的长距离试车比赛。本特利喜欢赛车运动，而赛车运动中对速度的无限追求带领着他不断提高宾利汽车的技术水平。

本特利喜欢赛车，1912 年买了一辆法国的 DFP 赛车。第一次世界大战期间，他受雇于英国皇家海军航空兵技术委员会，从事法国克勒盖特发动机改进工作，对发动机产生了浓厚的兴趣，使他成为发动机机械工程专家。1919 年本特利创建了自己的汽车公司，并设计了第一款新车，开始设计制造他多年来梦寐以求的运动车，并推出了以自己名字命名的宾利 3.0 汽车。宾利 3.0 汽车使用的是 3 升发动机，输出马力 85 匹，提供 80mph 以上速度的赛车，这是当时最快速的赛车。宾利 3.0 汽车在 1923 年法国勒芒车赛中，以唯一的一辆英国跑车、轻盈有力的引擎震惊整个赛车界，不仅为宾利赢得了显赫的名声，也为以后的宾利车款奠定了基础。

本特利对赛车情有独钟，因此宾利汽车多次参加了法国勒芒赛事。凭借其卓越的速度和持久力，在1924—1929年期间的勒芒24小时汽车赛中，宾利汽车在5年的勒芒耐力赛屡获冠军，成为勒芒赛道上的一段传奇。

1929年和1930年拿下勒芒冠军的Woolf Barnato还拿由6.5L宾利进化而来的Speed 6车型（拥有180匹最大马力与147.2千米/时的极速表现）与由法国南端坎城开往北端加莱的特快列车（Le Train Bleu）进行速度对决，并获得胜利，自此之后市上销售的Speed 6便又多了“Bentley Blue Train”的别名，而Woolf Barnato等人也因此有了“Bentley Boys”的美称。于1930年推出了宾利8.0L车型，高达200km/h的极速再度震惊世人。

图6.3　1929年的宾利 Speed 6

图6.4　1930年的宾利8.0L

1931年，由于宾利汽车在经营和营销方面的失误，使得公司的负债高达10多万英镑。就在公司命悬一线的时候，劳斯莱斯以12.5万英镑买下了宾利，本特利本人也成了劳斯莱斯的雇员。同年，新的宾利汽车股份有限公司成立。此时的宾利已是劳斯莱斯的一个下属公司。曾经有一段时间，劳斯莱斯和宾利两个车名实际上是同一种车。它们都是纯手工制作，品质卓越，都象征着显赫的地位和财富。但是，二者却又有着各自的特色。劳斯莱斯尊贵舒适，是身份与地位的象征，为政要权贵所青睐，而宾利汽车运动气派十足，是为了满足富有的年轻人，追求高速驾驶、寻求刺激的需要。

1939年，第二次世界大战爆发，即便如此战争之初也没有阻止宾利的发展脚步，在1939年，宾利发布了第二辆由劳斯莱斯生产的车型——宾利Mark V，这款车型依然带有浓郁的劳斯莱斯的风格，动力上搭载了3.5L与4.5L两款动力。

在1946年，宾利的汽车生产线迁往英国克鲁郡，此时劳斯莱斯和宾利已被划分为了两大独立品牌。就在这一年，宾利推出了由设计师伊万·艾文登设计的宾利“马克Ⅵ”轿车，在市场上大获成功。仅在1952年其销售额就达到5 200辆，成为宾利历史上最畅销的车型。

图6.5　1946年的宾利“马克Ⅵ”轿车

1952年，约翰·布兰其利设计了宾利“欧陆R-type”轿车。宾利“欧陆R—type”采用了较强劲的发动机和4速自动变速箱，使得该车最高时速达到120英里，是当时世界上速度最快的四座位轿车。这款被称为R型轿车的汽车以其技术先进、性能卓越和造型优美获得了高度的评价。但是宾利并入劳斯莱斯后，从1939年开始，劳斯莱斯和宾利的研发就已经捆绑在一起，从20世纪30年代到20世纪80年代宾利车型基本就是换标的劳斯莱斯。

图6.6　1952款宾利“欧陆R-Type”轿车

图6.7　1995年推出的宾利“雅致”轿车

到了20世纪90年代，劳斯莱斯决定加强宾利品牌，因为当时宾利已经占到了劳斯莱斯销售份额的52%，他们发现宾利更有市场。于是20世纪90年代也是宾利在劳斯莱斯旗下推出新车最多的一个10年。1991年推出了宾利“欧陆R”双门轿车；1992年推出了替代慕尚轿车的布克林轿车；1994年推出了限量生产的“欧陆S”轿车；1995年推出了宾利Azure；1996年推出了限量版本Turbo R Sport轿车；1997年推出了Turbo RL；1998年推出了Turbo RT。6.75升增压发动机的最大功率为420马力，0~60英里/小时的加速时间达到令人生畏的5.7秒钟，使宾利轿车不仅仅是设施最豪华的轿车，也是当时性能最好的四门豪华轿车之一。1998年，装备了6.75升V8双涡轮增压发动机的“雅致”（Arnage）系列诞生。这是一款宾利的旗舰车型，从动力、空间、豪华设备到工艺设计都是一流的，最高时速可以达到233千米/时，牢固地奠定了宾利作为豪华轿车的霸主地位。

然而，在当今汽车工业的发展中，大规模生产显示出极大的经济效益和强大的竞争实力。劳斯莱斯汽车公司的精雕细刻式的手工生产方式在与对手的竞争中处于下风。宾利轿车虽然还是世界上设施最豪华、品牌最名贵的轿车，但是在技术上早已被竞争对手超越，排量6.75升的顶置气门V8发动机已经老迈。它除了是这个发动机级别里的喝油冠军外，其他技术性能指标基本上都居于下游，使该公司在20世纪90年代后期不得不在一些型号的宾利轿车上装备宝马的发动机。劳斯莱斯经营陷入困境，宾利也需要开始自寻出路。

1998 年 7 月 28 日，莱斯莱斯的商标和标志以 4 000 万英镑的高价卖给了宝马公司。而大众与宝马签署了一项协议，约定从 2003 年起宝马开始生产劳斯莱斯牌轿车，而大众则仍旧在克鲁郡厂房生产宾利豪华轿车。这样宾利就正式收归大众旗下。虽然几度易主，但宾利汽车豪华精贵的品质依然如故。

2002 年，英国女王伊丽莎白登基 50 周年庆典上，英国皇室选定了宾利品牌。将宾利品牌确定为皇室唯一专用御驾品牌。在 2002 年宾利赠送女皇伊丽莎白二世的是宾利 State Limousine，该车动力上搭载的是与雅致车型（宾利 Turbo R 的继任者）相同的 6.75 升的双涡轮增压发动机，最大功率 400 马力，最大扭矩 835 牛米，最高时速可达 210 千米/小时。

图 6.8 2002 年宾利赠送伊丽莎白二世的宾利

2003 年，宾利的双门 GT 车雅致停产。而宾利欧陆 GT 发布，这台双门 GT 跑车是宾利入驻大众之后的代表作，引擎是与奥迪 A8 和大众辉腾 6.0 版共用的 6.0 升 W12 引擎，不过加上了双涡轮，马力高达 552 匹，极速直逼 320 千米/小时，此车搭载的 6 速 Tiptronics 变速箱和 4 Motion 四轮传动系统都是大众自豪的科技。此车也成为宾利当今的主力销售车款。

2004 年宾利公司推出欧陆飞驰，2007 年推出的宾利欧陆 GT 双门轿跑车，2009 年推出的宾利欧陆 GTC。同时 2009 年在美国加州举办的圆石湾汽车巡展上，宾利推出了其全新的旗舰车型慕尚，幕尚从设计到制造完全在英格兰北部的克鲁郡完成。最大功率达到了 500 马力，最大扭矩为 1 000 牛米。

自宾利入驻大众以后其销量也出现了明显的增长，其中 2005 年在全球范围内销量达到了 3 654 辆；2007 年首次突破了 1 万辆，达到了 10 014 辆；而 2008 年又回缩到 7 600 辆；到了 2009 年再次回缩到了 4 616 辆（主要原因是 2009 年全球金融危机，宾利最大的美国市场销售惨淡）；2010 年宾利全球销售数据暂无，不过在中国销量达到了 815 辆，占全球销量的 20% 左右。

三、经典作品

（一）宾利“欧陆 R—type”

1952 年 6 月，宾利“欧陆 R-type”（Bentley r-type Continental）重装上阵，它的设

计让人感到振奋，装备了更强劲的发动机和 4 速自动变速箱，最高时速可达 120 英里/小时。给人印象更深刻的是与它颇为前卫的外观设计相匹配的各种高新技术的应用。这个长度超过 5 米的“大块头”由于采用了先进的铝合金材料而仅重 1.65 吨，制动系统则采用了当时尚属新开发的前盘后鼓式。4.6 升直列 6 缸引擎（以后又有所加大）虽然不是新开发，但它在每分钟 3 800 转的状态下能够释放出 137 马力（102 千瓦）的力量，不知不觉中就可以将车加速到 185 千米/小时，甚至还有更快的潜力。这款轿跑车成为当时公认跑得最快的四座汽车，曾被英国汽车杂志 Autocar 赋予“现代感魔幻宠车”的称号。在此后的几十年里，宾利所有的欧陆车型都延续了 R-type 的设计风格。

作为世界上最豪华的双门四座跑车，欧陆 R-type 已经成为极具收藏潜力的车型之一，并赢得了包括希腊船王奥纳西斯、意大利最大的阿涅利家族以及石油大亨洛克菲勒在内的无数豪门贵族的青睐。在使用上，它的购买者们更多喜爱的是它的自动排档和豪华的宽大尺寸，以及它似 Jaguar 的美洲虎又像 MG 的侏儒，在车体正前方完好地保留了英国古典车型风貌。不难看出，此时的宾利在速度与运动感上的优势已经背离了其创造者追求极速与运动快感的初衷，转而成为豪华轿车另一项奢华的装饰。

图 6.9 宾利“欧陆 R—type”

（二）宾利“雅致 728”

2004 年宾利公司推出的“雅致 728”（Arnage728）是由宾利旗下的汽车制造部门穆利纳（Mulliner）精心打造的，每一个细节都秉承了宾利手工精制的传统与一丝不苟的质量追求，是宾利轿车度身定制工艺结晶。“雅致 728”每年全球仅生产 3 辆，而客户从下订单到交货一般要等至少 8 个月的时间，可谓物以稀为贵。

宾利“雅致 728”采用的是 V 型 8 缸发动机，发动机的排气量是 6.75 升，四档自动变速形式，驱动方式为前置后驱，长为 6 118 厘米，宽为 1 932 厘米，高为 1 515 厘米。宾利雅致 728 整车重量约为 2 955 千克，适用于欧Ⅳ环保标准，高速公路耗油量为每 100 千米 20.6 升，最大速度 249 千米/小时。车体结构为承载式，可载 5 人，内饰材料是真皮、桃木，贴面材料为桃木，仪表板显示形式是数字/模拟，仪表板背光颜色为橘色，车顶形式为硬顶。

“雅致 728”的设计师充分利用了其延长的 728 毫米轴距，车厢配置极为豪华精致，只要轻按按钮，挡板内就会出现一个 24 英寸的超薄屏幕，连同内置的 DVD 系统，环绕立体声系统，后车厢顿时变成了一个移动的私人影院。由于车身特长，车尾间的超宽距离提供了一个宽敞舒适的后车厢。任何体型的人士，均可在脚凳上舒展双腿，令旅程更舒适，尽得个人化的享受。

“雅致 728”取名于勒芒赛道上一个弯道的名字，它来自塞车竞速世家，却留给人们非同一般的驾驶感受。“雅致 728”行使在林荫道上，给人以轻松自然休闲的静谧，行驶在高速公路上，给人以速度、强健、傲视群雄的激情与快感。

“雅致 728”打入中国市场，在北京和上海车展中标价高达 988 万元人民币，轰动了整个中华大地。宾利在 2007 年推出雅致 88 周年雅致 RL 限量版，是八台限量配额中的第四台，也是首台“雅致”系列轿车。配备首次使用的宝石款式油箱盖，并喻义代表中国国旗颜色的红及黄色车身腰线，彰显出宾利低调而不张扬的特点，含蓄之余却别具珍藏价值。2009 年推出雅致 90 周年中国庆典版是宾利以“雅致”系列最具代表性的“雅致 T”为平台，由宾利量身定制部门 Mulliner 精心手工打造的限量豪华车。该车全球仅生产 5 部，雅致 90 周年中国庆典版遵循了宾利汽车追求速度、享受高端的品牌理念，搭载了宾利传统的 6.75 升 V8 发动机，最高功率达到 500 马力，最大扭矩则达到 1 000 牛米。有如此大的发动机参数支持，其最高车速能够达到 288 千米/小时，而 0~100 千米/小时的加速时间只需要 5.5 秒，在高端豪华车领域已十分出色。

图 6.10　宾利“雅致 728”

图 6.11　宾利雅致 90 周年中国庆典版

四、品牌评价

从 1919 年宾利的第一辆汽车诞生之日起，近百年来，宾利的品牌虽历经时间的洗礼，却仍旧历久弥新，熠熠生辉。由于每辆车均以手工制作、装嵌而成，工艺精雕细琢，巧夺天工，处处秉承着英国的传统优良造车艺术，享有极崇高的地位。宾利与其说是一辆汽车，不如说是一笔可移动的不动产。一直以来，宾利在汽车制造业中代表着千锤百炼的工艺与优越显赫的地位，为车中翘楚，一向为皇室贵族首选。从 2002 年开始，宾利已经取代了劳斯莱斯作为英国皇室唯一指定的汽车品牌，并且成为英女王登基 50 周年庆典座驾。

极尽奢华的内饰和精良的手工制造工艺，确立了宾利与劳斯莱斯同样的超豪华皇家风范，但是宾利更注重车的运动性，宾利车强健的体魄和矫健的身法足以证明这一点。正是这样的气质让宾利脱离了莱斯莱斯的框架，以“皇家运动员”的形象出现在世界车坛。

五、宾利与名人

每一辆宾利轿车均是克鲁郡的穆利纳部门凭借其优良的传统工艺和上乘的材料为每位车主量身定制的名车。

伊丽莎白二世，英国女王，原名伊丽莎白·亚历山德拉·玛丽。1926 年 4 月 21 日生于伦敦，是英国温莎王朝第四代君主、英王乔治六世的长女。自幼在皇宫内接受教育，主修宪法史和法律。她在历史、语言和音乐方面有造诣，能流利地讲法语、西班牙语和德语。第二次世界大战后期参加英国本土辅助部队，接受驾驶和维修摩托车的训练。1947 年 7 月 9 日，她与远房表兄、希腊和丹麦亲王菲利普·蒙巴顿中尉（现为爱丁堡公爵，菲利普亲王）订婚，同年 11 月 20 日结婚。女王是英国世袭国家元首，除英国外，女王同时也是澳大利亚、新西兰、加拿大等 17 个英联邦国家的元首。女王经常去英国各地巡视，视察农业、工业、教育等方面的发展情况。

宾利轿车凭借其传统的制造顶级奢侈品汽车的工艺，配以先进的技术，以自己独特的经典尊贵，豪华时尚博得了英国皇室的青睐。2002 年，在伊丽莎白女王登基 50 周年大庆上，宾利为其精心打造了英皇御驾，使得宾利超越轿车的范畴，成为一个国家及其文化的代表。

英国女王对宾利汽车的认可，使得宾利汽车成为皇室成员的首选。除了皇室成员之外，宾利还拥有众多巨星级的车主，在世界上很多国家，宾利已经成为社会新贵不可缺少的身份和品位的象征。

第二节　迈巴赫（Maybach）
——无与伦比的王者气概

创 始 人：威廉·迈巴赫（Wilhelm Maybach）
创始时间：1919 年
创始地点：德国斯图加特

一、品牌标识

图 6.12　迈巴赫品牌标识

迈巴赫具有传奇色彩的品牌标识由 2 个交叉的 M，围绕在一个球面三角形里组成。品牌创建伊始的 2 个 M 代表的是 Maybach Motorenbau 的缩写，而现在 2 个 M 代表的是 Maybach Manufaktur 的缩写。上面的大写 Maybach 是创始人的姓氏，既代表了创始人对品牌的神圣责任，又彰显着品牌追求卓越的进取精神。

二、品牌历史

迈巴赫品牌首创于20世纪20年代。被誉为“设计之王”的威廉·迈巴赫不但是戴姆勒-奔驰公司（梅赛德斯-奔驰公司前身）的三位主要创始人之一，更是世界首辆梅赛德斯-奔驰汽车的发明者之一。

1846年，威廉·迈巴赫出生在德国的海尔布隆，后来搬家到斯图加特。在威廉·迈巴赫10岁的时候，父母相继去世，一家慈善机构在Stuttgarter Anzeiger报上看到领养信息答应照顾他。学生时代，威廉·迈巴赫在技术方面表现出很好的天赋，受到学校重点培养，这为威廉·迈巴赫日后的发展打下了深厚的基础。

1865年，在小城鲁特林根（Reutlingen），威廉·迈巴赫与拥有“汽车鼻祖”之称的戈特利布·戴姆勒（Gottlieb Daimler）在Bruderhaus的车间内初次见面。年仅19岁的威廉·迈巴赫凭借自己在绘图方面非凡的天分，很快引起了戴姆勒的注意。相同的兴趣和爱好架起了威廉·迈巴赫和戈特利布·戴姆勒友谊的桥梁，两人成为亲密无间的挚友。

1869年，威廉·迈巴赫接受戴姆勒的邀请来到了Gasmotorenfabrik Deutz公司，担任技术制图员的工作。1872年，戴姆勒作为技术主管进入由尼古拉斯·奥托创建的Gasmotorenfabrik工厂。在奥托工厂着手四冲程发动机的研发工作，年仅27岁的迈巴赫也被任命为设计室主管。

1882年，戈特利布·戴姆勒因与奥托本人在设计理念上的冲突愈演愈烈，离开了Gasmotorenfabrik Deutz，在斯图加特附近的巴特坎施塔特（Bad Cannstatt）购买了一处宽大且拥有一座房子的地产，其中一处小的花园被改造成了他的工作间。这年的10月份，威廉·迈巴赫也来到这里，经过他们的不懈努力，发动机的转速得到大大的提升，这些发明专利为后来的商业化道路奠定了良好的基础。

继1883年的卧式引擎之后，一种配置垂直固定汽缸叫做“老爷钟”（Grandfather Clock）的轻小型引擎问世，这种体积小、转速高的引擎前景被人们普遍看好。1885年这种新的引擎被第一次应用到自行车上，这实际上就是摩托车的先驱。1886年，发动机首次被装在四轮马车上，成为著名的“汽油马车”。

当戴姆勒与Duttenhof和Lorenz在1890年建立Daimler-Motoren-Gesellschaft公司时，迈巴赫被任命为总工程师，并于当年研发出蜂窝式散热器，这一有效的引擎冷却系统为现代汽车的发明奠定了坚实的基础。法国人称呼他为“发明大王”。

1891年2月，迈巴赫以不能接受合同条款为由离开了公司。在随后的一年半的时间里威廉·迈巴赫继续在他的车间里进行设计工作，资金由戴姆勒赞助。1892年，在Hermann酒店宣布了威廉·迈巴赫在此期间的一些重要的设计发明，包括喷嘴化油器，菲尼克斯引擎和对带传动系统的改进。英国实业家弗雷德里克-西蒙司对DMG公司施压，最后使威廉·迈巴赫在1895年的10月份重新被任命为公司的技术主管。回到原来的职位后，威廉·迈巴赫取得了一项又一项科技成就，例如，他发明了第一个四缸汽车引擎，在1898—1899年间他发明了能产生6~23马力动力的五种不同型号的引擎。

1909年，由于公司内部的利益之争，迈巴赫离开DMG公司。同年3月23日他建立了“Iuftfahrzeug-Motorenbau-gmbh Bissingen”公司。

1919年，威廉·迈巴赫与其子卡尔·迈巴赫共同缔造了“迈巴赫”这一传奇品牌。迈巴赫父子在4个梅赛德斯轿车的底盘上建造了第一辆试验车型W1，于是第一辆迈巴赫轿车诞生了。随后他们又着手开发了W2型汽车的发动机，该发动机缸径为95毫米，行程为135毫米，共有6个汽缸，最大输出功率为70马力（2 200转/分）。

1921年，卡尔·迈巴赫在柏林车展上公开表示：“我要造最昂贵的轿车”，确立了迈巴赫的市场定位和未来发展方向，迈巴赫沿着这个方向不懈地努力，使他的品牌最终成为汽车家族中最璀璨、最耀眼的一颗明珠。

1926年末，迈巴赫推出了W5型轿车，该轿车装备6缸直列式发动机，排量为6 992毫升，功率高达120马力。稍后，该车的改进型更装配了当时非常先进的带超速挡的变速器。

为了始终保持其品牌的绝对优势，1929年着手开发12缸轿车发动机。凭借在航空行业中积累的多缸发动机制造经验，卡尔·迈巴赫于1929年制造出迈巴赫“12型”，采用150马力的7升V12发动机。这就是20世纪30年代中期著名的迈巴赫“齐柏林”DS 8的前身DS 7，它与“齐柏林”采用同样的发动机和双超速挡变速器。卡尔·迈巴赫把“齐柏林”轿车作为一件厚礼送给他的父亲，使得这款车具有特殊意义。Maybach Zeppelin DS 8的动力部分搭载8.0L V12自然吸气引擎，最大马力输出200PS；五前速手动波箱，FR驱动布局，极速170千米/小时。

1929年，威廉·迈巴赫的身体已经每况愈下，但他心中仍然有着一个执著的梦想——创造出一个马力强劲的顶级豪华轿车。为了让父亲能够得偿夙愿，卡尔·迈巴赫将原用于飞艇的发动机不断改进，终于在父亲临终前研发出“齐柏林”轿车。

图6.13 迈巴赫DS 7

图6.14 迈巴赫DS 8

1931年，“齐柏林”DS 8问世，它的长度约为5.5米，采用功率为200马力的8升发动机。作为迈巴赫的旗舰车型，“齐柏林”轿车代表了豪华轿车的巅峰，是当时声望最高的德国轿车：以无与伦比的典雅风范和动力性能征服了世界。

1941年，迈巴赫共生产了1 800辆高级轿车。包括顶级的豪华轿车、高贵的普尔曼轿车、动感的跑车、时尚的敞篷车，还有运动型顶级轿车。这些车都是为每个客户量身定制的反映车主形象的出色轿车。这些车的车主有希腊国王保罗、荷兰公主朱莉安娜、荷兰王子伯纳德、德国元帅隆美尔，还有艺术界名流恩里科·卡鲁索等。

1941年，迈巴赫由于战争原因而被迫停产，从此进入到一个长达60年的沉睡期。

2002 年 5 月初，戴姆勒-克莱斯勒集团在纽约宣布，已经沉寂了 60 年之久的德国超豪华品牌——迈巴赫轿车正式复活。迈巴赫品牌将使人们重新想起其传奇色彩的汽车及它的年代：连同奔驰的型号，成为当时德国汽车制造商中的绝对经典。

迈巴赫通过推出 57 和 62 两款车型，重新回到奢侈品类汽车的行列，这两款车的取名来自它的车身长度，即迈巴赫 57 的车长 5.7 米，而 62 的车长是 6.2 米。配备了 405 千瓦 V12 强劲的发动机，加上精湛的技术，至高的品质，豪华的内饰，独特的风格，浪漫的气息，使得它们成为全世界瞩目的焦点。迈巴赫 62 是一款镶嵌了顶级珠宝和钻石的超级豪华轿车，价值高达 100 万欧元，成为世界上最昂贵的轿车之一。这款车首次亮相于第 75 届日内瓦车展，以其无与伦比的品质、奢靡极致的氛围惊艳了四方。

2006 年，世界知名的豪华轿车厂商迈巴赫发布了旗下最新车型——57S 和 62S，这是迈巴赫复出后继 57、62 之后，推出的顶级的旗舰车型。

三、经典作品

（一）迈巴赫 62S 系列

迈巴赫 62S 全球首发——迈巴赫 62S 选择了在 2006 年中国车展世界首发。作为迈巴赫家族中的最新一位成员，全新迈巴赫 62S 具备 450 千瓦（612 马力）强劲动力改进的 V12 发动机，是世界上最强劲的量产豪华车。全新迈巴赫 62S 为后排乘客提供了更为宽敞的空间，开创了行驶舒适性的新纪元。

图 6.15 迈巴赫 62S

虽然以迈巴赫 62 为基础，但 62S 在外形上却有着很大的不同：重新设计的水箱护罩，减少了格栅数量，看起来更有气势；更大的进气口中则包含了雾灯；特别的 20 英寸多辐条合金轮圈；略作修改的后保险杠下面，是两个宽大的梯形排气管；当然车身周围的“62S”标识和单一的黑或银色车身，则是辨认它的最好特征。在迈巴赫 62S 的内部，完全可以用奢华来形容，作为迈巴赫的旗舰车型，手工缝制的高级皮质、鲜亮的钢琴漆、运动化的碳纤维材料、优雅的白杨木等，让驾驶者和乘坐者都享受到顶级的舒适性。最核心的动力系统，迈巴赫 62S 搭载了经过 AMG 调教的 6.0 升 V12 发动机，比迈巴赫 62 大了 61 马力，经过双涡轮增压后，最大输出功率为 611 马力，虽然峰值扭矩被电子限制在 1 000 牛米，但却可以在 2 000 转/每分钟~4 000 转/每分钟的宽广区间内持续输出。其 0~100 千米/小时加速仅需 5.2 秒，而极速则只被限制在了 250 千米/小时。

（二）迈巴赫 57

迈巴赫 57 采用 5.5 升双涡轮增压发动机，输出功率高达 550 马力，0~100 千米/小时的加速时间仅为 5.2 秒。同时，内部空间拥有 62 个手工缝制装饰件、100 多个木质装饰件。空气悬挂系统保证了行车的平稳。此外，迈巴赫工程师还在迈巴赫后排坐椅中间的控制台中整合了后排乘客使用的设备，包括 DVD 播放器、CD 换碟机、两部电话、具有独立压缩机的冷藏箱以及安全保存香槟酒和玻璃酒杯的智能化系统。

图 6.16　迈巴赫 57

迈巴赫 57 的加速就像飞机起飞前加速的感觉一样，强劲而沉稳，又没有像飞机那样的不安全的躁动和烦人的噪音。装饰超前的车速吸引着了后坐乘客的好奇心，在蜿蜒曲折的山路上，这个近 3 吨重的庞然大物竟能轻松地以每小时百千米的速度平稳的行驶。置身车内，只会感受到车轮的跳动却感觉不到车身的振动，崎岖的弯道上只能感受到巨大的侧向力却感受不到明显的倾侧，表现出迈巴赫 57 无与伦比的优秀品质。

四、品牌评价

迈巴赫品牌使人们重新想起传奇色彩的汽车以及它的年代，连同奔驰的型号，成为当时德国汽车制造商中的绝对经典。精湛的技术、至高的品质、独特的风格，使得他们成为全世界瞩目的焦点。

梅赛德斯汽车集团全球市场销售执行副总裁施密特教授表示：“迈巴赫品牌代表着无与伦比的优秀品质，匠心独运的制作工艺，不断突破的科技水平，以及卓尔不群的尊贵气质。这个传奇品牌再现市场，势必成为超级豪华轿车领域的新典范。”

五、迈巴赫与名人

迈巴赫是“经典中的经典”，被称为是为“富人中的富人”设计的汽车，有着深厚的文化底蕴，带有贵族的气质，彰显车主的高雅品位，为达官贵人们所青睐。迈巴赫的客户都是超级富翁，其中有国王和王妃、产油国的石油大亨、彩票中奖者。比如，早期的迈巴赫的车主们包括希腊国王保罗、荷兰的朱莉安娜公主和伯纳德王子、德国的隆美尔元帅等一批赫赫有名的历史名人。

第三节　劳斯莱斯（Rolls-Royce）
——“欢乐女神”脚下的奢华

创 始 人：查尔斯·劳斯（Charlie Rolls）
亨利·莱斯（Henry Royce）

创始时间：1904 年

创始地点：英国曼彻斯特

一、品牌标识

劳斯莱斯汽车的标识图案的外框是一个长方形，由上中下三部分组成，其中上下两个是由劳斯莱斯公司两位创始人查理·劳斯和亨利·莱斯的名字组成，而中间是两个“R”重叠在一起，体现了劳斯莱斯两个创始人之间融洽及和谐的关系。

除了双 R 之外，劳斯莱斯的标识还有著名的飞人标识。这个标志的创意取自巴黎卢浮宫一尊有两千年历史的胜利女神雕像，她庄重高贵的身姿是艺术家们产生激情的源泉。当汽车艺术品大师查尔斯·塞克斯应邀为劳斯莱斯汽车公司设计标识时，深深印在他脑海中的女神像立刻使他产生创作灵感。于是一个两臂后伸，身带披纱的女神像飘然而至的标识，与劳斯莱斯这个汽车王子联系在一起。

图 6.17　劳斯莱斯品牌标识

二、品牌历史

劳斯莱斯汽车公司是由亨利·莱斯和查尔斯·劳斯合作，在 1904 年创建的。大众于 1998 年购买了英国的劳斯莱斯轿车有限公司。

劳斯莱斯汽车公司以“贵族化”的汽车公司享誉全球。公司年产量只有几千辆，连世界大汽车公司产量的零头都不够。但从另一角度看，却物以稀为贵。劳斯莱斯轿车之所以成为地位和身份的象征，是因为该公司要审查轿车购买者的身份及背景条件。

劳斯莱斯有限公司于 1906 年在英国宣告成立。由于一个很偶然的机会，劳斯莱斯的两位创始人相遇了，两人的谈话很投机，在一张餐巾上随手就勾勒出共同开发豪华汽车的宏伟蓝图，从此开始了他们的伟大合作。亨利·莱斯负责汽车的研制，查尔斯·劳斯负责汽车的销售。亨利·莱斯是个酷爱技术创新的人，他把每一辆车都当成艺术品来创作。他的车做工精细、行驶噪音低，成为劳斯莱斯的两大竞争优势，很快得到业内的认可。

1907 年，在巴黎汽车博览会上推出了“银色魔鬼”轿车，被誉为“世界上最好的汽车”。这款车极富绅士风度，精细考究的工艺、高超的技术性能，银色的车身、雍容华贵的总体设计，使其具有天生的王者风范。这款车一经推出便成为各国元首、皇室成员、贵族政要的首选“坐骑”。

劳斯莱斯又陆续推出“幻影”（Phantom）、“银色幽灵”（Silver Wraith）、“银色黎明”（Silver Dawn）、“银色云彩”（Silver Cloud）、“银色阴影”（Silver Shadow）、“银色精灵”（Silver Spirit）、“银色天使”（Silver Seraph）等不同系列。其中“银色幽灵”还拥有领先于时代的技术：强制润滑、6 缸 7 升发动机输出功率可达 48 马力、最高车速达 110 千米/小时。可连续行驶 22 500 多千米的耐用性，在当时绝对是一项世界纪录。

图 6.18 劳斯莱斯 1907 年“银色魔鬼”

图 6.19 劳斯莱斯 1949 年“银色黎明”

1925 年推出经典车型第一代“幻影”系列，1929 年推出第二代“幻影”系列，1936 年推出第三代“幻影”系列，1950 年推出第四代幻影，随后又推出第五代和第六代幻影。2003 年劳斯莱斯归入宝马集团后，推出了全新版的“幻影”系列，使用了宝马的引擎。“幻影”系列的顶级车数敞篷车 Phantom Drophead，这款车采用复古式前开门设计，车身采用了铝合金材质纯手工打造，试车更加轻盈舒适，售价高达 40.7 万美元，约合 315 万元人民币。其中的 Phantom Mansory 和 Phantom Black 延续了令人为之震撼的高贵品质和雄鹰般霸气，成为劳斯莱斯皇家血统的典型标志。

图 6.20 劳斯莱斯 1925 年幻影 1 代

很多人知道劳斯莱斯汽车，却不知道罗罗（指罗尔斯和罗伊斯，是莱斯和劳斯原来的翻译）也是世界上最优秀的发动机制造者。著名的波音客机用的就是罗罗的发动机。第二次世界大战后劳斯莱斯的主业之一就是生产航空发动机。1971 年负债亏损导致破产。后在英国政府干预下将劳斯莱斯公司一分为二，分为汽车与航空发动机两间公司。劳斯莱斯品牌仍然由两家公司在两种产品上使用。罗尔斯和罗伊斯航空发动机公司恢复了生机，再次跻身于世界三大航空发动机厂家之列，而劳斯莱斯汽车公司却鲜有作为，2003 年劳斯莱斯汽车公司归入宝马集团。

图 6.21 劳斯莱斯幻影 2 代

除了制造汽车，劳斯莱斯还涉足飞机发动机制造领域，并在这方面取得了诸多技术创新。劳斯莱斯公司于1928年生产出了日型飞机发动机，成为当时划时代的产品。一年之后，劳斯莱斯凭超级水手号S6连续三次获得施耐德杯汽车大奖赛冠军。1933年50岁高龄的赛车手Malcolmcampbell，驾驶一辆装有V12涡轮增压发动机的“蓝鸟号”劳斯莱斯，成为地面上时速超过300英里的第一人。

第二次世界大战爆发后，日型飞机发动机的改进型Merlin装备在Spitfire、Hurricane、Lancaster、Mustang等战机上，它们在空战中都取得了出色战绩。现在，劳斯莱斯的航空发动机部门，是包括美国通用电气和普惠公司在内的三大航空发动机供应商之一，主要为全系列的空中客车客机以及“鹞”式战斗机提供发动机。

第二次世界大战后到20世纪50年代，保守的英国人继续让劳斯莱斯维持经典风格，Phantom也随之成为了贵族的标志；而在新车Silver Cloud上，劳斯莱斯开始尝试有限的革新，比如车身开始完全由冲压钢板制成。这时，完全与底盘分离的车身仍然让像Mulliner和James Young这样的车身设计师有施展才华的空间。

20世纪70年代，劳斯莱斯生产了公司最重要的车型“银色阴影”（Silver Shadow），这是第一辆采用承载式车身的劳斯莱斯，也是销量最大的劳斯莱斯，在16年中共售出了34 000辆，同时它还是最后一辆仍保持几分经典特色的劳斯莱斯。

“如果亨利·莱斯先生和查理·劳斯先生还在世的话，看到这种试车肯定会大惊失色。这不仅仅是因为居然会有人无聊到在赛道上测试他们完美的劳斯莱斯，更因为试车人来自美洲，没有任何贵族血统”。《*Quattroruote*》杂志在1975年7月报道Emerson Fittipaldi试驾一辆Silver Shadow时这样写道。Fittipaldi是1972年和1974年的一级方程式大赛的年度冠军，他当时说：“我开过很多部豪华车，其中不乏更具现代设计理念的车型，但劳斯莱斯毕竟是劳斯莱斯，握住它的方向盘心中就会涌起难以言表的激动。”在赛道中测试劳斯莱斯也非同寻常，不少人对此感到非常震惊。这位世界冠军对这部车在公路和赛道上的表现都倍加赞誉：“这是一部极为舒适和安全的汽车，低速时其整体表现呈中性，在高速行驶时略显转向不足，不过只要稍微加大一下方向盘转向力就可以调整过来，对于这类车来说这种表现极为理想。”这位来自巴西的世界冠军还指出了这部车的其他一些缺点：“当然，买这部车的人看重的并非其极速性能，不过在高速公路上我还是发现它在这方面的表现也相当不错，最高时速可以达到180千米/小时，最适合的巡航速度是160千米/小时（当然要在道路条件允许的情况下）。从静止开始加速行驶1千米大约需要32秒，跟一辆最新型的2升排量的车差不多。借助出色的扭矩和自动变速箱，它的中途加速性能也不错。”

20世纪70年代，公司的管理层已经意识到任何人都必须跟上时代的步伐，劳斯莱斯也不能例外，Silver Shadow也称得上是顺应时代的产物。但它在商业上取得的成功并不能扭转公司在航空业投资失败带来的厄运。1971年，这家历史悠久的英国公司濒临破产的边缘，借助英国政府的干预才幸存下来。安装在协和式超音速民用飞机上的劳斯莱斯发动机也诞生于那个时期。

20世纪八九十年代，劳斯莱斯的销量大幅下降，新出产的Silver Spirit和Silver Ssur可能是公司历史上最不知名的汽车，销量也很不理想。1980年，劳斯莱斯汽车公司被

Vickers（维克斯）集团收购。宝马与大众两大巨头开始争夺劳斯莱斯和宾利的品牌。1991 年，维克斯集团有意出售劳斯莱斯公司，买家不限于英国，很明显维克斯希望宝马来接手劳斯莱斯。最终，宝马以宣布停止给劳斯莱斯供应发动机为由，以 6 800 万美元价格拿到了劳斯莱斯的名称和标识的使用权，但是宝马允许大众使用其名称到 2002 年年底，大众可以在英国克鲁郡生产劳斯莱斯银色天使，直到 2002 年 12 月 31 日，银色天使的生产权转交宝马。2003 年劳斯莱斯正式归入宝马集团，为了纪念英国本土 Crewe（克鲁）车厂的贡献，车厂特地生产了 170 部限量版银色天使作为纪念。尽管它的心脏已经印上了宝马的标志，但整车的风格依然延续着劳斯莱斯的经典风范。

2011 年，每一辆在古德伍德制造的劳斯莱斯古斯特（Ghost）和幻影（Phantom）轿车都会装上一枚特质的“飞翔女神”，底部刻有一行文字：“飞翔女神百年纪念——2011”（Spirit of Ecstasy Centenary - 2011）。

三、经典作品

（一）劳斯莱斯“幻影”

2003 年，后推出的全新的“幻影”使用宝马的 V12 发动机，这是一款和宝马 760Li 共用的发动机。移植到幻影后排气量提升至 6 749 毫升，采用了气缸内直接喷射系统，在 5 350 转/每分钟时就达到 459 马力的最大功率，而最厉害的是当车速在 160 千米/小时时，发动机只输出了 25%，在 1 000 转/每分钟时扭矩就已经达到 540 牛米，差不多最大扭矩的 60%。全新幻影有个非常独特的显示方式：在仪表中并没有转速表的设计，取而代之是一个动能的显示器，表内的数字代表了发动机输出功率的百分比。使用了 ZF 的六前速自动变速器，把发动机巨大的能量控制得服服帖帖。而变速器的控制方式采用了类似宝马的柱式控制杆。轻拔控制杆入 D 档，这部“宫殿”很轻松地就移动起来。超大的转向盘握在手里路感并不强烈，但非常地顺手。由于车身的巨大和昂贵的车价的顾虑存在，并没有很“尽情”的去驾驭。不过就算是如此的庞然大物，幻影对线路的指向还是非常精确的。稍稍注意它的转向不足的问题，遵循着“慢进快出”的弯道原则，幻影多少还是可以带来些驾驶乐趣的。

图 6.22　劳斯莱斯 2004 年幻影

（二）劳斯莱斯“银色幽灵”

车如其名，“银色幽灵”采用镀铝车身，车灯、喇叭等部件经过镀银处理，除了轮胎和真皮座椅，整个车闪烁着熠熠的银光。该车装配 7 升直列 6 缸发动机，四座敞篷，最高时速 85 千米/小时。据说这辆车在试车的过程中没有任何噪声，行驶在林荫道上，人们只是感觉到一个银色的幽灵从眼前一晃而过，因而“银色幽灵”的名声开始流传，到后来公司干脆用“银色幽灵”为该车命名。除了豪华的外观、内饰，该车也拥有大大超过同时代车辆的可靠性。1907 年 5 月，这辆车以最高档位完成了从伦敦到爱丁堡 2 000 英里的丘陵道路试验，同年又完成了 15 000 英里疲劳试验，这在当时是绝无仅有的。除了赢得广泛的声誉，“银色幽灵”的另一个成功之处在于劳斯莱斯成功打入英国上层社会。当时的英国贵族仍然心仪马车而拒绝使用汽车，“银色幽灵”的出现彻底改变了他们的观点，到最后英国女王宣布：一般出行不再乘坐马车而改坐“银色幽灵”轿车，这让劳斯莱斯从此披上了贵族的外衣。同时，劳斯莱斯“银色幽灵”的出现，标志着汽车分类中出现了一个全新的系列——豪华轿车。

图 6.23　劳斯莱斯银色幽灵

四、品牌评价

劳斯莱斯被称为“车轮上的移动宫殿”。100 多年来，劳斯把最高级的材料用在汽车的生产上，莱斯把最高端的技术应用在汽车的生产上，劳斯和莱斯共同致力于创造世界上最好的汽车。在保持纯正血统的基础上，劳斯莱斯将世界最新的汽车技术方案和最精巧的手工艺完美结合，推出一代又一代劳斯莱斯汽车，全新注释“车轮上移动皇宫”的尊贵定义。一看到劳斯莱斯，就让人觉得有“不怒自威”之感。有人戏称劳斯莱斯“整车犹如重型坦克，极具霸主气质”。站在车前，从它特有的垂直散热器护栅和车头上展翅欲飞的天使雕塑中，人们一眼就可以断定，这是劳斯莱斯。

劳斯莱斯的超长轴距造就了宽敞的内部空间，垂直式的车前罩和高灯相呼应，为它增添了卓越不凡的气质。如果人们起初是受劳斯莱斯的外形和风格吸引，那最终使人们钟情劳斯莱斯的就是它别具匠心的内饰和人性化的设备。与其他的豪华轿车不同，劳斯莱斯内部体现的是简洁的仪表盘、以人为本的驾驶理念和舒适安静的乘坐感，典雅、考究，让人充满遐想。正如劳斯莱斯汽车总工程师亨利·莱斯爵士于一个世纪前所说的：“做什么事情都要追求完美。我们要取得最好，使其好上加好。如果不存在最好，就自己设计一个最好。”

“世界汽车中可称为贵族的，唯有劳斯莱斯”。劳斯莱斯把世界上最先进的汽车制造技术方案和最精巧的手工艺术完美地融合在一代又一代的汽车上。劳斯莱斯从诞生之日起就被英国王室确定为专用车的生产厂商，具有了高人一等的皇家血统。因为劳斯莱斯无论在设计上、材料上、技术上都是无懈可击的。劳斯莱斯的每一款车都是经得起推敲、检验的登峰造极的艺术精品，是汽车王国雍容华贵的标志。

劳斯莱斯对每个购车人的身份背景都要进行审查，只有那些王公贵族、富豪明星才能有资格购买劳斯莱斯。这就使得劳斯莱斯的车主档案里，都是显赫的英国皇家、美国政要、希腊船王、影视界明星等。就是一辆劳斯莱斯的二手车，都是不可多得的典藏轿车。这就是劳斯莱斯的尊贵，这就是劳斯莱斯的王者风范。

五、劳斯莱斯与名人

1907 年，凯迪拉克推出的“银色幽灵”受到了世界各国名流的青睐。包括伊丽莎白二世、美国前总统威尔逊、文莱苏丹博基亚、新加坡前总理李光耀、希腊船王奥纳西斯、美国作家海明威、诺贝尔奖创立者阿弗雷德·诺贝尔、电影艺术大师卓别林、法国影星碧姬·巴铎、美国歌星“猫王”、前苏联领导人列宁和勃列日涅夫等领袖，这些足以说明劳斯莱斯深得社会各界名流的喜爱。

第二次世界大战时，英国菲利普亲王曾经试驾过一款当时劳斯莱斯生产的装配有直列 8 缸发动机的轿车，并对其评价很高。第二次世界大战后，劳斯莱斯专为英国皇室生产了幻影Ⅳ，它是在“银色幽灵”的底盘上设计而成的，最高车速可以达到 160 千米/小时。在菲利普亲王的“影响”下，使得爱德华八世、伊丽莎白公主、玛格丽特公主、肯特公爵等众多当时的王室成员都将劳斯莱斯作为其座驾之一。

第四节　法拉利（Ferrari）
——极尽奢华的车中红魔

创 始 人：恩佐·法拉利（Enzo Ferrari）
创始时间：1929 年
创始地点：意大利摩德纳

一、品牌标识

法拉利车的标识是一匹跃起的马。这个“跃马”车徽源自于意大利空军 91 中队的队徽。据说在第一次世界大战中意大利有一位表现非常出色的飞行员，他的飞机上就有这样一匹会给他带来好运气的跃马。然而不幸的是该飞行员在执行一次任务时不幸战死，他的母亲康蒂丝·白丽查女士，在 1923 年法拉利赢得一次比赛时，建议法拉利也应在车上印上这匹带来好运的跃马。法拉利欣然接受了这个建议，并在“跃马”的顶端加上意大利的国徽为“天”，在底端加上“法拉利”横写字体连成地，马的姿态进行了修改，最后以黄色渲染全幅组合而成“天地之间，任我驰骋”的豪迈图腾。这一图腾已经成为法拉利永久的标识。

图 6.24　法拉利品牌标识

二、品牌历史

1920 年，法拉利在当时意大利的阿尔法·罗密欧汽车公司从事跑车设计工作，他带领的法拉利设计团队很快在汽车制造业名声大震。

1929 年，恩佐·法拉利创办了自己的品牌法拉利，主要制造一级方程式赛车及高性能跑车。法拉利是世界闻名的赛车和运动跑车的生产厂家，早期的法拉利赞助赛车手及生产赛车。

在阿尔法·罗密欧汽车公司，恩佐·法拉利统率的以自己名字命名的“法拉利赛车队”，先后在方程式赛车、24 小时跑车耐力赛、米勒·米格特（Mille Migtia）大奖赛、塔格·佛罗热（Targa Floria）大奖赛等各种大赛中出尽了风头，参加了 39 场大奖赛，获得了 11 场冠军。可以说，恩佐·法拉利为阿尔法·罗密欧汽车制造公司荣登世界跑车行业头把交椅，立下了汗马功劳。

1942 年，法拉利退出阿尔法·罗密欧汽车公司，回到摩德纳开始历经长达 7 个年头的苦苦蓄势和创业。1945 年，法拉利将工厂搬到了偏远的马赫阿耐村。

1946 年，法拉利独立生产汽车。1947 年，第一辆以法拉利名字命名的 125S 跑车闪亮登场。这款车搭载 V12 发动机，从这款车开始法拉利真正开始了自己的赛车之旅。1951 年，法拉利 375 在迈勒·米格拉尔汽车大赛上夺得了冠军，此后法拉利多次出现在世界各地的赛车比赛上并屡获殊荣。他以一个赛车运动员和艺术家的双重身份设计汽车，因而他的作品既有强烈的动感、艳丽的色彩，同时又把在驾驶室的每一部件都能设计得天衣无缝，

图 6.25　法拉利 1947 年 125S

图 6.26　法拉利 375 在 1967 年 Daytona 24 小时耐力赛上包揽前三名

让驾驶员操作起来得心应手。法拉利汽车主要以红色为主，因而有人称它为红色的跃马或红魔法拉利。尽管法拉利不是全部的 F1，但在千万法拉利车迷心中，法拉利就是 F1 的象征。而 F1 所强调的速度与精确，也成为法拉利的品质精髓。法拉利的赛车生产坚

图 6.27 法拉利 815 参加了 1940 年的 Mille Miglia 比赛

持“一辆赛车，一件艺术品”的理念，每一辆赛车都是手工打造的艺术品，每年只能生产 3 400 辆。

1962 年，法拉利推出了 250 GTO 车型，这款车型使法拉利站到了全球跑车界的顶峰，连续三年拿下 FIA GT 赛事冠军头衔，250 GTO 帮助法拉利赢得了 20 世纪 60 年代多数大型赛事的冠军。该车也是法拉利历史上第一款大批量生产的法拉利车型，这款车型搭载 Type 125 发动机，并推出过多款不同型号的车型。250 GTO 代表 20 世纪 60 年代法拉利最高的技术水平。动力方面，GTO 所搭载的发动机拥有 302 马力，0～100 千米/小时加速仅需 5.8 秒，其性能在当时足以傲视群雄。

图 6.28 法拉利 1962 年 250 GTO

1969 年，在一场赛事中，法拉利的爱子艾尔法瑞多·法拉利——乳名狄诺受伤不治而亡，这使这位车坛硬汉肝胆俱裂，悲痛欲绝，他几乎要放弃整个事业。加上高昂的赛车费用，使法拉利的财政陷入困境。1969 年，灰心沮丧的法拉利答应让本国的菲亚特公司收购，占有 50% 的股权，条件就是对方在今后的岁月里不得干扰其赛车活动。

1969 年，法拉利开始生产跑车。这种原本只面向赛车比赛的跑车，装配了赛车的引擎，转速每分钟可达 9 000 转，最大马力超过 500 匹，却意外地受到了普通消费者的青睐。

图 6.29 法拉利 1969 年 GTC coupe 跑车

1974年，奥地利人尼基·劳达加盟法拉利，使法拉利步入它的第一个黄金年代。从1975—1983年的9年里，法拉利车队夺得了6届年度车队冠军。法拉利车队创造的辉煌，为法拉利车的“贵族”地位奠定了基础。

图6.30　法拉利1977年312 T2型双料冠军的功臣

1988年8月14日，法拉利因病去世，享年90岁。之后，法拉利公司因失去了他们的精神领袖，甚至走向了破产的边缘。菲亚特再次收购，占有90%的股权。

1991年11月，卢卡·迪·蒙特兹莫罗担任法拉利汽车制造公司的CEO。他一改法拉利“更新颖、更快速、更豪华，取悦于吞了豹子胆的勇士们”的传统产销理念，大胆的面向大众，以求法拉利超级跑车成为每一个个性张扬的驾驶者释放激情的工具。推出了GTO、F40和F50等高性能的限量版车。

在卢卡·迪·蒙特兹莫罗的经营下，法拉利汽车制造公司历经风风雨雨，摆脱了年亏损数百万美元的窘境，走上了可持续发展的金光大道。

2002年，以法拉利公司创始人恩佐·法拉利的名字命名的法拉利Enzo跑车上市，以庆祝车厂创立55周年，限量生产399台，另外还有一台特别款赠送给了罗马教皇后拍卖，所得收益捐予2004年南亚海啸灾民。搭载6升V12型，最大马力为660马力，0~100千米/小时加速只需3.6秒（官方数据，非官方数据更短，达到3.2秒），极速可达到355千米/小时。

图6.31　法拉利1982年126 C2型赢取车队总冠军

图6.32　法拉利1988年F40

2010年，北京车展法拉利发布了599 GTO，这款车以599XX为原型设计，外形设计秉承了前两代GTO车型的设计特点。599 GTO搭载了最大功率670马力，最大扭矩为619牛米的V12发动机，配合仅重1 495公斤的车身，而0~100千米/小时加速仅需要3.35秒，最高时速则可以轻易达到335千米/小时。

图 6.33　2002 年的法拉利 Enzo

图 6.34　2010 年的法拉利 599 GTO

法拉利 85 年的历史发展中，开发生产了数百款经典赛车和运动型跑车。其中有 5 款是法拉利车族中最经典的。1954 年生产的 375MM 跑车，1967 年推出的 275GTS/4 NART Spider，1963 年研制的 250LM，1967 年登场的 P4，还有以创始人姓名命名的“恩佐・法拉利”。这些车集技术性、艺术性于一身，把完美与速度根植于血脉之中，技术精湛、品质无双，早已成为稀世珍品，每一款车都代表着一个神话，成为世界收藏家追逐的对象。

三、经典作品

（一）法拉利 250 GTO

20 世纪 60 年代，由法拉利车厂生产的 250 GTO 是世界上最著名的公路用跑车车款之一，它产量稀少，1962—1964 年只生产了 39 辆，是当今车坛名副其实的瑰宝。该车也是法拉利历史上最重要的车型 250 的变型车，自其诞生以来，就一直驰骋在赛车跑道上，并且战绩辉煌。250 GTO 采用了 12 缸 V 形引擎，排量 3.0 发动机最大功率为 302 马力，最大扭矩为 333 牛米，百千米加速时间只需 5.8 秒。

Ferrari 250 GTO 之所以经典，还来自于赛事上的丰硕成果：自 1962 年以 GT 组别在 Sebring 12 小时耐久赛首次亮相后，强劲的性能表现和优异的耐用度，让 250 GTO 连续三年拿下 FIA GT 赛事冠军头衔。

（二）法拉利 F40

1947 年，法拉利车厂生产了第一台为街道行驶而设计的跑车 125s。1987 年，为庆祝第一台街车诞生 40 周年，法拉利推出了第一款纪念版超级跑车—— Ferrari F40。法拉利 F40 采用了中置引擎后轮驱动的布局，加上一副排量为 3.0 的 V8 气缸 32V 双涡轮增压引擎，最大马力输出 478 马力/7 000 转，最大扭矩 57.6 牛米/4 000 转。配合 ZF 为其特制的五前速手动排档，0~100 千米/小时加速时间仅为 4.1 秒，完成静止到 1 000 米的距离仅需 21.8 秒，极速为 324 千米/小时。性能是当时当之无愧的老大。F40 不仅率先使用了既轻又坚固的碳纤维材料，而且应用了大量一级方程式赛车的技术。意大利人就是要在 F40 身上创造出世界最快的超级跑车。

图 6.35　法拉利 250 GTO

图 6.36　法拉利 F40

四、品牌评价

法拉利跑车集技术性、艺术性于一体，技艺精湛，早已成为拥有事业成功者及生活奢华的象征。

如果说劳斯莱斯是豪华车的顶级力作，那陆虎则是越野车当之无愧的冠军。但它们打造出来的仅仅是一种完美的汽车文化而已，在拉力赛和公路赛上，它们并没有舍我其谁的霸气。但法拉利却在永远追求一种人车合一的境界。意大利在 20 世纪将红色打造到无以复加，甚至很难说法拉利到底是一辆跑车还是赛车，几乎每一辆法拉利也不用经过改装就可以成为公路赛事的参与者。如果说兰博基尼是摇滚音乐，保时捷是乡村音乐，那么法拉利就是古典音乐。

“法拉利跑车重质量而不是销量，因为我们是顶级跑车，所以我们生产的数量总是比市场需求少一辆”。法拉利跑车副总裁 Amedeo Felisa 说。比如奢华无比的街道跑车“恩佐 · 法拉利”把 F1 赛车技术应用到跑车上，使这款车具备高超的技术和性能。659 马力的最大功率，1 365 千克的轻质车重，350 千米/小时的最高极速，0~100 千米的加速只需 3.6 秒。全球只有 349 辆，价格高达 650 万元人民币。这就是一款法拉利带给我们的数据。

法拉利代表着一个神话，这个品牌被赋予了太多的激情和技术，它保持着昂贵而独特的品性，成为引领跑车的神话。

每一辆法拉利都是一件“不忍看它碰碎的艺术品”。法拉利的性感、惊艳、活力与冲动，感动着太多的爱车族，然而它的华美、昂贵、稀有、完美，又没有多少人可以拥有它。法拉利这匹“红鬃烈马”只能是一种华美的梦想，而很多人为拥有这个梦想而觉得人生是那样的美妙。

五、法拉利与名人

法拉利是富人的高级玩具，更是汽车中的艺术品。KRH 集团主席青山光司就是这样一位拥有最多法拉利车的顽主。青山光司绝对是“含着金钥匙”出世的富二代，其控制的 KRH 集团经营项目十分广泛，涉及建筑、保险、饮食、停车场、教育等多个行业。青山是天生的爱车狂人，拥有法拉利达 34 辆。喜欢法拉利的人不仅仅是富豪一族，也有很多忠实的平民车迷。此外，法拉利还受到收藏家们的青睐。这是因为每部法拉利新款汽车都是一种创意。日本顶级的汽车收藏家 Yoshiyuki Hayashi 拥有多辆极富历史价值的名车，其中包括数辆法拉利，例如 166MM，250 Spider California，两款 Daytonas（一辆双门跑车，一辆 Spider）以及 Enzo Ferrari。

第五节　保时捷（Porsche）
——无法拒绝的速度与激情

创 始 人： 费迪南德·保时捷（Ferdinand Porsche）
创始时间： 1930 年
创始地点： 德国斯图加特

一、品牌标识

保时捷的英文品牌标识采用德国保时捷公司创始人费迪南德·保时捷的姓氏。保时捷图形车标采用公司所在地斯图加特“STUTTGART”市的盾形市徽。标识中“PORSCHE”字样在商标的最上方，表明该商标为保时捷设计公司所拥有；“STUTTGART”字样在马的上方，说明公司总部在斯图加特市；中间的一匹骏马，表示斯图加特这个地方盛产一种名贵种马；左上方和右下方是鹿角的图案，表示斯图加特曾是狩猎的好地方。右上方和左下方是黄、红、黑相间的德国国旗原色，其中黄色条纹代表成熟了的麦子颜色，喻指五谷丰登，黑色代表肥沃土地，红色象征人们的智慧和对大自然的钟爱。由此组成一幅精湛意深、秀气美丽的田园风景画，展现了保时捷公司辉煌的过去，并预示了保时捷公司美好的未来，保时捷跑车的出类拔萃。

图 6.37　保时捷品牌标识

二、品牌历史

保时捷是普通话的译音，原称波尔舍，1996 年保时捷公司公开宣布“Porsche”的中文译名为保时捷。

保时捷的创始人费迪南德·保时捷 1875 年出生于奥地利。1898 年，费迪南德·保时捷加入位于维也纳的 Ludwig Lohner 车辆公司，并于 1899 年开发了名为 Lohner-Porsche 的电动汽车。该汽车由安装在前轮内的电动机直接驱动，动力源为铅酸蓄电池。该电动汽车在 1900 年巴黎世博会上登场亮相并引起轰动。这也是第一部以保时捷命名的汽车，也是如今大红大紫的电动汽车的雏形。奠定了费迪南德·保时捷“电动汽车之父”的地位。

同年费迪南德·保时捷设计出第一部以保时捷为名的汽车——Lohner-Porsche 并引起轰动。当时，他受聘于洛纳（Lohner）厂担任设计师。

图 6.38 保时捷 1899 的 Lohner-Porsche

保时捷于 1906 年来到奥地利戴姆勒汽车公司（Austro-Daimler）担任技术总监，负责汽车、飞机发动机和赛车的研发，并于 1916 年升至奥地利戴姆勒汽车公司总裁。设计了多款具有划时代意义的新车，如戴姆勒—奔驰的 SS 和 SSK 运动车、汽车联合公司（Auto Union）的大奖赛车（GrandPrix Car），书写了德国汽车工业中光辉篇章。由于其在汽车研发领域作出的巨大贡献，费迪南德·保时捷在 1917 年被奥地利维也纳技术大学授予“名誉博士”。

1931 年，在几位投资者的赞助下，费迪南德·保时捷在德国斯图加特成立了自己的设计公司，取名为“保时捷博士股份公司”，简称“保时捷办公室”，主要研发汽车、飞机和轮船的发动机。费迪南德·保时捷的儿子费利·保时捷（Ferry Porsche）也加入了设计公司。之后父子俩开始实施“大众车”的计划。由于投资者认为保时捷研发的项目风险太大而撤资，保时捷的公司陷入困境。就在费迪南德·保时捷陷于四面楚歌之时，一个意外的救星出现了。上任不久的希特勒招集内阁和顾问们开会，专门讨论轿车普及问题。在谈到制“国民轿车”的时候，顾问们一致推荐费迪南德·保时捷博士承担这项任务。

图 6.39 1936 年保时捷甲壳虫汽车

1933 年秋，希特勒将保时捷博士招至柏林。两人在柏林皇家饭店会面，讨论“国民轿车”问题。希特勒要求这辆车要达到以下要求：最高时速 100 千米/小时，油耗每加仑 42 英里，能够载 2 个成人 3 个小孩，并且看起来像甲壳虫。希特勒亲笔画了 11 张“国民轿车”的草图，其中一张与日后的“甲壳虫”已非常相近。1934 年 6 月，设计指标正式下达。希特勒要求保时捷博士在 28 个月内拿出样车。1935 年柏林汽车展上，希特勒宣布了“国民轿车”即将到来的消息。在这里，他第一次使用了“大众汽车”一词，这个词后来演变成一个不朽的商标。有了国家的财政支持，费迪南德·保时捷带着全家人全力以赴。1936 年 10 月，三辆样车终于按时完成，交给德国汽车协会负责测试，这就是以后风靡全球的“甲壳虫”汽车。于是希特勒决定在德国中部沃尔夫斯堡（或意译为“狼堡”）建立工厂，新工厂命名为“大众汽车”，费迪南德·保时捷出任总工程师。1937 年，德国大众汽车筹备股份有限公司（即大众汽车前身）正式成立。1938年5月26日，国有大众汽车工厂宣告在沃尔夫斯堡正式运营，1939年7月开始生产甲壳虫汽车。

由于费迪南德·保时捷此时正全身心投入在沃尔夫斯堡的大众汽车上，位于斯图加特的跑车设计的工作便交给了儿子费利·保时捷。1940年起，费利全权负责斯图加特的业务。1946年，设计公司迁往奥地利，费迪南德·保时捷在费利·保时捷和妹妹露易丝·皮耶西的辅助下，以"甲壳虫"为基础，共同着手保时捷的设计研发工作。

第二次世界大战结束后父子二人被捕，1947年，儿子费里先出狱正式接替父亲成为保时捷的主席。费里以"甲壳虫"和 Cisitalia 360 为基础，开始了一款新的跑车的设计工作。后来父亲费迪南德·保时捷出狱后，也正式加入了设计团队。

1948年，保时捷356面世。该车时速达到145千米/小时。这款车为保时捷父子夺得400多个奖项，带来无数的荣誉和桂冠，并使他们获得世界"纯种跑车之王"的称号。保时捷356一经问世即不同凡响，1948年7月，它就在奥地利的赛事中旗开得胜。保时捷始终坚持"不但要制造全世界最快的车，也要制造最安全的车"的理念。保时捷的车都加装了油压避震器的保险杠，可吸收大量冲撞力的车身前后缓冲区，车门内藏有防侧撞钢管，三点式的安全带，双座位安全气囊等保险装置。另外，车上的 ABS 装置，自动手动兼备的智能变速箱，都使得保时捷车速如风而又行驶平稳。

不幸的是，1951年，费迪南德·保时捷去世，费利·保时捷接过父亲的重任，开始经营公司。1956年，保时捷550 A Spyder 首次在塔格·佛罗热（Targa Florio）大赛中大获全胜。1960年，保时捷718 RS 60在首次出征的第一个赛季中就赢得了塔格·佛罗热和赛百灵12小时耐力赛的总冠军。718/2型在英国 Aintree 赛道上举行的150英里二级方程式大赛中包揽了前三名。

图 6.40 保时捷 356

图 6.41 保时捷 550

1963年，由费利·保时捷的大儿子费迪南德·亚历山大·保时捷设计的新车型保时捷911问世，并在法兰克福车展上亮相。这款车在保时捷历史上具有举足轻重的地位。速度和野性让这款车亮尽了风采。直到如今，保时捷911仍然是一款经典的超级跑车，是众多跑车迷的"梦中情人"。0加速到100千米只需9.1秒，最高时速达到210千米/小时，这在当时是惊人的速度，正是这款车确立了保时捷在跑车界的地位。

1971年，保时捷在总厂附近的魏斯萨赫建了一座现代化的研发中心及大型测试场。也是在这一年，保时捷成为一家独立的上市公司。1983年，在法国勒芒汽车24小时耐力赛中，前10名中有9名都被保时捷跑车包揽，保时捷也由此获得了“跑车之王”的美誉。

保时捷虽然一直是以品质闻名于世，在20世纪80年代，它经历了建厂以来最严重的危机。直到1993年推出了“博客斯特”（Boxster）概念车之后，保时捷才逐渐走出危机。1997年，保时捷又乘胜追击，于日内瓦车展发表了全新的911敞篷车——996。

图6.42 保时捷718

图6.43 保时捷911

2013年，推出保时捷918，搭载4.6升V8发动机两台，分别驱动后桥和前桥，可以让总动力达到887马力。百千米加速在3秒内，极速更是达到了325千米/小时。

图6.44 保时捷918

如今，保时捷汽车依然保持着良好的发展势头，这与其不断挑战自我精益求精的传统是分不开的。凭借着卓越的创造力和想象力，保时捷汽车越发地注重细节，追求完美，不断地刷新着历史，不断地创造着奇迹，将自己纯种跑车的高贵气质发挥得淋漓尽致。

三、经典作品

（一）保时捷356

保时捷356是费迪南·保时捷在1948年设计的第一辆被冠以保时捷名字的车型。356车身窄小、结构简单甚至连装饰条都没有。但它采用轻型风冷发动机、重心低、耐久性好，由于发动机中置，汽车前鼻可以做得很低，因此视野很好。车架采用了一种新型的钢管式结构，质量只有585公斤。

车子各种细节的设计也十分精致。紧凑、短粗的体型，较短的前后悬，简洁明快的铝质车身线条——多年后仍能引起人无限遐想。排量1 131毫升的水平对置4缸风冷发动机原本是大众的产品，但工程师们通过提高压缩比（从5.8提高到7.0），将功率从24马力提到35马力，后来又改用下吸式化油器，使最大功率增至40马力。由于动力强、车身轻及空气动力性好，最高速度可以达到140千米/小时。为了适应中置发动机的布局，发动机调转了180度，这样离合器及4速变速器全都朝向车后。当然356也有一些缺点，主要是大众的前后悬架包括扭力弹簧与新车架配合不够协调。

图 6.45 保时捷 356

图 6.46 保时捷 356

（二）保时捷“911”系列

保时捷“911”系列是保时捷所有车型中最受人追捧的车型之一，同时也是整个保时捷、整个德国乃至整个世界最传奇的车型之一。喜爱保时捷的人，一定不会放过保时捷 911，因为它不仅继承了保时捷的纯正血统，还凝聚了保时捷几十年的发展历史。它是保时捷最为经典的车型，它带给人们的不仅是速度与激情，还有那一份难得的贵族气质。

1963 年，保时捷把第一辆 911 拿到了法兰克福国际车展上展出。911 是保时捷 356 车型的接班者，它取代了以前的 4 缸，第一次在汽车后部装置 6 缸 Boxer 发动机。这一点一直到今天都没有改变。虽然和今天的车型相比，那时候的 911 只有 130 马力的功率，但仍然可以在 9.1 秒内从 0 加速到 100 千米，最高时速达到 210 千米/小时。

保时捷“911”系列分为 Carrera 系列、Targa、Turbo、GT3 和 GT2。Carrera 系列的车款最多，有 Carrera、Carrera S、Carrera 4、Carrera 4S。其中 4 代表着四轮驱动，S 代表运动款。Carrera 系列可以说是“911”系列的灵魂，也是最基本的型号。911 Carera 和 911 Carrera 4 最早出现于 1995 年。1997 年又分别增加了 911 Carrera S 和 911 Carrera 4S。保时捷 911 Carrera 系列全部采用 3.6 升水平对置发动机，Carrera S 于 2004 年上市，采用 3.8 升水平对置发动机。

图 6.47 1965 年的法兰克福车展的保时捷 911 Targa

第一辆保时捷 911 首展是在 1965 年的法兰克福车展上，而引入北美市场是在 1967 年。这个名字的由来是意大利的 Targa Florio 公路赛事，因为保时捷在那里获得了很多荣誉。在那时，911 Targa 让人们真切体会到了驾车时与大自然“亲密接触”的感觉，因为直到 1984 年，911 敞篷版才出现。911 Targa 最大的特点就是一个巨大的，电子控制的全景玻璃车顶，可一直滑动到后窗。其滑动的玻璃顶覆盖了几乎 5 平方英尺的面积，相当于双倍标准的 911 双门硬顶版天窗的面积。

911 Turbo 的双涡轮增压发动机为水冷 24 气门，最大功率上升至 420 马力，最大扭矩500牛米。涡轮增压是通过猛烈旋转的涡轮把空气硬吹进发动机，使气缸的进气量大增，从而激发强大动力。由于这台发动机采用了双涡轮增压，所以它的动力强劲无比。除此之外，911 Turbo的发动机结构也与普通版的911 Carrera有所不同，它没有油底壳，曲轴箱被平均分为左右两半。这种结构跟911 GT3的发动机类似，它使发动机成为真正的水平状态。而且它还能承受超过599马力的发动机功率。保时捷首次采用了可变相位角的进气凸轮轴和进气门打开幅度调节技术，其作用是在低转速下即可产生强大动力。

图6.48 保时捷“911”系列

四、品牌评价

保时捷汽车集豪华的车体和优异的性能为一体，是世界上最知名的跑车品牌之一。尽管其跑车设计风格比较经典保守，没有像法拉利那样的现代诱惑。然而，20世纪50年代曾经流传着这样的话，即“拥有保时捷，是投资不是消费”，“在赛道上，只有保时捷才能打败保时捷”。半个世纪过去了，保时捷用一流的技术证明了自己的实力。保时捷有着“不但要制造世界最快的车，也要制造最安全的车”的理念，并始终坚持着需求的个性化，使得保时捷成为世界上最经典、最舒适、最豪华、跑得最快的跑车。

保时捷是一种梦想。当你靠近它，你会觉得神采飞扬；当你驾驶它，你会觉得热情奔放；当你拥有它，你会觉得华贵富有；当你品味它，你会觉得渊博典雅！因为保时捷是世界上最舒适、最豪华、跑得最快的跑车。在保时捷历史上，曾经赢得了23 000多次的竞赛冠军。当人们说起保时捷，就会领悟到什么是纯种的跑车，什么是最快的跑车，什么是强劲与经典，什么是骄傲和独占。

保时捷深深蕴含着汽车文化的魅力，是在疾驰中享受精品人生的车迷的梦想，是在速度中体味尊贵与典雅的拥有者的宣言。

五、保时捷与名人

依仗着自己的传统风格，早已成为爱车人心中的偶像，它代表着高贵的气质，不俗的品味，所以，无论是国际上著名的足球明星贝克汉姆还是美国大明星金·凯瑞都是保时捷的拥护者。在中国，尽管保时捷汽车的数量并不多，但是，仍然有许多狂热的追随者，诸如章子怡这样的国际影星，还有刘国梁这样的体育明星。

1955年，音乐指挥界泰斗卡拉扬订购了一款保时捷356，实际上他想买的是保时捷550。由于当时的好莱坞“叛逆小子”詹姆士·迪恩刚刚架着550发生车祸不幸身亡，所以费利·保时捷介绍了356给他。这是卡拉扬拥有的第一款保时捷跑车。后来他又订购了好几辆保时捷跑车。这些车不仅使得他的指挥生涯神采飞扬，而且在他走下指挥台的岁月里，保时捷959也给他的晚年带来了媲美晚晴的无穷乐趣。

图6.49 比尔·盖茨得奖的保时捷911 Turbo

在1975年微软成立之前，比尔·盖茨因为工作出色，获得前老板奖励一台保时捷911 Turbo。后来他把这辆车卖了。当人们知道这辆车比尔·盖茨曾经拥有过，就拿去拍卖，现在的主人通过电话出价抢购，付出了6.4万欧元购得这辆保时捷。比尔·盖茨对保时捷911一直非常钟爱，在他豪宅的车库里，至今还存放着另一辆保时捷。

莎拉波娃的保时捷梦想在2012年4月29日实现。在德国斯图加特进行的WTA顶级巡回赛保时捷大奖赛女单决赛中，莎拉波娃以2比0战胜白俄罗斯选手阿扎伦卡，获得冠军。除了丰厚的奖金，还收获了一台保时捷911 Turbo敞篷跑车。“我爱死这辆车了，我要开着它去路上跑个痛快”。获胜后的莎拉波娃在跑车旁边笑的像个孩子。后来，2013年4月23日，保时捷选择了莎拉波娃作为他们最新的全球代言人，代言期为3年。

第六节 凯迪拉克（Cadillac）
——永不褪色的高贵奢侈

创 始 人：亨利·利兰（Henry Martyn Leland）
创始时间：1902年
创始地点：美国底特律

一、品牌标识

凯迪拉克的品牌标识著名的花冠盾形取自安东尼·德·凯迪拉克的族徽，主要由冠和盾组成。冠象征着凯迪拉克家族的纹章，冠上7颗珍珠喻示皇家的贵族血统。盾象征着凯迪拉克军队的英勇善战。花冠的颜色主要有金黄与纯黑，象征智慧与财富。盾牌由红色、银白色和蓝色的简单块面组成，其中红色象征行动果敢，银白色代表着纯洁、仁慈、美德与富足，蓝色代表着骑士精神。

图6.50 凯迪拉克品牌标识

凯迪拉克的品牌标识是其精神内涵的集中体现，既表现了底特律城创始人的勇气和荣誉，同时也象征着其在汽车行业中的领导地位。该标识也比喻着凯迪拉克汽车的高贵、豪华、气派和潇洒，具有巨大的市场竞争能力。

二、品牌历史

凯迪拉克的前身是1899年创立的底特律汽车公司，1902年改名为凯迪拉克。选用这个名字是为了纪念1701年建立底特律城的法国皇家贵族、探险者安东尼·门斯·凯迪拉克。

凯迪拉克公司的创始人是英格兰制造商亨利·利兰，除了是凯迪拉克的创始人之外，他还创立了誉满全球的林肯汽车品牌。

第一辆凯迪拉克完成于1902年10月17日，10马力，单缸发动机，750美元。1903年，参加纽约汽车展时销售一空。1906年，在亨利·利兰的带领下，凯迪拉克在底特律的工厂已经成为当时世界上最大、最完善和装备最好的汽车生产厂。

1908年，凯迪拉克由于成功实现标准化生产，成为第一家被伦敦皇家俱乐部授予Dewar奖章的美国汽车公司，并有了“世界标准”的美誉。

1909年，凯迪拉克被通用收购后，设计的注意力转向了豪华性和舒适性的汽车。

图6.51 凯迪拉克1902年生产出第一辆汽车

图6.52 凯迪拉克1914年生产美国第一台8缸发动机汽车

1912年，凯迪拉克成为第一家在汽车中装备电子启动、照明和点火装置的公司。因为这一成就，伦敦的皇家汽车俱乐部第二次给凯迪拉克公司颁发了Dewar奖章，并且永久性地授予凯迪拉克公司“世界标准”的荣誉称号。凯迪拉克是第一家也是唯一一家被皇家汽车俱乐部授予该称号的公司。

1915年，凯迪拉克最先研制出V型8缸高性能发动机，这无疑是为汽车提供了一个强大的心脏。

1949年年底，凯迪拉克公司生产出第100万辆凯迪拉克汽车，并于同年研制出了具有历史意义的高压缩比、顶置式气门、轻型、现代化的V8发动机。凯迪拉克在20世纪50年代末60年代初有几个创新，更好地提升了它的品质。低压氟利昂减震器、自动调节刹车、采用了前轮驱动。这些划时代的发明为世界汽车行业发展作出了巨大贡献。

1954 年，凯迪拉克成为第一家将动力转向作为所有车型标准配置的汽车制造商。

图 6.53　凯迪拉克 1930 年生产美国第一台 12 缸和 16 缸发动机汽车

图 6.54　1957 款凯迪拉克 Eldorado

1964 年，凯迪拉克首先开发了汽车冷暖空调系统。1974 年，凯迪拉克首先在所有车型上装备前排安全气囊。1975 年 5 月，推出的塞维是体积较小、具有国际标准尺寸的凯迪拉克。它有注入式 5.7 公升 8 缸发动机和其他系列特点，这使得它成为世界上装备最好的轿车之一。凯迪拉克成为第一家使用电子燃料喷射系统的美国汽车制造商。1986 年，凯迪拉克缩小了爱尔多拉多和塞维（塞维在 1979 年到 1980 年又扩大了车型）的国际标准型，这两款车一直与奥斯摩比尔和别克采用通用的底盘。

图 6.55　凯迪拉克 1975 款 Seville

1987 年，凯迪拉克艾伦特（Allante）锐军突进，推出了其最具特色的车型之一——阿兰特两人座敞篷车。阿兰特承担了凯迪拉克系列旗舰车型的责任，改变了一直由欧洲轿车占据主导地位的超豪华轿车领域格局，成为打入超豪华轿车市场的第一款美国轿车。

1990 年，凯迪拉克公司总裁 John O. Grettenberger 在华盛顿被乔治 · 布什总统授予布德里奇美国国家质量奖章（Baldrige Award）。

2003 年，是凯迪拉克锋芒毕露的一年，除了全新产品 CTS 轿车外，XLR 豪华跑车和 SRX 豪华运动型多功能车全线亮相。通用汽车把凯迪拉克 CTS 形容为“21 世纪的凯迪拉克经典车”，它是第一款在面向市场销售的车型中采用流行的概念车外形设计的车型，把直线线条和纵长的前灯融入了凯迪拉克传统的格子型格栅中。

凯迪拉克是美国文化的代表，凯迪拉克轿车在其一百多年的历史中有着无数的技术创新和新颖设计，使得它在奢侈品类的汽车当中，久盛不衰。而今，凯迪拉克正在其充满王者风范的道路上越走越宽。

图 6.56　凯迪拉克 1987 年 Allante

图 6.57　凯迪拉克 2003 款 CTS

三、经典作品

（一）凯迪拉克 CTS-V

2003 年的夏天，正好是凯迪拉克 CTS 第一代车型发布。2009 年款的凯迪拉克 CTS-V，是一辆号称拥有凯迪拉克 100 多年历史上最强劲动力的量产化轿车。V 系列车型是凯迪拉克的性能车系，以钻石切割为灵感，设计出刀削斧凿般地线条，模仿 F117 隐形战斗机的内饰，使得这款车成为豪华车中的另类，极富冲击力的造型颠覆了凯迪拉克所有豪华车的传统形象。这款车在国内并不多见，除了少数车迷之外，很多人恐怕只是听说过而没有见过。

图 6.58　凯迪拉克 CTS-V

如果对于宝马来说 M 是它运动的标识，那么对于凯迪拉克来说 V 就是他的运动灵魂。2003 年新凯迪拉克 CTS 发布不久，运动性能版的新款凯迪拉克 CTS-V 也随之诞生，主要的市场竞争目标直接指向宝马 M5、奥迪 RS6 以及奔驰 E63AMG。

全新的 2009 凯迪拉克 CTS-V 配备了机械增压的 6.2 升的 LSA 发动机，在每分钟转速达到 6 100 转时输出峰值功率 556 马力，每分钟转速 3 800 转时达到峰值扭矩 747 牛米。从静止加速到时速 96 千米/小时全新凯迪拉克的 CTS-V 用时只需惊人的 3.9 秒。和上一代的 CTS-V 相比，新车的性能得到了革命性的全面提升，提升幅度达到 35%。而和其他同样搭载 V8 发动机的量产轿车相比，凯迪拉克的 2009 年款 CTS-V 也是加速最快的。很显然对于凯迪拉克而言，V 系列车型已经成为凯迪拉克顶级性能和领先技术的代表。

2009 年款的凯迪拉克 CTS-V 依然延续了 CTS 车型的钻石切割的线条设计，由于配备了铝合金塔顶平衡拉杆以增强车身前部的刚性，前部的发动机舱盖有明显的隆起。使整个车身显得更加丰满，前脸明显不同于一般 CTS 车型，水箱护罩面积缩小，下方进气口面积增大，同时采用了标志性的波浪形网状式样，两边 A 柱前沿，是和新一代 CTS

同样设计的进气口，搭配全新造型的带裙边的前保险杠，前门上有醒目的 V-Series 徽章，凸显 CTS-V 车型与众不同的攻击性特质；除此之外，多幅式样的 19 寸铝合金轮毂，搭配左右双出排气管以及小巧的扰流尾翼等，无一处不彰显出 CTS-V 的超人性能基因。

（二）凯迪拉克 XTS

凯迪拉克全新豪华轿车 XTS 于 2013 年 2 月 25 日隆重上市。搭载了两款“Ward's Auto 全球十佳发动机”——2.0T SIDI 直喷涡轮增压发动机和 3.6 升 V6 全铝智能直喷发动机。百千米加速进一步缩短至 7.5 秒，动力表现在同级别产品中领先。与极致动力相匹配的是全系 Brembo 高性能刹车系统以及一套全球反应最快的 MRC 主动电磁感应悬挂。提供车辆前、侧、后方 360 度安全预警防护；配合全系标配的 10 安全气囊、StabiliTrak&reg；电子车身稳定系统及 OnStar 车载信息通信系统，将车辆主、被动安全防护提升到全新高度。

四、品牌评价

一百多年来，凯迪拉克在汽车行业创造了无数个第一，缔造了无数个豪华车的行业标准，可以说凯迪拉克的历史代表了美国豪华车的历史。

著名的《韦伯斯特大词典》对“凯迪拉克”的解释为“同类中最为出色、最具声望事物”的同义词。凯迪拉克被一向以追求极致尊贵著称的伦敦皇家汽车俱乐部冠以“世界标准”的美誉。

100 多年的历史，让凯迪拉克成为豪华轿车的典范。而“艺术与科学”则是凯迪拉克能够在业内独树一帜的设计圣经。凯迪拉克“敢为天下先”的品牌精神，使其一贯秉承着大胆创新的设计理念。硬朗、简洁、线条流畅、棱角分明的崭新设计总给人视觉的巨大冲击力。大胆、精致、气度的外观与内饰的高科技含量，使凯迪拉克充满无穷的魅力。凯迪拉克这个历久弥新的品牌不仅仅是高贵奢华的象征，而且已经成为一种汽车文化的符号。

凯迪拉克轿车乘坐者或是各国政要，或是显贵家族，他们的尊贵、沉稳、豪迈和权力，更使凯迪拉克成为一种权贵的象征。

图 6.59　凯迪拉克 2013 年 XTS

五、凯迪拉克与名人

从凯迪拉克商标注册到今天100多年的历史中，凯迪拉克轿车为无数政界、文艺界及企业巨头所乘坐。威尔逊总统是第一位乘坐凯迪拉克的美国总统，他乘坐凯迪拉克参加了在波士顿举行的第一次世界大战胜利庆祝游行；1953年艾森豪威尔总统站在凯迪拉克“埃尔多拉多”敞篷车中做就职演说；肯尼迪总统也极其钟爱凯迪拉克轿车，经常驾乘着凯迪拉克高级轿车出现在各种重要场合；福特和卡特也常乘坐凯迪拉克“弗里特伍德”加长型豪华轿车。1993年和2001年，克林顿和乔治·布什先后就任美国总统时，乘坐的也是凯迪拉克。

不仅是美国总统，美国内政与外交官员的正式用车也是凯迪拉克。在人们心中，凯迪拉克最能代表尊贵、豪迈和权威。除了政界要人，凯迪拉克也得到了世界级明星们的推崇。

“猫王”埃尔维斯·普莱斯利是凯迪拉克忠实的拥护者。他一生至少买过100辆凯迪拉克，有的给自己，有的则送给亲朋好友；性感女神玛丽莲·梦露也非常青睐1953年凯迪拉克推出的Eldorado敞篷车，此车因此成了当时风靡一时的文化标志。

据说1955年，当“猫王”发迹后，他送给母亲一辆粉红色的凯迪拉克。而他本人却也对凯迪拉克有种疯狂的痴迷和喜爱，他一生当中买下100多辆凯迪拉克。他不仅自己收藏，而且他也常常把凯迪拉克汽车当作礼物送给许许多多认识的甚至是不认识的人。有一次他曾疯狂地买下33辆凯迪拉克送给朋友、家人和一个在公共汽车站等车的陌生人。猫王的这次举动使得凯迪拉克更是名声在外，引起更多人的关注。

凯迪拉克成为了美国的光荣与梦想的标志。凯迪拉克首先是一个权力的讲述者，然后又成为了富豪明星们奢侈规则的制定者。

第七节　兰博基尼（Lamborghini）
——御风而行的车中艺术

创 始 人： 佛瑞肯·兰博基尼（Ferruccio Lamborghini）
创始时间： 1962年
创始地点： 意大利摩德纳

一、品牌标识

图6.60　兰博基尼品牌标识

兰博基尼公司的标志是一个圆三角形图案，上方一行字是创始人兰博基尼的名字，表现了他对创造自己品牌的专注和神圣责任。下面是一头浑身充满了力气，正准备向对手发动猛烈攻击的公牛，体现了兰博基尼公司产品的特点，即马力大、速度快、战无不胜。同时这一标志也体现了创始人兰博基尼斗牛般不甘示弱的品性。

二、品牌历史

兰博基尼的创始人佛瑞肯·兰博基尼于1916年4月出生在意大利北部商业重镇博洛尼亚邻近的弗拉拉市的一个小镇上。童年时期他就已经表现出对农业器械的喜爱。兰博基尼曾进入博洛尼亚机械学院学习过一段时间，在那里受到了最为严格的培训，之后加入意大利空军。

1948年，退役回来的兰博基尼购买了农用车加工车间，并开始生产拖拉机。到1959年，他的拖拉机产量已经可以达到每天10辆。兰博基尼因此聚敛了大笔财富，这也允许他可以纵情于购买法拉利跑车。兰博基尼对法拉利十分喜爱，而对恩佐·法拉利本人也十分崇敬。他买了4辆法拉利跑车，其中的法拉利250出现了故障，他心急如焚地找到法拉利跑车制造公司的服务部，却遭到冷遇。

1962年，兰博基尼在摩德纳郊区建起了制造车间，开始生产用自己名字命名的世界顶级跑车。从兰博基尼跑车制造股份有限公司成立初始，兰博基尼便发誓与法拉利一比高下。这里面还有一个小故事：据说有一次兰博基尼这个跑车迷因为法拉利250的故障问题打算和恩佐·法拉利会面，想对其产品提些改进建议。然而法拉利并无意听取一个拖拉机制造商的意见。作为跑车迷的兰博基尼无法忍受这样的蔑视，遂决定务必制造出比法拉利更快、更好、更强的超级跑车，发誓要与法拉利一决雌雄。兰博基尼车厂成立后，从法拉利和玛莎拉蒂笼络了一大批的汽车设计人才，其中，包括著名的乔托·贝萨里尼。他曾经是法拉利的设计师，他设计的3.5升360马力V12发动机成为兰博基尼挑战法拉利的旗帜。

1963年，在意大利都灵车展上，兰博基尼推出第一款概念车350GTV，该车的底盘编号0100，极速280千米/小时，这款车仅生产了一辆。

图6.61　兰博基尼1963年都灵车展上的350GTV

图6.62　兰博基尼1964年的350GT

1964年，兰博基尼推出第一款量产车350GT。1966年，推出400GT。400GT是350GT的升级版，兰博基尼凭借400GT的320马力击败竞争对手法拉利、玛莎拉蒂和阿斯顿·马丁，从此挤入世界顶级跑车的领域。同年，兰博基尼推出非凡的“穆拉”(Miura)，是当时世界上最好的汽车。1964年3月在日内瓦车展上，由达拉瑞和甘迪尼设计出的“穆拉400”闪亮登场。“Miura”这个名字来源于一个西班牙的养牛者华德华多·穆拉，他驯养的公牛以强烈的攻击本能而出名，与兰博基尼的商标含义惊人的一致。这款车一改传统跑车发动机后置的习惯，把发动机放在车的中间，大大提高了跑车的安全性能。这款车打响了跑车提速的第一枪，开创了世界跑车制造的新纪元。

1969 年，兰博基尼推出升级版的“穆拉 S”，S 代表运动。之后，“穆拉 SV”开始投入生产。“穆拉 SV”是当时世界上最快的跑车，极速可达 300 千米/小时，这一速度直到兰博基尼主流车型“康塔什”出现才被刷新。

1971 年“康塔什 LP5000”第一次出现在日内瓦车展上，引起了强烈反响，订单纷至沓来。康塔什 LP5000 实际上把跑车制造技艺推向了登峰造极的地步。

图 6.63 兰博基尼 1966 年日内瓦车展上的穆拉 400

图 6.64 兰博基尼 1971 年日内瓦车展上的康塔什 LP5000

21 岁的马塞罗·肯迪设计的兰博基尼“康塔什 500S”跑车，楔形的设计具有强烈的雕塑感，散发着一股强烈的阳刚之气，每一个细节都无不显示着不羁和叛逆，被誉为“外星车”。12 缸发动机，极速 316 千米/小时。尤其是向上的刀剪式车门立开，展翅欲飞，比以前的鸥翼式车门更显得英姿勃发，富有时代感，给人一种超级跑车的感觉。这款跑车左看成峰，右看成岭，百看不厌，超凡脱俗的造型、怪异出众的设计，在跑车界独树一帜。这款被赞誉为“外星车”的楔形跑车，外观造型可怖野性，前大灯为隐藏式，车身前罩与前挡风玻璃构成平斜面，被认为是汽车发展历史上的一座里程碑。

由于兰博基尼缺少资金支持，1973 年，兰博基尼满心遗憾地卖掉了自己的汽车公司。兰博基尼于 1980 年破产，意大利商人米兰姆兄弟收购了该公司。1986 年，兰博基尼正在布鲁塞尔推出 LM002。1988 年，为了纪念兰博基尼建厂 25 周年，兰博基尼推出“康塔什”的终极版本，成了“康塔什”系列中最受欢迎的一款。最后一辆康塔什于 1990 年 7 月 5 日完成，车身银色，内饰灰色，底盘编号为 12.085，该辆康塔什为非卖品，至今保存在兰博基尼的博物馆。

1990 年 1 月 21 日，耗时 5 年，斥资 60 亿里拉的兰博基尼“鬼怪”（Piabo）问世，最高车速达到 328 千米/小时。

1998 年，奥迪公司买下兰博基尼全部资产，而此时正是佛瑞肯·兰博基尼去世 5 周年，兰博基尼建厂 35 周年。倔强的公牛开始了它的复兴之路。

2001 年，兰博基尼推出“蝙蝠”（Murcielago），它是奥迪收购兰博基尼后的旗舰产品。2002 年开始量产。Murcielago 在西班牙语中意为蝙蝠，它是西班牙历史上最著名的一头牛的名字。兰博基尼借用它命名了这款把世界最高潮的制造工艺与人体工程相结合的新车。

图 6.65　兰博基尼 1990 年康塔什终极版

图 6.66　兰博基尼 1990 年鬼怪

2003 年，为庆祝兰博基尼建厂 40 周年，兰博基尼推出一款全新的跑车“盖拉多”(Gallardo)，成为兰博基尼总裁维尔纳·米施克眼中一款“既能在赛场和高速路上飞驰，又能在城市中轻松驾驶的跑车”，成为汽车中各个方面的典范，被称为小蛮牛。

图 6.67　兰博基尼 2001 年蝙蝠

图 6.68　兰博基尼 2003 年盖拉多

2007 年，一款兰博基尼历史上最贵的跑车 Reventon 面世。Reventon 这个名字是斗牛场中一头公牛的名字，它在 1943 年的一场斗牛比赛中将一名很有名的斗牛士杀死，这头公牛便由此出名。兰博基尼为新车起 Reventon 的名字意在表示这款车的凶悍与力量。2011 年 3 月 1 日，兰博基尼全新旗舰车型 Aventador LP700-4 正式在日内瓦车展上亮相。2013 年 4 月 20 日，第十五届上海国际车展正式拉开帷幕。在本届车展上，兰博基尼为了庆祝品牌 50 年生日推出了一款 Aventador 新车，名为 LP720-4 50 周年纪念版，百千米加速时间少于普通版车型的 2.9 秒，最高车速也超过 350 千米/小时。该车在全球只限量销售 100 辆。

三、经典作品

(一) 蝙蝠

2001 年，推出的蝙蝠“Murcielago”堪称是兰博基尼的经典之作。Murciélago，西班牙文的意思是“蝙蝠”，它是在奥迪公司的技术援助和财政支持下开发的，是目前兰博基尼技术上有史以来最好的跑车。Murciélago 超级车型配备了 6.2 升 12 缸发动机，最大功率高达 580 马力，最高时速超过 337 千米，0～100 千米/小时的加速时间仅需 3.8 秒，车身采用管状钢结构并辅以碳纤维加固。总长超过 4.5 米，宽约 2 米。进入车内，改良后的驾驶舱看起来更现代、更精致，并有卫星导航系统供选择。变速器齿轮被调校得很紧密，以获得更快的加速时间。车内还有一个外部噪声控制器，能削弱外部噪声使长途旅行变得更愉快。传统的长长的排档杆及暴露的档位闸扔被保留。操控性变得更加友好。车的重心变得更低，重量的分配被调整为前 42%，后 58%。改良的双叉臂悬挂的特点是电子控制的避震器，能在驾驶舱内调整，通过改良动力辅助，刹车水平也达到新的高度。4 通道卡钳是为增强钻孔及通风刹车碟而特别开发的，而轮胎的尺寸也进一步地强调了 Murciélago 潜能：18 英寸的合金轮圈及 335 毫米宽的后胎。

图 6.69 蝙蝠

图 6.70 蝙蝠

（二）兰博基尼 Gallardo

2003 年，为庆祝兰博基尼建厂 40 周年，兰博基尼推出一款全新的跑车“盖拉多”（Gallardo）。兰博基尼 Gallardo 将以一辆高性能运动车以及一辆满足日常生活用车的双重身份来重新定义其所属的紧凑型跑车市场。Gallardo 是从 2000 年开始设计的，它装配了与赛车版一样的后扰流板，该装置可以提供更为强大的空气动力载荷，最高可达到 Gallardo LP 560-4 的三倍，有效提高了紧张高速驾驶过程中的动态稳定性。扰流板和发动机盖均是由碳合金材料制造而成。碳纤维与铝制材料构成了 Gallardo 全新顶级车型轻量化结构的基础。搭载 5.2 升的 V10 发动机独特的点火方式更是带来令人震撼的声效，让您犹如身临赛道。配备了由方向盘换档拨片控制的自动化电子齿轮传动（E-Gear）六速变速箱。此电子控制系统可以在六个档位间顺畅切换，速度快过任何人工操作。从静止到 100 千米/小时的加速时间仅为 3.4 秒，而加速到 200 千米/小时仅需 10.4 秒，最高时速更可达 320 千米/小时，是世界上唯一采用四轮驱动赛车的单一品牌汽车赛车。引擎、传动系统、空间帧车架和车身、悬挂系统、刹车和电子系统的选择都完全符合这样的目标，可以满足驾驶者在赛道上和长途公路上的驾驶。终于实现了兰博基尼总裁维尔纳·米施的梦想，生产一款“既能在赛场和高速路上飞驰，又能在城市中轻松驾驶的跑车”。兰博基尼 Gallardo 车型自问世以来，

图 6.71 兰博基尼 Gallardo LP 570

总产量达到 14 022 辆，成为兰博基尼历史上最成功的车型。

四、品牌评价

兰博基尼把“一流的技术、前卫的造型”作为自己开发研制超级跑车的宗旨。技术上精纯自考，造型上独创神化，一款款跑车，就像展翅高飞的复仇天使，创造出“怪诞跑车”的梦幻世界。

挑战极限、傲视对手、豪放鬼怪，这就是兰博基尼留给人们的深刻印象。如同兰博基尼的标志一样，咄咄逼人的活力动感，一往无前的豪迈气势，意大利式的热血奔放——这就是卓越非凡的兰博基尼。在意大利乃至全世界，兰博基尼是诡异的，它神秘地诞生，乖张荒诞且不合情理，却出人意料地推出一款又一款让人咋舌的超级跑车，特立独行的个性是数十年来世界车坛追逐与猎奇的焦点。

作为世界顶级跑车制造商的兰博基尼，一直以惊人的动力输出配合极速侵略的流线型外表创造着汽车世界的神话，它推出的每一款新车都能引起世人的关注，一次又一次地征服世界。

超级限量版兰博基尼 Veneno 全球拥有者仅有 3 人！实际上兰博基尼的每一款车都是举世难得的艺术品，每一款车的每一个棱角、每一袋线条都是完美的体现，兰博基尼每一款车都完整地诠释了这个品牌的精髓，它们以特有的昂贵身价，释放出世间稀有珍品的气息，深深吸引着一代又一代世人崇敬的目光。

五、兰博基尼与名人

兰博基尼是速度和激情的象征，以其惊人动力输出配合流线外形，成为世界各界超级名流争相追捧的对象。在购买兰博基尼的各界名流中，有 9 座格莱美奖、24 座 Down Beat 奖项得主。20 世纪最受欢迎的艺人、当代摇滚乐之王法兰克·辛纳屈（Frank Sinatra）和世界乐坛最有声望的摇滚歌手之一，也是很多英国人的偶像的保罗·麦卡特尼（Paul McCartney）也是兰博基尼的拥有者。

少年时期在意大利成长的 NBA 巨星科比·布莱恩特对著名的兰博基尼跑车更是情有独钟，这不禁让人觉得，兰博基尼最强劲的动力，最豪华的配置，限量生产，与科比的高昂气质交相辉映。他拥有的那辆黄色的兰博基尼跑车，甚至比他美如天仙的爱妻还要吸引眼球。

兰博基尼产量很小，每年产量百十辆。稀有的兰博基尼就变成了难得的收藏品。“全球兰博基尼收藏俱乐部”的成员，专门以收藏兰博基尼新车为乐趣与标志。他们对兰博基尼的所有车型都崇拜至极。尽管每一款的兰博基尼新车的价格都昂贵到惊人的地步，但每款新车他们都不问价格一律买下。这个俱乐部演绎了许多关于兰博基尼的传说。

第八节　梅塞德斯-奔驰——现代汽车行业的开创者

创 始 人： 卡尔·奔驰（Carl Benz）
　　　　　戈特利布·戴姆勒（Gottlieb Daimler）
创始时间： 1886 年
创始地点： 德国斯图加特

一、品牌标识

今天我们看到的形似方向盘的三叉星就是著名汽车品牌梅赛德斯-奔驰的标志。1886 年，戈特利布·戴姆勒和卡尔·奔驰同时发明了汽车。当时戴姆勒的公司于 1909 年为三星标志申请专利权，同年奔驰则注册了一个圆形月桂枝包围的“奔驰”（Benz）的商标。戴姆勒的三叉星标志来源于戴姆勒给他妻子的信，他认为他画在家里房子上的这颗星会为他带来好运。1916 年在它四周加上了一个圆圈，在圆的上方有代表当时汽车厂拥有的几家工厂的四个小星星，下面是戴姆勒公司的汽车名字“梅赛德斯”。1926 年两家最古老的公司合并，自然也将商标合在一起，中间是三叉星，上面是“梅赛德斯”，下面是“奔驰”，两家之间用月桂枝连接。梅赛德斯和奔驰的原文字，以表示这个品牌创始人对品牌文化传承和品牌形象维护的神圣责任。1989 年，这家公司的商标已简化为形似方向盘的三叉星，喻示海陆空三位一体的现代化。2007 年把立体的品牌标示改为平面，2010 年正式启用了新一代 3D 品牌标识，把三叉星徽标三个角，分别定义为“魅力、责任与完美”三大核心价值。

图 6.72　梅赛德斯-奔驰品牌标识

图 6.73　梅赛德斯-奔驰品牌标识演变

二、品牌历史

梅赛德斯-奔驰汽车公司的历史，与两个人的名字紧密相连：戈特利布·戴姆勒和卡尔·奔驰。因为他们首先发明了汽车，创建了梅赛德斯和奔驰汽车公司，后来这两个公司合并为梅赛德斯-奔驰汽车公司。

戈特利布·戴姆勒（1834—1900），德国工程师和发明家，现代汽车工业的先驱者之一。1834 年 3 月 17 日，出生于德国符滕堡雷姆斯河畔舍恩多夫的一个手工业工人家庭，父亲是一位面包店老板。

1852 年，他就读于斯图加特工程学院。少年时代的戴姆勒就对燃气发动机产生了浓厚的兴趣，并开始学习研制奥托式燃气发动机。他曾任道依茨燃气发动机股份公司工程师，改进了奥托式四冲程发动机，制造戴姆勒卧式发动机，并将卧式发动机改制成立式发动机。

1869 年，受奥托与兰根邀请，戴姆勒与好友——著名的发明家威廉·迈巴赫（Wilhelm Maybach）一起转入德意志瓦斯发动机公司，协助改进四冲程发动机。

1872 年，戴姆勒设计出四冲程发动机。1883 年，他与迈巴赫合作，成功研制出使用汽油的发动机。1885 年 8 月 29 日，戴姆勒将这种发动机安装在一辆木制双轮车上，取得“骑式双轮车”的专利权，这实际上是世界上第一辆摩托车。

1886 年，为了庆祝妻子埃玛的 43 岁生日，他将立式发动机安装于马车上，戴姆勒首辆马车式汽车即告诞生，这和奔驰的专利汽车的出世难分先后。他和卡尔·奔驰一起被誉为“汽车之父”。世界著名的戴姆勒-奔驰公司就是以他两人的名字命名的。

图 6.74 1886 年戴姆勒生产的首辆马车式汽车

图 6.75 1910 年 DMG 生产的汽车装有梅赛德斯的三叉星

1890 年，戴姆勒创办了 DMG（Daimler-Motoren-Gesellschaft）公司成立，1898 年应维也纳商人埃米尔·耶利内克的要求生产出第一辆名为“戴姆勒·凤凰”的汽车，这是世界上第一款 4 缸发动机的汽车。1900 年这款车进行了改进，扩大了车的轴距，降低了重心，增加了发动机的功率。当时埃米尔·耶利内克一口气定制了 36 辆，价值均在 55 万马克。不过埃米尔·耶利内克提出两个条件：第一，他必须是奥匈帝国、法国、美国的唯一代理商；第二，这款车必须以他女儿的名字梅赛德斯（Mercedes）命名。1902 年戴姆勒把“梅赛德斯”注册了商标，DMG 生产的所有汽车都命名为梅赛德斯，宣告了一个崭新的“梅赛德斯”汽车时代的开始。

卡尔·奔驰先生是世界汽车工业的先驱者之一（1844—1929），是德国奔驰汽车公司的创始人，被称为“汽车鼻祖”。

1844 年，卡尔·奔驰出生在德国卡尔斯鲁厄一个手工业者家庭。他从小喜爱自然科学，靠修理手表得到一些零用钱，曾在机械厂当学徒，在制秤厂里成为“绘画者和设计者”，在桥梁建筑公司担任工长。

图 6.76　1886 年卡尔·奔驰生产的“三轮汽车”

1872 年，卡尔·奔驰下定决心要创建一个工厂，他向朋友借钱组建了铁器铸造和机械工厂，但由于当时经济萧条，工厂生产受到影响，面临倒闭的危险。卡尔·奔驰没有工场、没有资金，他的妻子就变卖了嫁妆和首饰。经过几年饿肚子拼命地工作，他一改再改设计方案，组装发动机，得到了皇家摄影师比勒的资助，改进了奥托四冲程发动机，终于 1886 年 1 月 29 日，卡尔·奔驰试制成功世界上第一辆单缸发动机“三轮汽车”，并为自己的“三轮汽车”申请了专利。

1886 年 1 月 29 日，被认为是世界汽车诞生日。1886 年，为世界汽车诞生年。

1894 年，卡尔·奔驰又推出了第一款奔驰“维洛”（Velo）系列轿车，并进行批量生产。到 1900 年，卡尔·奔驰的公司已经成为世界上最大的汽车制造商，1909 年，他们制造出了当时世界上最快的赛车。

1926 年 6 月 29 日，戴姆勒公司和奔驰公司合并，成立了在汽车史上举足轻重的戴姆勒—奔驰公司，从此他们生产的所有汽车都命名为“梅赛德斯-奔驰”（Mercedes-Benz）。戈特利伯·戴姆勒和卡尔·奔驰同处一个时代，又都从事着相同的事业，遗憾的是他们终生都没有见过面，但这并没有影响他们俩合作创造人类工业发展历史上一个不朽的传奇，人们把他们两人并称为“世界汽车的鼻祖”。

梅赛德斯-奔驰汽车在质量和技术及舒适度等许多方面一直都是汽车行业的典范。

1934 年，梅赛德斯-奔驰汽车公司制造了世界第一辆防弹汽车 770K。车身用 4 毫米厚的钢板制成，挡风玻璃有 50 毫米厚，轮胎是钢丝网状防弹车胎，后排座垫靠背装有防弹钢板，地板也被加厚到 4.5 毫米。配有一台排量为 7 655 毫升的 V8 发动机，可产生 135 马力的功率，此车生产了 17 辆，大部分毁于第二次世界大战期间，留存于世的仅有 3 辆。

1936 年，梅赛德斯-奔驰汽车公司在柏林车展上首次推出了世界上第一款使用柴油发动机的轿车 206D；同年梅赛德斯-奔驰汽车公司还推出了第二次世界大战前外形尺寸最大的汽车 170V。

1939 年，是梅赛德斯-奔驰发展史上最重要的一年。这一年里，梅赛德斯-奔驰汽车公司开发了第一辆实验汽车，这款车具有侧向保护装置，采用刚性地板和三段式转向柱。

1951 年，梅赛德斯-奔驰公司提出生产 SL 赛车系列，并首推了 SL300。1954 年，公路版的 SL300 在纽约首次亮相，这就是 SLR。这款车的设计运用了尖端的空气动力学技术，使其外观线条极为流畅、安全，尾部装配了专用的 6 通道扩压器，欧翼式车门的设计显示了高超的动感，内饰为浅红色真皮座椅，精致而时尚，车速可达 360 千米/小时，强劲有力的加速感使人痴迷。这款车不愧为奔驰生产的一款超凡脱俗的顶级轿车。

1972 年，梅赛德斯-奔驰开发了一款全新的豪华车 280SE，之后该款车被命名为“S-Class”，也就是最早的“S”系列车。

今天的梅赛德斯-奔驰汽车，拥有百余种车型，年产量达 100 万辆。从 S 级到 E 级、C 级、SL、SLK、CLK 或者 M 级，都无疑代表了梅赛德斯-奔驰汽车的卓越品质。

梅赛德斯-奔驰在 100 多年中创造了无数个发明创造的世界第一。第一辆增压汽车，第一款柴油发动机轿车，第一台 4 冲程燃油喷射发动机，第一台 5 缸发动机，第一辆涡轮增压式柴油发动机轿车，第一辆 4 汽缸柴油发动机轿车，第一款装备多连杆独立后悬架的汽车，第一台共轨喷射系统柴油发动机等。这些辉煌的发明创造都记载了梅赛德斯-奔驰汽车引领豪华汽车发展的历史轨迹。

梅赛德斯-奔驰致力于安全技术的研究已有 70 多年的历史。梅赛德斯-奔驰锐意进取的技术创新精神最明显的体现是在主动和被动安全领域。安全车身、安全转向系统、安全气囊和防抱死制动系统（ABS）等技术挽救了无数人的生命。ABS、安全气囊、ESP 和 ABC 均由梅赛德斯-奔驰首先研制。在 2005 年，梅赛德斯-奔驰再次推出了夜视辅助系统，并将之应用到全新 S 级轿车身上。夜视辅助系统可以让驾驶者在夜间也能够通过红外感应装置清楚了解路况信息，大幅度提升了车辆夜间行驶的安全系数。

环境保护一直是梅赛德斯-奔驰研发的重点之一。30 年来，公司一直致力于研究替代的驱动系统，同时不断致力于提高燃油经济性，降低传统火花塞点火式发动机和柴油发动机的排放。

梅赛德斯-奔驰汽车，凭借其非凡的技术和质量吸引了无数迷恋汽车的人的眼球，成为汽车行业中首屈一指的强者和霸主。

三、经典作品

旗舰轿车——S 级

在梅赛德斯-奔驰系列车型中，有一款最为耀眼的车型，奔驰的首创技术都在它身上完美应用，这就是梅赛德斯-奔驰的旗舰轿车——S 级。它出众的豪华舒适性、卓越的安全特性、开创性的高新技术，无一不让人们眼前一亮。

1972—1980 年，底盘编号为 W116 的梅赛德斯-奔驰轿车被正式冠以 S 级的名号，这不仅正式开启了 S 级轿车的传奇历史，更标志着一个不朽经典象征的诞生。从那一刻起，梅赛德斯-奔驰 S 级轿车即被视为世界上豪华、精湛轿车的典范，然而传奇的开始却要来得更加久远。

1951 年，戴姆勒-奔驰（梅赛德斯-奔驰公司的前身）在第一届法兰克福车展上隆重推出了包括 220 和 300 在内的两款产品，这代表着 S 级辉煌时代的开始。当时的 220 是在 170S 的基础上研发的，搭载了排量 2. 2 升的全新 6 缸发动机，最大输出功率达到 80 马力。1951—1954 年，奔驰 S 级轿车第一代 200 共生产了 16 154 台。1954—1959 年，奔驰 S 级轿车第二代 220 共生产了 111 035 台。1959—1971 年，奔驰 S 级轿车第三代用了底盘 W111、W112 和 220b、220sb、220seb 三款以及 300。1968 年 3 月，顶级车型300 SEL 6.3开始上市。300 SEL 6.3 装配了 600 车型的 V8 发动机和自动变速器，从而达到了最优秀的跑车所应具备的强劲动力。

1955 年，奔驰公司启动了一个新型豪华车项目，该项目不设预算限制，力求打造一款创造汽车美学和工程学典范的豪华车型，这就是被誉为“世界上最美的汽车”的奔驰 600。1963 年 9 月在法兰克福车展上，代号 W100 的奔驰 600 正式亮相，该车装备了一款代号为 M100 的 6.3 升燃油喷射 V8 发动机，一台 4 速自动变速箱，最大功率 250 马力，0~100 千米/小时加速时间为 9.7 秒，最高时速 205 千米/小时。奔驰 600 从 1963—1981 年长达 18 年，但没有实现量产。奔驰 600 和奔驰 S 级并没有太多直接的关系，但却为奔驰今后 S 级豪华车基础上顶级车型的发展开启了新的篇章。

图 6.77 1947 年的奔驰 S 第一代 170、W187 系列

图 6.78 1954 年的奔驰 S 第二代 220、W180/128 系列

图 6.79 1959 年奔驰 S 第三代 230、W111/112 系列

图 6.80 1961 年的奔驰 S 300 SE

1965—1972 年，奔驰 S 级轿车经历第四代 W108/109 系列，有 250 S、250 SE、250 SEL。第四代奔驰 S 级简洁的线条再次回归到奔驰的经典设计，使整车内敛而优雅的外观至今依然散发魅力，但长相很像奔驰 600。S 代表化油器发动机，E 代表燃油喷射发动机，L 代表长轴。奔驰 250 S 和 250 SE 搭载 2.5 升直列六缸发动机。1966 年 3 月，奔驰 300 SEL 成为该系列的新成员。奔驰 300 SEL 搭载排量为 3.0 升的直列六缸发动机，最大功率 170 马力。

图 6.81 1969 年的奔驰 600

1972—1980 年，奔驰进入了第五代 W116 系列。1972 年，奔驰迎来了 S 级发展史上的一个里程碑，梅赛德斯-奔驰史上最重要的车型——代号 W116 的第五代奔驰 S 级正式上市。这代车型首次被官方正式命名为“梅赛德斯-奔驰 S 级轿车”。第五代奔驰 S 级最初推出了 280 S、280 SE 和 350 SE 三款车型。1975 年 5 月，奔驰发布了第五代 S 级的顶级车型——450 SEL 6.9，它也成为奔驰 300 SEL 6.3 的真正继任者。它搭载 6.9 升 V8 发动机，最大功率 286 马力。该车一经亮相便备受追捧，人们往往要等上 18 个月才能开上这款产自德国动力最为强劲的豪华轿车。在四年半的生产期内，奔驰共生产了 7 380 辆 450 SEL 6.9 车型。

图 6.82　奔驰 S 第四代 1969 年的 300 SEL

图 6.83　奔驰 S 第五代 1975 年的 450 SEL 6.9

1978 年秋，第五代奔驰 S 级推出了极具突破性意义的创新技术——防抱死制动系统（ABS），从而有效避免车辆在紧急刹车时方向失控与车轮侧滑现象的发生，大幅提升了车辆安全性能。ABS 系统是奔驰与博世携手研发的技术结晶，为汽车制动安全作出了卓越贡献。1972—1980 年，第五代奔驰 S 级 8 年的生产周期内共生产了 473 035 辆。

图 6.84　1979 年法兰克福车展上的奔驰 S 第六代 380 SE

1979—1991 年，开始进入第六代奔驰 S 级轿车生产阶段。1979 年 9 月，奔驰在法兰克福车展上发布了代号 W126 的第六代 S 级轿车。该系列最初由 280 SE、380 SE 和 500 SEL 等 7 个车型组成，这一代 S 级的车身尺寸也有所增加，以 SE 系列车型为例，其车身尺寸为长 5 020 毫米，宽 1 820 毫米，高 1 437 毫米，轴距 2 935 毫米。长轴距车型的轴距增加了 140 毫米，使后排腿部空间及后门入口宽度得到明显改善。第六代奔驰 S 级的推出定义了当时豪华轿车的新标准。搭载四款发动机的车型供消费者选择，其中 280 S 和 280 SE 采用 2.8 升直列六缸发动机，搭载 3.0 升涡轮增压柴油发动机的 300 SD 仍然仅供北美市场。值得一提的是，排量为 3.8 升和 5.0 升的 V8 发动机出现在这一代 S 级车型中，其中 5.0 升 V8 发动机最大功率 241 马力/4 750 转，最大扭矩 404 牛米/3 200 转，搭配 4 速自动变速箱，最高时速为 225 千米/小时。

1991 年 3 月日内瓦车展，梅赛德斯-奔驰推出了底盘编号为 W140 的 S 级轿车，

6.0L V12 发动机采用了全新的设计，它不仅是梅赛德斯-奔驰为轿车批量生产的第一款 12 缸发动机，而且是最强劲的梅赛德斯-奔驰轿车发动机，额定功率为 407 马力。1979—1991 年，在整整 12 年的生产期内，梅赛德斯-奔驰共生产了 818 036 辆第六代 S 级系列车型，这使得第六代 S 级成为梅赛德斯-奔驰历史上最成功的豪华轿车之一。

1991—1998 年，是第七代奔驰 S 级 W140 系列的时代，这一代 S 级轿车的整体设计目标是要实现高度的空气动力学效果。全新设计的 6.0 升 V12 发动机（M120）是梅赛德斯-奔驰为其轿车批量生产的第一款 12 缸发动机，其采用每缸 4 气门技术、可变进气凸轮轴和带热式空气流量传感器的电子喷射系统，这也成为当时动力最强劲的乘用车发动机之一。7 年的生产周期内，第七代奔驰 S 级共生产了 406 532 台。

图 6.85　1991 年日内瓦车展的 W140 的奔驰 S 第七代轿车

1998—2005 年，进入第八代奔驰 S 级 W220 系列。1998 年 9 月的巴黎车展上，梅赛德斯-奔驰发布了代号 W220 的第八代奔驰 S 级轿车，时隔七年半之后，再次延续了 W140 系列车型的辉煌。第八代 S 级 Pullman 配备了 306 马力的 5.0 升 V8 缸发动机和 500 马力的 5.5 升双涡轮增压 V12 发动机，共生产了 484 683 辆。

2005—2013 年，第九代奔驰 S 级 W221 系列于 2005 年在法兰克福车展正式与公众见面，其整体设计尤其是车尾造型与迈巴赫极为相近。驾驶舒适性和操控性都达到了前所未有的水平，自动控制巡航系统和 PRE-SAFE 预防性乘客安全系统的组合，使第九代奔驰 S 级的安全性达到一个新的高度。第九代 S 级共生产了 537 519 辆。

图 6.86　奔驰 S 第八代轿车

图 6.87　奔驰 S 第九代轿车

2013 年至今第十代奔驰 S 级 W222 系列。2013 年 5 月 15 日，第十代奔驰 S 级在德国汉堡举行了首发仪式，根据车型的不同，第十代奔驰 S 级在德国市场的售价为

图 6.88　奔驰 S 第十代轿车

79 789. 5 欧元（约合人民币 63 万元）至 107 635. 5 欧元（约合人民币 85 万元）。第十代奔驰 S 级先期提供四种动力配置，奔驰 S400 HYBRID 搭载 3. 5 升 V6 汽油发动机的混合动力系统，其中 3. 5 升 V6 发动机提供最大动率 306 马力，而电动机可产生 27 马力的动力。最受关注的则要属新奔驰 S500，其搭载排量为 4. 7 升的 V8 双涡轮增压发动机，最大功率 455 马力/5 500 转，最大扭矩 700 牛米/1 800～3 500 转。与发动机匹配的是 7 速 Tronic 自动变速箱，其 0～100 千米/小时加速时间为 4. 8 秒，电子限速下最高时速为 250 千米/小时，解除限速后可达 307 千米/小时。此外，奔驰还宣布将在 2014 年推出 S500 插电式混合动力车型，而这款新车的每百千米综合油耗将降至 4 升以下。

四、品牌评价

梅赛德斯-奔驰是世界汽车的创始者，这个传奇的品牌在 100 多年的历史发展长河中，一直引领着汽车产业不断地向前跨越。

对于热衷奢华享受和驾驭快感的人而言，奔驰是尊贵的典范，是实现车主梦想的天堂。它的每一辆车都各具特色，每一个细节都经过精密的设计，每一个零部件都达到了顶峰的水平。梅赛德斯-奔驰交给顾客的是“精美、可靠、耐用和个性化”，让每个顾客看到了充满激情的主张和充满灵感的创新，让每个顾客都体会到了“上帝”的感觉。

从 DMG 公司向其客户埃米尔·耶利内克献上了世界上第一辆以梅赛德斯命名的品牌轿车开始，梅赛德斯-奔驰轿车就在质量、技术、豪华诸方面成为汽车工业的楷模。

如今，梅赛德斯是世界上最成功的高档汽车品牌之一，也是世界最具创新性的汽车品牌的同义词，更是当今世界知名度和附加值最高的品牌之一。在全球有 640 万客户拥有大约 950 万辆梅赛德斯-奔驰轿车。

2001 年，在全球豪华汽车品牌竞争中，梅赛德斯-奔驰依然占据领导品牌地位，共售出 111. 3 万辆，2013 年售出 146. 2 万辆，曾实现过连续 6 年打破销售纪录。到目前为止，梅赛德斯三叉星徽成为世界最知名的品牌之一。奔驰汽车公司除以高质量、高性能豪华汽车闻名外，也是世界上最环保的汽车。

五、戴姆勒-奔驰与名人

戴姆勒公司和奔驰公司的合并是人类工业史上一个不朽的传奇。这一品牌得到了众多国家政要的恩宠。诞生于 1951 年的梅赛德斯-奔驰 300，是第二次世界大战后德国首任总理康拉德·阿登纳最钟爱的车型，人们将该车型命名为“阿登纳”，意为财富和地位的象征。约翰·肯尼迪总统对梅赛德斯-奔驰高级轿车喜爱有加，英国女皇伊丽莎白二世把梅赛德斯-奔驰高级轿车作为重要盛典的礼仪之车，教皇约翰·保罗二世对梅赛德斯-奔驰高级轿车也是倍加青睐。德国前总理科尔、巴基斯坦前总理谢里夫、俄国前总理叶利钦等政要人物也是梅赛德斯-奔驰轿车的追捧者。

第九节　宝马（BMW）
——蓝天白云螺旋桨

创 始 人： 吉斯坦·奥托（August Otto）

创始时间： 1916 年

创始地点： 德国慕尼黑

一、品牌标识

宝马汽车的标识采用了内外双圆圈的图形，中间是蓝白相间图案。该图案代表蓝天、白云和飞机上旋转不停的螺旋桨，象征该公司是由飞机制造发展而来的在发动机技术方面的领先地位，又象征公司在汽车制造领域一如既往地以尖端的技术、动感时尚的外观设计、不断创新的理念而为人类服务的精神。蓝白相间的图案同时也是公司所在地巴伐利亚州的州徽，用来强调宝马来自巴伐利亚州的纯正血统。

在双圈圆环的上方，标有“BMW”字样，这三个字母是“Bayerische Motoren Werke”（巴伐尼亚汽车制造厂）的缩写。

图 6.89　宝马品牌标识

二、品牌历史

宝马成立于 1916 年 3 月，公司始创人是吉斯坦·奥托。它的全称是“巴伐尼亚汽车制造厂”，即 BMW，英文是人们熟识的“Bavarian Motor Works”。该工厂的前身是“巴伐利亚飞机制造厂”，最初以制造流线型的双翼侦察机而闻名于世。

1917 年 7 月，吉斯坦·奥托退休，积及·莎柏奴和甘美路·卡斯丁哥尼加入宝马公司，对宝马公司的发展起着举足轻重的作用。1918 年 11 月，第一次世界大战结束，德国成为战败国，宝马公司开始进行重组。并把“巴伐利亚飞机制造厂”改名为“巴伐尼亚汽车制造厂”，简称为 BMW。

1925 年，宝马开始研制汽车。1928 年，宝马同艾逊力汽车公司合并，开始进入四轮车的生产领域。

1929年，宝马推出首辆汽车，命名为315，这是由年初生产的Dixi 315改进而来的。1932年3月，厂方从315改良而成的320诞生了，它配备一台782ml发动机，新车开始有自己的个性和方向，功率由14马力增至20马力。

1933年，在德国的柏林车展上，BMW展示了最新的303型新车，这是从320演变过来，配用一台并列6气缸、双化油器，气缸容积1 173毫升，功率为29马力的高性能双门四座位轿车，车头盖占了车身的一半，两边通风隔设计相同，以中线分开，车厢空间充足和舒适。

1936年，宝马推出的328型车对跑车界的影响是巨大的，它改进了315-1型跑车的设计，装配具有高性能铝制汽缸头的宝马2公升发动机，可以选装比赛专用变速箱和快拆式车轮，328型车的最高时速接近150千米，轻型的管状底盘使悬挂系统相对更柔软，但是操作极为舒适。

1939年，宝马推出325型跑车。短短的四年时间，宝马共获得120项发明奖项。不幸的是，当时第二次世界大战正在欧洲如火如荼地进行。宝马在慕尼黑的工厂毁于一旦。

1945年，第二次世界大战结束，经历了战争重创的宝马在7年之后才再次投入生产。

1952年，宝马公司推出四门流线型的宝马502，赢得了“巴伐利亚天使”的美誉。

1955年9月，在德国法兰克福举行的国际汽车博览会上，宝马展出了一辆蓝色的双座敞篷车，成为展会上的一道风景线。这款车的售价高达26 500马克。对于当时月收入不到350马克的德国人来说，无疑是个天价。这款车被《法兰克福晚报》称之为“梦中奇想”。

1962年，宝马推出BMW1500中等尺寸的汽车。1966年，紧凑型的双门车1600-2问世。1968年，推出大型的2500和2800，其中2800CS成为欧洲汽车设计的最高成就。

从宝马的第一辆跑车问世以来，已经有3系、5系、7系、X3、X5、Z4、M系等众多的高档车。这些车都实现了30万千米无故障。

宝马早已成为身份的象征、品质的象征，它带给人们无限的愉悦和享受，无疑是汽车行业内一颗闪耀的明星。

三、经典作品

（一）宝马M5

字母“M”在汽车世界里代表着强劲、时尚、智慧和极度的优雅，是专为兼顾激情及品位的勇敢者缔造的M系列座驾。20世纪70年代开始，宝马针对少数别具品味的汽车鉴赏专业人士的独特需求，开发了一系列M型车。与时下追求华丽炫目的潮流相悖，宝马在开发M型车时，一直遵循着将强劲动力与上佳性能隐藏在沉稳内敛外观下的哲学，宝马M5的设计概念自然也不例外。从1985年至今，作为5系列的高性能版轿车，宝马M5凭借其出色的性能和豪华的配置，已经在世界豪华跑车行列中占有了一席之地。由于 M5 从一开始设计即着眼于非凡的动力性能和在路面上的操控性能，宝马 M5 几乎成为速度、力量、动感、豪华的代名词。经过四代的发展，全球已有超过 3.5 万用户享受到了 M5 带来的激情与刺激。翻开宝马 M5 的历史我们可以发现，其实早在 1979 年和 1984 年，宝马公司曾经生产过两款基于 5 系列 E12 和 E28 而研发的宝马 M535i 轿车，两种车型均搭载了六缸 218 马力发动机，极速可达 230 千米/小时，可以说 M535i 就是宝马 M5 的鼻祖，但宝马公司并没有把它们命名为 M5，直到 1985 年第一辆 M5 的投产，才宣告 M5 系的时代开始。

图 6.90　宝马 M5

图 6.91　宝马 M5

（二）宝马 8 系

1989 年，宝马公司在法兰克福车展上第一次展出了宝马 8 系 2+2 跑车，车身编号为 E31。尽管人们都知道 8 系的推出是为了接替 6 系的衣钵，但作为宝马旗舰级跑车的 8 系在市场定位方面和 6 系却有所不同，其主要目标是当时超级豪华跑车。事实上，8 系的研发可以追溯到 1984 年，在其研发的短短 5 年时间里，宝马公司总共花费了 10 亿德国马克。由于率先使用了 CAD 软件及风洞试验来参与设计，使得 8 系的风阻系数仅为 0.29，大大低于以性能著称的 635CSi 的 0.39。最初发布的 850i 搭载了当时宝马 750iL 的 5.0 升 300 马力 V12 缸发动机，配合 6 速手动变速器或 4 速自动变速器，使其最高速度可以达到 250 千米/小时。由于首次使用了 EDC、ASC+T、DSC、车辆信息显示、变速箱保护装置、侧气囊等诸多豪华装置，使得 850i 在售价方面甚至比宝马的顶级产品 750iL 还要高。

图 6.92　宝马 8 系

（三）宝马 X6

从 2007 年法兰克福车展上的首次现身，到 2008 年年底特律车展上的量产车首发，再到北京车展的国内亮相，X6 无疑是目前宝马产品序列中曝光度最高的车型。宝马将 X6 定义为 SAC（Sport Activity Coupe），也就是全能轿跑车。和定位于侧重公路行驶性

图 6.93　宝马 X6

能的 X5 相比，X6 在公路性能上进化的更为彻底，在外形设计和动力操控上将跑车的运动能力和 SUV 的多功能相融合。动力：宝马 X6 搭载 3.0T、4.4T 及 4.8T 发动机，动力充沛，起步和加速都没有延时的情况，可以说宝马 X6 在动力上表现非常出色。安全性：整车配备了 6 个安全气囊与防倾翻传感器系统；从安全设施上来说，宝马 X6 做得比较全面，整体安全性能表现良好。

四、品牌评价

宝马品牌的经营思路是为所有热爱个性化顶级轿车的人带来无尽的乐趣，更要成为那些追求品质生活的人士的宣言。今天的宝马主要聚焦于高档细分市场。

BMW 品牌代表着运动特性和卓越性能以及含蓄的表达方式，其美学形式和实际功能的统一融合于整体并贯穿于所有细节中。而且，BMW 品牌富于强大的感情色彩。毕竟，汽车最重要的不仅是技术，还有驾驶乐趣。豪华不打折扣，这是宝马汽车给人的整体印象。稳健舒适、运动灵敏与安全无忧的完美结合永远是它的终极目标。雅致与时尚的和谐统一所焕发出的动人气息渗透每一环节，在不失非凡格调的同时透着亲切自然与大胆的诱惑。

宝马是以尖端科技和精湛的动感设计著称。它打破了传统的审美品味，把跑车与轿车的优点结合在一起。让跑车变得古典，让轿车变得狂野。宝马的汽车总是把这两者表现得淋漓尽致。宝马车跑起来一方面让人感觉热血沸腾，强劲奔放，像一只发狂的魔鬼。另一方面又让人感觉到稳重典雅，绅士气十足，像一个修炼成道的神仙。正是这种动感强劲又尽显豪华典雅的宝马，深受年轻新贵富贾的追捧。

五、宝马与名人

宝马代表着一种生活，它是那些追求个性的车主的宠儿，俊男靓女和宝马跑车的组合是最完美的搭配，只有这种互相映衬，才能最好地诠释出宝马跑车的风采。

小巨人姚明最青睐的就是宝马。为了满足小巨人的个体化需求，宝马公司还特地对自己的产品进行了大规模改造，最终才有了那辆挂着著名的“YY-11”车牌、价值 12 万美元的蓝色宝马 745Li。

第十节　奥迪（Audi）
——“高雅不过霍希”

创　始　人： 奥古斯特·霍希（August Horch）
创始时间： 1899 年
创始地点： 德国茨维考

一、品牌标识

图 6.94　奥迪品牌标识

奥迪轿车的标志是由四个圆环和“Audi”字样两部分构成。其中，四个圆环代表着合并前的四家公司：奥迪、霍希、漫游者以及小奇迹汽车公司。这四家公司曾经是自行车、摩托车和小客车的生产厂家，合并后的公司改名为汽车联盟股份公司。四个圆环大小相同，环环相扣，代表着四家公司地位平等，紧密团结，联盟牢不可破，标志中的“Audi”是修改后的公司名字。

二、品牌历史

奥迪曾是德国汽车技术的先驱者，顶级豪华车市场领导者，顶尖国际汽车赛事的统治者，它遭遇过战争带来的灭顶之灾，历经磨难而百折不挠，创造了今天的辉煌，成为全球汽车市场上一个顶尖的高档豪华品牌。

1899 年 11 月 14 日，奥古斯特·霍希在德国莱茵河畔的科隆组建了属于自己的公司——奥古斯特·霍希公司。

图 6.95　“听吧”

1901 年，霍希开始生产自己的汽车。霍希公司相继推出了装备二缸和四缸发动机的新车，霍希本人发明了整铸缸体，并多次亲自参加比赛，取得不俗战绩。

1909 年 6 月，由于发动机试验的失败，导致了霍希和其他投资人的争吵，于是他离开了以他名字命名的公司，另立门户，成立了一家新的霍希公司。然而，新公司在一场随之而来的名称侵权官司中败给了霍希公司，于是，新公司的名称成了令人挠头的问题。正当霍希与合伙人菲肯彻尔为此绞尽脑汁之际，菲肯彻尔的小儿子正在一旁做拉丁文作业，他念出的“Audi”一词令众人茅塞顿开。“Horch”在德文是“听”的命令式“听吧！”的意思，而“听”的拉丁文则念作“Audi”（奥迪）。这个名字使新生的奥迪公司与霍希公司既有区别，又有联系。于是，1909 年 4 月 25 日，新的奥迪公司诞生了。

1909 年 7 月，第一辆以“奥迪”命名的汽车诞生。1912—1914 年，奥迪汽车在国际奥地利阿尔卑斯汽车拉力赛中连连夺冠，证明了该品牌的卓越性能。之后，奥迪首创了汽车方向盘左置技术，并将排档杆移至汽车中部，使得驾驶更为方便。

1923 年，第一辆六缸奥迪汽车问世。1926 年，推出的“霍希 8”是 20 世纪二三十年代全德国汽车工业品质的代表。

1931 年秋天，霍希—韦尔克公司在巴黎汽车展上展示了其最新的产品——外形被漆成耀眼的黄色、带有棕色软顶棚、用绿色皮革作内饰、配有 12 缸发动机的运动敞篷跑车。1932 年 6 月 29 日，为了摆脱当时严峻的经济困境，奥迪、霍希、漫游者和小奇迹合并为汽车联盟股份公司，新公司使用了 4 环标志。在 1933 年的德国汽车展上，汽车联盟股份公司展出了奥迪前轮驱动的中型轿车，这是世界上第一款全尺寸的前驱轿车。由于解决了一系列的技术、制造难题而引起了轰动。奥迪也很快成为德国第二大汽车公司。

1935 年，首次亮相的、配置 8 缸内嵌式发动机的 853 型运动敞篷车，被很多人认为是有史以来最漂亮的 Horch 汽车。在豪华车领域，Horch 就这样轻易地占据了领导地位。1937 年，在 4 升以上级别的豪华汽车市场上，Horch 汽车占有 50% 的市场份额。在顶级和豪华车方面，汽车联盟推出了包括“霍希 830”、“霍希 850”、“霍希 920”。其中最著名的还是 853 型，无论是轿车还是敞篷车，都气派非凡，具备经典豪华的一切要素。在汽车工业高度发达的今天，“高雅不过霍希”依然是人们公认的汽车外形设计标准之一。

图 6.96　1935 年的霍希 853

在经历了“金色 30 年代”后，由于 1939 年第二次世界大战爆发，汽车联盟停止了正常的生产。

1949 年，新汽车联盟股份有限公司在慕尼黑附近的英戈尔斯塔特成立。

1955 年，新汽车联盟开发出了 20 世纪 50 年代德国市场上最受欢迎的轿车 P94。1958 年 4 月 24 日，戴姆勒-奔驰公司仅以 4 100 万马克的价格收购了汽车联盟 88% 的股份。一年以后，1959 年，新汽车联盟剩下的股份也出售给了戴姆勒-奔驰公司。1964

年，新汽车联盟面临严峻的财政危机，以2.97亿德国马克被转售给了大众汽车公司。之后经历了20世纪60年代的萧条、20世纪70年代的石油危机和经济衰退，到了20世纪80年代得到了较好的发展，1980年，随着奥迪独家技术——永久四驱系统的应用，第一批量产全时四驱车引起了轰动。随后，奥迪通过参加赛车活动，考验Quattro永久四驱系统的各项性能。1983年，Hannu Mikkola驾驶一辆奥迪四驱汽车成为世界汽车拉力赛的冠军；1984年，奥迪囊括世界汽车制造商和驾驶员锦标赛冠军。1985年，奥迪公司的总投资达到10亿德国马克——公司有史以来总数最多的投资，主要用于改善生产设备和新技术研发。1988年，奥迪第一辆3.5升V8发动机和四气阀豪华型轿车——V8型轿车首次亮相，标志着奥迪开始重返顶级豪华轿车市场。

1991年，奥迪在国内市场的销售额突破148亿德国马克。1993年，奥迪和大众分开进行品牌运作，重新获得独立的市场推广和品牌经营权。这年东京汽车展上，奥迪推出了第一辆采用全铝车身框架结构的汽车，宣布了一个全新汽车时代的开始。

1994年，世界唯一的ASF全铝车身豪华轿车——奥迪A8问世，并成为一系列国际大奖的头奖得主。奥迪A8是奥迪的旗舰产品。显著的特性就是它的运动性和豪华性。它可以根据车主的不同需要选择“舒适”或“运动”模式，让车主在速度和尊贵之间遨游。

图6.97 1994年的奥迪A8

同年奥迪A4、奥迪A6都相继投放市场，取得了巨大的成功。仅1995年，奥迪A4在德国就销售出12万辆的佳绩。1995年奥迪还推出TT跑车，该车型成功地将独特设计与现代时尚特征和成熟的技术结合在一起。

图6.98 奥迪1995年的TT跑车

在德国权威杂志《汽车与运动》举办的“2005最佳房车”评选中，奥迪A3、A4、A6、A8首次同时在4个级别的车评中摘得桂冠。同时这四款奥迪车在一系列的国际评比中获得头奖。

1995年秋天，奥迪亮出了另一张王牌——TT跑车。1998年，奥迪还成功地收购了意大利著名的跑车制造公司兰博基尼和英国赛车发动机公司科斯沃斯。当奥迪公司于 1999 年迎来百岁大寿时，同时也“赢”来了历史上销量和利润的最高纪录。

历经百年的磨难沧桑，奥迪公司依然在履行着公司创始人霍希“无论在什么情况下都只制造高档豪华轿车”的理念。奥迪凭借卓越的技术、顶级豪华的配置与精益求精的工艺，成为汽车工业发展的排头兵。

三、经典作品

（一）霍希 853

霍希从 1927 年开始制造霍希 8 运动型活顶轿车。霍希 8 运动型活顶轿车最初是双门双座活顶轿车，仅有两个侧窗，后部有两个备用的折叠座椅。后来，随着车身变得越来越宽敞，特别是在后部，霍希 8 运动型活顶轿车能够乘坐 5 人。1932 年，霍希推出了 780 型，也就是 1935 年霍希 853 的前身。霍希 853 是当时最为精湛的轿车之一，并树立了汽车设计的新标准。

图 6.99　霍希 853

（二）奥迪 R8

奥迪 R8（Audi R8）自亮相以来就引来了诸多关注，超前的外观设计，新颖独特，LCD 的尾灯和转向灯为 R8 增添了独特的韵味，碳纤维材料的内饰贴面使整车开起来更具时代气息，高档真皮座椅、车载电话、车载导航系统、高品质的音响系统都可以在 R8 上看到。R8 作为奥迪新推出的一款超级跑车，不仅具备了高档的配置，也具备了极高的性能。令人过目不忘的车身外观更是吸引了诸多年轻的消费者。

奥迪 R8 是 5 届勒芒耐力赛的冠军车型。以奥迪勒芒 Quattro 概念车为原型的量产车型，这也是奥迪旗下的首款中置发动机车型。发动机的位置决定了它特有的车身比例，奥迪公司的前身——汽车联盟股份公司专为赛车而设计的 Type C 系列车型就是中置发动机车型。从当年的四环银箭到现在的 R8 赛车，以及我们眼前的民用版 R8 超跑，其贯穿了整个奥迪的发展里程，也是这次我们的主角——奥迪 R8。只需轻轻一瞥，奥迪 R8 超级跑车的非凡特性就一目了然。它的车身宽广伟岸，紧贴路面，雄浑醒目的车身尾部犹如强悍的肌肉，如同一名随时蓄势待发的运动健将。

在奥迪 R8 的身上，高科技的体现可谓无处不在，宝马开创的天使眼以及灯眉时代已经过去，奥迪给我们带来了全新 LED 下眼袋时代，前部的流线型造型以及尾部的方形设计都蕴含着奥迪的最新设计理念。梯形奥迪单幅格栅是整个车身前部最醒目的部分，加大尺寸的进气口从左右两侧将其围住。奥迪的四环标志有史以来首次出现在进气格栅上方的汽车发动机罩上。创新的 LED 前大灯线条简洁明快，覆盖着透明的玻璃灯罩，为进气口顶部增添了奔腾的活力。

转入侧面，奥迪 R8 修长的车身也比同品牌的 TT 要长很多，黑色碳纤维的面板成为了侧部构图的唯一点缀，在车门后方，轮拱和车顶之间，配有宽大的叶面侧空气进气口，为 V8 发动机的进气及冷却提供足够的风量。侧边风叶的漆面效果与车身的颜色配合得天衣无缝。虽然我们说了奥迪 R8 不少的优点，但还是要不得不承认，侧部的整体设计并没有前部与后部来的那样犀利，还是无法让我们摆脱掉 TT 所带来的影响，如果非要说出它的缺点，那也许只有侧部是它的劣势了。

图 6.100　奥迪 R8

四、品牌评价

奥迪是德国历史最悠久的汽车制造商之一。它遵循“以人为本”的设计理念，始终坚持“以领先技术，开拓高档豪华车市场”的宗旨。奥迪注重细节，从内饰到工艺，从整车设计到车内空间，都要求做到保证和提高客户的高品质生活和尊贵享受。

奥迪 TT、R8、A4 等车型，凭借着超凡的技术和豪华的配置，不断改变着顶级豪华汽车的标准。奥迪在其百年的历史沉浮中，历练了自己的品质，沉淀出独特的品牌文化，具有永不止步的进取精神。

奥迪以“沉稳、大气、豪气、尊贵”的风格给世人留下深刻的印象。奥迪车的做工精细，操控性能强，外观造型完美庄重，备受年轻精英才俊的青睐。

奥迪车是最早进入中国的外国车，是中国消费者广泛喜爱的一个品牌，也是大多数中国爱车人心中的一个梦想。

五、奥迪与名人

奥迪公司从诞生那天起，就追求产品的高品质、高档次。它生产的 D 型车被指定为萨克森国王和政府用车，公司的日产量到第一次世界大战爆发前已赶上了同宗兄弟兼竞争对手的霍希公司。

1923 年，奥迪公司为瑞典王室制造的打猎专用车配备了精致的洗手池，车座用大象皮缝制，可谓豪华至极。

意大利前总理贝卢斯科尼、西班牙国王胡安·卡洛斯的座驾都是安全性极高的防弹豪华车奥迪 A8 系列。

艺术界的世界著名男高音歌唱家帕瓦罗蒂对奥迪车也是追捧有加。还有美国著名影星汤姆·克鲁斯对奥迪车也是情有独钟。

在足球界，奥迪车一直是国际顶级足球俱乐部的指定用车。如西班牙的皇家马德里足球俱乐部、英国曼联足球俱乐部、德国拜仁慕尼黑足球俱乐部等。

奥迪车在 2008 年北京奥运会被指定为高级专用车，在奥运会期间，稳健、高雅、庄重、豪华的奥迪车穿梭于各个奥运场馆之间成为一大亮点，吸引了世界的目光。

第七章

世界豪华公务机品牌历史

公务机是在行政事务和商务活动中的交通工具，也称行政机或商务飞机。公务机一般为9吨以下的小型飞机，可乘4～10人。在狭义的概念中，公务机就是私人飞机，例如，总统、国王、皇室成员专用的要人专机就是私人飞机。在广义的概念中，公务机包含了私人飞机，同时也包括租赁来的公务用机。在国外，许多公务机是私人拥有，然而国内相当多的公务机都属于公务机租赁公司，当用户需要的时候可以向租赁公司租用。世界大跨国集团一般会拥有由数架公务机组成的机队，并配备飞行和地勤人员。公务机中也有许多如“湾流”、“奖状”、“挑战者”等机型的喷气式飞机。这些飞机的飞行速度与大型机相比毫不逊色，巡航高度12 000米没问题，最大航程有的可达到12 000千米。大多数国外公司都使用现代的、多台涡轮风扇发动机或涡轮螺桨发动机的公务机，或者安全性能高的直升机。本书着重从广义上讲述公务机。

目前，世界公务机市场已经很发达，尤其在北美地区，其次是欧洲地区。而公务机在我国的发展只是近几年的事情，由于我国目前的空中管制，公务机的发展还是有很大束缚的。亚洲公务航空协会主席廖学锋认为，有四大原因左右目前中国公务机市场的发展。第一，由于目前空中管制相当严格，对需要空域更加开放的公务机而言，面临一定压力。第二，基础设施建设明显不足。目前中国机场仅有160多家，且多半是运营大型民机的大机场，真正可以用于公务机运营的小型机场欠缺。在美国，其机场数目不仅多至20 000多个，有不少是公务机可以操作的小型机场。第三，使用公务机成本过高。由于多数机场为大型飞机设置，因此起降费、维护保养、航油、航材等管理成本相对较高。第四，较高的进口关税制约了更多公务机的引进。如购买一架公务机需要支付4%的进口关税和17%的增值税，而大型商用飞机只需支付1%的进口关税和5%的增值税。

虽然我国的公务机市场目前远远落后于美欧地区，但是毫无疑问，公务机的时代还是会很快到来的。2005年，在上海举办的亚洲公务机会展（ABACE）是由美国国家公务机协会（NBAA）首次在亚洲举行的专业公务机会展。全球各大公务机制造商带来了11架顶级豪华公务机参加会展，说明了各大顶级公务机制造商对中国市场的重视。参加会展的有比奇、豪客、庞巴迪等顶级公务机制造商，本节就目前世界五大豪华公务机品牌历史进行介绍。

第一节　豪客比奇
——比奇（Beechcraft）

2007 年 3 月 26 日，雷神飞机公司正式被 GS Capital Partners 和 Onex Partners 收购，并且更名为豪客比奇公司，从此掀开了航空史上两大品牌强强联手再创辉煌的新篇章。本节着重介绍比奇，豪客将在下一节予以介绍。

据豪客比奇公司的《公务航空简讯》报道，豪客比奇公司从原雷神飞机公司顺利转变为独立的公司后，将继续秉承豪客比奇悠久的传统，依托世界领先的技术，将豪客与比奇两大著名飞机品牌推向新的高度。自 2007 年 3 月底新公司正式投入运营直至 12 月 31 日，公司共交付 351 架公务和通用飞机。加上原雷神飞机公司在一季度交付的飞机，共有 430 架公务及通用飞机交付，销售额达 28 亿美元。这些交付的飞机包括 162 架喷气机、157 架涡桨飞机和 111 架活塞式飞机。

创 始 人： 沃尔特．比奇（Walter H.）
奥利夫·安·比奇夫妇（Olive Ann Beech）
创始时间： 1932 年
创始地点： 美国堪萨斯州威奇塔

一、品牌标识

比奇公司的标识由它的英文全称组成，大方得体，简单明了。1980 年 2 月 8 日，比奇飞机公司成为雷神公司的子公司，此后标识的下方加上了 A Raytheon Company 的字样，标志着比奇这个品牌由雷神公司所有。简单的标识透出了比奇飞机的锐意进取精神。2007 年 3 月 26 日，雷神飞机公司正式被 GS Capital Partners 和 Onex Partners 收购，并且更名为豪客比奇公司，之后比奇系列飞机又开始用它自己的全称作为标识。

Beechcraft

图 7.1　比奇品牌标识

二、品牌历史

1932 年至今，风雨前行中的比奇飞机已经经历了 70 多年的悠久历史。历史上的比奇公司曾经对世界的飞机发展作出重要贡献。

比奇公司生产的第一架飞机是比奇 17 双翼机，为商务旅客特别设计。这种飞机经证明比同时代的军用飞机速度还快，在无数次空中赛跑较量中夺魁。

1937 年，比奇开始生产“双发比奇”18 型。这种飞机从商业的角度来看就像是 DC-3 对于航空公司一样成功。18 型飞机的生产一直持续到 1970 年，其 33 年的生产纪录后来才被比奇富豪超过。

20 世纪 40 年代，第二次世界大战期间的比奇公司，在美国堪萨斯州的威奇塔市拥有 14 000 多名员工，为盟军累计供应各种飞机 7 400 多架，同时据不完全统计，约有 90% 的美国空军军团的轰炸手和导航员都曾用比奇公司的 AT-7 和 AT-11 机型受训。可以说，比奇飞机在第二次世界大战中对盟军空军的贡献是相当大。更为引人注目的是，第二次世界大战间比奇公司推出的富豪 35 型和 36 型高性能单发公务机的生产纪录到现在仍然保持着，足见其飞机的性能之优良。

图 7.2　比奇的富豪 G36 飞机

20 世纪 60 年代，凭借着空中国王 90 型飞机的下线，比奇公司迅速确立了自己在涡轮螺旋桨公务机中的领先地位。直到今天，在不同等级的飞机型号中，空中国王系列飞机都占据了明显的主导地位。

1961 年，比奇公司开始生产男爵 B55 型飞机，也就是今天最受用户欢迎的双发活塞式飞机之一——男爵 58 型的前身。

图 7.3　比奇男爵 58 型

1964 年，比奇开始进行比奇空中国王 90 型的生产，它迅速建立起自己在涡轮螺旋桨公务机中的领先地位。今天，多种型号的空中国王家族在同级别飞机市场中所占份额高达 90%。1968 年，比奇推出比奇 99 型支线客机，从而进入了快速增长的通勤航空市场。

20 世纪 70 年代，空中国王 200 型飞机交付使用，从而在公务机客舱宽度、飞机速度和乘机的舒适度方面确立了新的标准。

1974 年，比奇交付了第一架比奇空中国王 200 型飞机，为公务飞机的宽敞客舱、速度和旅客舒适度确立了新标准。至今，比奇公司总共交付了近 2 000 架军用和民用型空中国王 200 飞机。

图 7.4　比奇空中国王 200GT

1975 年，比奇公司为美国空军交付了第一架 C-12 型飞机，即比奇超级空中国王 200 的军用改型飞机。今天，C-12 有各种结构改型，在美国军队的全部四个组成部分——陆军、海军、空军和海军陆战队中服役。美国海军还把比奇 T-34C 涡轮螺旋桨飞机用作训练机进行初级飞行训练。比奇空中国王 90 型的改型，T-44A，用作多发训练。

20 世纪 80 年代，比奇公司被雷神飞机公司收购，成为雷神的子公司。早在 1984 年，比奇就交付了其第一架加压座舱支线客机 1 900 型。今天，这种 19 座的涡轮螺旋桨飞机在世界范围内已经交付了 500 多架。

1984 年，比奇“空中国王 300”开始生产，这种机型在速度、性能和舱内的装饰上都超过了前辈，成为比奇的又一个标志性机型。1985 年 12 月 2 日，比奇宣布生产线上又增加了一种型号——比奇喷气机，比奇喷气机的速度为每小时 535 英里，可载客 8~10 人，应用了新的公务机制造技术，于 1985 年 5 月获得认证。1987 年 5 月，比奇宣布要翻新 5 000 多架自 1950 年以来制造的 V 形尾翼富豪飞机，为期两年，耗资数百万美元。原因是政府飞机认证设计数据错误而产生的问题。公司支付富豪飞机翻新工作所有费用，兑现了比奇对客户的承诺。1988 年 10 月，比奇开始生产比奇喷气飞机 400A，这是一种以更宽敞的客舱和最先进的驾驶舱为特征的飞机。

1989 年 10 月，比奇空中国王 350 的生产开始了。这种飞机有更宽的翼展，双俱乐部式座椅布局和两英尺长的翼梢小翼。350 是空中国王家族中最舒适、功能最强大的飞机。

图 7.5　比奇喷气飞机 400A

图 7.6　比奇空中国王 350

1990 年 2 月，美国空军官员宣布选用比奇喷气机作为其 T-1A 计划的空中加油机和运输机飞行员训练机。比奇飞机公司总共为空军提供了 180 架比奇喷气机训练飞行员。1991 年 3 月，比奇 1900D 客机获得认证。它拥有完美的 19 座设计、加压座舱、71 英寸高的可站立客舱、更多的行李空间和改善旅客舒适度。在美国公务航空协会 1991 年 10 月举行的年会上，比奇公司宣布了比奇空中国王 C90B 机型。这种飞机以重新设计的客舱和噪音吸收、防潮的内饰板、四片螺旋桨、新型螺旋桨整流罩以及新的喷漆图案为特征。

1993 年 6 月，比奇飞机公司的创始人之一，奥利夫·安·比奇夫人在威奇托去世，享年 89 岁。1994 年 9 月中旬，比奇飞机公司和雷神公务喷气机分部合并组成雷神飞机公司，阿瑟·格纳被任命为主席兼首席执行官。

1995 年 6 月 22 日，比奇 MkⅡ机型在激烈的竞争中获胜，被选作美国空军和海军新一代初级训练机。这个项目价值数十亿美元，共生产 700 多架飞机。这项联合服务将这些飞机命名为德州人二号 T-6A。1995 年 9 月，雷神飞机公司宣布开始研制全新轻型喷气机——雷神首相一号。它利用最先进的设计和制造技术，拥有卓越的性能、舒适性和价值。

1995 年 9 月，首架豪客 800XP（豪客 800 性能加强型）交付使用。豪客 800XP 是豪客生产线被雷神并购后的第一代升级产品。

1996 年 4 月，第 3 000 架比奇富豪 A36 出厂。1996 年 6 月第 5 000 架空中国王交

图 7.7　比奇空中国王 C90B 机型

图 7.8　雷神首相一号

付。在 1996 年 11 月举行的美国公务航空协会的年会上，雷神飞机公司宣布研制全新的超中型公务喷气机——豪客地平线。

1997 年 6 月，雷神飞机公司宣布成立雷神空中旅行公司，采用飞机部分拥有的方式运营豪客 800XP、比奇 400A 和空中国王 B200。

图 7.9　空中国王 B200GT

1997年春季，公司创下连续生产单发富豪系列飞机50年的纪录。同年夏天，公司为美国空军交付180架T-1飞机计划中的最后一架飞行员训练机。1998年12月22日，恰好是著名的比奇富豪飞机首飞53年纪念日，雷神首相一号第一次飞上了天空。这架崭新的超轻型公务机成功现身62分钟，为1999年取证铺平了道路。1998年，雷神飞机公司销售收入高达25亿美元，共交付飞机395架。1999年6月，美国公务喷气机公司宣布订购50架豪客地平线超中型公务机，另外意向订购50架。包括意向合同及支持性活动在内的合同总额为20亿美元，创下了公司甚至是本行业的新高。新的雷神首相一号超轻型公务机在取证之前进行了700多个飞行小时的飞行试验，所有的关键性能数据都达到了标准。到年底为止已经收到200多架订单。

进入21世纪，比奇品牌再创辉煌，比奇品牌的顶级代表首相一号，于2001年得到美国联邦航空局的认证。首相一号成为第一架通过认证的全复合材料机身的喷气式豪华公务机。随后的首相IA号豪华公务机也得到世界的关注。至今，首相IA号与首相I号在全球累计交付230多架。比奇首相IA号从首相I号基础上发展而来，目前为止称得上是世界上最大的单飞式公务喷气机。比奇首相IA号于2005年9月取证。它的机身由高强度的碳纤维/环氧树脂蜂窝结构的复合材料制成，生产全部自动化，轻型机的购买价格和运行成本却拥有中型机的客舱。

比奇飞机公司国际销售副总裁法瑞德先生评价说："首相IA号处在它所特有的级别：它拥有中型机的客舱、中型公务机的速度，但是价格却是轻型机的价格。遍布全球的用户正越来越认识到在商务和私人飞行中使用比奇首相IA的价值。"

图7.10　首相IA号

2003年5月6日，雷神飞机公司在2003年欧洲公务航空大会（EBACE）上宣布豪客400XP。这款新豪客是公司建立品牌系列整体战略的关键一步。该机型原名为比奇400A。2004年7月27日，雷神飞机公司宣布将带用Garmin G1000航电系统的全集成玻璃座舱引入比奇男爵和比奇富豪，为这些传奇性的单发和双发活塞飞机又增添了更高的品质和价值。2005年4月，新的喷漆和标志公布，飞机也被正式命名为比奇富豪G36和比奇男爵G58。2005年1月18日，T-6B升级的初级教练机踏上世界巡展的征途。这次巡展包括在欧洲、中东和亚洲地区的飞行演示及在澳大利亚阿瓦隆航展、巴黎航展和英国皇家国际空中装备展中的静态展示。

2005年1月24日，第6 000架比奇空中国王交付。自1932年以来，每一架比奇产品都保持着同样的质量和性能水准。40多年来，已有20多款商用和特殊任务空中国王出厂。2005年3月8日，第300架T-6A初级教练机交付美国空军，标志着联合初级飞机训练系统项目取得重大进展，该项目计划到 2017 年共接收 800 架飞机。

2007 年，推出中型公务机豪客 800XP 的最新改型版——豪客 900XP，在 2009 年被国际知名奢侈品杂志《罗博报告》评为年度“王中王”（Best of the Best）。

相比豪客 800XP，豪客 900XP 拥有更高的商载能力、维修更加容易，在性能和系统上也得到了提高。豪客 900XP 采用了霍尼韦尔航空航天公司的新一代发动机 TFE 731-50R 涡扇发动机，配合豪客比奇设计的复合材料翼梢小翼使豪客 900XP 比以往的豪客 800XP 航程更长、爬升更快、巡航速度更高（在最大起飞重量、ISA 条件下能直接爬升到 12 497 米的最大巡航高度）。

图 7.11　豪客 900XP

2005 年 6 月 13 日，在巴黎航展上，雷神飞机公司宣布比奇空中国王 350ER 增长航程型特殊任务飞机。2005 年 11 月 8 日，雷神飞机公司宣布超中型公务机豪客地平线将按豪客系列被命名为豪客 4000。豪客 4000 以先进的后掠翼设计、复合材料机身和划时代的航空电子设备，在公务机领域确立了一种全新的超中型级别。它诞生于白纸，却以革命性的碳纤维机身创造了可观的重量减少、燃油经济性提高、性能提升和寿命循环成本降低。豪客 4000 装备两台普惠加拿大公司 PW308A 发动机，巡航速度可达 0.84 马赫，可以在最大起飞重量条件下在 20 分钟内从海平面直接爬升至 12 497 米高度。它最多可以搭载 14 名乘客加两名机组人员，搭载 8 名乘客时最大航程可达 6 100 千米，非常适合进行长航程的本土和洲际旅行。

豪客 4000 原名豪客地平线，于 2008 年 6 月 6 日取得 FAA 交付合格证，成为了世界上第一架取得 FAA 合格证的复合材料结构超中型公务机。6 月 18 日，豪客 4000 首付私人用户加里和堂娜·霍尔夫妇。

2008 年，第七届职业高尔夫球协会大赛冠军——塞尔吉奥·加西亚，在欧洲公务航空大会（EBACE）上接收了他订购的豪客 4000 超中型公务机。交付仪式是在豪客比奇飞机公司 EBACE 的展台上进行的。2008 年 9 月，因其卓越的性能和悠久的品牌，豪客 4000 在美国被罗博报告评为年度“极品之选”品牌之一。豪客 4000 仅 2008 年就有订单 130 架，一个月生产三架。

2005 年 12 月 2 日，Netjets 公司签订了订购 50 架豪客 4000 超中型飞机的合同，新

图 7.12 豪客 4000

订购的飞机用于其全球部分拥有机队的运营。加上 10 期保修项目，这笔订单总价值超过 10 亿美元，这是雷神飞机公司历史上最大的单笔订单。交付将从 2007 年持续到 2013 年。2006 年 10 月 16 日，雷神飞机公司推出两款新豪客机型——豪客 750 和豪客 900XP。雷神飞机公司还在 NBAA 年会上举行一个特殊仪式，交付第 500 架空中国王 350。

2008 年 05 月 19 日，豪客比奇公司推出的比奇首相 II 轻型公务机。从高度成功的首相 1A 演变，首相 II 则更高、更远，比其前身快，同时还提供了最大的客舱和技术最先进的单飞行员在世界上的公务机。

图 7.13 比奇首相 II

2009 年 07 月 27 日，豪客比奇公司宣布推出新的比奇空中国王 C90GTx。新 C90GTx 拥有令人印象深刻的有效载荷和性能，成为最环保和最高效的飞机之一。2009 年 11 月 30 日，豪客比奇公司收到了中国民航总局（CAAC）型号为豪客 4000 超中型公务机的认证。

三、品牌评价

目前，豪客比奇公司属于比奇系列的产品包括新的比奇富豪 G36、男爵 G58、空中国王 C90GT、空中国王 350 和首相 IA 号，还有一直最畅销的公务机空中国王 B200。

可以说有着 70 多年悠久历史的比奇系列豪华飞机，在世界公务航空领域中地位是无可比拟的。无论在飞机自身性能还是飞机的研发上，比奇系列飞机都成为航空领域的领头羊，为世界公务航空作出了卓越的贡献。

2007 年 4 月 19 日，是豪客比奇公司的一个特殊的纪念日——历史悠久的比奇飞机诞生75周年。从公司创立之初的8位员工，几经风雨，今天已经发展成为拥有9 000名员工，飞机年销售额40多亿美元的世界领先公务飞机制造商。

豪客比奇公司总裁兼CEO舒斯特先生这样评价："今年是豪客比奇公司不同寻常的一年，是富有历史意义的一年。我们庆祝了古老的机型比奇富豪60岁生日、比奇飞机75周年纪念和新公司——豪客比奇公司的投入运营。公司的创始人沃尔特和奥立弗·安应该为此感到骄傲。当我们庆祝过去的时候，我们同时盼望着在历史的画卷上写下我们公司的新篇章。"

比奇飞机的历史始于经典的比奇17 Staggerwing。当时正值1929—1933年的经济大萧条，很多人警告比奇夫妇，在800万美国人失业、股市崩盘后无数公司倒闭的经济大萧条时期，生产带有豪华内装的双翼机不会有市场。但制造"世界上最好的飞机"并改变当时通用航空状况的理想激励着这对敢为天下先的夫妇。执着和勇敢成就了他们，Staggerwing在1934年首飞时轰动一时。这款为公务旅行者设计的飞机，被证明比当时的军用飞机速度还要快。

舒斯特先生说："公司始终信奉的原则是：保持一流品质、用户满意与公司诚信"。这个原则恒久不变，无论是1932年的比奇飞机公司还是1994年的雷神飞机公司，或是今天的豪客比奇公司。

"率先使用前沿技术，如在机身使用复合材料，使得公司75年来始终保持在通用航空制造业的领先位置。70多年来，共有45 000架飞机出厂，其中35 000架仍在服役。比奇故事已成为不朽的历史。接过世界航空界强大的比奇与豪客品牌接力棒的豪客比奇公司，将挥毫续写下一个75年的历史。"

四、品牌与名人

比奇系列豪华飞机，卓越的性能和舒适的客舱，成为飞行员与企业家、明星追逐的对象。我国杭州道远集团总裁裘德道专机就是首相一号。据裘先生本人介绍，2004年，他自费去新加坡看航展。欧美国家很多前来看航展的人都是坐私人飞机或者是公务机前来的，一下飞机就被接到贵宾厅，有专人迎送，而裘德道是坐民航机去的，只有在一边干等的份儿。"我当时心里就有气，琢磨着一定要买架属于自己的飞机"。

在新加坡的这次航展上，裘德道开始认真地挑选飞机。试乘了美国雷神飞机公司的几架公务机，每架飞机试飞1个小时左右，实足花了2天的时间。裘德道对其中的"首相一号"和"豪客"尤为满意。"我去之前就想好了，只要总价不超过1亿元人民币，就买一架"。考虑到"首相一号"设备和技术都比较先进，6个座位大小也正合适，而且油耗比较低，最后就拍板定了"首相一号"。

2002—2012这10年间，中国公务机数量增长达103%，其中包括2008—2012年交付的23架比奇公务涡轮螺旋桨飞机。在中国，空中国王机型还可以胜任多种特殊任务，包括电子和图像监控、航线校准及摄影制图等。不仅如此，为了满足多引擎飞行培训方面日益增长的需求，中国的航空院校和相关机构正在纷纷选购比奇空中国王C90GTx机型。

第二节　豪客比奇
——豪客（Hawker）

与比奇的70多年的悠久历史相比，“豪客”家族是20世纪60年代末才创建的。1968年，豪客Siddeley公司收购德哈维兰飞机公司，125系列飞机被命名为著名的“豪客”。虽然是后起之秀，但是凭借其强劲的技术实力，卓越的性能和质量，豪客系列在航空领域占有着属于它自己的特殊地位。从豪客400XP到豪客4000，一系列的豪客机型无一不显示出豪客家族的魅力。

一、品牌标识

豪客与比奇两大品牌组合成豪客比奇飞机公司后，标识采用了两大品牌的全称并列方式，在全称的下面有一个向上凸起弧线，看上去像远处的地平线，象征着豪客比奇飞机将永远的翱翔蓝天，而蓝色的字体更显得优雅和醒目，凸显豪客比奇的进取气概。

Hawker Beechcraft

图7.14　豪客比奇品牌标识

二、品牌历史

1962年，德哈维兰飞机公司设计出125型公务喷气机，当初设计这一型号飞机的宗旨就是用做私人公务旅行。它的客舱长5.9米，全部客舱都留有头部空间，高度和宽度都很适宜。到了1968年，经过几次发动机的改进和其他一些机体的改进，125型公务喷气机已经符合了当时的最新技术标准。同年，豪客Siddeley公司收购德哈维兰飞机公司，125系列飞机正式被命名为“豪客”，由此，开始了豪客家族的光辉篇章。

1971年，豪客600系列豪华飞机推出，600系列使用的是推力为3 750磅的罗罗威派尔601型号发动机，同时机体也进行了其历史第一次大的改革——机身加长0.6米，自此，豪客系列飞机的起飞重量达到25 000磅，航程达到1 500海里。20世纪70年代中期，在豪客600系列飞机的基础上，使用了Gerrett TFE-731发动机，豪客700系列由此诞生。经过发动机的改进，豪客700系列在同样油耗的条件下比豪客600系列航程翻了一倍，达到3 000海里。

1993年8月，雷神集团从英宇航并购并成立了雷神公务喷气机部门，从此拥有了中型豪客喷气机生产线。豪客生产线被雷神并购后加快了产品升级的步骤，1995年9月，第一代升级产品首架豪客800XP（豪客800性能加强型）交付使用。1996年11

月，举行的美国国家公务航空协会（National Business Aviation Association，简称 NBAA）的年会上，雷神飞机公司宣布研制全新的超中型公务喷气机——豪客地平线。

进入21世纪的豪客比奇公司，发展极为迅速。2001年4月17日，雷神公司举行仪式庆祝继比奇系列首相一号之后，第二种复合材料机身公务喷气机出厂，这就是超中型豪客地平线公务机。这款豪客地平线具有跨洲航行的能力，可以容纳多达13名乘客。2001年8月11日，新的超中型公务喷气机豪客地平线进行首飞成功，复合材料的机身从威其托比奇机场起飞飞行了2.5小时，飞行品质、发动机运行、低速操纵和爬升性能等各项指标均达标，飞行达到3 200.4米高度和225海里/小时的速度。在美国国家公务航空协会2002年的大会上，雷神飞机公司宣布恢复使用豪客和比奇的品牌名，并且开始两大品牌的整合工作，以高性能、可靠性和宽敞舒适的客舱著称，这两大品牌代表着公务飞机（豪客）及按单飞取证的飞机（比奇）。2003年5月6日，雷神飞机公司在2003年欧洲公务航空大会（EBACE）上宣布将原来比奇400A改名为豪客400XP，这一举动成为公司建立品牌系列整体战略的关键一步。

图 7.15　豪客 Hawker400XP

2004年12月23日，在经历1 800多个小时的研制和取证飞行之后，美国联邦航空管理局（Federal Aviation Administration，简称 FAA）为豪客地平线颁发临时型号合格证，至此使用了最新的复合材料技术和工艺技术的豪客地平线以本级别最佳的综合性能和3 400海里的航程能力进入市场，而其一进入市场，豪客地平线就受到追捧，2005年3月16日，雷神飞机公司与 NetJets 达成意向协议，根据协议，Netjets 将购买50架豪客地平线。这项协议又一次证明了这款市场上技术最先进的超中型公务喷气机的高品质和性能。

2005年11月8日，在美国国家公务航空协会年会上，雷神飞机公司推出豪客系列最新机型——豪客850XP。2005年11月8日，雷神飞机公司宣布超中型公务机豪客地平线将按豪客系列被命名为豪客4000。2005年12月2日，Netjets 公司正式签署了订购50架豪客4000超中型飞机的合同，新订购的飞机用于其全球部分拥有机队的运营。加上10期保修项目，这笔订单总价值超过10亿美元，这是雷神飞机公司历史上最大的单笔订单。交付将从2007年持续到2013年。

2006年11月21日，豪客4000正式取证，成为当今世界最先进的超中型公务喷气机，拥有速度、航程和载荷的完美平衡，凭借着先进的集成系统和复合材料机身，豪客4000真正是具有历史突破性的飞机。

2007年3月26日，雷神飞机公司被 GS Capital Partners 和 Onex Partners 收购，更名

图 7.16 豪客 4000

为豪客比奇公司，从此掀开了航空史上两大品牌的新篇章。

三、品牌评价

经历了几十年的研发生产，豪客比奇毋庸置疑已经成为世界通用航空领域内的卓越领袖，其对超高品质的追求和为客户提供最好体验的目标一直促使这两大品牌不断地走向高峰。可以说，在通用航空领域，在豪华飞机领域，豪客与比奇两大品牌已经成为高品质、高性能、高科技的代名词。相信未来的豪客比奇将会续写更加辉煌的篇章。

豪客比奇在中国主要是少数的大企业集团和一些公务航空公司。

2007 年 12 月 3 日下午，2 架崭新的豪客 850XP 中型公务机交付到中国。用户分别是金鹿航空有限公司和杭州道远集团。2 架同款公务机同时交付，在我国的公务航空历史上尚属首例。

图 7.17 豪客 850XP

道远集团董事长裘德道先生在购得首相一号后，再次购买一架豪客 850XP，足见其对豪客比奇的信赖。同时，他也成为国内拥有最昂贵公务机的私营企业家，当时的这款豪客 850XP 定价为 1 600 万美元。

2008 年 7 月 17 日，金鹿公务航空新引进的内地首架豪客 900XP 型公务机徐徐降落在首都国际机场。

金鹿公务航空已经于 2007 年 12 月接收了一架豪客 850XP 公务机。新的豪客 900XP 的引进，是金鹿公务航空有限公司自有机队规模扩增至 12 架，其中豪客机型占 50%。

图 7.18　豪客 900XP

新扩展的机队为迎接即将到来的北京 2008 年奥运会做好了充足的运力储备。

第三节　庞巴迪（Bombardier）

创 始 人： Joseph-Armand Bombardier
创始时间： 1907 年
创始地点： 加拿大魁北克

一、品牌标识

庞巴迪公司的标识由一个标有其英文全称的大齿轮组成，颇具动感，留给人深刻的印象。凭借其完善的产品和服务以及持续不断地创新，庞巴迪如同大齿轮一样，稳步前行，不断地创造佳绩。

二、品牌历史

庞巴迪是一家总部位于加拿大魁北克省蒙特利尔的国际性交通运输设备制造商，作为世界领先的创新交通运输解决方案的供应商，生产范围覆盖支线飞机、公务喷气飞机以及铁路和轨道交通运输设备。公司的结构以两个规模几乎相当的业务领域为核心：飞机和列车。

图 7.19　庞巴迪品牌标识

在宇航领域，庞巴迪是制造支线飞机、公务喷气飞机和水陆两栖飞机的领袖。它还提供公务喷气飞机部分所有权计划和包机服务，并为公务喷气飞机和支线飞机市场以及军用领域提供技术支持、维护和飞行员培训。

庞巴迪公司步入航空领域的时间很短，但是庞巴迪公务飞机在世界顶级豪华公务机领域内却已经有了属于自己的特殊领地。

1985 年，在庞巴迪公司的高层制定出了多样化经营战略之后，1986 年，庞巴迪公司首次进入航空航天工业，以 12 亿美元的价格购买了加拿大飞机制造公司，这是当时加拿大主要生产挑战者宽体商用喷气机和 CL-215 两栖消防飞机的制造商——Canadair。收购后庞巴迪成为加拿大航空制造业的领头者。

1989 年，庞巴迪公司收购了欧洲北爱尔兰的肖特飞机公司。通过这次收购，庞巴迪公司加强了其航天能力，并迈向欧洲航天行业。

1990 年，庞巴迪公司收购了美国堪萨斯的里尔喷气飞机公司，进入了美国航空航天工业和最齐全的公务喷气机市场。庞巴迪公司此时推出的 Learjet 60 飞机，成为四年后最畅销的飞机。

1992 年，庞巴迪公司收购了制造短距起飞和涡轮螺旋桨飞机的波音公司的德·哈维兰公司。德·哈维兰的“冲”8 涡浆飞机和 CRJ 系列使庞巴迪公司成为世界性区域飞机制造商的领导者之一。

2000 年，庞巴迪公司收购 Skyjet. com，开展实时在线包机预定服务业务，扩大其公务喷气式飞机的组合，增强其航天制造的能力。2002 年，庞巴迪公司推出庞巴迪 Global 5000 超大型公务喷气式飞机。

2005 年，庞巴迪又推出“挑战者”605 洲际公务喷气式飞机和 Learjet 60 XR 的中型公务喷气式机。此外，其推出的“挑战者”800 系列成为大型商务喷气式机的不争冠军。

庞巴迪的规模已超过波音和空客成为世界第一，开发的飞机机型有 12 种之多，拥有员工 75 000 名，在北美、欧洲、亚太地区的 24 个国家拥有 60 个工厂。

目前，庞巴迪公务机系列包括“里尔”（Learjet）系列、“挑战者”（Challenger）系列以及“超远程环球快车”（Global）系列。

里尔 40 型公务机最多可达 7 个客座，速度和巡航高度可以与中型公务机媲美，而航程也足够纵横中国。

图 7.20　里尔 40

图 7.21　挑战者 604

挑战者 604 是我国山东航空公司引进的第一架远程宽体豪华公务机，是国内目前航程最远、性能最优、客舱最宽敞、舒适性最好的公务机。挑战者 604 公务机最大航程达 7 408 千米，巡航速度 880 千米/小时，可由国内直飞欧洲或跨太平洋，直达北美。价格

图 7.22　全球快车 XRS

高达 2.49 亿元人民币。

最新型号的全球快车 XRS 配备有能在雨雾天帮助起降的视觉增强系统和双路数据传输连接互联网，在超运程公务机中，是对机场要求最低、速度最快的机型，座舱宽度和高度分别达到 2.5 米与 1.9 米，可以以 0.89 倍音速在 1.5 万千米以上高度飞行，航程超过 1.2 万千米，同时降落速度也更低、更安全。

三、品牌评价

目前，在公务机领域，庞巴迪公务机的“里尔”（Learjet）系列、“挑战者”（Challenger）系列以及“超远程环球快车”（Global）系列已经在各航程领域内占据一席之地。

在波音和空中客车之后，庞巴迪成为全球第三大飞机制造商。在支线飞机和公务喷气机领域，其规模已是世界第一，确立了其在这两个领域的霸主地位，对世界航空作出了重要的贡献。

四、庞巴迪与名人

庞巴迪飞机以其优良的性能和舒适性及其卓越的地位赢得各界人士的追捧。国际奥委会原主席萨马兰奇、微软总裁比尔·盖茨都曾使用挑战者 604 作公务机。庞巴迪公司的《公务航空部简讯》报道称，挑战者 604 公务机座舱内拥有先进的视听放映系统、空调系统、通信系统和办公设备，其中卫星通信系统可随时与全球各地的电话、网络、传真、网络联系，是名副其实的“空中办公室”。

近年来，庞巴迪在中国航空领域发展很快，其航空产品正广泛应用于中国市场。从华东济南的山东航空公司（简称“山航”）获悉，山航是庞巴迪飞机的最大营运商，其引进的我国第一架远程宽体豪华公务机挑战者 604 是国内目前航程最远、性能最优、客舱最宽敞、舒适性最好的公务机，在我国属首次引进。除山航外，中国其他航空公司也运营庞巴迪飞机。

第四节　达索猎鹰（Dassault Falcon）

创 始 人： 马塞尔·达索（Marcel　Dassault）

创始时间：1916 年

创始地点：法国

一、品牌标识

达索猎鹰的标识很简单，是有一副简图以及 DASSAULT 和 FALCON 字样组成。标识中的绿色花瓣和箭头象征着达索猎鹰蓬勃向上的生命力。

DASSAULT FALCON

图 7.23 达索猎鹰品牌标识

二、品牌历史

1912 年，20 岁的马塞尔·达索考入了“国立高等航空制造学院”，与前苏联著名航空设计师、米格设计局创始人之一的格列维奇成为同班同学。1916 年创办了“航空设计公司”（法国达索集团的前身），并于 1917 年将“高德龙 G3 侦察机”改进为拥有 375 马力的“Sea4 双座战斗机”。这一独创的战斗机很受法军欢迎，法国装备部一次就订购了 1 000 架，最后由于第一次世界大战结束合同中止，“Sea4 双座战斗机”才未能大批量生产。

1931 年，马塞尔·达索研制出了一架 3 引擎邮政飞机，设计出了 MB200、MB210、131 双引擎等不同型号的轰炸机，制造出了 MB150 型系列战斗机、MB120 型 10 座 3 引擎军用运输机。

1944 年，52 岁的马塞尔·达索因断然拒绝为纳粹研制飞机和火箭而在里昂被捕，被关进了“布黑瓦尔德集中营”。即使在集中营被非人折磨以至染上白喉之际，马塞尔·达索还是难以忘怀飞机制造，获得释放返回巴黎后设计出了 315 型双翼联络机。1946 年，马塞尔·达索飞机制造公司正式创立。

1952 年，达索公司发布法国第一架实现超音速的飞机——Mystère II。

图 7.24 超音速的飞机——Mystère II

1965 年，随着美国和法国型式证书的取得，Falcon（猎鹰）20 开始交付。直到最近，在美国交付的第一架猎鹰机还在其最初运营商那里服务。同时为法国、西班牙、伊朗和印尼政府制造了针对航空路线校准而修改的 Falcon 20。1972 年开始，向法国、加拿大和其他多个国家交付了多架为进行高空摄影测量而装备的 Falcon 20。1973 年，Falcon 10 获得型式认证。

1980 年，达索集团从泛美航空收购了猎鹰喷气机公司（Falcon Jet Corporation）的股份，并成为唯一拥有者。

1986 年 4 月 18 日，95 岁高龄的马塞尔·达索逝世。法国总理赫拉克、两院议长、军方和工业界众多要员，参加了为其举行的隆重葬礼。法国总理赫拉克在悼词中赞扬道："达索的逝世是法国的一大损失，他是在世界航空史上奏下了光辉业绩的几个幸存的先驱者之一。他的经营管理之道，集中体现在为人称道的法国航空工业的'渐改法'，即：对一架飞机，一次只能进行一项重大革新。"

为了避免法国商界流传的一句俗语："老爸是条龙，儿子是条虫，孙子什么也不是"在自己的接班人身上应验，"法国达索集团"创始人马塞尔·达索，小心翼翼地对儿子塞日尔·达索的经营管理能力，进行了漫长的观察和考验。直到离世前的 1986 年，才把集团权杖传给具有继往开来资质的儿子手中，因为塞日尔·达索竟能在一天之内将 120 架飞机卖给了"美国泛美航空公司"。

1996 年，Falcon 900EX 通过美国和法国航空管理机构的认证。

图 7.25　达索 Falcon900 EX

1999 年，第一架 Falcon 2000 在小石城的一个仪式上交付给 Executive Jet Aviation 公司。2002 年，Falcon 2000 成为业内最畅销的大舱公务机。Falcon 2000 家族今天仍然占据这一地位。

2000 年，塞日尔·达索将达索集团交给罗朗·达索。罗朗·达索上任后，全力拓展"达索猎鹰式喷气式公务飞机"的市场份额，经过 8 个年头的全力开拓，时至今日，"达索猎鹰式喷气式公务飞机"以总销售 1 700 架次的辉煌战绩，摇身一变为环球航空制造业界高档公务飞机的"龙头老大"；"达索猎鹰式喷气式公务飞机"也已形成 6 大系列，主打机型分别为：猎鹰 7X、猎鹰 900EX、猎鹰 900DX、猎鹰 2000EX、猎鹰 2000、猎鹰 50EX，6 大系列产品的最远航程从 5 555 千米到 10 556 千米不等。

图 7.26 达索 Falcon 2000

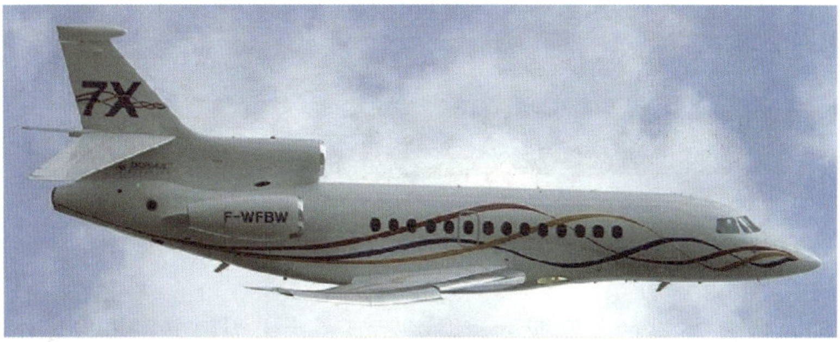

图 7.27 猎鹰 7X

2005 年，Falcon 900DX 获得 EASA 和 FAA 的批准。2006 年，NetJets Europe 一次就订购了 24 架 Falcon 7X 飞机，创了欧洲最大公务机订单的历史纪录，价值达 11 亿美元。NetJets Europe 是欧洲最大的猎鹰机运营商。2006 年，达索猎鹰公司向一家大型金融公司交付了第一架在中华人民共和国注册的猎鹰公务机。该公司还订购了一架新款猎鹰机，即 Falcon 900DX，这在中国尚属首次。同年，中国航空管理机构为 Falcon 900 和 Falcon 2000 系列飞机以及 Falcon 50EX 颁发了型式证书。

2007 年，达索公布 2000 系列又新增一个机型——Falcon 2000LX。以广受欢迎的 Falcon 2000EX 为基础，2000LX 能够以 80 马赫的航速飞行 4 000 海里的航程，并且还具有一流的爬升速度（18 分钟爬升 12 496.8 米）。性能的提高在很大程度上得益于高马赫混合小翼，它使 2000LX 的燃油效率提高 5%。2009 年交付第 2 000 架猎鹰机，实现一个历史性里程碑，这碰巧是一架 Falcon 2000LX。该机交付给一家长期的猎鹰运营商 Koc 控股公司。它是土耳其最大的公司，而且也是《财富》杂志评出的“全球 200 强”企业之一。

图 7.28　猎鹰 900DX

图 7.29　猎鹰 2000LX

为了嘉奖罗朗·达索 25 载的不凡业绩，表彰罗朗·达索为国家军事发展作出的卓越贡献，2003 年 9 月 30 日，法国政府向罗朗·达索颁发了“法兰西荣誉骑士勋章”。在颁奖典礼上，罗朗·达索发表了热情洋溢的即席演讲：“在法国，当我们为国家作出贡献的时候，国家会感谢你，会授予国家勋章。我得到的只是初级荣誉勋章，还要继续努力才能得到最高级的勋章。我希望有一天能拿到法国最高级别的荣誉勋章——大十字勋章。”

三、品牌评价

以军事飞机起家的达索航空，在 20 世纪 90 年代全力冲击高端豪华公务机市场，凭借着强大的技术实力和精湛的使用性能，“达索猎鹰喷气式公务飞机”各主打机型，在世界高端公务飞机市场上的占有率已经高达 45% 左右。

四、达索猎鹰与名人

卓越的性能和悠久的文化底蕴，吸引着无数的名人。著名的 F1 车王舒马赫以 2 850 万欧元购买一款猎鹰 2000EX 喷气式飞机，相当于他每年收入的 3/4。舒马赫私人飞机飞行 1 个小时就要花费 5 000 欧元，猎鹰 2000EX 平均每小时的耗油量要花费 1 300 欧元，每年飞往澳大利亚的单程费用需要12万欧元。舒马赫的经纪人威力·韦伯说："他经常是设定好行程与科琳娜和孩子们同行，他不想候机。"舒马赫表示他购买私人飞机只是为了生活方便，尤其比赛和测试结束后能尽快赶回家里，可以陪伴家人一起度过的时间对他来说非常宝贵。舒马赫说："使用私人飞机会给我节省时间，所以我绝对会这么做。"

图7.30　猎鹰2000EX

NBA球员麦迪也拥有一架白色的猎鹰2000系列喷气式飞机，其价值不低于1 000万美元。麦迪购买这架飞机除自己用外，另一个目的就是对外出租，以赚取不菲的租金。在赛季期间，麦迪乘坐的都是火箭队的飞机。赛季结束后，麦迪会用私人飞机载着全家人到非洲旅行。

2005年，在上海举行的亚洲公务航空会议暨展览会成为全球商务飞机制造厂商一次难得的"推介会"。法国达索猎鹰，在会上表示中国市场纳入了其下一个目标。

2013年，为进一步推动中国业务发展，达索猎鹰成立了一家"外商独资企业"，代表猎鹰品牌在中国市场开展业务。达索猎鹰还在该分公司内部设立了区域客户服务总部。早前猎鹰7X在中国大受欢迎，销量仅次于美国，该公司已交付200架该型机，其中30架交付中国客户，至2015年，还有20架在手的订单。

第五节　湾流宇航（Gulfstream）

创 始 人：艾伦．保尔森（Allen Paulson）
创始时间：1978年
创始地点：美国纽约

一、品牌标识

Gulfstream®

图7.31　湾流宇航品牌标识

美国湾流宇航公司的品牌标识，就是湾流的英文全拼。庄重而严肃的风格显示了湾流宇航追求卓越、精益求精的风格。

二、品牌历史

湾流宇航公司是目前世界上生产豪华、大型公务机的著名厂商之一。1999 年由通用动力公司完全收购，其主要产品为“湾流”系列飞机。

湾流公司的前身是格鲁曼飞机公司。格鲁曼飞机公司是美国一家有名的军用飞机生产企业。1958 年，格鲁曼飞机公司推出专为商务应用设计的第一架公务机“湾流”I；“湾流”I 型号飞机在当时能承载 12 名乘客，可在 7 620 米的高空以 350 英里每小时的速度航行 2 200 英里。

20 世纪 60 年代，格鲁曼飞机公司开始了转折性历程。在“湾流”II 型飞机的研发项目开始之初，格鲁曼飞机公司做了重大调整，将军用和民用飞机的生产分开，以提高效率。民用飞机的产地移至美国乔治亚州的大草原。在那里，有充足的技术工人和广袤的土地可以扩张。同时，便利的交通运输设施和有利于试航、训练得天气，大大地为“湾流”II 型的研制提供了便利条件。

1978 年，艾伦·保尔森（Allen Paulson）从格鲁曼公司购买了湾流飞机的生产线并接管了湾流各项计划。至此，美国湾流公司诞生了，湾流系列飞机开始了走向顶级豪华公务飞机的历程。随后湾流公司先后研制生产了“湾流”Ⅲ、Ⅳ、Ⅴ型公务机，目前仅生产“湾流”Ⅳ-SP、“湾流”Ⅴ系列。

1982 年，在艾伦·保尔森的领导下，美国湾流公司已经由 100 多人发展到 2 500 多人，同时，艾伦·保尔森正式将美国湾流公司改名为湾流宇航公司，以表示湾流是一个国际性的宇航公司。1985 年，湾流宇航公司成为世界 500 强企业，排名第 417 名。

1989 年，是湾流宇航的一个重大转折。在克莱斯勒（Chrysler）卖掉了湾流宇航后，艾伦·保尔森联合一家叫做 Forstmann Little & Co. 的私募基金将湾流宇航收购回来。

20 世纪 90 年代，在湾流宇航重新买回来后，经历了快速发展的 10 年。1994 年，湾流宇航与 NetJets 签署了长达 5 年的协议。1995 年，湾流 V 型豪华公务机通过测试并且开始生产，该机型成为超远航程的喷气式公务机。1996 年，总投资达 1 600 万美元的服务中心开始运营。1997 年，湾流 V 和湾流 IV-SP 两种不同型号的飞机同时生产。1999 年，通用动力公司收购湾流宇航。

进入 21 世纪的湾流宇航发展更为迅速，品牌建设的系统化。形成了一整套包括各种实用功能的湾流系列豪华公务机。目前的产品型号包括 G150、G200、G350、G450、G500、G550、G650，几乎可以满足各种客户的需要。2001 年 6 月，通用动力公司控股银河宇航公司（以色列飞机工业公司 1997 年在美国支持下成立）后，将该公司的银河、阿斯特拉公务机加入湾流系列并重新命名为湾流 100/200，加大湾流公务机的规模。到目前为止湾流公司已生产了 1 300 多架飞机，广泛应用于民用、商业、政府机构、私人和军用各个领域。

图 7.32　湾流 V

三、品牌评价

图 7.33　湾流 IV-SP

出身军用飞机的湾流系列，除了速度上的明显优势之外，其宽阔的客舱，豪华的内饰，卓越的性能，超常的航程无一不让人青睐。著名的 NBA 球星迈克尔·乔丹的私人飞机就是湾流 550。

而且，湾流 550 已经是美国“空军一号”的启用飞机之一，美国总统几乎每天都要乘坐。G550 公务机的机舱富丽堂皇，先进的通信设备一应俱全，是现代化高科技与舒适氛围的完美结合，是目前世界上最豪华的公务机之一。可以说湾流是超远程，大型公务机领域中的一颗璀璨明星。据统计，处于美国《财富》杂志 500 家最大企业中有超过 1/4 的公司使用“湾流”公务机。

图 7.34　湾流 G550

2005 年 8 月，由美国国家公务机航空协会举办的第一届亚洲公务机展会上，湾流宇航的 G200 和 G500 型飞机参加了会展，并且给中国参展的观众留下了深刻的印象。

2006 年 8 月，一架湾流 G200 型豪华公务机在上海虹桥机场交付给旺旺集团。

图 7.35　湾流 G200

第八章

世界豪华游艇品牌历史

按照国际游艇市场的惯例，豪华游艇是长度在 24 米以上的游艇。现在，豪华游艇的价格从 300 万美元~3 亿美元不等，而且为客户提供部分或全部个性化设计，普通游艇多为标准化产品。意大利雄踞世界豪华游艇制造业 1/3 的份额，其中 Azimut-Benetti 集团继续蝉联世界第一号豪华游艇制造商，占世界 24 米以上超级游艇生产总量之 14%。拥有豪华游艇不单是高品位的生活方式，更能成为做生意的工具，作为企业的交际平台，为企业和个人在国内和国际范围树立形象、创造影响力，其本身就是一个豪华私人会所。我们不仅要看超级游艇本身的价格，而要看它所能带来的连锁效益，从这个角度来看，超级游艇是物有所值，正因此，越来越引起国内高端消费人士的注目。目前进入中国的进口私人游艇以标准化产品为主，长度主要在 5.5 米~23.78 米之间。不过，国内游艇市场仍处于起步阶段，公共基础设施不足，国家政策法规不健全，但是随着政策和基础设施的不断完善，超级游艇会很快进入中国。

2008 年，中国（上海）国际游艇展暨第十三届中国国际船艇及其技术设备展览会在上海展览中心举行。4 天的展会时间内，来自海内外的近 400 家展商与观众、买家热切交流，世界顶级豪华游艇如 Azimut、Riva、Ferretti 等都带来了他们的旗舰游艇，众多豪华游艇齐聚中国，充分表现出各大顶级游艇对中国市场的无限希望。2007 年《福布斯》世界顶级奢侈品品牌榜中有七个品牌的豪华游艇上榜，分别是丽娃（Riva）、公主（Princess）、法拉帝（Ferretti Yachts）、意达马（Itama）、阿兹慕（Azimut）、博星（Pershing）和沃里（Wally）。除了公主是英国厂商以外，其他六个品牌都是意大利厂商。本章就前五个世界顶级豪华游艇品牌进行介绍。

第一节　阿兹慕（Azimut）

创 始 人： 保罗·维他利（Paolo Vitelli）

创始时间： 1969

创始地点： 意大利

一、品牌标识

阿兹慕的品牌标识就是它的英文全称，字体经过水纹处理，象征着阿兹慕是海上骄子。淡雅、简单的标识给人无限的遐想空间。

图 8.1　阿兹慕品牌标识

二、品牌历史

1969 年，保罗·维他利在意大利创立了 Azimut 公司，公司成立之初主要从事游艇租赁、进口、销售等业务。

1974 年，公司推出了自制的产品 AZ 43 Bali，在市场上颇受欢迎，从此 Azimut 成为国际豪华游艇的征途。1982 年，该公司首次制造了“Azimut 105’ Failiaka”游艇，是当时系列产品中最长的游艇，航速达到 32 节，标志着 Azimut 公司成为当时世界上少数能制造 30.48 米以上游艇的制造厂之一。

1985 年，Azimut 公司并购 Benetti 公司，更名为意大利 Azimut-Benetti 集团，总部位于意大利的 Avigliana，Torino 的总裁仍然是保罗·维他利。这次并购，是 Azimut 成为顶级品牌的关键一步。并购后的 Azimut-Benetti 集团拥有 4 个厂房，其中位于 Viareggio 的厂区是组装中心，位于 Fano 的厂房是专门制造纤维增强复合材料（FRP）船壳的基地，整个集团一年大约可以造 350 条各式 FRP 游艇，长度从 11.89 米~50.30 米不等。

Benetti 公司，是由洛伦佐·贝内蒂（Lorenzo Benetti）创立于 1873 年，公司的三座厂区，分别位于意大利的 Viareggio、Fano 以及 Livorno。Benetti 的生产线则比较复杂，以建造铝合金，钢船为主，长度从 30 米~70 米不等。Benetti 公司在制造游艇方面的技术和工艺，加上 Azimut 公司科学的财务投资规划，先进的制造技术、全新的厂房布置、现代化的管理、完整的制造方法，使得 Azimut 逐步跻身于世界顶级游艇的行列。

1994，该集团研制出的“无框窗”是 Azimut-Benetti 集团的一项重要技术贡献。通过严格的检验和测试之后，该技术进入市场。该“无框窗”使用的是一种可以延长 8 倍的特种弹性黏糊材料，可以将侧窗直接粘在玻璃钢船壳上而无须任何钢框架，这项研究成果是空前的，具有圆滑和复杂的曲线特点，并且在集团制造的 AZ 43 游艇上首次成功采用该项技术。

2001 年，Azimut-Benetti 集团成立了一个现代化的综合性游艇厂。目前，Azimut-Benetti 能制造 70.104 米长的游艇。由于目前市场对大型游艇的需求十分强劲，该公司在 2006 年与游轮制造商 Fincantieri SpA 成立合资企业，以满足对新一代巨型游艇的制造需求。

2004 年，Azimut-Benetti 集团推出“S”系列游艇，时尚、摩登、充满运动感集于一身，共有五款型号，从 13.11 米~31.40 米不等。Azimut 43’S 非常适合亚洲的出游水域环境，最高时速 32 节。

船内和船外的空间浑然一体，每一个细节都显示出了完美的设计风格。船首设计的

图 8.2 Azimut 43'S

梯形区域，相比传统的设计留出更多的空间，使停泊变得更加容易操控。开放式上层结构使得驾驶者更加亲近大海，闲适轻松的气氛让人沉醉其中；起居区域不仅可以敞开迎接海风的吹拂，也可以保持私密、营造属于自己的私人空间。此外，先进的高科技系统配备也为 Azimut 43'S 锦上添花，使驾艇出游更加轻松简单。

三、品牌评价

2007 年，在美国出版权威杂志《*Showboats International*》游艇行业年度评比中，阿兹慕（Azimut-Benetti）集团已经连续第十年获得 24 米以上豪华游艇制造企业的第一名，同时在游艇行业年度评比中被评为"全球最大超级游艇制造商"，其 2007 年豪华超级游艇的总订单数到达 11 820 尺（所有订单船艇长度和），比排名第二的公司高出 27%。

毫无疑问，Azimut 已经成为全球顶尖的休闲游艇品牌，其摩登先锋的不断创新、锐意进取的专业研发和意大利卓越的高超工艺，共同构筑了品牌的辉煌成就。Azimut 的设计和生产都代表着全球的潮流，是欧美和亚洲地区最畅销的意大利游艇品牌之一。

四、阿兹慕与名人

作为全球范围内的奢华游艇业的领导者，中国的市场毫无疑问是 Azimut 游艇要认真对待的。2008 年 Azimut 集团宣布在中国的上海成立子公司，用于加强其在中国的豪华游艇的销售网络。而此前，其旗下 Azimut 43'S 游艇已经在 2007 年 4 月 5 日~8 日开幕的中国国际船艇展上首次露面。

此前的 Azimut 集团在上海设立办事处，目的在于以 Avigliana 和 Viareggio 为中心，直接靠近中国客户，并且通过高质量的服务中心提供持续性的服务和帮助，配备专业员工提供专业的服务。Azimut 游艇已经把这个重要的项目交给在远东合作近 20 年的 Azimut 代理商辛普森游艇公司。辛普森游艇将于 Azimut 一起合作建立经销商网络，为中国市场提供配套售前和售后服务。

图 8.3　Azimut 43'S

Azimut 游艇董事总经理 Federico Martini 说："上海代表处正式成立，展示了公司对开拓中国市场的信心和通过 Azimut 中国成为这个市场领导者的渴望。我们选择中国国际船艇展去展现我们游艇的魅力、风格、技术和质量。Azimut 已经连续 5 年参加中国国际船艇展了，Azimut 43'S 将会是 Azimut 游艇在中国的大使。"

2012 年 1 月，意大利阿兹慕游艇宣布由阿兹慕－贝尼蒂集团（Azimut－Benetti Group）直接投资的子公司——阿兹慕（上海）贸易有限公司正式成立，公司总部仍然设在上海，由原阿兹慕游艇中国首席代表白铭先生担任公司首席执行官。这是阿兹慕－贝尼蒂集团在意大利境外首个投资成立的游艇销售及售后服务公司（不包括投资新建的码头和造船工厂）。

阿兹慕（上海）贸易有限公司将立足于进一步提升阿兹慕游艇在中国市场的品牌形象及认知度，开拓发展中国经销商网络，支持和配合中国的经销商做好游艇销售及售后服务工作。

第二节　公主（Princess）

创 始 人： 戴维德．金（David King）
创始时间： 1965 年
创始地点： 英国普利茅斯港（Plymouth）

一、品牌标识

公主游艇的品牌标识是她的英文全称，上面有一个皇冠的标识。象征着公主游艇的雍容、华贵、典雅和非凡的品质。全称字母都用大写的字体，显示出公主游艇的高贵气质。

PRINCESS

图 8.4　公主品牌标识

二、品牌历史

公主游艇创建于 1965 年。戴维德·金先生在英国西海岸主要城市普利茅斯创建了海洋工程有限公司，即公主游艇公司的前身。目前公主游艇有 5 个基地，总面积接近 100 万平方米，全球分布有 71 个销售点，员工 1 400 多人，每年向全世界各地输送 400 艘公主游艇，作为豪华游艇业内世界最知名企业之一，其产品行销欧美各国。

1965 年，海洋工程有限公司在当时的厂房里生产并出租了第一艘“31 型”游艇，在出售了第一艘“31 型”游艇后，订购该型号游艇的订单变得多起来，从此拉开了公主游艇迈向顶级游艇的序幕。紧接着，公司出产了许多新的型号名为“Project”和“Pilgrims”的长约 6. 10 米~9. 14 米的游艇。

1970 年，第一艘使用玻璃纤维强化塑胶外壳成型技术制造的游艇——公主 32 型的登场，标志着公主系列豪华游艇正式诞生。在其后的 10 年中，公主 32 型游艇销售超过了 1 200 艘，进一步确立了公主豪华游艇在世界豪华游艇市场中的重要地位，并使公主游艇成为设计雅典、质量完美和航海性能领先的典范。

1980 年，划时代的 P45 型游艇问世，该游艇由世界顶级游艇设计师 Bernard Olesinski 担任总设计师，当时成为了豪华游艇行业的新标准。而特级大师 Bernard Olesinski 也成为公主游艇的专用设计师，直至今日。公主游艇制造 12. 8 米~28. 96 米的飞桥型游艇和 12. 8 米~25. 91 米的运动型游艇，其中飞桥型 28. 96 米游艇是公主最新的杰作，也是公主游艇的旗舰艇。

1994 年，V Class 系列豪华游艇开始登上舞台，V39 和 V52 以优质的性能迅速确立了 V Class 系列豪华游艇的地位。1997 年，Princess 52 作为欧洲的第一艘电子柴油发动机引擎游艇下水试航。

2000 年，V Class 系列豪华游艇的旗舰艇 V65 闪亮登场，从而推动 V Class 系列豪华游艇达到了一个新的高度。

2004 年，V Class 系列豪华游艇的新旗舰艇 V70 下线。2007 年，公主游艇宣布，V Class 系列豪华游艇的升级旗舰 V85 正在研发中。

三、品牌评价

作为世界顶级豪华游艇的典范，公主游艇是现代造船技术与传统手工工艺的完美结合。

船身由世界顶级设计师设计，线条优美不凡，彰显纯粹的英国典雅风范。舱内设施布局是公主游艇最擅长的强项，先进的技术和多年的经验，使得在船身长度一样的情况下，公主游艇在内部空间领先其他的豪华游艇。室内装潢也极为豪华奢侈，时尚风格家具设备保证空间的开阔性的同时又给人以最大程度的美感享受，甲板、驾驶台的设计线条优美、动感活力，驾驶座位的设计保证了驾驶者广阔的视野范围的同时感觉舒适；精密仪器的设置格局能让驾驶者完全感受在海上高速驰骋的乐趣。

图 8.5　V Class 旗舰艇 V65

图 8.6　V Class 旗舰艇 V70

公主的每艘游艇都要经过数次的航海测试，确保它的拥有者们能拥有最出色、最安全的航海体验之后，才交给它的主人。可以说，公主游艇是豪华游艇中特色鲜明、独树一帜的一个豪华品牌。

四、公主游艇与名人

公主游艇的名字总是与国际富豪、社会名流联系在一起。作为英国的豪华游艇，在英国本土是极受欢迎的豪华游艇之一。英国足坛巨星大卫·贝克汉姆曾经将一艘长 15.24 米、价值 170 万美元的公主游艇送给妻子维多利亚作为圣诞节礼物。这艘新游艇以他们两个儿子名字命名——“布鲁克林—罗密欧”号，游艇还有为贝克汉姆两个儿子专设的游戏室。

2006 年 4 月，在被《胡润百富》杂志评选为“2006 年最受中国千万富翁青睐的豪华游艇品牌”之后，英国 Princess Yachts（公主游艇国际公司）在上海举行的第十一届中国国际船艇及技术设备展览会上，正式宣布进入中国市场。

展会是英国 Princess Yachts 第一次参加青岛第四届中国国际水上运动产品与船艇展览会，是本届展会参展规模最大的境外企业之一，充分体现了英国 Princess Yachts 对于中国市场的高度重视。展台以深蓝色为主色调，气势恢宏，精美的图片和影像向观众展现了 Princess 品牌游艇 P/V 两大产品系列高贵而经典的设计及对完美细节的不懈追求。

英国 Princess Yachts 将中国内地地区的游艇代理权正式授予了拥有丰富进口品牌代理经验的深圳中汽南方游艇公司，这标志着世界顶级豪华游艇品牌 Princess 正式进入了中国市场。

英国 Princess Yachts 全球销售总监 David Pyle 说：“中国作为全球最有发展潜力的豪华游艇市场，我们将通过与深圳中汽南方游艇公司的合作，将世界顶级豪华游艇的完美海上生活体验带给中国社会金字塔顶端的精英消费人群。”

图 8.7 参展的公主游艇

公主游艇在 2012“海天盛筵”召开新闻发布会宣布其国际经销网络新增一名成员——公主游艇南中国有限公司，该公司将担负起这个英国皇家品牌在福建以南的运营，并建立营销和售后服务中心。

第三节 丽娃（Riva）

创 始 人： Pietro Riva
创始时间： 1842
创始地点： 意大利

一、品牌标识

丽娃的标识是它的英文全称，字体柔美，潇洒大方，与其一百多年的悠久历史相映生辉。丽娃是创始人 Pietro Riva 的名字，悠久的历史，使得丽娃这个品牌给人无限的遐想。而 Riva 的草体就像创始人的签名，表现了丽娃对品牌的神圣责任。

Riva

图 8.8 丽娃品牌标识

二、品牌历史

1842 年，Pietro Riva 先生来到现在意大利北部伊索湖畔的萨尼科，奉命修理一批在暴风雨中毁坏的船只。凭借一身好手艺，他完成了别人无法完成的任务。从此，他被誉为修船圣手而声名鹊起。不久之后，他就创建了丽娃造船厂，从此开创了丽娃游艇的传奇。

19 世纪 80 年代，Pietro 的一个儿子 Ernesto Riva 接管了 Riva 船厂。在保持原有传统的基础上，保持优良品质和精湛工艺的同时，不断地对丽娃游艇进行创新。他将活塞发动机用于船艇，并且还建造搭载乘客和货物的大船。

1907 年，Ernesto Riva 的儿子 Serafino Riva 接管了丽娃的事业。他停止了大型客、货船等运输用途的船只的建造，开始致力于休闲游艇领域，将丽娃品牌的重点放在当时刚兴起的高速赛艇活动上。1912 年，他驾驭自己心爱的赛艇创下了时速 24 千米的纪录，从而将丽娃游艇提升到一个新的境界。第一次世界大战结束后，休闲游艇，尤其是高速赛艇活动发展极为迅速，Serafino Riva 抓住了这个机遇，将丽娃游艇推向世界，大大提高了丽娃游艇的知名度。直到第二次世界大战之前，丽娃的身影不断地出现在各种赛事上，并且屡创佳绩。而且在整个第二次世界大战中，丽娃游艇的研发一直没有中断。第二次世界大战结束后，游艇热潮再次掀起，从电影明星到政坛要人，从体育明星到富家子弟，对丽娃游艇的喜好达到了一个新的高度。

1949 年，Ernesto Riva 的另一个儿子 Carlo Riva 开始介入丽娃游艇的管理，并在 1956 年开始参与丽娃游艇的设计和建造。他天才般的制图才能和设计水平，主导了丽娃的豪华游艇形象，1970—1996 年，所有丽娃的设计和建造都是由他主导的。

1962 年，米兰的国际游艇展会上，丽娃的 Aquarama 首次亮相，便成为丽娃游艇的象征，成为最亮的一颗明星。

进入 21 世纪后，丽娃游艇开始了新的征程，2000 年 5 月，Riva 成为国际最大的豪华游艇制造集团法拉帝集团的一分子，一个新的纪元开始了。新世纪的 Riva 开始着手研发新的型号，主设计师 Mauro Micheli 和意大利设计工作室的极力配合，加上总裁 Norberto Ferretti 的丰富经验，新丽娃风格诞生了。原先的小款船型如 Aquariva（出水丽娃）和 Rivarama（丽娃拉玛）等继续在萨尼科船厂建造。

19.82 米以上游艇，将在 2003 年 11 月启用位于拉斯佩济亚的新船厂来生产。目前，20.73 米的 Ego（自我）和 30.05 米的 Athena（雅典娜）两个新款型号已经投入生产，另外四个全新型号也将陆续问世：Shuttle（星梭）、Vertigo（迷魂）、Venere（维纳斯）和 Opera Super（超级作品）。如此恢宏的气势，无疑将丽娃豪华游艇推向了更高的顶峰。

Riva 63’ Virtus 以典型的地中海风格，重新诠释了开放式游艇的概念，同时赋予每一艘丽娃游艇独特的优雅风格，那就是经典、优美和简洁的线条。而这些特质都在这款拥有永恒设计的丽娃全新开放式旗舰游艇——Riva 63’Virtus 上得以呈现。

三、品牌评价

丽娃游艇在全球范围内，已经被公认为游艇中的“劳斯莱斯”。其所经历的一百多年的光辉历史，使其无可争议地成为世界游艇界中最悠久、最传奇、最昂贵的品牌之一。而其签署的中国独家代理商上海远宏游艇销售有限公司，恰好劳斯莱斯汽车（上海）隶属同一家集团。

四、丽娃与名人

图 8.9　水上劳斯莱斯 Riva

一百多年来，丽娃始终受到全球皇室家族、政要及众多欧美影星、体坛健将的推崇。伊丽莎白·泰勒、索菲亚·罗兰、约旦国王侯赛因、意大利王储、西班牙国王、摩纳哥王子、尼古拉斯·凯奇、乔治·克鲁尼、布莱德·皮特等人都拥有丽娃豪华游艇。

在欧美的经典影片中，丽娃豪华游艇的身影也经常出现，例如凯瑟琳·德纳芙的《情妇玛侬》、玛丽莲·梦露的《热情如火》、哈里森·福特和辛·康纳利的《印第安纳·琼斯之圣战奇兵》、罗杰·摩尔的《007 系列之最高机密》、布鲁斯南的《007 系列之金眼睛》和《日落之后》、乔治·克鲁尼的《12 罗汉》等影片中都有丽娃豪华游艇的精彩画面。不得不说，丽娃是高贵和极致的代名词。

在谨慎观望了中国市场一段时期后，2006 年，Riva 正式进入中国游艇市场。与上海远宏游艇销售有限公司签署了中国独家代理协议。

第四节　法拉帝（Ferretti）

创 始 人： Norberto Ferretti and Alessandro Ferretti
创始时间： 1968 年
创始地点： 意大利

一、品牌标识

法拉帝的品牌标识由他的英文全称和一个简图构成。全部的大写字母，庄严肃穆，大方得体，显示出作为豪华游艇业的龙头品牌所应有的大气。全称的上面是一幅简图，有两个大写的 F 组成，经过波纹美化处理，象征着法拉帝豪华游艇在海洋里一往无前的破浪驰骋。

图 8.10　法拉帝品牌标识

二、品牌历史

1968 年，Norberto Ferretti 和他的兄弟 Alessandro Ferretti，在意大利创立了法拉帝公司，公司创立之初主营豪华游艇的销售。没过多久，这两个兄弟便不满足于游艇销售的辉煌成绩，决定自己制造世界一流的游艇。法拉帝开发的第一艘游艇是由普通钓鱼船改装而成的，既舒服又可靠，命名为“非洲热风”，没想到这一型号的游艇大受欢迎。从此，法拉帝游艇迈出了走向世界顶级游艇的第一步，迅速成为世界上最有声望的游艇制造商之一。

1970 年，在热那亚游艇展上，法拉帝船厂向公众展示了两艘长度分别为 10 米和 12 米的机动帆船。不久，法拉帝又推出她的第一艘玻璃钢游艇，命名为 Altura 33。在整个 20 世纪 70 年代的十年里，法拉帝船厂转向机动游艇的制造，并由此引发了游艇市场的变革，为游艇设计设定了新的世界标准：船尾操舵、打通沙龙与船尾甲板空间的折叠窗、由沙龙通向飞桥的内部阶梯等。

20 世纪 90 年代，公司最令人振奋的事莫过于掌门人 Norberto Ferretti 先生在近海赛艇项目中屡有斩获，尤其是在 1994 年和 1997 年世界赛艇锦标赛取得的两次佳绩，令法拉帝游艇的影响力迅速从意大利沿海扩展到整个地中海，接着是美国、澳大利亚和亚洲。法拉帝游艇由此树立起在全球豪华游艇中的地位。

进入 21 世纪，法拉帝游艇开始了一系列的扩张，现在旗下已拥有享誉游艇界的多家知名品牌，形成了一个庞大的法拉帝集团。而作为集团前身的法拉帝游艇本身也已发展成为豪华游艇业毋庸置疑的龙头品牌。从意大利一个普通的作坊，历经 40 多年的风雨兼程，现在的法拉帝游艇在全球拥有 700 名员工、3 个船坞、4 家船厂和遍布 50 多个国家的 40 家代理商以及 100 家服务中心组成的全球销售服务网络。

三、品牌评价

目前为止，可以说法拉帝的产品在全球都还没有旗鼓相当的对手。对高质量的追求、对技术创新的敏感和对细节的注重使法拉帝行业龙头的地位不可撼动。法拉帝人的理想就是为爱海之人打造独特、独有、独享的梦幻产品，把梦想变为现实，并且永恒地维护她的本色。

在法拉帝集团，每艘游艇从设计到建造的整个过程都由一支近 90 人的专家团队负责到底，同时法拉帝先进游艇科技中心（简称 AYT）的支持，使得最新科技创新在游艇上得以整合与应用。通过将三菱重工研发的原用于宇航空间站的太空技术—ARG 防摇摆陀螺系统独家应用到游艇上，极大地消除了船艇的左右颠簸，保证了游艇航行的安全和舒适，甚至成为亚洲客户的指定装备。通过安装 Easy Dock 公司的“傻瓜命令”系统，实现游艇的操作性的简化。还有 Gi8 控制系统，仅仅通过一片液晶触摸屏，就能实现对船上众多功能的操控。此外，法拉帝游艇还在造船行业中率先采用了新一代共轨引擎，标志着其品质和效率上根本性的变化。

同时，除了先进的航行技术，在舒适娱乐性方面，法拉帝游艇上的“娱乐时刻”（Playtime Radiomarine）技术，将无线电、电视、互联网、影院、导航、通信等一系列娱乐通信多媒体平台融为一体，使得操控易如反掌。不得不说法拉帝游艇在为客户提供实实在在的奢华休闲生活上是不遗余力的。

四、法拉帝游艇与名人

精湛的工艺、极致的性能，使得法拉帝成为备受欢迎的海上豪华游艇。意大利前总理贝卢斯科尼拥有法拉帝游艇。中国的李嘉诚、荣智健等也都拥有法拉帝游艇。

法拉帝集团旗下拥有 9 大顶级游艇品牌：Ferretti Yachts、Pershing、Bertram、Riva、Apreamare、Mochi Craft、Custom Line、CRN 和 Ltama，每一品牌都具有其独到之处和特定的客户市场。法拉帝集团希望其旗下的众多品牌未来能够满足中国游艇市场多元化的需求，并让每一位中国的客户获得满意的游艇。

2008 年 1 月 10 日，法拉帝游艇（Ferretti Yachts）在上海正式宣布全面进军中国市场，和记行（集团）有限公司旗下的坚荣控股有限公司成为其在中国区的总代理。2007 年，中国华东、华南地区约有 20 位用户拥有该奢侈品品牌。

作为全球最大的豪华游艇制造商之一，此前，法拉帝游艇已经连续两年在胡润百富至尚优品中被评为最受中国富豪喜爱的国际游艇品牌。

尽管法拉帝游艇公司亚太区总经理 Giuseppe Zecchin 先生表示，目前在中国进行销售和服务，比起其他成熟市场，经销商需要付出更多，但是法拉帝集团相信通过有步骤的逐个引入他旗下的品牌，中国将成为法拉帝集团的一个潜在的巨大市场。

2008 年的上海国际游艇展，正值法拉帝游艇成立 40 周年庆。据新浪网的报道，为了和广大中国游艇爱好者共享这一盛事，法拉帝游艇向中国游艇爱好者展示了 2007—2008 年度的全球新款 Ferretti 551，这也是 2007 年 10 月在 47 届意大利热那亚国际航海展上首次向全球发布的新款，而且该艇也是历届中国（上海）国际游艇展上展示的最大法拉帝游艇。

图 8.11 Ferretti 551

2012 年 1 月 10 日，山东重工潍柴集团与全球最大的奢华游艇制造商意大利法拉帝无限公司次要债权人在济南签署协议，经过债权重组，收购法拉帝的控股权。山东重工潍柴集团将提供 1.78 亿欧元的股权投资，同时提供 1.96 亿欧元的存款额度，总投资 3.74 亿欧元。债权重组顺序完成后，山东重工潍柴集团将获得法拉帝公司 75% 的控股权。

法拉帝选择 2014 年海南海天盛筵作为法拉帝游艇 960 的亚太首秀场所，这是在戛纳首发和美国罗德岱尔堡展出后，法拉帝选择中国参加这场最重要的高端生活方式盛会进行法拉帝游艇 960 的亚太首发地。这艘 29.26 米长的游艇拥有运动型外观、该类别游艇中的最高性能以及创新的设计方案及布局。

该型号是这一法拉帝集团历史品牌设计和建造的最大滑航型休闲游艇。该船型获得了24米以下船艇CE认证，进一步发展了法拉帝品牌多年来的设计理念，最大化品牌理念和内容，旨在将其打造为同类别中史无前例的产品。这是这艘新旗舰背后的核心理念，整船由法拉帝集团位于意大利里米尼附近的Cattolica船厂制造。

作为集团产品战略委员会、市场部、AYT&D——先进游艇技术和设计（法拉帝集团的研究、设计和产品发展中心）与Zuccon国际项目工作室的合作结晶，法拉帝游艇960拥有29.2米的总长和23.98米的船体长，为大型滑航船体开启了新的纪元。

图8.12 Ferretti 960

第五节 意达马（Itama）

创 始 人：Mario Amati
创始时间：1969年
创始地点：意大利

一、品牌标识

1969年，Mario Amati先生（意达马游艇的创始人）决定将多年的梦想付诸实践，建造灵巧而又动力十足的开放式游艇，并突发奇想将自己的姓氏颠倒而成Itama品牌，这就是一个辉煌品牌诞生的故事。因此，意达马的品牌标识便由Itama连笔书写出来，在名称的下面标有THE PLEASURE OF POWER的字样，象征着Itama是用动力和速度来给人一种极致的享受。

图8.13 意达马品牌标识

二、品牌历史

在意大利开放式游艇历史上，意达马游艇具有重要地位。成立于1969年的Itama

是国际顶级豪华游艇品牌，和 Riva 一样，现在都是欧洲第一豪华游艇设计制造公司——法拉帝集团旗下的九大品牌之一。

20 世纪 70 年代初，Itama 游艇就因其剑一般修长的线条和稳定可靠的科技装备而深受国际名流的青睐。现在的 Itama 游艇，经历了 30 多年的制造经验和品牌积淀，已经形成了属于 Itama 游艇自己的成熟工程技术和独特风格。

30 多年来，意达马一直保持着典型的意大利开放式豪华运动艇的风格，以“来自力量的快感”为游艇的哲学理念，融合运动和海洋的独特线条，异常清晰的构造、干净平滑的线条、蓝色的船体、白色的甲板和一个深凹的 V 形底部，形成了一个特色鲜明的 Itama 风格。

2004 年 10 月，意达马游艇成为法拉帝集团成员，法拉帝集团将其全部股份转让给博星游艇，Itama 则集中精力巩固品牌优势，并加快国际化步伐，使之真正成为意大利风格的国际大使。自身完美的设计，加上法拉帝集团雄厚的实力，Itama 如今已经成为国际豪华游艇中的一颗明星。

2006 年，在摩纳哥船展上，Itama 40 惊艳亮相，瞬间就轰动了业内，迅速成为法拉帝集团新兴的招牌产品。

图 8.14 Itama 40

2008 年，中国上海国际游艇展上，Itama 更是风格凸显，以“让我们把风甩在身后”为口号，彰显其“来自力量的快感”的哲学理念。蓝白相间的流线型船身似扑面而来的清风，简约却奢华，敞篷式的船型更让驾驶者有“海阔天空”之感，对于国内还是以飞桥式为主的游艇市场而言，无疑为一席清风。

参加 2008 年上海游艇展会的这艘 Itama 40，是法拉帝集团特意定制的敞篷式豪华游艇。它有着剑一般修长的船身和卓越的动感表现力，保持了 Itama 一贯的标志性外观，又融入现代造船工艺的最新元素。独特的风格、奢华的装饰、先进的配置、卓越的性能，无一不展示着“来自力量的快感”。

三、品牌评价

意达马不仅仅是一个豪华游艇品牌，更是一种理念、一种文化、一种哲学、一种融入海洋的生活方式，一种典雅和永恒的意大利风范。

对特性的保持和对极致的追求，使得 Itama 不断地进行创新。无论选材、表面处理，还是色彩搭配和家居内饰，所有工序都经过精心研究和多次测试，务必保持精益求精的风格。

意达马游艇独特的外部轮廓表现出其运动和海洋的鲜明特性，同时超一流稳定的内部船体结构保障了驾乘的舒适感。内饰的每一个细节都为架乘者提供着舒适的享受。

图 8.15 Itama 游艇完美的布局

图 8.16 Itama 游艇主卧室

“我们在推行革新工作时”，安泰力（Tilli Antonelli）先生继续说道：“时刻提醒自己保持意达马游艇的个性特征。这是我们引以为傲的资本。即便那些最痴迷的意达马追随者们也不会失望，因为我们绝不会牺牲她优雅而又极富动感的气质。”

法拉帝集团于 2005 年进入中国市场，其旗下品牌 Ferretti Yachts（法拉帝游艇）和 Pershing（博星）分别荣获 2006 年度最受中国富豪青睐的豪华商务游艇和豪华运动艇称号。

2007 年，法拉帝集团正式带来 Riva（丽娃）、Itama（意达马）和 Custom Line（定制法拉帝），这意味着中国的高端消费者将有更多机会体验法拉帝集团高档游艇的奢华与极致之美。Riva 游艇的 Aquariva 33 和 Itama 游艇的 Itama 40 同时在 2007 年中国国际游艇展上亮相，相得益彰，尽显法拉帝集团旗下豪华游艇之美。

参考文献

[1] 华梅 .21 世纪国际顶级时尚品牌——香水 [M]. 北京：中国时代经济出版社，2008.

[2] 叶轻舟 . 顶级——香水、化妆品 [M]. 北京：北京工业大学出版社，2007.

[3] 华梅 .21 世纪国际顶级时尚品牌——男装 [M]. 北京：中国时代经济出版社，2008.

[4] 华梅 .21 世纪国际顶级时尚品牌——女装 [M]. 北京：中国时代经济出版社，2008.

[5] 华梅 .21 世纪国际顶级时尚品牌——礼服 [M]. 北京：中国时代经济出版社，2008.

[6] 华梅 .21 世纪国际顶级时尚品牌——箱包 [M]. 北京：中国时代经济出版社，2008.

[7] （美）帕米拉·N. 丹席格 . 流金时代——奢侈品的大众化营销策略 [M]. 上海：上海财经大学出版社，2007.

[8] 王丹娇 . 顶级：服饰、珠宝、皮具 [M]. 北京：北京工业大学出版社，2007.

[9] 狄玉昭 . 珠宝的历史 [M]. 哈尔滨：哈尔滨出版社，2007.

[10] 王丹娇 . 名表的历史 [M]. 哈尔滨：哈尔滨出版社，2007.

[11] 余源鹏 . 住宅开发类型策划 [M]. 广州：广东经济出版社 .

[12] 中国房地产指数系统 . 中国指数研究院 . 中国房地产 2007 年北京别墅指数分析报告，http：//www. soufun. com，2008-1-20.

[13] 上海别墅各板块掠影（下），http：// www. minch. cn，2008-1-26.

[14] 深圳别墅研究报告，http：//www. szvillas. com，2008-2-28.

[15] 中国别墅市场报告——上海篇，http：//www. villachina. com，2008-3-2.

[16] 2006 年上海别墅市场分析，http：//www. myliving. cn，2008-3-2.

[17] 华丽家族简介，http：//www. sandalwoodestate. com，2008-8-8.

[18] 西郊庄园，http：//www. forestmanor. com. cn，2008-8-9.

[19] 北京东山墅 . 超越居住的梦想，http：//fashion. qqread. com，2008-8-10.

[20] 世茂佘山庄园，http：//www. shimaogroup. com，2008-8-20.

[21] 世茂佘山庄园全新 B 型样板别墅开放 . 搜房网，http：//www. soufun. com，2008-8-20.

[22] 广州汇景新城——中国 10 大超级豪宅 . 深圳室内设计网，http：//www. a963. com，2008-8-25.

[23] 上海檀宫别墅项目简介 . 搜房网，http：//www. soufun. com，2008-8-25.

[24] 北京玫瑰园四期推出 20 席独栋水景别墅 . 新浪房产网，http：//bj. house.

sina. com. cn，2008-8-25.
[25] 上海紫园顶级别墅（1号别墅）．搜房网，http：//www. soufun. com，2008-8-25.
[26] 和讯奢侈品，http：//lux. hexun. com/，2008-3-10.
[27] 奢侈品，http：//www. luxee. com/.
[28] 搜狐女人网，http：//women. sohu. com/.
[29] 奢侈品，http：//www. neeu. com/.
[30] 世界名品，http：//www. worldfamouswork. com.
[31] 蒂芙尼官方网站，http：//www. tiffany. cn，2008-4-18.
[32] Harry Winston. 顶级珠宝梦露般璀璨，www. luxee. com，2008-4-18.
[33] 哈利·温斯顿．超越世纪的闪耀光华，http：//www. haibao. cn，2008-4-18.
[34] 宝嘉丽品牌故事，http：//www. gemexpo. com，2008-4-18.
[35] 杨春．VanCleef & Arpels，http：//lux. hexun. com，2008-4-18.
[36] 品牌世家，http：//www. ppsj. com. cn，2008-5-20.
[37] 梵克雅宝之设计攻略，http：//guide. ppsj. com. cn，2008-5-20.
[38] 御木本铂金珍珠婚戒的承诺，http：//www. luxury. icxo. com，2008-6-15.
[39] 卡地亚官方网站，http：//www. cartier. cn，2008-7-12.
[40] BVLGARI 品牌珠宝．希腊人文的精华，http：//www. ce. cn，2008-7-12.
[41] 蒂芬尼．奢侈贵族的传奇历史．地位与财富的象征，http：//www. haibao. cn，2008-7-15.
[42] 蒂芙尼，http：//www. hoodong. com，2008-7-15.
[43] 施华洛世奇矿石水晶传奇，http：//luxury. qq. com，2008-7-20.
[44] 陆慧全．卡地亚的奢侈品营销样本．全球品牌网，http：//www. globrand. com，2008-8-18.
[45] 刘恒涛．宝嘉丽的帝国梦．中国求职指南网，http：//www. hao86. com，2008-8-18.
[46] 品牌梵克雅宝在中国演绎奢华．腾讯网，http：//luxury. qq. com，2008-8-18.
[47] 何琳．梵克雅宝钻石品牌的经典造型介绍．阿邦网，http：//diamond. abang. com，2008-8-18.
[48] 梵克雅宝聚焦奥斯卡金像奖．品牌世家，http：//www. guide. ppsj. com. cn，2008-8-18.
[49] 世界顶级珠宝品牌宝诗龙角逐中国．brandlib 网，http：//www. brandlib. cn，2008-8-19.
[50] 宝诗龙 BOUCHERON 好莱坞女星们的终极之选．搜房网，http：//news. tj. soufun. com，2008-8-19.
[51] 珠宝之王：卡地亚猎豹系列．中国新时代，2006（1）.
[52] 卡地亚传奇螺丝钉缠绵爱意浓．TOM 时尚网，http：//lady. tom. com，2008-10-1.
[53] 奢华卡地亚推出黄金猎豹珠宝．中国服装网，http：//www. efu. com. cn，2008-10-1.
[54] 施华洛世奇推出 LOVE & LIGHT 婚礼系列．中国饰品网，http：//info. jewelchi-

na. com，2008-10-2.

[55] 梵克雅宝的中国攻略，http：//guide. ppsj. com. cn，2008-4-18.

[56] 中国化妆品行业研究报告提纲．瑞斯管理网，http：//esoftbank. com. cn.

[57] 张玉斌．顶级—名车、游艇、私人飞机［M］. 北京：北京工业大学出版社，2007.

[58] 关澜，时涛．名品盛宴 华服美饰版［M］. 北京：中央编译出版社，2008.

[59] 张玉斌，李鹏．奢侈品［M］. 北京：北京工业大学出版社，2007.

[60] 果果．顶级奢侈品牌之旅［M］. 北京：中国纺织出版社，2010.

[61] 奢侈品牌研究中心．奢华品牌圣经：路易威登的奢华帝国［M］. 北京：人民邮电出版社，2012.

[62] 奢侈品牌研究中心．奢华品牌圣经：顶级箱包的瑰丽世界［M］. 北京：人民邮电出版社，2012.

[63] 奢侈品牌研究中心．奢华品牌圣经：永恒的经典［M］. 北京：人民邮电出版社，2012.